FRANZ GRUSS

Geschichte des Bergischen Landes

Bilder auf dem Umschlag:
Oben links: Ältestes Bauernhaus des Oberbergischen Landes in Dahl (1586)
oben rechts: Ritterharnisch von 1380 (Trecentoharnisch)
unten links: Wechselzinnenwappen eines bergischen Ritters (v.d. Bottlenberg)
unten rechts: Blick in das Mittelschiff des Altenberger Domes

Meiner Frau Anni
in Dankbarkeit gewidmet

FRANZ GRUSS

Geschichte des Bergischen Landes

Leverkusen, im Januar 1994

Friedrich-Naumann-Straße 7, 51373 Leverkusen
Telefon und Telefax 0214/66210

Gestaltung: Grafikdesign Barbara Fuchshofen-Gruß
Warthestraße 8a, 51371 Leverkusen
Telefon 0214/27925

Druck: Verlagsdruckerei Schmidt GmbH
Neustadt a. d. Aisch

ISBN 3-930478-00-5

Vorwort

Das Land Berg (Bergisches Land) war bis zum Jahre 1815 ein selbständiges Herzogtum. Bernhard Schönneshöfer, der 1895 seine „Geschichte des Bergischen Landes“ schrieb, fand für den Ländernamen die treffende etymologische Erklärung: „Das Bergische Land, auch schlechtweg das Bergische oder Berg genannt, hat seinen Namen von der Burg Berg an der Dhün, dem Stammsitz der Bergischen Grafen“. Nicht die Topographie hat also bei der Namensgebung Pate gestanden, sondern ein Adelsgeschlecht, das vor mehr als 800 Jahren die Burg Berge besaß und sich nach ihr „de Monte“ (von dem Berge) zubenannte.

Eine ganze Reihe von Historikern hat sich in der jüngsten Zeit mit der Erforschung der Landesgeschichte von Berg, besonders mit der schwierigen Genealogie der frühen Berger, beschäftigt und ist zu neuen Erkenntnissen, aber auch neuen Hypothesen vorgedrungen. Hier sind besonders zu nennen: Thomas R. Kraus: „Die Entstehung der Landesherrschaft der Grafen von Berg bis zum Jahre 1225“; Justus Bockemühl (nach seinem Tode veröffentlicht): „Adelsüberlieferung und Herrschaftsstrukturen“; Joseph Milz: „Die Vögte des Kölner Domstiftes und der Abteien Deutz und Werden im 11. und 12. Jahrhundert“. Damit zusammenhängend sind auch die Hypothesen von Dr. Jürgen Stohlmann bemerkenswert, der in jüngster Zeit in Vorträgen die Möglichkeit aufzeigt, daß die Grafen von Berg im Zuge einer Grafenverpflanzung von Thüringen ins Rheinland gekommen sein können.

Noch wenig erforscht sind Bodendenkmäler in der Umgegend von Altenberg, die wahrscheinlich Beziehungen zu den Grafen und Herzögen von Berg bzw. zu deren Ritterschaft haben. Nur die Burg Berge selbst, die Eifgenburg und die Dhünnenburg sind bisher archäologisch untersucht worden. Wegen der neugewonnenen Erkenntnisse war es wünschenswert, die interessante Geschichte des ehemaligen Landes und Herzogtums Berg neu zu veröffentlichen. Neben einigen zeitlichen Ergänzungen konnte ich dabei meine Entdeckungen und Forschungsergebnisse, besonders in Bezug auf die bergische Ritterschaft (Ministerialität) und ihre Rittersitze, einarbeiten.

Dieses Buch sollte keinesfalls eine „trockene“ Aneinanderreihung von Daten und Fakten beinhalten, sondern dem Leser ein möglichst lebensvolles Bild der Zeitläufe vermitteln. Nach der Devise: „Ein Bild sagt mehr als tausend Worte“, eignen sich dafür Holzschnitte, Stiche, Gemälde und Zeichnungen, die zwar erst am Ende des Mittelalters – nach Erfindung der Buchdruckerkunst – veröffentlicht wurden, aber auf Grund der zähen und langanhaltenden Zustände und Gewohnheiten auf das wahrscheinliche „Vorher“ rückschließen lassen.

Das Leben im Mittelalter verlief in anderen Bahnen und stand unter anderen Ordnungen als unsere Zeit sie kennt. Ein wesentliches Merkmal war die im Lehnswesen ständisch gegliederte Gesellschaft. Maßgebende Leitlinie für alle war „das gute, alte Recht“. Den meisten Menschen von heute fehlt die Vorstellungskraft, mittelalterliche Handgreiflichkeit und Symbolik, die ganze Fülle dieses Lebens, zu verstehen. Oberstes Ziel und Gebot war das „Heil“, das man – wenn schon nicht auf dieser Erde – im besseren Jenseits anstrebte. Die „Chronik der Zunge“ hat uns einen besonderen Reichtum an Wortformen mit „Heil“ hinterlassen. Sie füllen in Wörterbüchern lange Spalten.

Nach der Devise „Geschichte muß auch Spaß machen“, sollte in diesem Buch auch Geschichte zum Anfassen und Ansehen geboten werden. Dazu sind die übriggebliebenen Relikte der Vergangenheit, die verstreut in der Landschaft zu finden sind, besonders geeignet; einige von ihnen werden im Inhalt beschrieben. In der Umgebung der ehemaligen Zisterzienserabtei Altenberg, die man als „Kernland“ des ersten bergischen Grafengeschlechtes bezeichnen kann, begegnen uns auffällig viele Bodendenkmäler, die die schriftlich überkommenen Quellen gut ergänzen können.

Im Jahre 1994, in dem der Altenberger Domverein sein hundertjähriges Jubiläum feiert, rückt der „Dom“ des Bergischen Landes in das besondere Interesse der Öffentlichkeit. Altenberg und die Geschichte der ersten Grafen und Herzöge von Berg sind nicht nur durch die alte Grablege der Familie im Chor der Abteikirche verbunden, sondern der formvollendete Dom ist Zeichen seiner Zeit, in der die Werte der nun fast zweitausendjährigen Geschichte des christlichen Abendlandes in höchster Blüte standen.

Der weitgespannte Bogen der hier gebotenen Geschichtsdarstellung vom mittelalterlichen Feudalismus über Aufklärung und Reformation, napoleonische Zeit, industrielle Entwicklung, Übergang in das Königreich Preußen, Entstehung der Rheinprovinz, zwei Weltkriege, politische Verwicklungen bis zur Eingliederung in das Land Nordrhein-Westfalen zwang wegen des zur Verfügung stehenden Raumes zu Beschränkung und Auswahl.

Dieses Buch ist für alle Freunde der Bergischen Geschichte geschrieben, nicht nur für Fachleute. Es soll auch dem interessierten Laien die Geschichte des ehemaligen Herzogtums Berg in verständlicher Form nahebringen. Neben Mühen hat es auch Freude gemacht, das vorliegende Buch in dieser Form zu verfassen und zu gestalten. „...Quod scripsi, scripsi...“

Franz Gruß
Leverkusen, im Januar 1994

Inhaltsverzeichnis

Einleitung

Im Bergischen Land finden wir an vielen Stellen Spuren von jenen Befestigungsanlagen, die etwa ab dem 10./11. Jahrhundert unter Verwendung von Holz und Erde entstanden sind. Einige dieser Anlagen scheinen von den Grafen von Berg bzw. deren Ministerialen erbaut worden zu sein. Archäologische Untersuchungen haben bisher kaum stattgefunden und in naher Zukunft sind solche nur in Ausnahmefällen zu erwarten; denn es werden nur Sicherungsgrabungen durchgeführt, die bei Bautätigkeiten notwendig werden, wobei Untersuchungen mittelalterlicher Befestigungsanlagen selten sind.

Bei der Suche nach weiterführenden Erkenntnissen in der Geschichte des Landes Berg, muß man also auf diese Geschichtsdisziplin, auf die „Wissenschaft des Spatens", weitgehend verzichten. Wenn wir aber trotzdem notwendige Ergänzungen für die archivalisch sehr wenig belegte Frühgeschichte der Berger und ihrer ritterlichen Dienstmannen anstreben, müssen wir alle Spuren der Geschichtlichkeit verfolgen, dazu gehören neben der gründlichen Auswertung aller schriftlichen Quellen auch intensive Geländebegehungen.

Wir kennen aus der provinzialrömischen Archäologie die Luftprospektion, bei der durch Spezialkameras Spuren und Umrisse unterirdisch verborgener Gebäude sichtbar werden. Der Einsatz solcher Kameras ist aber wegen der Bewaldung des betreffenden Gebietes nicht möglich. Deshalb muß die ausgeklügelte Optik durch unsere Augen ersetzt werden. Die aus Holz bestehenden Aufbauten sind im Laufe der Jahrhunderte vergangen und nur Erdwerke übriggeblieben. Manchmal finden sich auch datierbare mittelalterliche Scherben. Intensive Geländebegehungen werden heutzutage in erster Linie von geschichtsbewußten Frauen und Männern durchgeführt, die diese Tätigkeit zu ihrem Hobby machen. Und es ist interessant, ja fast abenteuerlich genug, was sie alles entdecken.

Wesentliche Voraussetzung ist die Beachtung der Tatsache, daß diejenigen, die zu damaliger Zeit ein Befestigungswerk errichteten, die natürliche Beschaffenheit des vorhandenen Geländes geschickt auszunutzen wußten. In der Ebene und in den Tälern finden wir diese Anlagen am Wasser bzw. in natürlichen oder künstlich geschaffenen Sümpfen. Im Berg- und Hügelland müssen schwer zu besteigende Steilhänge vorhanden sein, die manchmal Nachbearbeitungen durch Menschenhand erkennen lassen. Die Formel „Wasser, Sumpf, Steile" kann bei der Beurteilung von mittelalterlichen Anlagen überall angewendet werden. Sind diese bei den heute genannten „Rittersitzen" nicht vorhanden, so sind diese Gebäude wohl sekundär, d.h. sie sind zu einer Zeit – meist als Nachfolgeanlage einer älteren Burg – entstanden, als eine Fortifikation nicht beabsichtigt oder nicht mehr notwendig war. Die Erbauer von mittelalterlichen Wehranlagen haben oft auf vorhandene ältere Anlagen zurückgegriffen und sie aktuellen Anforderungen angepaßt, so daß eine ältere Burg in der neuen steckt.

Manchmal können die älteren Anlagen ein ganzes Stück entfernt von den heutigen Gebäuden liegen, denn die damaligen Erbauer – sie hatten noch keine Grundstücksprobleme – errichteten ihr neues Domizil in schöneren und für die Landwirtschaft bequemeren Lagen (Vermeidung von Durchfeuchtung, guter Zugang für Pferde, Vieh, Wagen, mehr Repräsentation bei Adelssitzen). Wenn keine archivalischen Nachrichten zu finden sind, gibt der Baustil der vorhandenen Gebäude Anhaltspunkte für eine Zeitstellung. Die meisten der heutigen Steingebäude im Bergischen Land sind kaum vor dem 16. Jh. entstanden. Selbstverständlich gibt es auch Weiterentwicklungen am Ursprungsplatz, wenn Lage und Stabilität des Untergrundes den Anforderungen entsprachen.

Zur Erkenntnisgewinnung tragen Parallel- und Häufigkeitsbeobachtungen bei. So ist die Dichte von auf der Höhe liegenden ehemaligen Spornburgen (Abschnittsbefestigungen) in unserer Region besonders groß; und immer wieder werden neue entdeckt. Während man das Aufkommen der bergischen Motten (Turmhügelburgen) und Abschnittsbefestigungen in das 11./12. Jahrhundert datieren kann, ist das bei den sogenannten Ringwällen kaum möglich. A. Herrnbrodt vermutet, daß einige dieser Anlagen während der Ungarngefahr im ersten Drittel des 10. Jahrhunderts auf Befehl Kaiser Heinrich I. entstanden sind. Das kann möglich sein, denn zur Zeit der Normannendurchzüge wurde Köln im Jahre 881 von ihnen zerstört. Für einige dieser Befestigungsanlagen aber mag auch gelten, daß sie von Fall zu Fall, besonders im Zuge der innerbergischen Besiedelung zur Rodezeit, wiedergenutzt worden sind. Noch im Dreißigjährigen Kriege flohen die Bewohner der Rheinebene in die Berge. Im Jahre 1642 meldet das Hofgerichtsprotokoll des Wiesdorfer Fronhofs: „Die Leut seindt mehrenteilß alle von Hauß und Hoff verlauffen...“[1] Während kriegerischer Handlungen im 17. und 18. Jahrhundert ließen die Landesherren von Berg einige der alten Befestigungsanlagen – besonders die Landwehren – wieder herstellen, ein Grund, warum sie heute an verschiedenen Stellen noch gut erhalten sind.[2]

Eine alte Wallanlage wurde kürzlich durch die Zuccalmaglioforscherin Else Yeo bei Ropenstall in der Nähe von Blecher entdeckt. Ropenstall – eigentlich Ruprechtstal – ist von einem Personennamen abgeleitet (= Tal des Ruprecht). Unter den Zeugen einer Altenberger Urkunde aus dem Jahre 1264 befindet sich der Schöffe „Volperto de Rupretsdale“ sowie „Bulone de Rupreitsdale“ und sein Bruder Heinrich. Bemerkenswert ist der Siegelzeuge Engelbert, hier Truchseß von Mielenforst genannt, der mit dem Wappen der Moir von Morsbroich siegelt. 1311 begegnet uns ein „preco“ (Vorsprecher beim Gericht) Thomas und sein Sohn Konrad von „Ropretzdale“. 1362 schenkt „Johan Moyr gen. van dem Bruche“ sein Lehngut zu „Roprechtsdaile“ der Abtei Altenberg.[3] Engelbert und Johann von dem Bruche (von Morsbroich) waren bergische Ministerialen. Eine ähnliche große Wallburg liegt in der Nähe bei Erberich. Hier lebte 1308 ein „Monacho de Ertburg“. Fünf Wälle riegeln dort einen Bergsporn ab.[4]

Normannischer Ritter mit Kettenpanzer, Nasalhelm, Schild und Fahnenlanze. Darstellungsversuch nach dem berühmten Teppich von Bayeux aus der zweiten Hälfte des 11. Jahrhunderts

Kämpfende Ritter (aus einer Handschrift des 12. Jhs., Bamberg)

Wer durch intensive Geländebegehungen ehemalige Erdburganlagen finden will, muß „ein Auge“ für die Merkmale haben, woran sie zu erkennen sind. Jedenfalls sind es Veränderungen, die durch Menschenhand an der natürlichen Oberfläche des Naturraumgefüges vorgenommen worden sind. So kann man z.B. bei einem Mottenhügel meist gut sehen, daß er nicht natürlichen Ursprungs sein kann und künstlich aufgeschüttet wurde. Typisch ist dabei die Lage an einem oder mehreren zusammenlaufenden Bächen oder in Quellmulden.

Herbst und Winter eignen sich ausgezeichnet, um in der Landschaft die Wallgräben der Abschnittsbefestigungen oder die Hügel der ehemaligen Holz-Erde-Befestigungen aufzusuchen. Im Braun des Laubes heben sich die meist moosbewachsenen grünen Wälle deutlich ab. Manchmal haben diese Aufwerfungen auch einen grau-tonigen Untergrund und sind von kleinen Feldsteinen durchsetzt. In diesem Falle besteht die Möglichkeit, daß sich hier früher eine in Ton gesetzte Feldsteinmauer befand. In diesem Boden wächst offensichtlich kaum etwas anderes als Moos. Nur größere Bäume und Sträucher schlagen schon mal an diesen Stellen Wurzeln. Von dem glatten Rücken des Walles rutscht das Laub leicht ab und füllt nach und nach die Gräben mit Humus auf, so daß diese im Laufe der Zeit immer mehr verflachen.

Manchmal sind Wälle und Erdhaufen nur der Versturz von Holz-Erde-Mauern oder Schalengeflechten aus Reisig. In diesen Fällen sind die nur noch zu erahnenden Grundrißlinien zu überprüfen, mit welchem Befestigungstyp sie in Verbindung zu bringen sind. Bei Abschnittswällen und Landwehren beobachtet man immer wieder, daß sie an die steilen Abhänge der Siefen – so nennt man wasserführende Kerbtäler im Bergischen – herangeführt sind und dann in eine terrassenförmige Geländekante übergehen bzw. manchmal auch ganz aufhören. Bei den Wällen der Spornburgen liegen die höchsten Erhebungen und tiefsten Gräben vor der Kernburg. Man muß sich vorstellen, daß auf den Wällen und den Terrassen vielfach Dornenhecken standen, die allgemein „Gebück“ oder „Grengel“ genannt wurden. Keine neuzeitlichen Stacheldrahtverhaue können so undurchdringlich sein, wie es diese Hecken waren (sie heißen im Bergischen Hahn = Hagen). Es kommt aber auch vor, daß diese Wälle und Gräben lediglich Besitz- oder Flurabgrenzungen darstellen, also ohne fortifikatorische Bedeutung sind.

Von Fall zu Fall liegen die Holz-Erde-Befestigungen in der Nähe von jüngeren Anlagen aus Stein. Wenn so ein Landadeliger eine neue Burg erbaute, blieb er aus verständlichen Gründen so lange in der alten Anlage wohnen, bis nach Jahren der Neubau fertig war. In der Zwischenzeit mußte er sich und seine Familie, Kriegsknechte und Gesinde weiter geschützt unterbringen.

Wie die neuesten Forschungen ergeben haben, gab es einst mehr solcher Holz-Erde-Burgen als später jemals Steinburgen. Die augenfällige Häufung von solchen Anlagen im Kernland der Berger in der Umgebung von Altenberg läßt an Burgen der Grafen von Berg oder ihrer Ministerialen denken.

Versuch der Rekonstruktion eines Holzhauses auf dem Hügel im Hortenbacher Siefen, möglich wären noch Palisaden am Fuße des Hügels

Motte Hortenbach in Längsrichtung von Süden nach Norden

Motte im Hortenbacher Siefen bei Odenthal entdeckt

Im Memorienregister der ehemaligen Abtei Altenberg ist für den 28. September „Adolphus de Pomerio dictus de Horttenbech“ (Adolf von dem Bongard genannt von Hortenbach) eingetragen. Auf Hortenbach (apud Hortenbech) läßt Graf Wilhelm I. von Berg im Jahre 1302 eine wichtige Urkunde ausstellen[8]. Damit tritt der Name einer untergegangenen Burg in das Licht der Geschichte, deren unbekannter Standort zu suchen war. Es war von vornherein einigermaßen sicher, daß dieses Objekt eine vergängliche Holz-Erde-Anlage sein mußte.

Wie aus verschiedenen schriftlichen Nachrichten hervorgeht, hatte das bergische Geschlecht von dem Bongard (de Pomerio), von denen sich Adolf „der Ältere“ 1322 und 1326 auch „von Hortenbach“ nannte, in Odenthal ihren Wohn- und Lebensraum. Nach dem vermutlichen Erlöschen des bergischen Geschlechtes von dem Bongard finden wir von 1351 bis in die Mitte des 15. Jahrhunderts Mitglieder des Geschlechtes von dem Vorst im Besitz des Rittersitzes Hortenbach.

Im Jahre 1252 kauften die Eheleute Ritter, Adolf de Pomerio und Clementia, von dem Vorbesitzer Heinrich, Edelherr von Isenburg, „einen Hof“ zu Odenthal (Ernst von Oidtmann, Mappe 116). Ein Ritter Adolf de Pomerio besaß schon vor 1254 den Zehnten des Hofes Menrath bei Odenthal (AUB I, 203). Ob der vorgenannte „Hof zu Odenthal“ möglicherweise das spätere Strauweiler war, muß vorerst offen bleiben.

1269 schenkte „Adolphus miles dictus de Pomerio“ (Frau Clementia) der Abtei Altenberg ein Eigengut zu Breidbach[6] und befreite es von allen Lasten, die in den Hof zu Odenthal zu leisten waren. Adolf de Pomerio mußte also zu dieser Zeit das Gericht in Odenthal in seinen Händen gehabt haben, sonst hätte er das Gut zu Breidbach nicht von diesen Abgaben entbinden können.

„de Pomerio“ ist eine Latinisierung des Namens „von dem Bongard“ (= von dem Bungert – so heißen im Bergischen die mit Obst bestandenen Wiesen hinter dem Haus). Die von dem Bongard dienten einer ganzen Reihe von Bergern als Ministerialen. Bruno von dem Bongard († 1229, Ehefrau Alveradis) war von 1202–28 bergischer Mundschenk (Kurt Niederau) und noch 1334 urkundet ein Adolf „van dem Bungarde“ als Ritter und Truchseß des Grafen von Berg.

Im Jahre 1231 schenkte die Witwe des ehemaligen Mundschenks Bruno de Pomerio (Alveradis vidua relicta... quondam pincerne de monte) dem Templerorden in Breisach eine Rente aus den Einkünften ihres Hofes „Buschusen“ (Buschhaus), bei der Neuen Burg (apud novum castrum) gelegen. Die Urkunde nennt einen Sohn Adolphus de Pomerio.

1270 ging der gesamte Hof „Buskusen“ mit allen Rechten und Belastungen von Adolphus de Pomerio und seinen erbenden Kindern (eius liberi heredes) mit Einwilligung der Vertreter des Hauses des Templerordens in Breisach an die Johanniterkommende in Schloß Burg über (Lac. II, Nr. 171).

Der Rittersitz Hortenbach war am namengebenden Bach zu suchen. Nach der damaligen Burgenbautechnik kam entweder eine Spornburg mit steilen Hängen oder eine „wasserständige Motte“ (Erdhügelburg) in Frage.

Geleitet von dieser Vorgabe habe ich Anfang 1992 bei einer Geländebegehung im Tierpark Altenberg im sogenannten Hortenbacher Siefen die Reste einer vermutlichen Motte entdeckt. Der Hortenbach und drei zulaufende kleinere Bäche sind hier durch einen über die Talbreite laufenden Damm gestaut. Dadurch entstand als Annäherungshindernis eine versumpfte Teichfläche, in deren Mitte sich ein länglicher, jetzt noch etwa 2,50 Meter hoher, künstlich aufgeschütteter Hügel befindet. Die Anlage hat Ähnlichkeit mit der kürzlich von Dr. Manfred Rech entdeckten Motte in Wiebershausen (Niederscherf) im Scherfbachtal, auf der wohl die Ritter von Scherf gesessen haben. Auch hier hat ein Bach einem Ministerialengeschlecht der Berger zum Namen verholfen. Hier wie dort sind künstliche Wasserflächen oder Sümpfe geschaffen worden. In der Hortenbacher Talmulde genügte ein einziger über die Talbreite gehender Damm, während im flachen Gelände bei der Motte Wiebershausen ein herumführender Damm erforderlich war, um das Wasser stauen zu können.

Der Zugang zum Hortenbacher Mottenhügel scheint an der nördlichen Seite gelegen zu haben. Die höchste Stelle befindet sich an der südlichen Seite, dort wo der Hortenbach unmittelbar vorbeifließt. Nordwestlich davon sind die Reste eines Kellergewölbes aus Feldsteinen vorhanden.

Die Ortsbezeichnung lautet hier „Unterhortenbach“ zur Unterscheidung von dem auf der Höhe darüber liegenden „Oberhortenbach“. Letzteres ist heute ein einfaches Hofgebäude ohne fortifikatorische Merkmale. Hier kommt vom Gelände und vom Bauwerk her eine befestigte Anlage des Mittelalters nicht in Frage. Der Hof ist entweder später entstanden oder war einfach nur der Wirtschaftshof zu der darunter liegenden ehemaligen Motte, die vermutlich erst im 14./15. Jahrhundert als Rittersitz aufgelassen wurde. Unterhortenbach und Oberhortenbach erscheinen später als sogenannte Halfmannshöfe von Strauweiler (Freihöfe oder „auf den vierten Morgen steuerbare Güter“).[7]

Mitglieder der Familie de Pomerio begegnen uns häufig als Zeugen der Berger bei Schenkungen an geistliche Institute, so bei Adolf III., Heinrich von Limburg und Adolf IV. Auch die Witwe Adolfs IV., Margarete von Hochstaden, nimmt die Dienste des Adolfs von dem Bongard in Anspruch. Im August des Jahres 1259 verzichtet die Edelfrau Jutta von Hückeswagen auf das Patronatsrecht der Kirche zu Honrath zugunsten des Klosters Gräfrath. Mit der Siegelzeugin Margareta „comitissa de Monte“ sind ihre Ritter dabei, unter ihnen Adolfo de Pomerio (Lac. II, Nr. 475). Bei der Verzichtserklärung des Bernard Rusze (1260) auf Güter bei Hückeswagen zugunsten der Gräfin Margarete von Berg wird Adolfus „de Bomgardin“ genannt. 1262 stiftet Margarete v. Berg ein Jahrgedächtnis für ihren Mann in der Abtei Siegburg. Zeuge u.a.: Adolf de Pomerio (Lac. II, Nr. 521).

Als am 28. September 1264 die Gräfin Margarete von Berg und ihr Sohn Adolf V. von Berg den unter ihrer Vogtei stehenden Wiesdorfer Hof des Klosters zu Gevelsberg von allen Abgaben befreien und den Gevelsberger Konventualinnen auch die Güter in Kotthusen mit allem Zubehör übereignen, ist unter den Zeugen auch Adolf de Pomerio (Aders Gevelsberg, Nr. 24).

1265 vertritt Adolf de Pomerio mit anderen Rittern das Kloster Dünnwald in einer Streitsache um den Mutzbach gegen die Brüder Nikolaus und Jakob von Haan (Korth, Nr. 59). Die Witwe des Grafen Adolf IV., Margarete, sowie ihr Sohn Adolf V. ziehen im Jahre 1265 Adolf de Pomerio zu einer Beurkundung heran, als sie Güter zu Grimberg von allen Abgaben, außer der Herbstbede, befreien und alle bisher der Abtei gewährten Freiheiten bestätigen (AUB I, 264).

Auf Schloß Burg bewilligt am 9. November 1268 Ritter Adolphus genannt de Bungarde mit Zustimmung seines ältesten Sohnes Bruno und seinen übrigen Erben seiner Tochter Aleidis (Aleidis de Pomerio ist noch 1280 Nonne zu Gevelsberg) eine lebenslängliche Rente aus seinem Hof „Bushuzen“, die auf dem Hause Bongard zu bezahlen ist. Vermutlich ist dieses Haus Bongard mit dem im 14. Jahrhundert genannten „hove zu dem Bungarde“ in Odenthal identisch (Aders Gevelsberg, Nr. 27).

Wie schon erwähnt, überträgt im Februar 1269 „Adolphus miles dictus de Pomerio“ sein vom Hofe Odenthal abhängiges Eigengut in Breidbach, das er schon viele Jahre besitzt, der Abtei Altenberg für sein und seiner Frau Clementia sowie ihrer Eltern und Nachkommen Seelenheil (allodium meum sive propria bona in Breidebeke libera et absoluta ab omni iure, quod tenebantur curie de Udendare obligata... quibus ea possedet ad multis annis). Dies geschieht mit Einwilligung der Kinder Bruno, Heinrich, Adolf und Alveradis.

Bei dem Adolf der Urkunde von 1269 begegnen uns gemäß der „Leitnamensitte“ die Namen der Großeltern Bruno und Alveradis sowie deren Sohn Adolf. 14 Jahre später, im Jahre 1283, taucht in einer Urkunde ein Adolf von Bongard mit einer ganz anderen Nachkommenschaft auf. Er befreit mit Zustimmung seiner Erben Engelbert, Adolf, Demudis, Clementia und Irmengard den Abt und den Konvent von Altenberg von der Zahlung des Zehnten, den diese von Gütern zu Grimberg bisher an ihn zu entrichten hatten (AUB I, 388). Wegen der unterschiedlichen Namen der Ehefrauen und der Kinder handelt es sich um zwei Familien, zwischen denen aber über einen gemeinsamen Vater oder Großvater Blutsverwandtschaft besteht.

Eine mögliche Erklärung gibt eine Urkunde von 1304, aus deren Zeugenliste nebeneinander bestehende Linien von dem Bongard zu erkennen sind, die beide den Namen Adolf bevorzugen. Als Adolf von Stammheim, Diener und Küchenmeister des Grafen Wilhelm von Berg, am 16. 1. 1304 den großen und kleinen Zehnten und gewisse Güter zu Stammheim der Abtei Altenberg überträgt, waren u.a. zugegen: Adolphus dictus de Pomerio, Adolphus iunior cognatus eius, Engelbertus frater eiusdem. „cognatus“ bedeutet „Blutsverwandter, vor-

Beispiel eines Ritters aus dem 13. Jh., hier die Statue des hl. Mauritius im Magdeburger Dom (um 1245). Der Körper ist mit der Brünne (oder Halsberge) aus Ketten- oder Ringelgeflecht bedeckt; darüber der Waffenrock aus festem Stoff, unter den Stahl- oder Eisenplatten genietet sind. Die Nietköpfe sind außen sichtbar. Wenn darüber ein bunter Überwurf getragen wurde, waren die Niete verdeckt

wiegend in männlicher Linie". Deshalb kann der zweite Adolf nicht der Sohn des erstgenannten sein, sonst hätte es geheißen (et filius eius = und dessen Sohn). Der zweitgenannte Adolf ist der Junior zu einem Senior, den wir an dieser Stelle nicht identifizieren können, der aber später vorkommt.

Engelbert ist der Bruder des Adolf junior (= frater eiusdem). Wenn der erstgenannte Adolf ein Blutsverwandter des zweitgenannten ist, so ist natürlich auch Engelbert des ersten Adolf „cognatus" (AUB I, Nr. 508). Beide begegnen uns schon1283 als Söhne des Odenthalers Adolf von dem Bongard und seiner Gertrud. Adolf junior erscheint 1318 nochmals als Ritter Adolf von dem Bungarde der Jüngere (Oidtmann, Mappe 116).

Der Senior zum Junior der obengenannten Urkunde ist mit einiger Wahrscheinlichkeit der Adolf von Hortenbach (Adolpho de Hortinbech)[9], der im Jahre 1322 erstmalig in einer Urkunde auftaucht; dies ist die erste Nennung eines „von Hortenbach" überhaupt.

In einer Urkunde vom 22. 8. 1326 wird Adolf von Hortenbach „der Alte" genannt und hier einem anderen Adolf gegenübergestellt: „Ailf van dem Bungart Kuchenmeister" und „Ailf van Hortenbech der Alde" besiegeln gemeinsam eine Urkunde.[10] Der Küchenmeister „van dem Bungart" ist also Ministeriale, während die ständische Qualität Adolf des Alten von Hortenbach nicht zu erkennen ist. Er urkundet aber später ohne Standesbezeichnung im Raume Odenthal. In seinem Wappen fehlt dort der Zusatz „militis".

In einer weiteren Urkunde vom 25. März 1326 heißt es: Adolf der Ältere von dem Bongard (Gattin Petronella) stiftet der Abtei Altenberg für eine Memorie 200 Mark (AUB I, 642). In einer dritten Urkunde desselben Jahres 1326 urkundet „Adolphus de Pomerio senior" mit Gottschalk von Scherve für einen Ritter von Eikamp (AUB I, 646). Im Text der stark beschädigten Urkunde wird ihm nochmals ein „camerario Adolpho de Pomerio" gegenübergestellt, der schon genannte Ministeriale der Berger. Am 6. 12. 1331 besiegelt Adolf von Pomerio der Ältere zusammen mit dem Lützenkirchener Pfarrer eine Grundstücksangelegenheit in Niederblecher bei Altenberg (AUB I, 672).

Im Jahre 1334 übertragen „Adolf von dem Bungarde", Ritter und Truchseß des Grafen von Berg, und Lysa ihren Kornzehnten aus dem Gut zum Holz im Kirchspiel Odenthal (by Eyrdburge) als Leibrente für die Dünnwalder Nonne „Demud" (Demudis), Schwester des Vorgenannten. Auch dieser Adolf ist ein Ministeriale der Berger, kann aber nicht der Küchenmeister von 1326 oder der „camerario" der Urkunde aus dem gleichen Jahre sein, das erkennen wir an der Schwester Demudis. Die hier genannte Demudis ist wahrscheinlich dieselbe der Urkunde von 1283 (Korth Dünnwald, Nr. 149). Der Truchseß von 1334 ist auf Grund seiner Geschwister als Sohn Adolf des Alten von Hortenbach zu identifizieren, der als „Aelff van dem Bungarde" bei dieser Beurkundung zugegen ist. Der Truchseß Adolf ist wahrscheinlich der „Junior" von 1304, der 1316 und 1318 auch als „Ritter Adolf von dem Bungarde der Jüngere" begegnet.

Am 26. 1. 1335 erscheint letztmalig „Adolf von dem Bongard der Ältere“ in einer Urkunde. Laut diesem Schriftstück überläßt er dem Kloster St. Maria in Gräfrath den großen und kleinen Zehnten mit allem Zubehör in der Pfarre Schlebuschrath (Royde super Doynam = Rode an der Dhünn). Die 10 Malter jährliche Abgaben, die anfänglich an ihn abgeführt werden mußten, sind später an Adolf von dem Vorst und dann an Johann von dem Hirtze zu liefern (Jürgen Simon: „Monasterium St. Mariae in Greverode“, Studien zur Kölner Kirchengeschichte, 24. Band,Verlag Franz Schmidt Siegburg1990, S.136).

Nach Fahne stammen die Vorfahren der im Raume Odenthal ansässigen von dem Bongard möglicherweise aus dem Geschlecht derer von Eller. Gumpert II. hatte 1183 zwei Söhne: Adolf und Gumpert. Ab 1247 ist ein „Adolf von Eller“ nachweisbar. In zwei Urkunden aus den Jahren 1258 und 1262 ist zu lesen „dominus de Pomerio dictus de Elnere, miles“.[11] Bei denen von Eller kommt der Name Adolf auch später noch einige Male vor.

Damit zeichnet sich die Möglichkeit ab, daß das Geschlecht von dem Bongard (de Pomerio) eine Nebenlinie derer von Eller war, die auch die Burg Reuschenberg in Leverkusen-Bürrig besaßen. Heinrich von Bongard, Kanonikus von St. Mariengraden in Köln und Pfarrer von Odenthal, überträgt im Jahre 1305 seine „Erbgüter“ in Reuschenberg an die Johanniterkommende in Strunden.[12]

Es stellt sich die Frage, ob ein Zusammenhang zwischen der Motte Hortenbach und Strauweiler, in dessen Nähe sie ja lag, bestehen kann. Der Name Strauweiler taucht erstmalig im Jahre 1347 auf, nachdem die „Bongardschen Güter“ in die Hände des Wilhelm Quade gelangt waren. In einer Urkunde vom 14. Nov. 1347, betreffs der Übertragung des Manngutes „zome Krame“ bei Hochscherf durch Wilhelm Quade und seine Frau Gertrud an die Abtei Altenberg, fungiert als Zeuge ein „Henrig van Vairingh“, der genannt wird „van Struwilre“.[13] Einige Monate später, am 10. Juni 1348, urkundet derselbe als „Henrich van Varnich, ambtman in dem hove zu dem Bungarde“.[14] Auf dem Hof „zu dem Bungarde“ ist dieser Heinrich also Verwaltungsbeamter.

Vier Jahre vorher, am 13.11.1343, war das Gut, das Ritter Adolf von dem Bongard, der Bruder von Wilhelm Quades Schwiegervater Engelbert, hinterlassen hatte von Wilhelm Quade übernommen worden (mit Genehmigung des Grafen Adolf von Berg).[15] Gertrud, die Tochter des vorgenannten Engelbert (van me Bungarde), war Wilhelm Quades erste Frau. Hier ergibt sich die Verbindungslinie zu Adolf und Engelbert der Urkunde von 1283. Daß Strauweiler ein Lehngut der Berger war, erfahren wir aus einer Urkunde vom 6. 11. 1390, als Wilhelm Quade, Sohn des vorgenannten Wilhelm Quade, vom Herzog von Berg mit diesem Gut belehnt wurde.

Die von dem Bongard gehörten, wie gesagt, zu den bergischen Adelsfamilien, die der Abtei Altenberg fromme Stiftungen machten. Mit diesen Stiftungen waren meist Jahrgedächtnisse für die Stifter und deren Angehörige verbunden, die im Memorienregister der Abtei eingetragen wurden. Am Tag der

Feier erhielten alle Mönche aus den geschenkten Vermögensteilen eine Sonderspende in Form von Wein, Brot und Fisch, „Pitanz" genannt. Diese Sitte hatte eine gewisse Kontrollfunktion; denn um sicher zu sein, daß die jährliche Seelenmesse im Kloster auch wirklich gehalten wurde, mußte die Abtei an bestimmten kirchlichen Festen eine Portion der Pitanz an den Stifter selbst und/oder an ein anderes geistliches Institut schicken.

Wie berichtet, enthält das Memorienregister des Klosters Altenberg für den 28. September die Eintragung eines Adolf, genannt von Hortenbach (Adolphus de Pomerio dictus de Horttenbech[5]), mit der wahrscheinlich eine Pitanz verbunden war, die noch lange nach Strauweiler gebracht wurde. Diese Gabe ist erstmals 1499-1502 nachweisbar (AUB II, S. 305). Ein Bote der Abtei brachte alljährlich an Mariä Lichtmeß (2.2.), Mariä Verkündigung (25.3.), Mariä Himmelfahrt (15.8.) und Mariä Geburt (8.9.) zwei Semmel, eine Flasche Wein und einen Stockfisch nach Strauweiler. 1577 ist die Pitanz noch immer nach altem Herkommen jährlich zu leisten (AUB II, S. 429). Sie war damals von dem abteilichen Hof Menrath zu erbringen und wurde erst kurz vor der Säkularisation erlassen (AUB II, S. 599).

Aus der letztgenannten Urkunde von 1789 erfahren wir, daß die Abtei Altenberg mit dem Reichsgrafen von Metternich für die Anlegung eines neuen Mühlengrabens ein Stück Acker- und Buschland gegen 10 Morgen Busch, beiderseits des Fahrweges im Hortenbacher Siefen gelegen, tauscht. In diesem Gebiet, es gehörte über Jahrhunderte – und heute wieder – zu Strauweiler, befindet sich die vermutete Motte, die man wohl Unterhortenbach nennen kann.

Die Odenthaler Ritter von dem Bongard werden nach 1347 im Bergischen nicht mehr genannt. Vermutlich sind sie im Mannesstamme ausgestorben. Sie führten einen Wechselzinnenbalken in ihrem Wappen mit verschiedenen Varianten: Ritter Adolf de Pomerio, der 1269 seine Eigengüter in Breidbach an die Abtei Altenberg schenkt, zeigt den Wechselzinnenbalken auf einem gegitterten Feld (AUB I, Nr. 282), während 1335 ein Adolf de Pomerio das Wechselzinnenmotiv mit Turnierkragen führt.

Am 22.7.1351 tritt als Besitzer von Hortenbach Dietrich von Hortenbach aus der Familie von dem Vorste auf (AUB I, 772). Dietrich († ca. 1395) – Sohn des Adolf von Hückeshoven auf Haus Vorst – war durch Heirat mit Irmgard, Erbtochter des Engelbert von Ophoven, auch in Ophoven besitzlich geworden, deshalb nannte sich sein Sohn Wilhelm zeitweilig auch von Ophoven.

Wir wissen nicht, wie die von dem Vorst in den Besitz von Hortenbach gekommen sind. Der Wappling (Knappe) „Johann vam Vorste alias van Hortenbach" verpfändet 1402 der Abtei Altenberg eine Holzgewalt im Osenauer Busch.[16] Im Jahre 1405 überträgt Mant von dem Vorste an seinen Bruder Wilhelm, Erbe und Gut zu Oberhortenbach. 1411 urkundet „Johann vame Vorste gen. von Hortenbach".[17] Wilhelm von Hortenbach mit Gattin Adelheid überträgt 1439 dem Kloster Altenberg für ein Jahrgedächtnis 4 Holzgewalten

Gegenüberstellung zweier Linien derer von dem Bongard (de Pomerio)

Bruno pincerna, 1202–28, † 1229
∞ Alverådis, lebende Witwe 1231

Arnold 1229 ∞ N.N.	Adolf 1228–69 ∞ Clementia, 1243–69
	1252 Adolf und Clementia kaufen Hof in Odenthal
	1269 Adolf und Clementia schenken der Abtei Altenberg Erbgüter in Breidbach bei Odenthal, die sie „multis annis“ besitzen. Kinder: Bruno, Heinrich, Adolf, Alveradis (Aleidis 1280 Nonne in Gevelsberg). Wappen: Wechselzinnenbalken auf gegittertem Grund)
1283 Adolf von dem Bongard (auch von Odenthal genannt) ∞ Gertrud († vor 1283) Kinder: Engelbert, Adolf, Demudis, Clementia, Irmgard	
1304 Adolf junior, cognatus von Bruder Engelbert ———	1304 Adolf dictus de Pomerio
1316 Adolf von dem Bongard und seine Eltern in die Gebetsgemeinschaft der Nonnen von Dünnwald aufgenommen	(1301 urkundet Heinrich von dem Bongard, Kanonikus von St. Mariengraden in Köln. Derselbe ist von 1305 bis 1322 Pfarrer in Odenthal)
1318 Ritter Adolf van dem Bungarde der Jüngere	
1322 Adolpho de Hortinbech	
1326 Adolf van Hortenbech „der Alde“ ———	1326 Adolf van dem Bungart Küchenmeister
1326 Adolf der Ältere von dem Bongard Gattin Petronella stiften 200 Mark für ein Jahrgedächtnis in Altenberg	
1326 Adolf de Pomerio senior ——— Wappen: S-A(DOL)FI-DE-PUM(ER)IO (Wechselzinnenbalken **ohne militis**)	1326 (camerario Adolpho de Pomerio)
1331 Adolphus de Pomerio der Ältere urkundet in Niederblecher (Siegelzeuge)	
1334 Adolf van dem Bungarde (Frau Lysa), Sohn Adolf des Älteren, Ritter und Truchseß des Grafen Adolf IV. von Berg Bruder Engelbert, Schwester Demudis, Nonne in Dünnwald. Engelbert erbt nach Tode seines Bruders Adolf Strauweiler, seine Tochter Gertrud heiratet Wilhelm Quade um 1347	
1335 Adolf de Pomerio, Ritter, ist Siegelzeuge für Altenberg Wappen: Wechselzinnenbalken mit Turnierkragen Umschrift: S-ADOLPHI-MILITIS-DE-POMERIO (**mit militis**)	——— *bedeutet dieselbe Urkunde*
1335 Ritter Adolf v. d. Bongard der Ältere schenkt Zehnt in Schlebuschrath	Für Adolphus de Pomerio „dictus de Horttenbech“ wurde alljährlich am 28. September in der Abtei Altenberg ein Jahrgedächtnis gefeiert

im Bürriger Busch.[18] Das Memorienregister der Abtei nennt ihn aber „Wilhelm von Ophoven" nach seinem Vater Dietrich von dem Vorste auf Ophoven, von dem er Anteile am Gut in Opladen geerbt hatte.

Im Jahre 1407 gibt „Mant von dem Vorste" durch Urkunde bekannt, daß er seinem Bruder Wilhelm von dem Vorste seinen Hof zu Hortenbach mit Zubehör einschließlich der Fischerei in der Dhünn übertragen habe. Dieses Fischereirecht kauften später die von Quad auf Strauweiler.

Zusammenfassend können wir auf Grund der vorliegenden Fakten folgendes feststellen: Auf einem Hof in Odenthal (später Strauweiler genannt) sitzen im 13. Jahrhundert die Ritter von dem Bongard (de pomerio), die möglicherweise einer Zweiglinie derer von Eller (Elnere) entstammen. Nach Fahne hatte ein Gumpert (Gumbert) von Elnere einen Sohn Adolf. In der nach ihm folgenden Generation (1247) kommt ebenfalls ein Adolf vor, den Fahne mit demjenigen „dominus Adulfus de Pomerio dictus de Elnere miles" identifiziert, der 1262 sein Siegel an die Urkunde betreffs des Bündnisses zwischen der Stadt Köln und Adolf von Berg hängt.

Zwischen 1269 und 1283 zeichnen sich zwei Linien der Familie ab, die beide nach der Mitte des 14. Jahrhunderts im Raume Odenthal nicht mehr greifbar sind. Das Gut Strauweiler erbt Engelbert von seinem Bruder „Adolf van dem Bungarde, Ritter und Truchseß des Grafen von Berg (1334 genannt). Von Engelbert geht das Gut an seine Tochter Gertrud (Name von der Großmutter), die den Ritter Wilhelm Quade heiratet. 1343 wird Wilhelm Quade vom Herzog von Berg mit den Gütern des Adolf von dem Bongard belehnt, während ab 1351 auf Hortenbach die Ritter von dem Vorste als Besitzer nachgewiesen sind.

Der oben genannte Wilhelm von Hortenbach wird im Jahre 1447 mit dem Rittersitz Hortenbach in der Ritterschaftsliste des Amtes Miselohe geführt. Um auf den „Ritterzettel" gesetzt zu werden, war der Besitz einer Burg oder eines festen Hauses obligatorisch. Diese Anlage mußte im 15. Jahrhundert noch einen gewissen fortifikatorischen Wert haben, und es genügte damals noch nicht, eine Ruine zu besitzen, wie in späterer Zeit dokumentiert.

Auch bei anderen Ministerialen der Berger haben anfänglich Holz-Erde-Burgen bestanden. So saßen die Ritter von Opladen bzw. Ophoven mit großer Wahrscheinlichkeit zuerst auf der sogenannten „Robertsburg", ehe sie etwas oberhalb im Wiembachtal einen neuen Sitz errichteten. Die ersten von Nesselrode/Leysiefen haben wohl auf der „Zobbesmur", die von Büchel auf einer im Mittelalter „stritbuggele" oder „wallburch hurne" genannten Anlage gesessen. Ein weiteres Objekt an einem gestauten Wasser war Reuschenberg, zu dem die im Reuschenberger Busch liegenden Weiher gehören. Dort saß ein Sproß derer von Eller. Jedenfalls verdichten sich Spuren und Hinweise von ehemals wasserumflossenen Motten. Nach einer Überlieferung führten die Ritter von Odenthal im Wappen „einen von einem Bache umschlossenen Hügel", also eine Motte. (P. Jos. Heinrichs: „Geschichte des Bergischen Landes", Köln 1890, S. 162)

Motte Kurtekotten am gleichnamigen Flugplatz

Mottenähnlicher Hügel der Burg Berge in der Nähe des Domes Altenberg

Die Kramerburg bei Hochscherf

Wie gesagt, es gibt genug Spuren von Burgen, die einem aufmerksamen Geländebegeher im Gebiet um Altenberg auffallen. Als ich neulich wieder einmal mein Auto in Richtung der alten Zisterzienserabtei lenkte, die mich wie ein Magnet immer wieder anzieht, weil dort die bergische Geschichte greifbar nahe erscheint, bemerkte ich am Waldrand links der Straße hohe mit Moos bewachsene grüne Erhebungen, die nicht natürlichen Ursprungs sein konnten. Eine sofortige Besichtigung überzeugte mich, daß hier einst der Glöbuscher Siefen durch einen mächtigen Damm gestaut war, was damals zu einem großen Teich geführt haben mußte, denn das Tal ist hier ziemlich breit. Mich interessierte nun die Geländebeschaffenheit auf der anderen Seite des Bergsporns, der die sogenannte „Erdburg" (Erberich) trägt. Dort heißt die Flur „Alteburgsiefen". Hier befindet sich ein enges Kerbtal, das feindliches Eindringen (mit Belagerungsmaschinen) sehr erschweren mußte. Ein zusätzlicher Wasserschutz war hier im Gegensatz zur anderen Seite des Bergsporns überflüssig.

Eine Parallele hierzu gibt es augenscheinlich beim Bergsporn der Kramerburg in der Nachbarschaft des Hofes Hochscherf. Hier war einer der vorbeiführenden Bäche, wie die Reste eines Dammes erkennen lassen, ebenfalls gestaut gewesen und hat einstmals den Burgberg seeähnlich umgeben. Auch die Anhöhe der Burg Berge ist vom Wasser umflossen worden. Südwestlich bildet die Dhünn einen Bogen, südöstlich war früher der dort herabfließende Siefenbach in unmittelbarer Nähe der Kernburg gestaut und bildete zusammen mit einem kurzen Abschnittsgraben ein Hindernis an der am wenigsten geschützten Spornseite. Man kann sagen, daß bei den Höhenburgen Erdburg, Kramerburg und Burg Berge dasselbe Schutzprinzip, eine Kombination der Annäherungshindernisse Bergsteilheit und Wasser, angewendet wurde, während man bei den beiden in der Nähe befindlichen Anlagen in der Niederung (Hortenbach und Wiebershausen) das Annäherungshindernis durch eine künstliche Versumpfung um die Mottenhügel herum verstärkte.

Seit dem Ende des ersten nachchristlichen Jahrtausends bevorzugte man bei Befestigungsanlagen – wie auch anderswo beobachtet wird – die Lage an Bächen und Flüssen mit möglichst zwei seitlichen Bachzuläufen. Das Vorhandensein von genügend Wasser mußte unter allen Umständen gesichert sein, denn der Feind konnte einen Wasserlauf absperren. Auf den Spornburgen waren Brunnen wohl nicht immer möglich, jedenfalls finden sich dort nirgendwo Spuren von Wasserentnahmestellen, evtl. waren Zisternen vorhanden. Menschen und Tiere waren in jedem Fall vom Wasser abhängig. Wasserläufe und Teiche bildeten in Kriegs- wie in Friedenszeiten auch eine wichtige Rolle in der Brandbekämpfung. Im Falle einer Belagerung konnte es auch sehr nützlich sein, für die Ernährung den einen oder anderen Fisch aus dem Burggraben zu ziehen. So werden bei der Übertragung der Kramerburg an die Abtei Altenberg im Jahre

1302 ausdrücklich die Fischweiher (cum piscinis) erwähnt[20]. Fische waren an Fastentagen für die Klöster außerordentlich wichtig.

Die Kramerburg ist für die Geschichtsforschung deshalb besonders interessant, weil hier einmal Besitzer genannt werden. Sonst können Bewohner nur in seltenen Fällen auf ein bestimmtes Objekt lokalisiert werden.

Die Burg gehörte am Ende des 13. Jahrhunderts dem Kölner Dompropst Konrad von Berg, der dort laut Urkunde ein neues Haus (ein Burghaus) errichtete.[21] Wir wissen allerdings nicht, wie lange er hier schon besitzlich war, als er im Jahre 1294 die Höfe Hochscherf und Klev – einschließlich der Burg – an die an der Strunde niedergelassene Johanniterkommende Herrenstrunden verpfändete. Deshalb können wir nicht schlüssig erkennen, ob der gemeldete Bau eine Neuerrichtung in einer schon vorhandenen älteren Abschnittsbefestigung war.

Die Zeitstellung der Entstehung der zahlreichen großen und kleinen Wallanlagen im Bergischen bleibt nach wie vor ein Problem, weil die mageren historischen Nachrichten keine Hinweise auf Errichter oder Nutzer solcher Anlagen geben und somit nur die Bandbreite zwischen Vermutung und Wahrscheinlichkeit bleibt. Bei den Zeugen der Urkunden – und das sind oft die einzigen Hinweise, die wir haben – werden die damals allen bekannten Herkünfte und Wohnplätze üblicherweise nicht genannt.

Die bisher noch recht seltenen Keramikfunde geben nur ein unscharfes Bild über Jahrhunderte hinweg. Sie sagen uns nur, daß sich zu der Zeit, als diese Keramik (manchmal lange Zeit!) gebräuchlich war, Menschen an diesen Orten aufgehalten haben, ohne sicher zu sein, daß damit auch nur die ungefähre Gründungszeit getroffen wird. In unsicheren Zeitläufen werden aus Vorsorge Schutzbefestigungen geschaffen worden sein, die dann doch nicht oder nur ganz selten genutzt worden sind.

Von der Größe her ist bei der Kramerburg allerdings nicht an eine Fluchtburg zu denken. Hier handelt es sich um einen festen Wohnplatz, um eine kleine mittelalterliche Herrenburg. Die einstmals vorhandene fortifikatorische Qualität – es sind nur noch Spuren vorhanden – muß beachtlich gewesen sein. Man kann verstehen, daß die Johanniterkommende Herrenstrunden diese Burg gerne behalten hätte, als Konrad sie dem Ordensritter Christian von Hochscherf übertrug.[22] Die Urkunden berichten von Streitigkeiten (querela et impetitione) über diesen Vorgang. Den Ausschlag zugunsten der Abtei Altenberg gab der Großmeister Heinrich von Kindhausen.

Der Besuch des alten Hofes Hochscherf und der in der Nähe liegenden Kramerburg ist für Freunde der bergischen Geschichte durchaus lohnend. Allerdings bedarf es hier der erklärenden Begleitung, weil für ungeübte Augen heute leider nicht mehr viel zu erkennen ist. Aus diesem Grunde führte der Bergische Geschichtsverein im Jahre 1988 eine archäologische Wanderung durch, an der 60 interessierte Geschichtsfreunde teilnahmen.

Bei dieser Exkursion meldete sich zur Überraschung des Leiters, Dr. Manfred Rech, der 82jährige Hanno Weiler, der sich schon länger mit der Kramerburg beschäftigt hatte und von ihr auch eine Skizze besaß. Er konnte berichten, daß die Mauern der Burg um 1920 noch meterhoch waren, dann aber von den Bauern als Steinbruch benutzt worden sind. „Ein trauriges Beispiel, wie Baudenkmäler innerhalb weniger Jahrzehnte ausradiert werden und der Nachwelt für immer verloren sind“, kommentierte Manfred Rech seine Ausführungen. „Heute muß man ein geschultes Auge haben, um aus den wenigen noch verbliebenen Spuren die Formen der ehemaligen Burg erkennen zu können.“ Bezeichnend ist auch bei dieser Anlage die geschickte Ausnutzung des natürlich vorhandenen Geländes (Steilhänge und Wasser), das hier geradezu ideale Voraussetzungen für die Anlage einer Spornburg bot.

Aus dem Jahre 1930 ist uns eine Beschreibung der Kramerburg überliefert, die uns auch den Weg zum Burgplatz weist: „An der Ostgrenze der Gemeinde Odenthal liegt bei Kilometerstein 6 des Gemeindeweges im langgestreckten Scherftal, zu Füßen des alten Gutes Klef, die Liesenbergermühle. Hier vereinigen sich mehrere Waldbäche zu gemeinsamem Lauf und bilden die Scherf. Folgen wir auf dem linken Ufer des von Süden kommenden Gewässers einem buchenüberwölbten Waldwege, der in einer halben Stunde nach Hochscherf führt, so kommen wir, etwa 15 Minuten von Liesenbergermühle entfernt, an eine Stelle, wo von links ein klares Wasser dem uns begleitenden Bächlein zueilt. Vor uns durchquert das Tal ein Damm, fast eingeebnet, aber noch gut erkennbar, augenscheinlich ein Überbleibsel einer ehemaligen Teichanlage. Dahinter, zwischen den beiden Wasserläufen, erhebt sich ein kegelförmiger, bewaldeter, nach drei Seiten gleichmäßig abfallender Bergvorsprung, den wir erklimmen. Auf seiner Höhe gewahren wir einen kreisrunden Wall von acht Meter Durchmesser, dem nach der Bergseite zu ein dreiviertel kreisförmiger Wall von zwölf Meter Durchmesser vorgelagert ist. An verschiedenen Stellen ist mit Mörtel verbundenes Mauerwerk zu finden... Gegen den dahinter aufsteigenden Bergrücken ist das ganze durch eine geringe, künstlich vertiefte Einsattelung geschieden. Im Volksmunde heißt der Ort Kramerburg. Hier soll ein Bischof in goldenem Sarge begraben liegen, und ein unterirdischer Gang soll zu dem vier Kilometer entfernten Kloster Altenberg führen. Erwähnt wird der Platz von Montanus folgendermaßen: Bei Hochscherf erhebt sich in der Mitte eines Kesseltales ein turmähnlicher Hügel, ungefähr 50 Fuß hoch, auf dem der Sage nach eine Burg gestanden haben soll. Doch die obere Fläche, die kaum eine Quadratrute mißt, scheint eher einen heidnischen Altar getragen zu haben, oder das Ganze ist ein Grabmal vorchristlicher Zeit, worauf denn auch die greulichen Spukgeschichten, die man davon erzählt, zu deuten scheinen.“

Montanus scheint keine Kenntnis der Altenberger Urkunden gehabt zu haben, und so wußte er auch nichts von dem Kölner Domprobst Konrad von Berg, der hier im 13. Jahrhundert „ein Haus“ (domus) errichtet hatte.

Der Wall zwischen Oberborsbach und Wiebershausen

Eine viel unscheinbarere Wallanlage als die vorgenannten befindet sich auf dem Sonnenberg zwischen Wiebershausen und Oberborsbach. Diese scheint eine ganz andere Funktion gehabt zu haben als etwa die Kramerburg oder andere Abschnittsbefestigungen im Bergischen.

Um dorthin zu gelangen, lassen wir unseren Wagen am besten in Wiebershausen stehen und gehen ein Stück des Weges in Richtung Höffe. Nach einer Wegebiegung führt rechts am Rande eines tiefen Siefens der Weg auf die Höhe, den wir bis zu seinem Ende, an dem der Wall liegt, verfolgen. Er ist von Höffe herauf der einzige Zugang zu diesem abgelegenen Ort, so daß man einen Zusammenhang mit den im Tale liegenden Höfen vermuten darf.

Der wichtigste Besitz der im bäuerlichen Leben verhafteten Menschen des Mittelalters waren die Haustiere, besonders Hühner, Schweine, Rindvieh und auch Pferde. Diese in Kriegsgefahr zu schützen, war oberstes Gebot. Bei der Wallanlage über Oberborsbach kann man sich sehr gut vorstellen, daß hier einst eine Art Viehpferche bestanden hat. Dort konnte man an einem den Ortsunkundigen nicht bekannten Platz die Tiere so lange verborgen halten, bis die auf der Straße durchreisenden und nach Beute suchenden Fremdlinge wieder abgezogen waren. Bei dieser Anlage kann man vielleicht eine Erklärung dafür finden, warum die zahlreichen nur schwach befestigten Wallanlagen meist in der Nähe von Höfen liegen, die in alten Urkunden vorkommen.

Ein Musterbeispiel dafür ist die Spornanlage bei Oberburghof in der Nähe von Hückeswagen, die offensichtlich zu zwei einsam gelegenen Höfen gehörte. Auch dort führte ein alter, heute noch zu erkennender Weg direkt zu den Höfen, wie wir das auch bei der Anlage auf dem Sonnenberg bei Odenthal-Höffe beobachten können. Die mutmaßlichen Viehverstecke brauchten eine gewisse Größe, weil die Tiere dort eine Zeitlang weiden mußten. In Friedenszeiten konnte man die umgrenzte Fläche als Waldweide, besonders für die Eckernmast, nutzen. Noch heute sind in diesem Gelände Buchen und Eichen zu finden.

Eine ähnliche Anlage befand sich auch in der Nähe von Niederblecher (in einer Altenberger Urkunde aus dem Jahre 1264 „Niderbleggerin" genannt)[23]. Ein alter Hof mit Feldsteinfundamenten liegt in der Mitte der Ortschaft. Auch in seiner Nähe befindet sich auf einem von der Straße abgelegenen Bergrücken eine alte Wallanlage mit zwei niedrigen Querwällen hintereinander, die vor einem dritten mit Seitenwall enden. Ein gutes Stück weiter den Hang hinauf findet sich dann ein weiterer Wall, der sich über den ganzen Bergrücken hinzieht. Die ganze Anlage wird an der nordwestlichen Seite von einem tiefen Siefen begleitet.

Es ist also daran zu denken, daß die zahlreichen kleineren, wenig befestigten Wallanlagen im Bergischen Land – es sind noch lange nicht alle entdeckt – möglicherweise einzelnen Höfen oder Hofschaften zuzuordnen sind.

Die „Alte Burg" über dem Eifgenbach (Eifgenburg)

Eine wesentlich andere, auf jeden Fall „kampfstärkere“ Anlage als die in Wiebershausen, Unterhortenbach, Oberborsbach und Hochscherf ist die sogenannte „Eifgenburg“. Sie liegt 2300 Meter südöstlich der Ortsmitte von Burscheid und etwa 2500 Meter nordöstlich von Altenberg. Wer den steilen Aufstieg vom Eifgenbach in der Nähe des ehemaligen Bökershammer vermeiden will, wählt am besten den Weg, der auf der Wermelskirchener Straße (B 51) zwischen dem Hanscheider Hof und Kaltenherberg in östlicher Richtung durch die Felder führt. Kurz bevor ein sinusförmiger Hohlweg beginnt, wendet man sich nach links an den – weglosen! – Waldrand, der auf den Hauptwall stößt.

Die Eifgenburg ist eine der wenigen Befestigungsanlagen des Bergischen Landes, auf denen archäologische Untersuchungen durchgeführt wurden, die allerdings – wie auch andernorts – keine schlüssigen Erkenntnisse über den oder die Erbauer und auch nicht über die geschichtlichen Zusammenhänge bringen konnten. Kritische Forscher (W. Janssen, A. Herrnbrodt, K. Grewe[24]) kamen vor einigen Jahrzehnten aufgrund der dort gefundenen Keramikscherben zu dem Schluß, daß eine Benutzungszeit etwa im 11. bis 12. Jahrhundert anzunehmen sei. Bei den Funden handelt es sich um Bruchstücke von mehreren Gefäßen der Pingsdorfer Art, also um hellgrundige, leuchtend rot bemalte Ware; dazu kommen Bruchstücke mehrerer blaugrauer Kugeltöpfe. Der Heimatforscher Fritz Hinrichs und andere vermuteten allerdings eine ältere Entstehungszeit als diese Funde aussagen, möglicherweise schon im 8. oder 9. Jahrhundert.

Die Eifgenburg und die Rennenburg bei Winterscheid haben einige Gemeinsamkeiten. Sie unterscheiden sich von Holz-Erde-Anlagen durch gemörtelte Ringmauern und Steinbauten (Türme). Eine Besonderheit ist der Schildwall der Eifgenburg, der eine Kombination einer Holz-Erde-Befestigung mit einer vorgesetzten Mörtelmauer darstellt. Auffällig ist die Menge des angeschütteten Erdreichs vor, hinter und über den Mauern. Sollten diese Mauern und Erdwälle sozusagen „in einem Zuge“ errichtet worden sein? Man kann Eifgenburg und Rennenburg als Befestigungen „fortgeschrittener Art“ jenen Anlagen gegenüberstellen, die ausschließlich aus Erdwällen bestehen.

Gemäß den Keramikfunden haben sich im 11. und 12. Jahrhundert auf der Eifgenburg Menschen aufgehalten, was aber nicht ausschließt, daß die Anlage schon vorher entstanden ist. Um die verschiedenen Möglichkeiten aufzuzeigen, müssen wir die Siedlungsgeschichte heranziehen, die sich nach den Ergebnissen der Orts- und Flurnamenforschung in etwa nachvollziehen läßt.

Die Burscheider Lösplatte, an deren Rand die Eifgenburg liegt, hat wegen der hervorragenden Qualität des Ackerbodens schon früh das Interesse landsuchender Bauern gefunden. Die Ortsnamen vom sächsischen -inghausen-Typ, die den fränkischen Orten mit -inghoven- und -hofen-Namen gegenüberliegen, geben uns Kunde von der Besiedlung, wir mit einem Blick auf die Landkarten

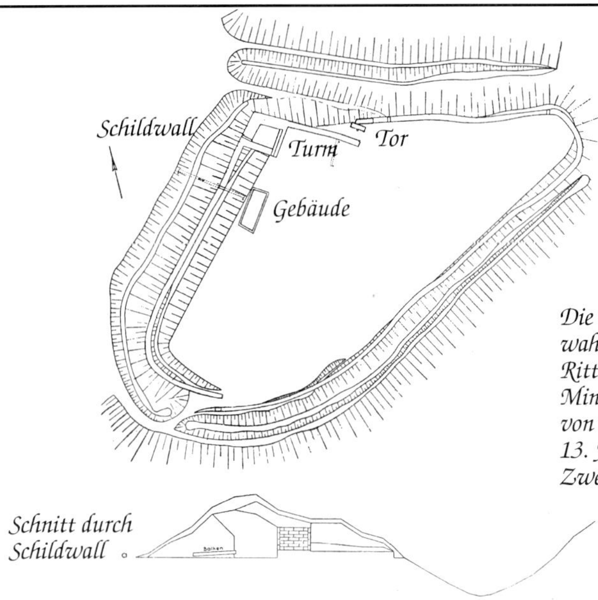

Die Eifgenburg wurde wahrscheinlich von den Rittern von Stammheim, Ministerialen der Grafen von Berg, Anfang des 13. Jahrhunderts evtl. in Zweitnutzung genommen

Grundriß der Eifgenburg. Im Kern des Erdwalles befinden sich Mauern Eifgenburg und Rennenburg sind Weiterentwicklungen von Erdburgen

Mauerwerk unter Erdwall bei der Rennenburg im Bergischen Land, hier am Tor der Kernburg

erkennen können. Hier kann man an etwaige Konfrontationen landsuchender Sippen denken, die vor der Konsolidierung der Besitzverhältnisse stattgefunden haben. Wir wissen aus der Mottenforschung, daß die Niederungsburgen im Flachland als Instrument der Eroberung und Verteidigung von Landbesitz dienten. Das wird im Bergland nicht anders gewesen sein. Einige Spornburgen auf steiler Höhe treten als Sonderformen der Motten (siehe Burg Berge) fast gleichzeitig mit den Niederungsburgen in wasserständiger Lage im Tal auf, wie z.B. Wiebershausen (Niederscherf) und Hortenbach.

Hilfreiche Informationen finden wir in der Siedlungsgeschichte, die Dr. Heinrich Dittmaier über Orts- und Flurnamen des Bergischen Landes geschrieben hat. Er setzt sich aber mit seinen Datierungen in die Kritik der Archäologen, die seine Angaben als zu früh angesetzt sehen. Nach Beachtung aller Kriterien ist durchaus ein Weg der Annäherung von Historie, Ortsnamenkunde, Patroziniumskunde und Archäologie zu finden. Wenn die Archäologen bei den wenigen untersuchten mittelalterlichen Befestigungsanlagen im Bergischen Land Nutzungsspuren frühestens für das 11. und 12. Jahrhundert feststellen konnten, muß das keinesfalls bedeuten, daß diese Anlagen nicht schon ein Jahrhundert gebaut wurden. Ihre hohe Zahl ist Indiz für eine gleichzeitige Entstehung in Zeiten, in denen große allgemeine Gefahren drohten. Sie waren möglicherweise nur Vorsorge für den befürchteten Ernstfall in der unruhigen politischen und wirtschaftlichen Landschaft des 10./11. Jahrhunderts.

Erst als die Grafen von Berg in dieser Region Fuß faßten, griffen diese und ihre Ministerialen aus praktischen und Billigkeits-Erwägungen auf schon vorhandene Befestigungsanlagen zurück und bauten sie nach neuen Erfordernissen – neue Waffen, Einsatz von Belagerungsmaschinen etc. – aus. Von der neuen Burg der Berger über der Wupper schreiben Dr. W. Janssen, Dr. A. Herrnbrodt und K. Grewe: Es kann „keinen Zweifel darüber geben, daß auch diese auf einem gegen das Wuppertal vorstoßenden Bergsporn gelegene Burg auf eine frühmittelalterliche Wehranlage des 10.—12. Jh. zurückgeht“.[25] Die gegenüberliegende Wallanlage (Galopa) kann vermutlich die Gegenburg eines Konkurrenten zur Zeit der Landnahme gewesen sein. Auch bei der Burg Berge ist eine Zweitnutzung und der Ausbau einer älteren Abschnittsbefestigung zu vermuten. Der oben auf dem Bülsberg liegende Terrassenwall und auch die Wälle und Gräben südwestlich der Burg zum Tierpark hin, haben wohl ehemals zu einer wesentlich größeren Anlage gehört. Möglich ist auch, daß der Nutzungsraum zur Zeit der Berger ein größerer war (z.B. für die Unterbringung von Kriegern und Pferden) als der zuletzt archäologisch untersuchte Bereich.

Heinrich Dittmaier schreibt in seiner Arbeit mit Bezug auf den sächsisch-engrischen Siedlungsvorstoß: „Es erhebt sich nun die Frage, welcher Besiedelungskategorie wir die Inghausenorte zurechnen müssen: Landnahme oder Ausbau. Der ganze Vorgang ähnelt ohne Zweifel einer Landnahme.“ Er meint dazu weiter unten: „es ist nicht unbedingt notwendig, daß die Urbevölkerung verdrängt oder sogar aufgerieben wurde." Wahrscheinlich haben konkurrierende sächsische und fränkische Siedler, die aus überbevölkerten Stammgebieten aufgebrochen waren, hier Siedlungslücken aufgefüllt, was am Anfang wahrscheinlich nicht ohne Gewaltanwendung durchzuführen war.

Bei Dittmaier lesen wir über die landschaftliche Lage der Siedelplätze noch folgendes: „Der größte Teil von ihnen hat Quellmuldenlage; doch fällt auf, daß nicht wenige, besonders am Westrand ihrer Verbreitung, Bergzungenlage zeigen... Die Bergzungenlage ist m. E. eine Schutz- und Wehrlage. Von den ehemals versumpften Tälern her konnte nur geringe Gefahr drohen, es blieb also nur eine ernstlich gefährdete Seite übrig, die leicht bei Rückenfreiheit zu verteidigen war... Jedenfalls muß eine starke Verteidigungsbereitschaft vorhanden gewesen sein."

Ein Aspekt darf in Bezug auf die zahlreichen bergischen Wehranlagen nicht übersehen werden, und zwar die großpolitische Lagen im rechtsrheinischen Vorland von Köln. Im 10. und am Anfang des 11. Jahrhunderts – und davon sprechen die wenn auch kargen Quellen – fanden dort häufig Unruhen und kriegerische Umtriebe statt. Eine kurze Notiz aus der Kölner Königschronik (Chronica regia) berichtet, daß Erzbischof Bruno I. (953–965), der Bruder Kaiser Otto I., wegen der Rebellen in dieser Region die alte Römerbrücke und die Burg in Deutz habe niederlegen lassen (pontem super Renum et Divitense castrum propter rebelles effregerit).[26] Das müssen schon schwerwiegendere Gründe gewesen sein, als gelegentliche „Überfälle auf Kaufleute auf der Brücke", wie laut einer anderen – im Mittelalter durchaus üblichen – sagenhaft umschriebenen Mitteilung überliefert ist.

Im Raume Köln waren zur Zeit Kaiser Otto III. (994–1002) und wohl auch schon vorher unter dem Regentschaftsrat, der von seiner Mutter Theophanu geführt wurde, die politischen Verhältnisse sehr unstabil. Die Zentralgewalt des Reiches wurde nach Zerfall des Karolingerregnums durch aufstrebende „Landesfürsten" (principes terre), welche vom Reich unabhängige Herrschaften über Land und Leute anstrebten, immer mehr gefährdet. Schon Kaiser Otto I. vergab deshalb einige Herzogtümer an ehelos bleibende geistliche Würdenträger, um die unerwünschte Erblichkeit der großen Lehen zu durchbrechen und so die Zentralgewalt des Reiches zu stärken.

Das Gebiet im Linksrheinischen gehörte nicht zu den karolingischen Gauen, welche nach dem Vertrag von Meersen im Jahre 870 an König Ludwig den Deutschen fielen. In diesem „Niemandsland" gab es im neunten und verstärkt im zehnten Jahrhundert während der großen Rodungsperioden beste Voraussetzungen für den „Wildwuchs" von Herrschaftsbereichen. Die sogenannten Uferfranken (Ripuarier) drängten – getrieben von der Überbevölkerung – auf der Suche nach neuen Siedelflächen vom fruchtbaren Altsiedelland der Rheinebene in das Bergland vor, das allerdings nicht überall für den Ackerbau so geeignet war als die fruchtbare Lösplatte in der Gegend von Burscheid.

Im Zusammenhang mit einer möglichen Zerstörung der Eifgenburg um das Jahr 1000 ist interessant, was uns Thietmar von Merseburg berichtet: „Kaiser Otto III. kam im Jahre 995 nach Köln, um den Landfrieden in dieser Gegend zu sichern."[33] Wie schon im Jahre 965, als Erzbischof Bruno I. die Kölner Brücke wegen der Rebellen abbrechen ließ, saßen die Landfriedensstörer möglicherweise wieder im Rechtsrheinischen und eventuell auch in Burscheid.

Es besteht die Möglichkeit, daß die „Eifgenburg" – sie trug früher vermutlich einen anderen Namen – möglicherweise mit den Ereignissen um die Jahrtausendwende, in deren Zusammenhang die „Rebellen" in der Kölner Königschronik gemeldet werden, etwas zu tun gehabt haben könnte.

Während der Untersuchung der Eifgenburg sind nämlich Spuren von Brandschäden entdeckt worden, sowohl von dem Ausgräber Kersten als auch von dem Leichlinger Heimatforscher Fritz Hinrichs. Letzterer schreibt: „Der Lehm und die Steine" – gemeint ist ein Pfostenloch – „zeigten starke Brandrötung. Reste... waren tief in die Erde hinein verkohlt. Starke Spuren des Feuers wurden in noch viel größerer Ausdehnung auf dem Boden des Tores gefunden. An keiner Stelle der Burg wurden bis jetzt so starke Brandspuren entdeckt wie hier."[27]

Auch der Ausgräber Kersten hat also Brandspuren entdeckt, die nach seiner Beobachtung bis unter die Steinmauern reichten. Das Feuer muß also demnach vor dem Bau der Steimauer gewütet haben. Kersten vermutet deshalb eine Brandrodung zur Einebnung des Bauplatzes vor dem Bau der Burg.[28]

Diese Vermutung ist nicht nur durch die Beobachtung von Hinrichs unwahrscheinlich. Holz-Erde-Mauer und Steinmauer können eigentlich nicht gleichzeitig entstanden sein. Es gibt keinen Sinn, warum man zwei verschiedenartige Mauersysteme gleichzeitig errichtet haben sollte. Die Steinmauer, als vermutlich jüngeres Bauwerk, scheint eher eine nachträgliche Erweiterung oder Vorsichtsmaßnahme zur Verhinderung eines erneuten Brandes gewesen zu sein. Hier muß also irgendwann in der Geschichte der Eifgenburg ein Angriff mit Feuer stattgefunden haben. Auffällig ist auch die starke Bedeckung der Schildwallmauer mit Erdreich. Diese großen Erdmassen dienten wohl als Schutz des Mauerwerks vor den Rammböcken der Belagerungsmaschinen. Solche sogenannte „Einmottungen" zum Schutz des wenig widerstandsfähigen Mauerwerks sind auch an anderen Stellen zu beobachten.

Wie auf dem berühmten Teppich von Bayeux dargestellt, bedrängten die Angreifer die aus Holz gebauten Befestigungen mit Feuer. Die Holz-Erde-Mauern der Motten, Ringwälle und Abschnittsbefestigungen waren durch Brand außerordentlich gefährdet, deshalb ordnete man das in Kastenformen liegende Holz so an, daß nur Stirnhölzer, die dem Feuer eine nur geringe Angriffsfläche boten, außen lagen.

Die Holz-Erde-Mauer der Eifgenburg ist als älteres Bauelement eher sekundär entstanden. Allerdings ist es unmöglich, abzuschätzen, wie weit zurück in die Zeitläufe die Eifgenburg zu datieren ist, denn alte Verteidigungsanlagen wurden

Idealbid einer fränkischen Motte, nach K. Gumpert

Idealbild einer französischen Motte, nach A. de Caumont

Motte Dinan. Kampf um die Burg. (Teppich von Bayeux)

Die Angreifer gehen mit Feuer gegen die Burg vor

über Jahrhunderte immer wieder genutzt. Kastenförmige Holzeinbauten kamen schon bei den keltischen Siedlungen (oppida) vor. Cäsar beschreibt sie uns als „murus gallicus“.

Wie wir aus der Geschichte des Burgenbaus wissen, war in Westeuropa seit der Zeit des Frankenkönigs Chlodwig die Belagerungskunst mit Maschinen und Geräten (Poliorketik) im Niedergang begriffen und nach Beendigung der Normanneneinfälle praktisch vergessen. Sie entwickelte sich neu auf Grund der Erfahrungen, die die Kreuzritter bei den byzantinischen, armenischen und sarazenischen Belagerungsspezialisten sammeln konnten. Auch griff man auf die Beschreibungen des römischen Architekten Flavius Vegetius Renatus zurück. Der nun gewonnene Fortschritt in der Kriegstechnik trug dann zwischen 1097 und 1099 in hohem Maße zur Einnahme von Nizäa, Antiochia und Jerusalem bei. Die mit wenig festem Mörtel gefertigten Schalenmauern konnten den starken Widderrammern und Mauerbohrern kaum widerstehen. Man erinnerte sich deshalb wieder der Erdwerke, die wegen ihrer federnden Beschaffenheit den Geräten Widerstand entgegensetzten. Man versuche nur, in ein weiches Material ohne Gegendruck einen Nagel einzuschlagen.

Wer aber waren die Inhaber der Burg, die diese damals fortgeschrittene Form einer Befestigung geschaffen und auch einen Bergfried in Tornähe erbaut hatten? Es mußte jedenfalls ein mächtiges und vermögendes Geschlecht gewesen sein, denn, wie Fritz Hinrichs ausgerechnet hat, waren allein für die 220 Meter lange Ringmauer der Eifgenburg 1300 Tagwerke nötig. Wenn wir dann hören, daß, wie aus den Keramikfunden hervorgeht, die Anlage im 11. und 12. Jahrhundert genutzt worden ist, wird in diesem Zusammenhang eine Altenberger Urkunde aus dem Jahre 1273 interessant.

In diesem Jahre schenkte der bergische Ritter Adolf von Stammheim der Abtei Altenberg zur weiteren Ausstattung der von seinem Vater gestifteten Kapelle vor der Klosterpforte seine Eigengüter „zu me Haine“ (Hane, Hahn, Hanscheider Hof), die er ca. 40 Jahre im freien Besitz hatte.[27] Wenn wir von der Jahreszahl 1273 die 40 Jahre abziehen, kommen wir mit 1233 in die Nähe des 12. Jahrhunderts, aus dem die gefundenen Keramikscherben stammen sollen.

Bei „Hane“ handelt es sich nicht um die Burg „Haan“ bei Dünnwald, wie Mosler vermutet (dort hatte Stammheim nie Besitz). Wir besitzen nämlich einen alten Plan des Hanscheider Hofes von 1804, auf dem die „Alte Burg“ eingezeichnet ist (siehe Gruß, Frühmittelalterliche Burgen, S. 45). Und – was wichtig ist – etwa auf halbem Wege zwischen dieser und dem neuen Hof an der Wermelskirchener Landstraße befinden sich die Ruinen (Steinfelder) des „Alten Hahn“, dem Vorläufer des Hanscheider Hofes, der ganz in der Nähe der Eifgenburg gelegen hat, so daß er deren Wirtschaftshof gewesen sein kann.

Schon im Jahre 1202 wird ein Immobilie der Abtei Altenberg genannt, die in der Nähe des Hofes Hane (iuxta curia Haen) und über dem Eifgenbach (prato sito super ripam Eyffken) lag.[30] Als in den Jahren 1303 und 1316 der Graf von

Berg die in seinem Lande liegenden Güter der Abtei Altenberg von der Herbstbede und der Futterhaferabgabe befreit, schließt er auch die Besitzungen des Klosters „in Hane“ ein. Im Altenberger Urbar von 1499/1502 wird dann nochmals der Hof aufgeführt: „curia zom Haen“.[31] Der Hanscheider Hof gehörte zu den Höfen, die zur herzoglichen Jagd einen Dienstwagen stellen mußten. (Fritz Hinrichs: „Altenberger Höfe zwischen Wupper und Dhünn“, S.71 ff.). Es fällt auf, daß diese Dienste von sogenannten „Erbdiensthöfen“ zu erbringen waren, die mit befestigten Plätzen der bergischen Ministerialen in Verbindung zu bringen sind, wie z.B. der Büchelter Hof in Wiesdorf und der Wambacher Hof in Rheindorf. Alle diese Höfe, an denen die Wagendienste von alters her wohl „klebten“, sind später im Besitz von Klöstern (Schenkungen).

Das Geschlecht von Stammheim ist also im 13. Jahrhundert als Besitzer des Hofes Hane (Hanscheider Hof) nachzuweisen. Seine guten Vermögensverhältnisse zeigten sich, als Adolf von Stammheim der Ältere im 13. Jahrhundert 10(!) Altäre in die Altenberger Klosterkirche stiften konnte.[28] Auch der große Fronhof in Bechen war im Besitz derer von Stammheim, bis sie ihn im Jahre 1301 an die Abtei Altenberg abtraten.[29] Die Herren von Stammheim waren wohl daran interessiert, für sich und ihr Gefolge – die ja normalerweise keinen Zutritt zur Abteikirche hatten – außerhalb der Klosterimmunität einen sakralen Raum für die Liturgie zu schaffen. Zu diesem Zweck und für ihr Seelenheil erbauten sie im 13. Jahrhundert vor der Klosterpforte eine Kapelle. Auf dem Kupferstich von Johann Jakob Sartor aus dem Jahre 1707 ist diese Kapelle noch zu sehen. Später war dort die „Torschenke“.

Vinzenz von Zuccalmaglio (Montanus) schrieb über die Eifgenburg: „Nahe bei dem Bökershammer liegen auf hohem Felskegel hart am Bach die Ruinen eines uralten Raubschlosses, der Eiffenburg, die Kaiser Otto III. zum Frieden des Landes zerstörte.“ Der Burscheider Heimatforscher Carl Strässer, der sich in einem dickbändigen Werk mit dem Problem einer möglichen Konfrontation Eifgenburg gegen die Burg auf dem Bülsberg (Burg Berge) auseinandergesetzt hat, meint: „Auch diese legendenhafte Erzählung hat zweifellos ihren harten Kern“.[32] Man kann Strässer nur beipflichten. Wenn auch Montanus zu den wenig zuverlässigen Heimathistorikern zählt, weil er zeitliche Lücken in den Quellen zu phantasievoll ausfüllt, muß er die Zerstörung der Eifgenburg durch Kaiser Otto III. nicht einfach aus der Luft gegriffen haben.

Das Wissen um die Zerstörung einer so bekannten Burg konnte in der mündlichen Überlieferung haften geblieben sein. Carl Strässer vermutet in seiner „Märe vom Kampf um Miselohe“ die Zerstörung der Eifgenburg durch den Herrn der Burg Berge. Die Eifgenburg wäre nach einer Zerstörung um das Jahr 1000 wiederaufgebaut worden, kein Einzelfall in der Burgengeschichte. Diese Wiedernutzer müssen Zeitgenossen der Berger gewesen sein. Infrage kommen die „reichen“ Ritter von Stammheim, die in der ersten Hälfte des 13. Jhs. in der Gegend von Altenberg und auf dem „Diensthof Hane“ besitzlich sind.

Begehung der Burg Berge (Altenberg)

Nachdem wir uns im Vorangegangenen mit der Eifgenburg beschäftigt haben, wird mancher interessierte Heimatfreund die benachbarte Burg Berge aufsuchen wollen, d.h., das wenige, was auf „dem historischen Boden“ der namengebenden Burg des bergischen Geschlechtes übriggeblieben ist. Das Gelände, auf dem die Burg einst stand, wurde im Jahre 1981 archäologisch untersucht und die Ergebnisse in einem Buch veröffentlicht (Matthias Untermann: „Die Grabungen auf der Burg Berge (Mons) – Altenberg“, Rheinland-Verlag Köln – siehe auch: Gruß, Frühmittelalterliche Burgen, S. 55 ff.).

Vom Altenberger Dom führt der Weg – nach Überquerung der Umgehungsstraße – rechter Hand an einem Restmauerwerk vorbei in Richtung des Tierparks. Etwa 200 Meter von der Hauptverkehrsstraße entfernt sehen wir auf der rechten Seite den Hügel der Hauptburg, der sich von einem Mottenhügel der Niederungsburgen kaum unterscheidet. Hinter diesem Hügel führt ein kleiner Weg auf das Gelände des ehemaligen Burgplatzes, ein Plateau, das zur Linken von einer Felsrippe begrenzt ist. Einige Steinreste auf dem Hauptburghügel zum Hang hin sind von der Ausgrabung her noch offenliegend.

Bei dem ehemaligen Burggelände handelt es sich um einen Bergsporn des Bülsberges, der im Osten durch einen Abschnittsgraben abgetrennt war, der aber heute nach dem Wegebau kaum mehr zu erkennen ist. Im südlichen Teil wurde ein ebenes Plateau in den Felsen eingetieft und eine Felsrippe in der Art einer Motte für einen hölzernen Hauptwohnbau künstlich erhöht. Ein weiterer Wohnbau hat zumindest zeitweise auf der westlichen Felsrippe gestanden. Möglicherweise war hier die Burgküche, denn zum Hang hin wurde eine große Abfallhalde mit zahlreichen Tierknochen, vorwiegend von Schweinen, gefunden. Der Haupthügel war zum Hang hin durch eine Steinmauer abgestützt. An der Innenseite zum Burghof hin befand sich einst eine Stützwand aus Holz.

Der Besucher ist von dem, was von der Burg Berge übriggeblieben ist, enttäuscht. Dem Unkundigen bietet sich kaum Sichtbares. Mauern sind überirdisch fast keine vorhanden, denn die Burg Berge ist im 12. Jahrhundert verlassen und völlig abgetragen worden. Im Jahre 1133 schenkten die Berger ihre Burg den Zisterziensern aus Morimund, die aber nach wenigen Jahren ins Tal herunterzogen und dort ihre Klostergebäude und den Dom erbauten. Weil hier ein weiterer Ausbau der Burg – wie vielfach andernorts zu beobachten – nicht stattgefunden hat, haben wir die Möglichkeit, zu ergründen, wie im 11. Jahrhundert ein Dynastengeschlecht von Rang und Vermögen nebst seinem Anhang wohnte und sich verteidigte.

Im Hinblick auf die Bedeutung des Grafengeschlechtes der Berger und ihre wahrscheinliche Herkunft aus hohem, dem Kaiser nahestehenden Adel, kann Größenordnung und Umfang der Burg Berge, wie sie sich heute dem Betrachter darstellt und wie sie auch Objekt der 1981 durchgeführten Untersuchung war,

Trecentoharnisch von 1380 mit „Hundsgugel"-Helm und Brünne aus Kettengeflecht. (aus der größten privaten Rüstkammer Europas auf der Churburg in Schluderns/Vinschgau, Italien/Südtirol)

Ritter mit Topfhelm, Kettenhemd, Schwert und Waffenrock zur Zeit der Schlacht bei Worringen. Hier Herzog Jan von Brabant darstellend

Roß- u. Reiterharnisch (Vollharnisch) zur Zeit Kaiser Friedrich III. und Maximilian I. im 15./16. Jahrhundert (Wien, Kunsthistorisches Museum)

eigentlich nicht recht zufrieden stellen und wirft die Frage auf, ob sie nicht – auf den ersten Blick nicht erkennbar – einen größeren Raum einnahm. Ein gemäß solcher Fragestellung suchender Geländebegeher sieht sich natürlich die Umgebung an... und da ist einiges zu entdecken. Wie die Wälle im Umkreis um die eigentliche Kernburg am Fuße des Bülsberges vermuten lassen, scheint eine Vorburg bestanden zu haben, in der eine größere Zahl von Kriegern, wie sie die Grafen von Berg benötigten, vermutlich untergebracht worden sind. Auch bei diesen Wällen ist die günstigste Ausnützung des vorhandenen Geländes deutlich zu erkennen. Kurz vor dem Eingang zum Tierpark, dort wo das zum „Hohen Berg" anschließende Kerbtal (Siefen) verflacht, beginnt ein kräftiger Wall, der im Halbbogen zum Abhang der Kernburg führt und dort auch endet. Er ist heute von dem Weg zum Tierpark durchbrochen. Oben auf dem Bülsberg befindet sich eine terrassierte Geländekante, die von Steilang zu Steilhang führt, auf der man sich eine Hecke (Gebück) vorstellen kann. Die südliche Seite des Bergsporns wird an drei Seiten durch Geländekante(Sperrhecke)-Siefen-Wall umschlossen. Nach Norden ist das ganze von einem doppelten Wall begrenzt, der wahrscheinlich später von dem Kloster als Immunitätsgrenze genutzt worden ist. Interessant ist eine in Stein gefaßte Wasserentnahmestelle unterhalb des Hügels der Kernburg im Verlaufe des kleinen Baches, der vom ehemaligen Burgteich zur Dhünn hin abfließt. Es sieht so aus, als wäre der ganze Bülsberg (und nicht nur die Motte) eine größere Befestigungsanlage gewesen. Schon der Heimatforscher Peter Combüchen hatte „5 Ansätze von Bastionen" vor der Burg Berge festgestellt.

Auch bei den Befestigungen anderer Dynastengeschlechter, die wie die Berger Landesherrschaft anstrebten, ist das Bauprinzip „Haupt- oder Kernburg getrennt von der Vorburg" zu erkennen. So unterscheidet man bei der Saffenburg der Grafen von Saffenberg – sie hatte zwei Vorburgen vor dem höher gelegenen Kern – zwischen „Saffinberg inferius et castrum... superius". Auch bei Nideggen und der Blankenburg (Blankenberg) bestanden mindestens zwei Vorburgen, einschließlich der Orte, die daraus entstanden. Nur als Felsabplattung ist die längst verschwundene östliche Vorburg der Neuerburg über der Wied zu erkennen. In diese damals als Lagerburg genutzten Vorburgen setzte man im 14. Jahrhundert Wirtschaftshöfe, während die eigentlichen Kernburgen zu repräsentativen Adelssitzen ausgebaut wurden.[34]

Auch die „Neue Burg" an der Wupper, die die Berger etwa in den zwanziger Jahren des 12. Jahrhunderts als Ersatz für die Burg Berge erbauten, hatte von vornherein eine große Vorburg. Während der Kernbereich eine Fläche von 11.200 Quadratmeter einnahm, kommen wir bei den Vorburganlagen auf 32.000 Quadratmeter. Drei mächtige Wälle umschlossen das ganze. Die aufstrebenden Herren am Niederrhein und anderswo brauchten Raum für zahlreiche Krieger (milites). Im Jahre 1176 erlaubte Graf Engelbert I. von Berg in seiner Burg über der Wupper die Gründung einer Johanniterkommende.

Der Raum der Altenberger Kernburg (1500 Quadratmeter), der im Jahre 1981 untersucht wurde, konnte m. E. nicht für ein zahlreiches Gefolge ausreichen, wie es dem Anspruch eines Edelherrn aus der Umgebung des Kaisers entsprach. Nicht nur dem Heimatforscher Peter Combüchen sind die Wälle am Bülsberg aufgefallen. Kein geringerer als A. Herrnbrodt hat nach einer Ortsbegehung im Jahre 1969 die Anlage als stark gestörten „Bergischen Ringwall" des 10. Jahrhunderts bezeichnet. „Hier sei in einem einzigartigen Vorgang aus einer Volksburg (in der Terminologie Schuchhardts) ein Adelssitz hervorgegangen." Der Geschlechtername „von dem Berge" (de monte) bezieht sich wahrscheinlich nicht auf den kleinen mottenähnlichen Hügel der „Kernburg", sondern auf den Bülsberg insgesamt mit seinen vorgelagerten Wallsystemen. Auch bei dem „Neuen Berg" an der Wupper vermuten W. Janssen, A. Herrnbrodt und K. Grewe gemeinsam „daß die Grafen von Berg an dieser Stelle bereits eine vorhandene frühgeschichtliche Wehranlage vorfanden".[40]

Die Berger gehörten zu denjenigen Dynasten, die eigeneHerrschaftsbereiche aufbauen wollten. Ein solches Machtstreben bedingte in jedem Falle das Vorhandensein einer starken Kriegsmannschaft, die zur damaligen Zeit noch nicht aus „edlen Rittern" bestand und sich eher aus zusammengelaufenen Kriegsknechten (Söldnern) rekrutierte. Diese Waffenträger mußten gesammelt, gemustert, ausgerüstet und eine Zeitlang untergebracht werden.

Die Beschreibung solcher Leute kann man einem Bericht des Deutzer Abtes Rupert entnehmen, der sich im Jahre 1128 über Personen unbekannter Herkunft und üblem Leumund beschwerte, die mit Konsens der Besitzer der Deutzer Befestigungswerke, zu denen neben dem Erzbischof auch der Graf von Berg gehörte, in den ruinösen ehemaligen Römertürmen (subterturria) hausen (...personis locaverunt, qualium vita dubia est, conditio ignota, fama obscura...). (siehe hierzu auch: F. Gruß, Die Ottonische Kaiserpfalz im Kastell Deutz).

Ab dem Jahre 1115 ist Graf Adolf II., sein Vater trat noch 1101 und 1105 im kaiserlichen Lager auf, in der Umgebung des Kölner Erzbischofs Friedrich I. zu finden, der damals in Opposition zu Kaiser Heinrich V. stand. Wenn der Berger um 1128 eine Befestigung im Kastell Deutz baut, zu einer Zeit, als die Burg Berge verlassen ist, dann dürfen wir vermuten, daß die von Abt Rupert genannten fremden und obscuren Leute vorher dort „kaserniert" waren und nun ihren Dienstherrn nach Deutz begleitet haben. Die damals geschaffene starke Position der Berger in Deutz zeigte sich, als es nach dem Tode von Erzbischof Friedrich I. im Jahre 1131 gelang, mit Bruno II., dem Bruder des Klostergründers, einen Mann ihres Geschlechtes auf den Erzstuhl zu bringen, was zur damaligen Zeit ohne „gewisse Druckmittel" – und dazu gehörten auch gewalttätige Pressionen und Drohungen – nicht zu bewerkstelligen war.

Die Annäherung des Grafen Adolf II. von Berg an Erzbischof Friedrich I. kann mit einem Adelsaufstand gegen Kaiser Heinrich V. zusammenhängen, an dessen Spitze der Kölner Erzbischof stand. Die Kölner Königschronik berichtet zum Jahre 1114 von einen Angriff des Kaisers auf die Deutzer Burg, der abgeschlagen wurde.[36] Möglicherweise waren auch Truppen des Grafen von Berg beteiligt. Der vermutlich um 1100 geborene Graf Adolf II., der Klostergründer von Altenberg, konnte um 1114/15 gerade volljährig geworden sein.

Die archäologisch untersuchte Burg der Grafen von Berg sitzt wie eine Spinne in der Mitte des wohl primären Machtbereiches der Berger östlich von Deutz. Ob es sich bei diesem Territorium um den sogenannten „Deutzgau" handelt, den „pagus Tuizichgowe", wie er in Urkunden zweimal genannt wird, ist allerdings fraglich. Wir finden die Bezeichnung 1025 im Zusammenhang mit dem Haus Herl bei Köln-Mülheim und 1041 bei dem Hofe Westhoven.[37]

Daß die Berger nicht von den Burg Berge stammen, ist mittlerweile sicher, wenn auch das Geschlecht in der zweiten Hälfte des 11. Jahrhunderts sich nach ihr benannte; Die archäologischen Untersuchungen verlegen die früheste Nutzung der Burg Altenberg in die 60er Jahren des 11. Jahrhunderts; weil aber das Geschlecht wahrscheinlich schon älter war, sowie möglicherweise von Anfang an die Vogteischaft über das 1003 gegründete Benediktinerkloster Deutz besaß, müssen die Vorfahren einen anderen, primären Wohnplatz gehabt haben.

Wir wissen aus einer Urkunde des Kaisers Heinrich III. aus dem Jahre 1101, daß ein Graf Adolf von Berg zu den „principes", das heißt in dieser Zeit zu den vornehmsten und einflußreichsten Adeligen des Reiches gezählt wurde. Nun ist der Aufstieg von einem nur kleinere Allode im Linksrheinischen besitzenden Geschlechtes zu dieser hohen Ansehensposition innerhalb weniger Jahrzehnte nicht unmöglich, aber wenig wahrscheinlich. Realistischer ist die Annahme, daß die Berger schon längere Zeit dem Reichsadel angehörten, ehe sie erstmalig offiziell als Grafen erscheinen.[35]

Thomas R. Kraus versucht in seiner Arbeit „Die Entstehung der Landesherrschaft der Grafen von Berg bis zum Jahre 1225" allzu methodisch eine Abstammung aus dem linksrheinischen Gebiet zu erschließen, weil dort der älteste Eigenbesitz (Allod) nachzuweisen sei. Justus Bockemühl argumentiert dagegen mit einer möglichen Abstammung aus Thüringen. Nach ihm können die Ahnherren der nachmaligen Grafen von Berg im Zuge einer aus politischen Gründen erfolgten Grafenverpflanzung in das rheinfränkische Gebiet gekommen sein.[38] Seine These vertritt auch der Historiker Dr. Jürgen Stohlmann.

Das eine muß das andere nicht ausschließen, wenn man folgende Möglichkeiten konstruiert: Ankunft der ersten noch „kognomenlosen" Berger um die Jahrtausendwende im Gefolge Kaiser Ottos III., Erwerb von Alloden ohne bedeutende Burg am linken Niederrhein – vielleicht durch Heirat (die Ehefrauen von mindestens zwei Generationen sind unbekannt) –, ab ca. 1060 dann Übernahme der „hereditas berge" und Bau oder Umbau einer Burg, die bedeutend genug war, um sich danach zu benennen. Bei der Frage nach ersten Alloden darf der Hof in Merheim nicht übersehen werden, den Graf Adolf III. vor seinem Kreuzzug im Jahre 1217 an die Abtei Altenberg verkaufte.[39]

Ganzer Harnisch, wie er im 15. Jh. bei Turnieren getragen wurde

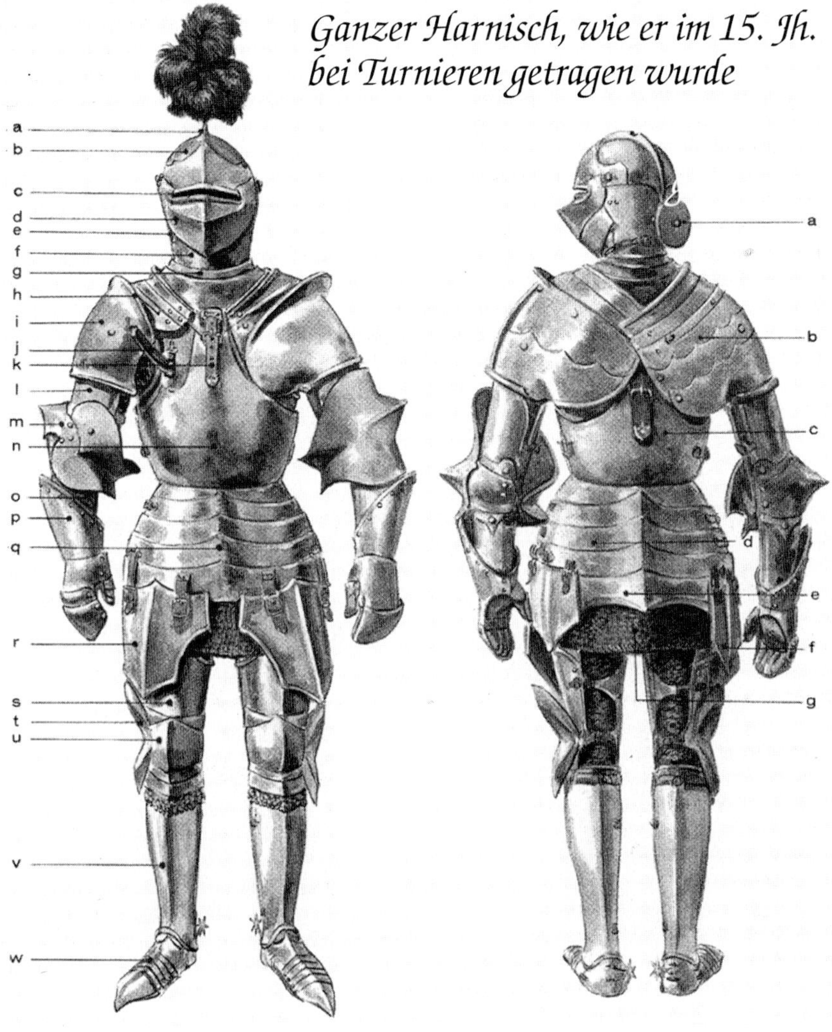

Vorderansicht

a) Helmschmuck
b) Helmglocke
c) Sehschlitz
d) Visier
e) Wangenschutz
f) Kinnreff
g) Kragen
h) Brechrand
i) Schulter (Vorderflug)
j) Rüsthaken
k) Schnallriemen
l) Oberarmröhre
m) Armkachel
n) Brust, geschiftet
o) Unterarmröhre
p) Fausthandschuh
q) Bauchreifen
r) Beintasche
s) Diechling
t) Muschel des Kniebuckels
u) Kniebuckel
v) Beinröhre
w) Schuh

Rückansicht

a) Stielscheibe
b) Schulter
c) Rücken, geschiftet
d) Gesäßstreifen
e) Gesäßtasche
f) Flankentasche
g) unterer Teil des Ringelpanzers

Waren die ersten Vögte der Abtei Deutz Vorfahren der Berger?

Die Frage, ob die ersten Vögte der 1003 gegründeten Benediktinerabtei Deutz als Vorfahren der Grafen von Berg (latinisiert „de monte") gelten können, wird immer noch kontrovers diskutiert. Die Unschriftlichkeit des 11. Jahrhunderts, besonders im laikalen Bereich, läßt auch für die Zukunft keine absolute Sicherheit erwarten.

Der zuerst genannte Deutzer Altarvogt hieß laut den Zeugenlisten Hermann, der einen Bruder Adolf hatte. Das ist vom Sicheren schon wenig genug. Wer aber war dieser Hermann? Seine vermutliche Herkunft läßt sich nur auf dem Wege der Analogie erschließen. Immerhin muß er aus einem Edelgeschlecht stammen, denn nur deren Abkömmlinge wurden mit Hochvogteien befaßt.

Für die Zeit, aus der keine oder nur geringe Schriftlichkeit vorhanden ist und weder Quellenzeugnisse vorliegen noch jemals welche zu erwarten sind, müssen wir auch mündliche Überlieferungen berücksichtigen, um über „Indizien" bis in den Wahrscheinlichkeitsbereich vorzudringen. Dabei muß in Bezug auf den Wahrheitsgehalt die lange Spanne zwischen den zurückliegenden Ereignissen und Daten bis zur ersten schriftlichen Fixierung, unter Beachtung der möglichen Fehlerquellen, Irrtümer, Vergeßlichkeiten usw., berücksichtigt werden. Die eventuellen subjektiven Betrachtensweisen der Autoren bzw. Anfertiger von Schriftstücken dürfen nicht außer Acht gelassen werden. Um die mittelalterliche Überlieferungen zu verstehen und auszuwerten, sollten wir auch versuchen, uns in die damalige Zeit, in Verhaltensweisen und Denkarten der Menschen, hineinzuversetzen.

Als ein bemerkenswertes Beispiel der hochmittelalterlichen Erzählwelt gelten die „Wundergeschichten" des Cäsarius von Heisterbach. Nach Alexander Kaufmann, der seine Werke Ende des vorigen Jahrhunderts aus dem Lateinischen übersetzte, sind sie die Hauptfundgrube für die Kulturgeschichte, Mythologie und Sagenkunde des 12. und 13. Jahrhunderts. Cäsarius war ein Kind seiner Zeit. Er übermittelt seine Geschichten so, wie sie damals von Mund zu Mund erzählt wurden. Er schreibt: „Der Herr sei mein Zeuge, daß auch nicht ein einziges Kapitel in diesem Buche erdichtet ist; wenn aber irgend etwas Anderes geschehen, als ich geschrieben, so möge man denen die Schuld beimessen, welche es mir so erzählt haben." Cäsarius, der als schreibgewandter Mönch die mündliche Überlieferung wortgetreu übermitteln wollte, will hier gewissen Bedenken über Glaubwürdigkeit und Wahrheitsgehalt vorgreifen. Er weiß um den Hang des Volkes zu sagenhaft-mystischen Übertreibungen und Ausschmückungen. Legendenhafte Umkleidungen gehörten zum dämonen- und geisterbehafteten Erzählstil. Cäsarius „schaute dem Volke sozusagen aufs Maul" und übermittelte der Nachwelt seine Geschichten, in der das Geheimnisvolle breiten Raum einnahm und vor allem die geistige Konfrontation Gott–Teufel in sagenhafter und handfester Symbolik ihren Ausdruck fand.

Wer in die schriftarme oder sogar schriftlose Zeit vordringen will, wird nicht so schnell die mittelalterliche Oralchronik ignorieren, wie sie von Levold von Northof übermittelt wird, denn sie ist der älteste Hinweis auf die Familiengeschichte der Berger, die bis zur Teilung des Landes nach dem Jahre 1160 eine gemeinsame war. Der Kanoniker aus Lüttich vollendete im Jahre 1358 sein Werk „Chronica comitum de Marka". Er war ein Sohn des märkischen Landes und hatte dem aus dem märkischen Grafenhause stammenden Bischof von Lüttich, Adolf von der Mark, sowie auch seinem Nachfolger Engelbert von der Mark als führender Ratgeber und Verwaltungsjurist gedient.

Levold von Northof bezog sein Wissen über die Anfänge des Grafenhauses auch „aus der treuen mündlichen Überlieferung der Alten", wie er es ausdrücklich erwähnt. Er war seit seiner Studienzeit mit dem etwa gleichaltrigen Grafensohn Adolf (VI.) zusammen. Die Mutter des Adolf war Irmgard von Berg, eine Schwester des Siegers von Worringen. Levold hatte folglich Zugang zum märkischen Grafenhause. Möglicherweise ist ihm von der Gräfin Irmgard von Berg die mündlich tradierte Adelsüberlieferung des bergischen Geschlechtes weitergegeben worden. Es sind ja gerade die Frauen, die die Familientraditionen aufrechterhalten. Der klevische Chronist Gert von der Schüren berichtet im 15. Jahrhundert, er habe Katharina von Kleve, die Schwester Herzogs Adolf von Kleve, „muntlich hoeren vertellen den hoghen oirspronck" ihres Geschlechtes, der in einer älteren Chronik aufgezeichnet gewesen sei.[41]

Daß Levolds Ausführungen nicht einfach ein wertloses Phantasieprodukt darstellen, erkennt man aus der Lücke von 120 Jahren, die er zwischen den beschriebenen Ereignissen um die Jahrtausendwende und den Geschehnissen, die in das dritte Jahrzehnt des 12. Jahrhunderts fallen, in Kauf nimmt. Er erklärt diese Lücke mit der Länge der verstrichenen Zeit. Weil der Lütticher Kanoniker nicht der Versuchung erlag, diese Lücke mit Phantasie aufzufüllen, wie es verschiedentlich andere taten, ist seine Glaubwürdigkeit wohl nicht anzuzweifeln, obwohl seine „Chronica comitum", dem üblichen mittelalterlichen Erzählstil zufolge, auch sagenhafte Züge aufweist. Es ist Aufgabe des Interpreten, die während der langen Zeit der mündlichen Überlieferung hinzugefügten sagenhaften Bestandteile „herauszufiltern", d.h. nur Fakten gelten zu lassen.

Der wesentliche, hier interessierende Teil ist der Abstammungshinweis (Origo), der nach einer Übersetzung aus dem Lateinischen von Hermann Flebbe wie folgt lautet: „...Es waren einmal zwei Brüder, die dem Kaiser Otto III. besonders lieb waren; sie stammten aus einem edlen und berühmten römischen Geschlecht, den Orsini, die bis zum heutigen Tage zu den Vornehmsten und Mächtigsten in der Stadt Rom zählen. Diese beiden Brüder kamen mit dem Kaiser über die Alpen nach Deutschland. Da sie durch die Fürsorge ihrer Eltern reichlich Geld hatten, kauften sie im Vertrauen auf die Macht und Gunst des Kaisers ein Herrschaftsgebiet, und in dem Wunsche, sich einen festen und sicheren Wohnsitz zu beschaffen, begannen sie einen Berg zu befestigen, den die Eingesessenen Wolfseck nannten, in einer unkultivierten, bergigen, waldreichen und menschenleeren Gegend. Zuerst fällten sie die Bäume im Umkreis und ebneten den Gipfel des Berges ein, dann umschanzten und schirmten sie den Berg mit den ringsum abgehauenen Bäumen..."

Neben anderem, hier schon weggelassenen sagenhaften Beiwerk der mündlichen Hausüberlieferung ist wohl die Abstammung von dem „berühmten römischen Geschlecht der Orsini" (auch das Haus Kleve nennt am Anfang des 14. Jh. eine Verwandtschaft zu Kardinal Oktavian Orsini, d.Verf.) als fraglich abzutun. Erklärbar wird dieser Hinweis mit den mittelalterlichen Gepflogenheiten der Adelsgeschlechter, die Legalität ihres Edelstandes auf möglichst alte und glanzvolle Traditionen zurückzuführen. Es war überhaupt allgemeine Auffassung, daß das Rittertum als solches insgesamt römischer Herkunft sei. Bereits im 11. Jahrhundert wurde es in Adelskreisen gebräuchlich, sich in der Erinnerung an hervorragende Taten und verklärten Schicksalen einzelner Familienmitglieder auf deren Herkunft aus Rom zu berufen.

Ein Beispiel für diesen Brauch finden wir im „Lied vom Sachsenkrieg" (carmen de bello Saxonico), das in den Jahren 1075/76 entstanden ist. Es schildert die Auseinandersetzung zwischen König Heinrich IV. und den aufständischen Sachsen. In der Schlacht von Homburg an der Unstrut (1075) führte Herzog Rudolf von Schwaben die königlichen Truppen an. Ihm folgte im zweiten Truppenkontingent der Bayernherzog Welf (1070–1101). Dazu heißt es im Lied wörtlich: „Ihnen folgte aus einem alten römischen Geschlecht der Herzog Catulus, berühmt durch Namen, Sitten und Herkunft". Auch der Bayernherzog wird hier also mit einem alten römischen Geschlecht in Verbindung gebracht.[42] Urkundlich belegt ist, daß Rudolf von Habsburg römische Kardinäle als seine Verwandten anredete.

Diese Beispiele zeigen, daß solche Überlieferungen im Mittelalter durchaus ernst genommen wurden. Wir können aber aus dem Bericht des Levold von Northof die „römische Verwandtschaft" weglassen und nur die Fakten gelten lassen. Als „Kern" der Nachricht dürfen wir herausfiltern, daß nach Auffassung und Wissen des Levold von Northof die Ahnen der Grafen von Berg nicht von einem „bodenständigen" Geschlecht aus dem Rheinland oder Westfalen abstammen, sondern von einem entfernten Platz kamen.

Die Beschreibung des Burgenbaus des Brüderpaares in einer unkultivierten, bergigen, waldreichen und menschenleeren Gegend fügt sich nahtlos in die Siedlungsgeschichte des Bergischen Landes ein und bestätigt die Ergebnisse der archäologischen Untersuchungen auf der Burg Berge (Altenberg), wenn auch Levold von Northof aus Anhänglichkeit zum Hause Altena-Mark die Erstgründung nach Westfalen verlegt (ihm und seinen Informanten war das Haus Altena/Mark aus verständlichen Gründen näher am Herzen liegend). Daß die Frühgeschichte der Berger bzw. ihrer Vorfahren bis in die Zeit Kaiser Ottos III. zurückgeht, daran kann mittlerweile wohl kaum noch Zweifel bestehen.

Die archäologisch untersuchte Burg Berge und die Funde

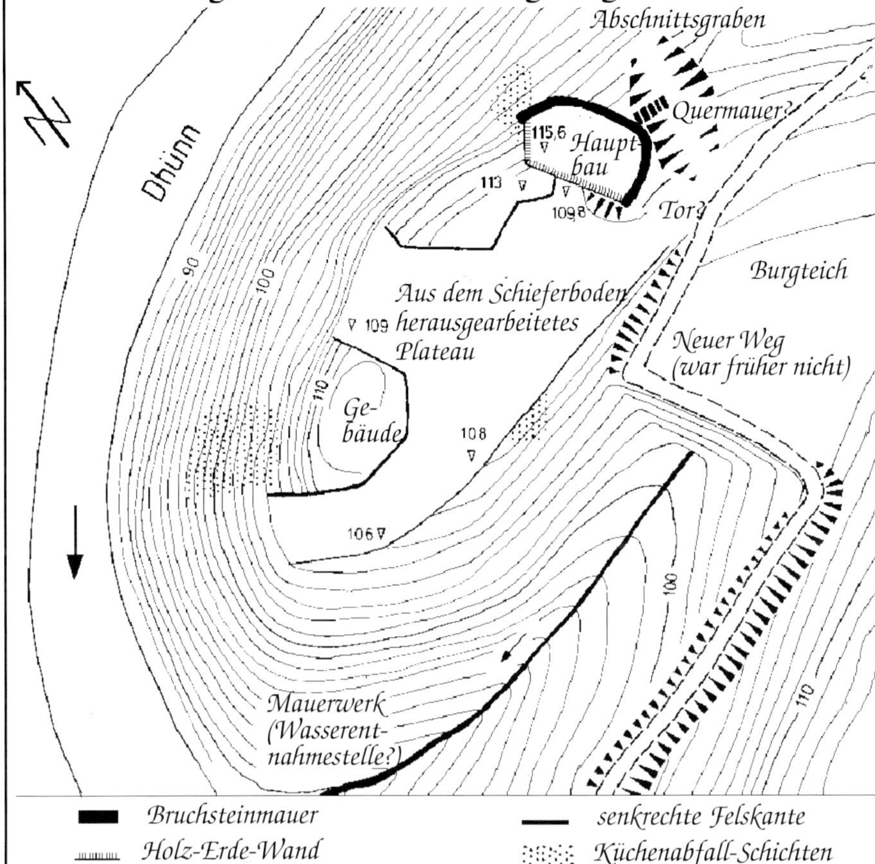

(Modifiziert nach M. Untermann, Die Grabungen auf der Burg Berge, Köln 1984, S. 59)

Spielwürfel aus Tierknochen, Seitenlänge 10 mm

Vergoldeter zweiteiliger Anhänger, möglicherweise vom Pferdegeschirr

Denar von der Burg Berge (geprägt nach 1039)

Emailscheibenfibel, von adeliger Frauentracht?

Der edle und tüchtige Graf Hermann und sein Bruder Adolf

Als Ottos Zug nach Italien, der die Kaiserkrönung bringen sollte, schon beschlossen war, kam der mit fünfzehn Jahren gerade volljährig gewordene jugendliche Herrscher im Dezember 995 nach Köln und feierte dort das Weihnachtsfest. Darüber berichtet Thietmar von Merseburg in seiner Chronik: „Das Geburtsfest des Herrn verbrachte der König in Köln, um den Landfrieden in dieser Gegend zu sichern (pacificatis omnibus in his regionibus); dann brach er zu dem lange erwarteten Italienzug auf..."

Schon zu Erzbischof Brunos I. Zeiten scheinen die rheinischen Verhältnisse sehr verworren und kriegerisch gewesen zu sein. Wie die Kölner Königschronik berichtet, ließ er im Jahre 965 wegen der jenseitigen „Rebellen" eine Brücke über den Rhein abbrechen und die Deutzer Burg zerstören. Wenige Jahrzehnte danach scheint das Land gegenüber Köln noch immer nicht zur Ruhe gekommen zu sein, was ein Eingreifen (pacificatio) König Ottos notwendig machte.

Der Landfrieden war natürlich nicht nur mit mahnend-beschwörenden Worten herzustellen, und es genügte auch nicht die Anwesenheit des Königs allein, sondern es werden auch wirksame Maßnahmen, wie z. B. Zerstörung von Burgen und damit zusammenhängende Kämpfe notwendig gewesen sein.

Für den erst fünfzehn Jahre alten König bestand ein Regentschaftsrat, in dem der Markgraf Ekkehard von Meißen eine bedeutende Rolle spielte. Thietmar von Merseburg nennt im Zusammenhang mit Ekkehards Tod im Jahre 1002 zwei Männer, Hermann und Adolf, die mit ihm erschlagen worden sein sollen. Keiner wird behaupten, daß hier eine Personenidentität besteht; die wäre unsinnig, weil das Deutzer Brüderpaar später noch bezeugt ist. Auffällig ist hier nur die Namenskombination Hermann/Adolf, die auch bei den ersten bezeugten Deutzer Altarvögten vorkommt.

Es ist sehr wahrscheinlich, daß der König, als er nach Italien aufbrach, einen starken Mann seines Vertrauens in dieser Region zurückließ. Dieser starke Mann wird erst im Jahre 999 erkennbar als der Kölner Erzbischof Everger verstorben war. In dem folgenden Wahlgang kam es zu Unstimmigkeiten zwischen mehreren Parteien bzw. Interessengruppen. Da der kaiserliche Kanzler Heribert, der Kandidat einer Partei, weder aus dem Rheinland stammte noch sonst irgendeine Beziehung zu Köln besaß und mit dem Kaiser fernab in Italien weilte, muß eine „kaiserfreundliche Partei", wohl unter der Führung des starken Mannes bestanden haben, die dann auch die Wahl Heriberts zum Erzbischof durchsetzte, obwohl es zwei Gegenkandidaten gab. Nach der Wahl mußte befürchtet werden, daß eine der unterlegenen Parteien, womöglich durch Bestechung versuchen würde, das Ergebnis noch in ihrem Sinne zu ändern.

Angesichts dieser Situation schien es angebracht, sofort eine Gesandtschaft nach Rom zum Kaiser zu schicken. Wie der Mönch Lantbert in der Lebensbeschreibung Heriberts berichtet (Vita Heriberti Lantberti), handelte es sich bei der Delegation um Angehörige überwiegend aus dem geistlichen Stand. Von den weltlichen Begleitern kennen wir nur den Anführer der militärischen Eskorte, einen durch Tüchtigkeit und Adel ausgezeichneten Mann (comes Herimannus vir probus et nobilis), den Grafen Hermann.[43]

Dieser Graf Hermann ist nicht mit einem der damals am Nieder- und Mittelrhein ansässigen Angehörigen des hohen Adels zu identifizieren. Justus Bockemühl und andere vermuten deshalb, daß der tüchtige und adelige Graf Hermann im Zuge einer „Grafenverpflanzung“ ins Rheinland gekommen ist.

In der Spätzeit der Regierung Kaiser Ottos III. ist eine Veränderung in der Herrschaftspraxis der deutschen Könige festzustellen. Das zeigt sich zunächst in der Intensivierung der ottonischen Reichskirchenpolitik. Schon seit Otto I. (dem Großen), hatte man damit begonnen, bei der Besetzung der Bistümer auf Hofkapelläne, also auf Personen der engeren Umgebung der Könige, zu denen ja ein besonderes Vertrauensverhältnis bestand, zurückzugreifen.

Otto III. begann als erster Herrscher in Deutschland, auch Grafschaften an Bistümer zu übertragen. Unter seinen Vorgängern waren die Bischöfe, wie in Köln, schon zu Herren ihrer Städte geworden. Auch häuften sich seit Otto III. dieVerleihungen von Wildbann- und Roderechten (Forstregale) an den geistlichen Adel, die nicht hoch genug eingeschätzt werden können.

Bei aller Bedeutung dieser Intensivierung der Reichskirchenpolitik durch Belehnungen an Geistliche darf jedoch nicht übersehen werden, daß daneben und gewissermaßen parallel hierzu Kaiser Otto III. damit begonnen hat, wichtige Positionen des Königtums auch an weltliche Machtträger zu Lehen auszugeben. Dabei tritt in nicht wenigen Fällen ein bemerkenswerter Tatbestand vor unsere Augen: nicht etwa ortsansässige einheimische Adelige werden aus Königshand belehnt, sondern vielmehr Personen, die aus mehr oder weniger großen Entfernungen stammen und in einen neuen Herrschaftsbereich verpflanzt werden. Dies gilt für die Brüder Sigebodo und Richwin, die Vorfahren der späteren Grafen von Ahr (Are), die aus dem nordost-französischen Grenzraum stammen dürften. Ihnen verlieh der noch minderjährige Otto III. am 19. Mai 992 einen ausgedehnten Bannforst am Unterlauf der Ahr. Diese Wildbannverleihung war die Voraussetzung dafür, daß die Familie von Are-Hochstaden hier Wurzeln schlagen konnte; hier bauten sie die Burgen Altenahr, Neuenahr und Nürburg und konnten in der Folge ein kleines Territorium errichten.

Gleiches trifft für die flämischen Brüder Rutger und Gerhard zu, die Ahnherren der Häuser Kleve, Geldern und Heinsberg-Wassenberg, die zur Zeit Heinrichs II. (1002-1024) mit Reichsrechten, besonders Forstrechten, ausgestattet wurden. Auch der aus Schwaben stammende Graf Werner erhielt von Kaiser Heinrich II. etwa 1020 eine Grafschaft in Hessen und von Konrad II. im Jahre 1025 die Besitzungen des Unruhestifters Balderich im deutsch-niederländischen Grenzraum. In die Zeit Konrads II. (1024–1039) fällt auch die Ausstattung des thüringischen Landgrafen Ludwig mit dem Barte mit Reichsrechten nördlich des Thüringer Waldes, darunter Forstregal und Rodungshoheit. Hier wurde ein vom unteren Main stammendes fränkisches Geschlecht in eine neue Umgebung eingepflanzt. Nach 1038 ist das braunschweigische Grafenhaus der Brunonen im Besitz der Grafschaft in Mittelfriesland: „Lothringer in die Eifel, Flamen an die Maas und an den Niederrhein, ein Schwabe nach Hessen, ein Franke nach Thüringen, Niedersachsen nach Friesland und Bayern, man wird ein System und eine Überlegung hinter diesen Grafenverpflanzungen vermuten dürfen“ (Justus Bockemühl).

Der tragende Gesichtspunkt scheint gewesen zu sein, durch Einsetzung ortsfremder Machtträger, die ihre Position ausschließlich der Förderung des Herrschers verdankten und von denen deshalb Loyalität erhofft wurde, den zentrifugalen lokalen Kräften ein einigermaßen verläßliches Gegengewicht bieten zu können und somit die Reichsgewalt zu stärken.[44] Nicht nur Heribert Müller erkennt in dem „vir probus et nobilis“ Hermann, den Anführer der militärischen Eskorte, den Kaiser Otto III. zur Befriedung der Verhältnisse im Raume Köln eingesetzt und zurückgelassen hatte, den ersten Hochvogt der mit Willen des Kaisers im Kastellgelände gegründeten Abtei Deutz.[45]

Joseph Milz hat in seinen Arbeiten, wie oben schon dargelegt, beweisbar dargelegt, daß die Deutzer Vögte des 11. und 12. Jahrhunderts aus keiner anderen Familie als derjenigen der Grafen von Berg stammen können, doch wagte er es noch nicht, auch diesen ältesten Deutzer Hochvogt, der mehrfach mit seinem Bruder Adolf in den Zeugenreihen erscheint, definitiv den Bergern zuzuordnen. Nach Bockemühl läßt sich auf dem Wege der Analogie jedoch wahrscheinlich machen, daß sie die Deutzer Vogtei von Anfang an besaßen.[46]

Die mögliche thüringische Verwandtschaft der Grafen von Berg

Wir können davon ausgehen, daß der erste Vogt Hermann der Abtei Deutz nicht aus einem der damals bekannten Edelgeschlechter des Rheinlandes stammt, nur müssen wir nach Unterstützungen der hypothetischen Annahme, daß die Grafen von Berg aus Thüringen stammen, suchen.

Das Bindeglied für weitere Erkenntnisse in der möglichen Abstammung ist der Zisterzienser Eberhard von Berg, Abt der Zisterze Georgenthal (damals noch Georgenberg) in Thüringen. Erzbischof Heinrich von Mainz bestätigt in einer Urkunde vom 20. März 1143 Eberhard von Berg als Abt von Georgenthal und nennt ihn „cognatus“ des Grafen Sizzo (Graf Sizzo von Käfernburg).[47] Der Begriff „cognatus“ bedeutet Blutsverwandtschaft, vorwiegend in männlicher Linie. Die Vermutung, daß Graf Sizzo als Mann der Gisela, die eine Schwester des Bergers Eberhard sein könnte, Schwager des Klostergründers von Georgenthal gewesen sei, ist als eher unwahrscheinlich abzutun, weil ein Schwager kein Blutsverwandter ist. Darüberhinaus weist die Chronik des Klosters Lausnitz aus, daß die Gemahlin Gisela des Grafen Sizzo als Nichte der

Graf Sizzo II. von Käfernburg, Stifterfigur im Naumburger Dom (Thüringen). Die Käfernburger, später Schwarzburg, sind wahrscheinlich Verwandte des Geschlechtes der Berger. Sizzo I. wird „cognatus“ (Blutsverwandter) des Bergers Eberhard, 1. Abt der Zisterze Georgenberg/Georgental, genannt

Bertha, der Gemahlin Heinrichs von Groitzsch (Markgraf der Lausitz), eine Schwarzburgerin war. Als Folgerung des Verbotes von Nahehen ist deshalb eine Verwandtschaftsbeziehung anzunehmen, die mehrere Generationen zurückliegen müßte. Die vorgeschriebenen vier Grade führen mindestens bis zum Beginn des 11. Jahrhunderts zurück, wenn nicht noch in das ausgehende 10. Jahrhundert. Das haben Hans Müller, Justus Bockemühl und zuletzt auch Dr. Jürgen Stohlmann in Vorträgen vor Mitgliedern des Bergischen Geschichtsvereins deutlich gemacht.

Auch in der Altenberger Gründungsgeschichte „De fundacione Bergensis cenobii" werden Graf Sizzo und dessen Gemahlin Gisela „consanguinei" Eberhards und ein weiteres Mal Sizzo allein „cognatus" genannt. Auch die von manchen Historikern geschmähte Cronica comitum des Levold von Northof erwähnt – unabhängig von der Altenberger Gründungsgeschichte – die Verwandtschaft, indem sie Sizzo von Käfernburg als einen „nepos" Eberhards bezeichnet. Mit dem nicht ganz eindeutigen „nepos" werden oft Vettern, jedenfalls weiter entfernte Verwandte bezeichnet.

Als Eberhard sein Zisterzienserkloster allzu nahe zum Benediktinerkloster Reinhardsbrunn erbaute, sah sich Abt Ernst veranlaßt, einzuschreiten. Er bittet deshalb Papst Lucius II. (1144–45) um einen päpstlichen Befehl zur Verlegung der Neugründung der Zisterzienser, da er Streitigkeiten voraussieht.

Bei diesem Schreiben ist wichtig, wie Abt Ernst seinen geistlichen Kontrahenten Eberhard einstuft, nämlich als „homo secundum seculi dignitatem nobilis" (Mann eines jahrhundertealten Adelsgeschlechtes). Eine ähnliche Formulierung fand Abt Rupert des Klosters Deutz für diejenigen, die vor 1128 in Deutz Festungswerke errichten und von denen der weltliche wahrscheinlich Graf Adolf II. von Berg war. Rupert nennt diese Leute „homines honesti quidem secundum seculum". Beide Äbte bewerten also unabhängig voneinander Eberhard und Adolf II. als vom „uralten Adel" abstammend.

Bei der Vielzahl zisterziensischer Neu- und Filialgründungen im 12. Jh. müssen wir nicht zuletzt verwandtschaftliche Vorbilder oder Einflußnahmen durch Verwandte als eine mitentscheidende Ursache ansehen. Die engen Familienbeziehungen zwischen Eberhard und den Grafen von Käfernburg-Schwarzburg werden entscheidend dazu beigetragen haben, daß diese das Gründungsgut aus ihrem Familienbesitz zur Verfügung stellten. Auch bei der ersten Tochtergründung der jungen Abtei Altenberg in Marienthal stammte das Ausstattungsgut aus ganz naher Verwandtschaft, nämlich von der Familie der Pfalzgrafen von Sommerschenburg. Die Mutter Eberhards, Adelheid von Lauffen, hatte bekanntlich nach dem frühen Tod ihres ersten Gatten (Adolf I., † 1106) den Pfalzgrafen Friedrich I. von Sommerschenburg geheiratet. Beider Sohn, Pfalzgraf Friedrich II., stiftete gemeinsam mit seiner Schwester Adelheid das Gründungsgut für die Zisterze. Graf Adolf II., Eberhard und Erzbischof Bruno waren also Halbgeschwister Friedrich II. von Sommerschenburg.

Die gut bezeugte Verwandtschaft zwischen den Grafen von Berg und dem thüringischen Grafenhaus von Käfernburg-Schwarzburg haben Dr. Jürgen Stohlmann veranlaßt, die Verwandtschaftsbeziehungen beider Geschlechter nach der gemeinsamen Wurzel zu untersuchen und die Hypothese einer Generationenfolge aufzustellen. Nach dieser Übersicht waren die ersten Vögte der Abtei Deutz Hermann und Adolf Brüder des Sizzo I. von Käfernburg.

(Vettern 3. Gr.)	Graf Sizzo IV. von Käfernburg (der Jüngere) 1143	und	Abt Everhard v. Georgenberg	Graf Adolf II. v. Berg, Vogt von Deutz u. Werden (1115–60)
(Vettern 2. Gr.)	Graf Sizzo III. von Käfernburg (um 1075)	und	Graf Adolf I. von Berg († 1106) Vogt von Deutz und Werden	
(Vettern 1. Gr.)	Graf Sizzo II. von Käfernburg (der Ältere, Stifter v. Naumburg 1032)	und	Adolf von Berg (de Monte 1080) Vogt von Deutz und Werden (1050–68)	
(Brüder)	(Graf) Sizzo I. von Käfernburg (um 1000)	und	Graf Hermann (Vogt von Deutz) 1003–1032	und Adolf (Vogt Deutz) 1041

Die Käfernburger benannten sich nach der Käfernburg südwestlich von Arnstadt. Sizzo IV. († 1160), der 1143 das Kloster Georgenberg/Georgenthal aus Hausbesitz westlich von Ohrdruf stiftete, war der erste, der den Titel Graf führte. Über Arnstadt, die Vogteien über hersfeldische Güter und das Stift Ohrdruf lassen sich möglicherweise die Anfänge der Käfernburger bis in das 8. Jahrhundert zurückverfolgen, der Ansatz für ein „jahrhundertealtes Geschlecht“.

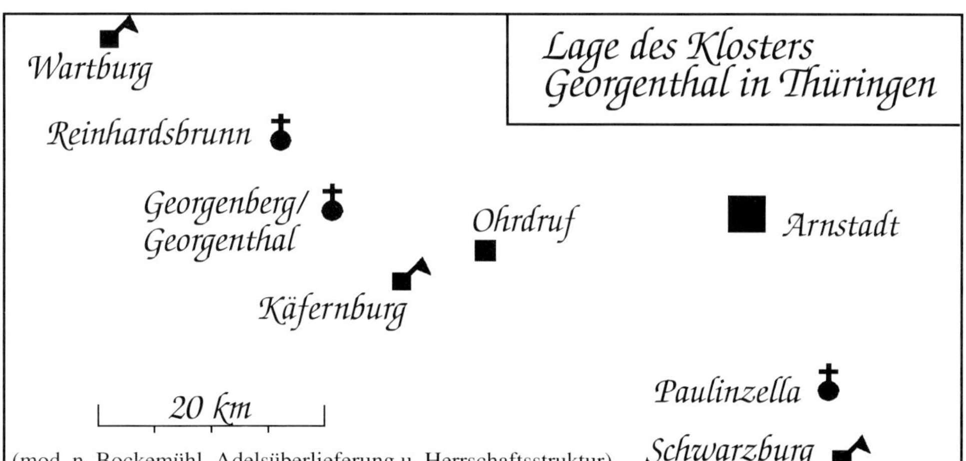

(mod. n. Bockemühl, Adelsüberlieferung u. Herrschaftsstruktur)

Die Altenbergert Fundatio bezeichnet Sizzo **und** seine Gemahlin Gisela, also beide Ehepartner, als Blutsverwandte des Abtes Eberhard, dabei wird bei der Wortwahl deutlich unterschieden zwischen der Verwendung des Begriffes „cognatus“ für Sizzo allein und „consanguinei“ für das Grafenpaar. Diese doppelte Verwandtschaft scheint über die Familie Schwarzburg zu bestehen.

Der „Adolfus puer“ von 1093, Graf Adolf I. († 1106)

Drei der vorgenannten Generationen des bergischen Grafenhauses haben wahrscheinlich, zumindest zeitweise, auf der archäologisch untersuchten Burg Berge gewohnt, nach der sie sich ab etwa 1060 ja benannten. Es kann kein Zweifel darüber bestehen, daß die Bewohner zum hohen Adel gehörten. Die wenigen gefundenen Dinge – die Burg wurde vor der Stiftung der Abtei Altenberg (vor 1133) ordnungsgemäß geräumt – sprechen deutlich vom hervorragenden Lebenszuschnitt des Adelshauses. Die hohe Lebensqualität zeigt sich in Kleidung, Ausrüstung, Freizeit und Reichtum.[48]

Während wir uns im Voranstehenden nur im Bereich von Vermutlichem bewegen konnten, erlaubt uns eine Urkunde von 1093, sicheren Boden zu betreten, weil sie es sehr wahrscheinlich macht, daß die Vogtei der Reichsabtei Werden zu dieser Zeit schon in einer Familie erblich war. In dieser Urkunde wird ein Vogt erwähnt, der zur Zeit der Beurkundung noch ein Knabe, also unmündig war: „Adolfus, qui tunc temporis puer erat“. An diesem „Adolfus puer“ und seine Einordnung in die Genealogie der Grafen von Berg entzündete sich in der Vergangenheit der Streit der Historiker, obwohl dieser „unmündige Knabe“, der offenbar von seinem (verstorbenen) Vater die Vogteischaft übernommen hat, sich zwanglos in die Generationenfolge der Familie der Berger – und nur in diese – einordnen läßt.[49]

Es kann doch sicher sein, daß man als weltlichen Vertreter dieser bedeutenden Reichsabtei keinen unmündigen, handlungsunfähigen Vogt erwählte. Wenn nun seit 1115 die Grafen von Berg als Vögte von Werden belegt sind und auch die Erblichkeit nachgewiesen ist, kann man davon ausgehen, daß auch der Vater die Vogteischaft ausübte, wohl der Werdener Vogt Adolfo advocato (1050–63).

Wenn der Adolfus puer 1093 noch unmündig ist und kurz darauf als selbständig handelnd auftritt, kann er, das fränkische Mündigkeitsalter von 15 Jahren vorausgesetzt, zwischen 1078 und 1080 geboren sein. Das Jahr 1080 ist just der Zeitpunkt, an dem die bergischen Grafen mit dem Kognomen de Monte oder von dem Berge auftreten. Dieser Vater (noch ohne Ordnungszahl) ist vermutlich der erste Inhaber der Burg Berge gewesen und sein Sohn (lat. puer genannt) möglicherweise dort geboren. Im Jahre 1106 verstirbt ein Graf Adolf von Berg, wie aus verschiedenen Quellen zu erschließen ist. Das kann nur der 1093 genannte puer gewesen sein, der in zwei Kaiserurkunden (1101 und 1105) Graf genannt wird, weshalb man diesem Adolf die Ordnungszahl I. zuwies.

Große Wurfmaschine «Mangonneau» (mange). Außer Kugeln warf man auch Steinkartätschen, Brandsätze und – um die Belagerten psychologisch zur Übergabe zu zwingen – sogar Tierkadaver, ja in besonders makabren Fällen die Leichen von gefangenen Feinden

Alte Lehrbücher der Kriegführung wurden im 15. und 16. Jh. übersetzt und vermittelten die Kenntnis alter Belagerungsmaschinen, Wurf- und Feuergeschütze. Hier der Rammbock, „Widder" genannt. (Flavius Vegetius Renatus, 4 Bücher der Ritterschaft, Augsburg 1529)

Königsgut im rechtsrheinischen Vorland von Köln

Wenn wir davon ausgehen, daß die Vorfahren der nachmaligen Grafen und Herzöge von Berg wahrscheinlich schon um die Jahrtausendwende nach Deutz kamen und vermutlich Vögte der 1003 gegründeten Benediktinerabtei waren, stellt sich die Frage, ob und wann sie möglicherweise in Deutz im ehemaligen Kastellgelände über Besitz verfügten. Es bietet sich an, daß der „starke Mann" (vir probus) des Kaisers sich zumindest zeitweise dort aufgehalten haben kann.

Es ist sehr wahrscheinlich, daß Erzbischof Heribert bei der Gründung der Abtei nicht über das ganze ehemalige Römerkastell, den ganzen Raum, verfügen konnte, das geht allein schon aus dem Vorhandensein der Pfarrkirche mit Friedhof innerhalb der Römermauern hervor.[50] Das Kastellgelände war schon einige hundert Jahre Teil der „civitas divitia", dafür gibt es eine ganze Reihe von Hinweisen (s. Gruß: Frühmittelalterliche Burgen...)

Innerhalb des Mauerberings befand sich wohl schon seit den Merowingern ein Königshof, eine Anlage, die dem Anspruch eines Königs genügen konnte. In diesem Gebäude wohnte im Jahre 1020 Kaiser Heinrich II., als er die Burg Hammerstein bei Andernach belagerte. Auch Erzbischof Heribert und seine Kleriker und Ministerialen benutzten die Gebäude als Wohnaufenthalt. Das läßt sich aus den um 1050 verfaßten Ausführungen des Mönches Lantbert in seiner Vita Heriberti (Lebensbeschreibung Erzbischof Heriberts) erschließen.[51]

Dieser Königshof war wahrscheinlich schon unter den Frankenkönigen Verwaltungsmittelpunkt für umfangreichen Reichsbesitz (Königsforst, Frankenforst, Miselohe). Bemerkenswert sind einige Ortsnamen in Zusammensetzungen mit König im Gebiet weiter östlich (z.B. Königsspitze, Königreich usw.).

Das Land rechts des Rheines, das von den Römern nicht besetzte Germanien, war noch lange von Wald, Heide und Sumpf bedeckt. Dieses Gebiet wurde vom König mit einem Forstbann (Wildbann) belegt. Erzbischof Bruno (953–965) verfügte in seinem Testament, daß seine Besitzungen in Deutz – es handelte sich um den Fronhof Rolshoven mit einem Anteil am Königsforst – zur Errichtung eines Hospitals verwendet werden sollten. Auch Erzbischof Heribert besaß im Jahre 1003 einen Teil des Königsforstes, den er der von ihm gegründeten Abtei Deutz übertrug. Reichsbesitz ist also schon zu Erzbischof Brunos Zeiten an die Kölner Kirche gefallen. So verwundert es nicht, daß im rechtsrheinischen Vorland von Köln meist kirchlicher Besitz nachzuweisen ist.

Während wir heute mit dem Begriff „Forst" einen vor allem staatlicherseits kultivierten Wald verbinden, umfaßte der mittelalterliche Forst zum einen nicht nur Waldungen (es gab noch im 18. Jahrhundert einen „Forst auf dem Bodensee") und bezeichnete zum anderen keineswegs ein besonders gepflegtes, der herrschaftlichen Jagd vorbehaltenes Revier. Ein Forst war nach der damaligen Auffassung die unbebaute und von keinem privaten Rechtsanspruch berührte Einöde schlechthin, die von einem Herrscher „eingeforstet" war.

Das Forstregal (Wildbannprivileg) war ein Hoheitsrecht und ist nicht zu verwechseln mit den etwa ab dem 15. Jahrhundert in den „Weistümern" festgelegten Waldnutzungsrechten der Grundherren und ihrer Hintersassen, wie da sind Holzfällen, Stockausschlag, Streugewinnung für das Vieh, Waldweide (Viehtrift), Imkerei, Gewinnung von Lohe und Schälen von Bast usw.

Das Forstregal war ein übergreifendes Recht, das nicht mit dem Eigentum an Grund und Boden verbunden war. Sein wichtigster Bestandteil war das Recht, Rodungen anzulegen und Besiedelungen vorzunehmen. Auch die Gerichtsbarkeit über alle Menschen, die innerhalb des Forstes wohnten oder sich dort aufhielten, war damit verbunden. Der Inhaber des Forstregals war darüberhinaus berechtigt, den Rodezehnten einzuziehen.

Wie wertvoll für einen Inhaber Forstregal und Rodungshoheit sein konnten, zeigt das Wildbannprivileg Ottos III. vom 19. Mai 992. Die Empfänger, Sigebodo und Richwin aus der Familie von Are-Hochstaden, konnten in der Folge in dem betreffenden Gebiet trotz fehlender Grafenrechte ein kleines Territorium ausbilden.

Auch die Grafen von Berg sind wahrscheinlich schon im 11. Jh. mit der Forsthoheit im Bereich des späteren Amtes Miselohe und in der Umgebung (es war das einzige bergische Amt, dessen Name auf einen Wald zurückging) belehnt worden. Erste Zeugnisse darüber: Im Jahre 1117 besitzt Adolf von Berg im Gebiet von Dünnwald die Rodungshoheit. 1202 gestattet Adolf von Berg der Abtei Heisterbach die Rodung für den „Neuenhof" im Kirchspiel Burge (Leverkusen-Bürrig). Dieser „neue Hof" gegenüber dem „alten Hof" Hemmelrath wurde 1187 vom Edelherrn Ulrich von Hemersbach an die Abtei Himmerode bzw. deren Tochterkloster Heisterbach übertragen.[52] Aber auch im Gebiet längs der Dhünn bis zum Rhein hin hatten die Berger die belegte Rodungshoheit.[53]

An die umfangreiche Binnenkolonisation nach Rodungstätigkeit erinnern die vielen Namen in Zusammensetzungen mit -rath im Bereich der königlichen Forste, z.B. Rath, Refrath, Lückerath, Gierath, Paffrath im Königsforst; Alkenrath, Schlebuschrath, Hemmelrath, Edelrath, Menrath im Forst Miselohe, aber auch die Orte Odenthal/Udindarre (= Drainage des Udo), Rotbroich (= Rodung im Bruch) und Morsbroich (= der Bruch des Ritters Mor) im Verlaufe der Dhünn haben mit der Ackerlandgewinnung durch Urbarmachung zu tun; denn dazu gehörte auch die Trockenlegung von Sümpfen. Ein interessanter Rodename ist der Name Alkenrath bei Schlebusch, der laut einer Altenberger Akte im 15. Jh. noch „Ailfkeroide" (= Adolfsrodung) geschrieben wurde. Der Namensgeber war jedenfalls ein Adolf. Nach der Gezelinuslegende hatte Graf Adolf in dieser Gegend einen Schafstall, den dieser der Abtei Altenberg schenkte und auf dem Gezelinus die Schafe gehütet haben soll.[54]

Dem Rodungsstreifen vorgelagert sind im rheinnahen Altsiedelland die fränkischen Heimnamen. Sie sind an der Strunde nordöstlich von Deutz besonders häufig: Mülheim, Buchheim, Wichheim, Schweinheim, Merheim.

Hier zeichnet sich ein Besiedelungszug ab, der zur Zeit der fränkischen Landnahme von Deutz aus seinen Anfang nahm. Bei Divitia selbst und auch bei Vingst (Vince) und Kalk (Kalke) ist vom Namen her eine Siedlungskontinuität seit der Römerzeit anzunehmen. Dieser ehemalige „Brückenkopf" der Römer gegenüber Köln ist wahrscheinlich ständig bewohnt gewesen.

Als die Vorfahren der Grafen von Berg vermutlich um die Jahrtausendwende nach Deutz kamen, begann gerade der zweite große Angriff auf den Urwald östlich des Rheines zur Gewinnung von neuen Ackerflächen. An diesen Unternehmungen werden sich die Berger wahrscheinlich beteiligt haben, denn die Herrschaft über Rodungsbauern und auch die kirchlichen Vogteischaften waren wichtige Grundlagen für die Ausbildung der späteren Landesherrschaft.

Zu den ersten rechtsrheinischen Besitztümern der Berger hat wahrscheinlich der Hof Merheim (fränkischer Name!) gehört, den Adolf III. von Berg im Jahre 1217 vor dem Aufbruch zum Kreuzzug der Abtei Altenberg verkaufte. Merheim und die anderen Orte mit Heimnamen gehören zu denjenigen Siedlungen, die schon ab dem 7./8. Jahrhundert im Zuge der rückläufigen fränkischen Landnahme besiedelt wurden. In diesem Altsiedelland standen also Güter für ein hinzuziehendes Edelgeschlecht zur Verfügung.

Die Historiker Schmale und Kraus sehen erste Besitztümer der Berger im linksrheinischen Altsiedelland. Hier darf nicht übersehen werden, daß diese Besitztitel erst für den Anfang des 13. Jahrhunderts belegt sind. Wieviele Güter konnte aber ein wohlhabendes und expandierendes Geschlecht wie das der Berger in einer Zeitspanne von mehr als zweihundert Jahren erwerben, erheiraten, vererben und auch wieder abgeben?[55]

Die Fundation des 1133 eingerichteten Kloster, die „hereditas Berge" – also ein Lehen – stammt vermutlich aus Oberbesitz des Reiches; keine Sicherheit besteht aber über den sekundären Lehnsgeber. Einige Historiker argumentieren damit, es wäre ein pfalzgräfliches Lehen gewesen, weil im „Alzeyer Weistum", das im15. bzw.16. Jahrhundert aufgezeichnet wurde, die Grafschaft Berg als Lehen des Pfalzgrafen aufgezählt wird. Das dort genannte Lehen bezieht sich allerdings nur auf die Gerichtsstätte Kreuzberg, die vorher nachweislich im Besitz des Pfalzgrafen Hermann von Stahleck war. Es wäre ein Kuriosum, wenn Pfalzgraf Heinrich, nachdem er von Erzbischof Anno II. vertrieben worden war, in diesem Gebiet ein Lehen vergeben hätte, das er also gar nicht mehr besaß.

Die umfangreichen Lehen bei Odenthal an der Dhünn können auch aus den oben genannten Schenkungen der Könige an die Kölner Kirche herrühren. Sichere Nachrichten über Besitzverhältnisse im rechtsrheinischen Vorland von Köln sind eben nur im Zusammenhang mit kirchlichen Institutionen zu finden.

Beginnen wir mit belegten Besitzhinweisen am Unterlauf der Dhünn. Eine fränkische Enklave scheint bei Schlebusch bestanden zu haben. Hier finden wir die Heimnamen „gucumhem" (Lokalisierung unsicher, vielleicht Manfort), Hummelsheim (1327 Hundilshem) und Nittum (1327 Nithem). Zum Rhein hin

Belagerung einer Burg mit Darstellung des Lagerlebens: hier vor allem Trinken und Essen, aber auch Musizieren sowie die Beschäftigung „mit dem schönen Geschlecht“ (aus dem Mainzer „Livius“)

breitete sich ein großer Fronhof des Kölner Erzbischofs aus. Er wird in den Jahren 1107 bis 1120 – Regentschaftszeit des 7. Abtes Eberhard – gegen eine Liegenschaft der Abtei Brauweiler an der Mosel eingetauscht.[56]

In der Brauweiler Klosterchronik steht die Übertragung des Hofes an die Abtei am Anfang der Erwerbungen des Abtes Eberhard, so daß der Zeitpunkt der Übergabe eher bei 1107 als bei 1120 zu suchen ist. Wie lange vorher dieser Haupthof in der Hand des Erzbischofs war, wissen wir nicht. Er war der größte Hof zwischen der Dhünn und dem Land vor Mülheim; seine Ländereien reichten vom Rhein bis nach Nittum/Schildgen. Von ihm abhängige große Höfe waren der Büchelter Hof, der Hemmelrather Hof und der Kurtekottenhof. Letzterer war der wichtigste Besitz des Klosters Dünnwald.

Erzbischof Friedrich I. übertrug aber nicht das ganze Gelände dieses Hofes. Am Übergang über ein Gewässer – wahrscheinlich die Dhünn – nahm er ein genügend großes Gelände heraus, um dort an einer Rodestelle einen neuen, vermutlich befestigten Hof zu errichten. Von ihm aus wurden die erzbischöflichen Zehnten eingezogen wurden (excepto inde novalis transitus servicio).

Die ältesten vorhandenen Aufzeichnungen über den Fronhof Wiesdorf und den neuen Rodungshof (novalis) am Übergang über ein Gewässer (verbunden mit einem Dienst = transitus servicio) stammen aus der zweiten Hälfte des 13. Jahrhunderts. Wir wissen heute, daß dieser neue erzbischöfliche Hof, es war der spätere Büchelter Hof) Ersatz für den an die Abtei Brauweiler übertragenen Fronhof Wiesdorf war. Dieses Objekt war wahrscheinlich eine Motte; denn es wird in den Fronhofsakten „stritbuggele“ (Kampfhügel) genannt. Erzbischof Friedrich mußte an der Sicherung seines Weges zu den westfälisch-engrischen Besitzungen interessiert sein, weshalb er den Dhünnübergang unter seine Kontrolle brachte. Im Zusammenhang mit „stritbuggele“ findet man später in den Urkunden einen Zehntherrn, der „dechen“ oder „deggen“ (lat. *decanus*) genannt wurde (siehe Gruß: Höfe, Rittersitze, Kirchspiele a.a.O., S. 36, 49, 63).

Bezeichnend ist, daß kurze Zeit später auch der Graf von Berg in unmittelbarer Nähe der vorbeschriebenen Anlage einen Stützpunkt errichtet, sozusagen eine Gegenburg, die er mit seinen Ministerialen besetzt: die Ritter Jakob von Ophoven und, als Nachfolger, dessen Sohn Engelbert. An dieser Stelle steht heute die „Doktorsburg“, während der benachbarte ehemalige Büchelter Hof dem Bau des Leverkusener Forums hat weichen müssen.

Erzbischof Friedrich II. bestätigte im Jahre 1157 dem Kloster Altenberg Besitzungen, u.a. einen Zehnten, den der Ritter Heinrich von Odenthal gegen eine jährliche Rente von 5 Solidi aus der „terra que vocatur Stega“ (Zehnthof am Küppersteg) eingelöst und der Abtei übergeben hatte. Es handelte sich hier um die Zehnten des Gründungslandes des Klosters einschließlich des benachbarten Hofes Bülsberg. Das Gründungsland des Klosters (die hereditas Berge) stand also in einer Zehntabhängigkeit zum erzbischöflichen Hof am Küppersteg, eben dem Büchelter Hof, das vorher „stritbuggele“ genannte Objekt.[57]

Auch in Nittum (= Nitheim) bei Schildgen gab es einen Hof, der in den ehemaligen erzbischöflichen Fronhof Wiesdorf (Wistubbe) Abgaben leisten mußte. Als er in den ältesten vorhandenen Fronhofsakten genannt wird, war er im Besitz des Grafen von Berg, ohne daß wir wissen, wie lange er ihn schon besaß und wie er in dessen Hand gekommen war. Die Eintragung, die wahrscheinlich zwischen 1264-1277 erfolgte, hat folgenden Wortlaut: „Der greve van dem berge I malder weis Inde ein malder rochen Inde 28 pennige vame howe van nithem". Nitheim/Nittum ist wie Merheim ein fränkischer Heimname, und es ist schon bemerkenswert, daß die Grafen von Berg im rechtsrheinischen Vorland von Köln zwei dem Namen nach so alte Höfe besaßen.

Der Graf von Berg hatte also als Lehnsgebühren einen Malter Weizen und einen Malter Roggen nebst 28 kölner Silberpfennigen vom Hof Nittum an den ehemaligen erzbischöflichen Fronhof in Wiesdorfer abzuführen. Das war für die damalige Zeit eine ganz beachtliche Abgabe und läßt auf eine ziemliche Größe des Nittumer Objektes schließen.[58]

Der nächste große Hof dhünnaufwärts war Osenau. Er gehörte bei frühesten Erwähnungen dem Stift St. Gereon in Köln. Weiter östlich folgte der Hof Menrath. Er war zeitweilig im Besitz des bergischen Ministerialen „Adolf de Pomerio" und wurde später der Abtei Altenberg übertragen. Menrath stand in Zehntabhängigkeit zur Pankratiuskirche in Odenthal, die vom Alter her eine Taufkirche des Erzbischofs gewesen sein kann. Das zwei Meter dicke Turmfundament der Kirche ist um das Jahr 1000 anzusetzen.

Forschen wir weiter nach kirchlichen Besitztümern östlich von Altenberg, so begegnet uns auf dem heutigen Werksgut der Bayer AG „Große Ledder" kirchliches Gut, das vorher einem Laien gehörte. Der lateinische Name „scala" für Ledder (= Leiter) begegnet uns in einer Urkunde des Jahres 1336 zum ersten Male. Der Text läßt darauf schließen, daß die „Ledder" schon rund 330 Jahre früher existiert hat, nämlich zur Zeit der sogenannten „Matilfrit-Stiftung". Um die Wende zum 11. Jahrhundert haben der fränkische Adelige Matilfrit und seine Gemahlin Adelita Teile ihres Erbgutes zu Dabringhausen dem Andreas-Stift in Köln vermacht. Die Schenkungsurkunde ist erhalten geblieben. Leider ist sie, wie so oft bei alten Urkunden, undatiert. Es ist aber wahrscheinlich, daß sie zwischen 980 und 1006 ausgefertigt wurde. Im Andreas-Urbar wird das Gut im Jahre 1230 unter den Stiftsbesitzungen aufgeführt.

Matilfrit war ein Franke. Dabringhausen gehört aber zu den sächsischen Inghausen-Orten, die im sogenannten „Wupperviereck" häufig vorkommen, z.B. Lüttringhausen, Böninghausen, Elbringhausen usw. Bei Dabringhausen verlief die Grenze zwischen sächsischem und fränkischem Gebiet.

Das sächsisch-engrische Siedlungsgebiet im Wupperviereck gehörte allerdings nicht zu den ersten Erwerbungen der Berger. Dieses von Sachsen erschlossene Land kam erst über die Heirat Adolf I. († 1106) mit Adelheid, Tochter Heinrichs von Lauffen und der Ida von Werl, in die Hand der Berger.

Es stellt sich nun die Frage nach dem Umfang des Territoriums, in welchem das in der zweiten Hälfte des 11. Jahrhunderts in das Licht der Geschichte eintretende Geschlecht „de monte" anfänglich Macht ausübte. Man darf annehmen, daß die Burg, nach der sie sich schließlich benannten, schon aus organisatorischen Gründen etwa in der Mitte ihres Besitz- und Einflußbereiches lag. Die „hereditas Berge" wird dabei nur ein Teil des in ihrer Hand befindlichen Gutes gewesen sein, wie es rückschließend aus den später bezeugten umfangreichen Besitzungen der Berger im Großraum Odenthal hervorgeht.

Wenn wir davon ausgehen, daß der 1101 und 1105 genannte Graf Adolf im Jahre 1093 noch ein Knabe (puer) war, dann muß der in den 80er Jahren auftretende „Adolfus advocatus de monte" dessen Vater gewesen sein. Das Gebiet im Wupperbogen besaß dieser noch nicht, weil es erst durch die Heirat seines Sohnes mit Adelheid von Lauffen in die Hand der Berger kam.

Damit ist das einst von Sachsen besiedelte Gebiet im „Wupperviereck" – so nennt man das durch die dreimalige Richtungsänderung der Wupper umschriebene, südlich bis zur Wasserscheide zwischen Wupper und Agger reichende Gebiet – für den Besitz- oder Einflußbereich des ältesten „de monte" als Abschluß nach Norden zu sehen.

Nach Osten sind an der mittleren Wupper zur Zeit des ersten „de Monte" die Grafen von Hückeswagen bezeugt, deren Territorium erst später in Pfandbesitz der Berger überging. Nördlich der Wupper sind die Hardenberger bis in die 50er Jahre des 12. Jahrhunderts nachweisbar. Im rheinnahen Gebiet zwischen Düsseldorf und Wiesdorf haben die Herren von Eller umfangreichen Besitz.

Im Westen wird der Rhein die Grenze gewesen sein, während nach Süden ein nur schwer zu lokalisierender und nur wenig bezeugter „Deutzgau"[59] sich anschließt, in dem bis zum Jahre 1141 ein Graf Arnold von Deutz genannt wird. Vermutlich ging der Geltungsbereich von dessen Grafschaft nur wenig über den lange Zeit im erzbischöflichen Besitz gewesenen Bereich um Deutz/Divitia und die fünf „Beifangdörfer" Kalk, Vingst, Rolshoven, Poll und Westhofen hinaus. Das Gebiet südlich davon an der unteren Sieg war Domäne der Grafen von Bonn bzw. von Sayn. Als mögliches Gründungsterritorium verbleibt für die Grafen von Berg dann nur der Großraum um Odenthal mit einer ungewissen Ausdehnung in Richtung Deutz (Merheim, Buchheim/Mülheim?).

Älteste Stadt des Bergischen Landes: Wipperfürth (Ploennies „Ducatus Montani", 1715)

Belagerung einer Stadt um 1502. Um die Belagerten einzuschüchtern und womöglich die Übergabe zu veranlassen, werden die abgeschnittenen Köpfe von zwei Gefangenen auf Stangen präsentiert (Holzschnitt)

Der „ungezählte" Adolf, Vater des „Adolfus puer" von 1093

In zwei Urkunden des Erzbischofs Anno II. von Köln aus dem Jahre 1068 – die eine ist für das Frauenstift Ödingen im Sauerland und die andere für das Kloster Werden ausgestellt – führt „Adolfus advocatus de monte" die Reihe der Laienzeugen an. Der Urkundenkritiker Oppermann sieht nach Schriftvergleichen in diesen Urkunden „angebliche Originale", die in der zweiten Hälfte des 12. Jhs. „von der gleichen Werdener Hand angefertigt wurden". Ganz abgesehen von den Schriftvergleichen Oppermanns, mit denen er schon verschiedentlich schief lag, führt er formale Mängel an, die die Urkunden haben sollen und deshalb ihre Unechtheit beweisen. So wäre zum Beispiel das Wort „curia" für Fronhof im Zeitpunkt der Datierung der Urkunde, nocht nicht üblich gewesen. Hier irrt Oppermann, denn Anno benutzte „curia" auch für eine Urkunde des Stiftes St. Georg. Anstoß nimmt er an der seiner Meinung nach „ungewöhnlichen und unrichtigen" Wortfolge „Adolfus advocatus de Monte". Auch dieser Einwand ist nicht stichhaltig, denn in der Siegburger Überlieferung des 12. Jahrhunderts finden wir ebenso die Formulierung Adolf Vogt von Berg (adolfus advocatus de Berge). In die Vorstellungswelt des Schreibers versetzt heißt das: „der Vogt Adolf von der Burg Berge", so wie er vielen damals bekannt war.

Überhaupt scheinen im 11. und noch in der 1. Hälfte des 12. Jahrhunderts die Geschlechternamen nicht so festgefügt gewesen zu sein. So wird Graf Adolf II. von Berg, der in erzbischöflichen Urkunden ziemlich regelmäßig als „Adolfus comes de Monte" (oder de Berge) aufgeführt ist, in Westfalen „Adolfus de huvili" (von Hövel) oder „Adolfus de Altena" genannt wird. In erzbischöflichen Urkunden werden häufig Titel oder Herkunftsbezeichnungen weggelassen. Wenn der „Adulfus comes" der Sigewinurkunde vom 22. März 1080 als Adolf von Berg zu identifizieren wäre, hätten wir hier den Beweis, daß die Berger schon vor den Kaiserurkunden von 1101 und 1105 den Grafentitel führten (Reg. I, Nr. 139).

Jedenfalls ist es für notwendige Erkenntnisse in der Geschichtsforschung nicht besonders förderlich, echte oder vorgegebene „Fälschungen" allzuvoreilig zu ignorieren und in Vergessenheit geraten zu lassen. „Denn eine formal unechte Urkunde braucht wegen dieses diplomatischen Mangels noch lange nicht inhaltlich unrichtig zu sein, und es gibt genügend Beispiele dafür, daß solche angeblichen Originale – Fälschungen im urkun-dentechnischen Sinne – dennoch Sachverhalt und Rechtsinhalt getreulich widerspiegeln, materiell also durchaus in Ordnung sind" (Justus Bockemühl).

Zeile aus der Anno-Urkunde vom 30. 7. 1068 mit „Adolfus advocatus de monte". Hier haben wir möglicherweise den ersten Existenzhinweis von dem „ungezählten" Vater des „Adolfus puer", der vielleicht um 1045 geboren sein kann

Graf Adolf II., der Klostergründer von Altenberg

Während wir von den Vorfahren Graf Adolfs II. wenig wissen, sind wir für dessen Zeit als Graf (1115–60) wesentlich besser unterrichtet. Damals ist eine entscheidende Entwicklungsphase im Bergischen Grafenhause festzustellen.

Das Geburtsdatum Adolfs II. (um 1100) ergibt sich aus seiner Stellung in den Zeugenlisten, in denen er in schöner Regelmäßigkeit als Nachbar von Adolf von Saphenberg erscheint (meist vor ihm), von dem wir wissen, daß er auch um diese Zeit geboren ist. Es ist deshalb nicht verwunderlich, daß Adolf II. — oder ein anderer Berger – nicht vor 1115 in den erzbischöflichen Urkunden genannt wird, denn erst zu diesem Zeitpunkt ist er großjährig geworden, während sein gleichnamiger Vater im Jahre 1106 als verstorben gemeldet wird. Daß man einen noch so jungen Mann in den Zeugenreihen der Urkunden des damals mächtigsten Mannes am Niederrhein – des Kölner Erzbischofs – findet, spricht für eine schon länger bestehende hervorragende Stellung des ganzen Geschlechtes der Berger in Reich und Erzbistum.

Die besondere Gunst Erzbischof Friedrichs zeigte sich, als er die Heirat einer seiner Nichten mit Adolf II. vermittelte. Es war Adolfs zweite Ehe, nachdem seine erste Frau vor 1128 verstorben war. In erster Ehe wurden drei Söhne geboren: ein Adolf (* 1120–25, † 28.7.1148 vor Damaskus), Eberhard (* um 1122), der sich nach der Teilung des bergischen Territoriums im Jahre 1160 Graf von Altena nannte und Friedrich (* 1121–26), der von 1156–1158 als Friedrich II. Erzbischof von Köln war.

In der zweiten Ehe mit der Nichte des Erzbischofs Friedrich wurden mit einiger Sicherheit noch drei Söhne geboren. Der erste erhielt den Namen Engelbert aus der Familie der Schwarzenburger (der Vater der Frau hieß so), der 1160 nach der Teilung das Land Berg übernahm, während ein zweiter Sohn der Schwarzburgerin als Bruno II. ebenfalls Erzbischof von Köln wurde (1191 bis 1193). Ein dritter Sohn, nochmals mit dem Namen Adolf, ist spätestens um 1150 geboren. Er urkundet von 1192–97 auch als Graf von Berg und ist wahrscheinlich Mitbegründer des Deutschen Ordens gewesen.

Nach einer im Kloster Altenberg nur mündlich überlieferten Nachricht erbauten die Berger ab 1118 die Burg an der Wupper, die sie „novus mons" oder „novum castrum" (Neuenberg) zur Unterscheidung von „vetus mons" (Altenberg) nannten.

Die erste urkundliche Erwähnung des heutigen Schloß Burg finden wir erst 1160. In diesem Jahre schenkte Warner von Berghausen einen Hof der Pankratiuskirche auf dem neuen Berg. Graf Adolf II. von Berg ließ diese Urkunde in der Burg auf dem neuen Berg (in nostro novo monte) ausstellen, kurz bevor er als Mönch ins Kloster Altenberg eintrat. Als zusätzliche Datierung nennt er die Regentschaftszeit des Kaisers Friedrich Barbarossa und des Erzbischofs Reinald (von Dassel), unter denen sich sein Sohn und Nachfolger Engelbert zum

Kreuzritterzug „gürtete". Er betont ausdrücklich seine Gegenwart bei der Beurkundung unter vielen Zeugen (in mea presentia assistentibus multis). Dabei werden genannt: Reinbodo, Oliverus, Godescalcus Schat, Wolfhardus de gruenesceth (Grünscheid), Gerhardus de castro (wohl der Burgvogt), Heinricus de Herbedde, Egilmarus de flitherde (Flittard). Ob es sich bei den Zeugen um Freie, Vasallen oder abhängige Ministerialen handelt, ist hier nicht zu erkennen.

Zu diesem Zeitpunkt ist die neue Burg, heute Schloß Burg, vollendet, die Kapelle erbaut und die Anlage mit einer Burgmannschaft belegt. Damit ist die Behauptung, erst Erzbischof Engelbert I. von Berg († 1225) habe die neue Burg an der Wupper erbaut, widerlegt. Sein Vater, Graf Engelbert I., übergab die Kapelle an die Johanniter, nachdem er die Gründung einer Kommende in seiner umfangreichen Burg gestattet hatte.

Schon der Übergang der gewählten Bezeichnungen vom „Alten Berg" zum „Neuen Berg" bestätigt eine Hintereinanderfolge in der Familientradition des Wohnsitzes. Wenn auch in der ersten Hälfte des 12. Jahrhunderts in westfälischen Urkunden einmal ein „Adolf von Hövel" und ein andermal ein „Adolf von Altena" erscheint, ändert das nichts an der Weiterführung des Geschlechternamens „de Monte" in erzbischöflichen Urkunden. „Adolf von Hövel" ist jedenfalls niemand anderes als Adolf I. von Berg, Gatte der Adelheid von Lauffen (der „puer" von 1093, † 1106), der Vater des Klostergründers.

Der 1122/25 als „Adolf von Altena" bei der Gründung des Prämonstratenserstiftes Cappenberg auftretende Zeuge ist mit Sicherheit der Klostergründer von Altenberg. Wenige Jahre später (1126) wird in einer Urkunde des Bischofs von Utrecht Adolf II. von Berg wieder ein „Adolf von Hövel" genannt. Wenn in zeitgleichen Urkunden des Erzbischofs Friedrich I. von Köln – wie berichtet – nur das Kognomen „de Monte" (von Berg) vorherrscht, kann das doch nur bedeuten, daß der Geschlechtername zu dieser Zeit noch nicht überall bekannt und festgefügt war. Der Annalisto Saxo kannte in der Mitte des 12. Jahrhunderts einen Adolf von Hövel von einer Burg in seinem „überschaubaren" Bereich, wie auch der Bischof von Utrecht, bzw. dessen Kanzleischreiber, im Jahre 1126 bei der Herkunftsbezeichnung auf diesen ihm bekannten Burgbesitz zurückgriff, während die Cappenberger 1122/25 die ihnen „näherliegende" Burg Altena bevorzugten. Daß die Berger nach Aufgabe der Burg Berge (Altenberg) „ihren Wohnsitz nach Westfalen verlegten" – wie manche behaupten –, ist aus politischen und strategischen Überlegungen eher unwahrscheinlich. Die Wahl der Beinamen weitab von der rheinischen von den Bergern selbst erwählten „Stammburg" könnten rechtliche Gründe gehabt haben, wiesen sie doch Adolf als Herrn eines Sitzes auf sächsischem Boden aus.

Die politische Vernunft erforderte den Anschluß der Berger an den Kölner Erzbischof Friedrich I. (von Schwarzenburg), in dessen Urkunden er ab 1115 häufig zu finden ist; die Nähe zum Kölner Metropoliten und die Vogteischaften im rechtsrheinischen Vorland von Köln machten eine dortige Präsenz nötig.

Zeitgenössischer Bilderzyklus vom bäuerlichen Leben. Neben den Tätigkeiten des Landlebens, Säen, Pflügen, Umgraben, Ernten, Kohlschneiden, Dreschen und Holzhacken, sind auch die Strafen dargestellt: Pranger, Galgen, Rad (um 1470, Berlin, Kupferstichkabinett)

Erste Nachrichten über Stützpunkte der Berger in Deutz

Am 25. August 1128 brach abends in dem vieltürmigen Kastell Deutz, in dessen Mitte sich seit 1003 das von Erzbischof Heribert gegründete Benediktinerkloster befand, ein Feuer aus, das rasch um sich griff und alles Holzwerk in den umstehenden Türmen verbrannte und auch die Pfarrkirche St. Urban in der Nähe des Brandherdes schwer beschädigte. Das Kloster wurde zwar von den Flammen umringt, blieb aber wie ein Wunder verschont.

Der damalige Abt Rupert hat der Nachwelt diesen Brand in seiner Schrift „De incendio" (über den Brand) ausführlich und anschaulich übermittelt. Seine Schrift gibt uns bei richtiger und logischer Interpretation nicht nur wichtige Aufschlüsse über die Topographie und vorhandene Bauten im ehemaligen Kastellgelände von Deutz, sondern ermöglicht auch Identifikationen von denjenigen hochstehenden Personen, die zur damaligen Zeit dort aktiv sind. In Ruperts Ausführungen können wir nach „Entschlüsselung" zwei hochstehende Männer erkennen, die erst kürzlich durch Wiederaufbauten im Kastell den klösterlichen Frieden stören und deshalb seinen heftigen Zorn erregen.

Rupert traut sich nicht, diese Störenfriede mit Namen zu nennen, weil er von ihnen abhängig ist. Der eine ist der Erzbischof Friedrich I. von Köln, der ihn eigens nach Deutz gerufen hatte, der andere aber – ein nicht geistliche Widersacher – ist mit großer Wahrscheinlichkeit der Graf von Berg (ob er zu damaliger Zeit Klostervogt war oder nicht, sei dahingestellt). Seine Identifikation hat Herbert Grundmann in einer ausführlichen Studie „Der Brand von Deutz 1128 in der Darstellung Abt Ruperts von Deutz" überzeugend dargelegt.[60]

Rupert nennt den Erzbischof sein rechtes Auge (mihi ocolus dexter). Das „Auge" begann einen Turm mit einem Haus wiederaufzubauen. Die Bauarbeiten stellte der Erzbischof – wohl auf Protest des Abtes – vorerst wieder ein (turrim reedificare domumque firmam exstruere inchoaret).

Der andere, nur umschrieben dargestellte Mann, den Herbert Grundmann als den Klostervogt Adolf identifiziert, baute einen Turm an einer Stelle, die Rupert für die Gründung eines Hospitals vorgesehen hatte. Darüber sind die Mönche am meisten betrübt (maxime nos contristabat) und der Deutzer Abt schleudert deshalb gegen ihn den Josuafluch: „Verflucht sei der Mann vor dem Herrn, der sich aufmacht und Jericho wiederaufbauen will! Wenn er den Grund dazu legt, das kostet ihn seinen ersten Sohn, und wenn er die Tore setzt, kostet es ihn seinen jüngsten Sohn."[61]

Der Mann, gegen den sich der Fluch richtet, zählt Rupert zu seinen ehemaligen Freunden (quia nostrorum quidam amicorum), die zur Zeit gegen ihn stehen (tunc temporis oportunitate) und die zu den seit hundert Jahren edlen Geschlechtern gehören (homines honesti quidem secundum seculum).

Auch Abt Ernst vom Benediktinerkloster Reinhardsbrunn wählt bei der Herkunftsbewertung des ersten Abtes Eberhard des Zisterzienserklosters

Georgenthal – er ist Bruder Adolfs II. von Berg – eine ähnliche Formulierung (homo secundum seculi dignitatem nobilis).[62] Die Zeitspanne von mehr als hundert Jahren führt uns zu dem „vir probus et nobilis" zurück, dem tüchtigen und adeligen Grafen Hermann (mit Bruder Adolf) der Jahrtausendwende, der vermutlich identisch ist mit dem ersten Deutzer Vogt Hermann. Die fast gleichlautenden Formulierungen der beiden Äbte ist ein weiteres Indiz für das hohe Alter des adeligen Edelgeschlechtes derer von Berg.

Derjenige, gegen den sich Ruperts Fluch richtete, war jedenfalls ein verheirateter Mann mit Söhnen, die dieser Fluch ja mitbetraf. Damals war gerade die Frau dieses Mannes gestorben. Rupert schreibt, daß er dadurch milde gestimmt wurde und deshalb zu einer Verständigung mit ihm bereit war: Ein Haus, welches dieser unterhalb eines von ihm rekonstruierten Turmes zu bauen angefangen hatte, überließ er dem Abt, „teils für sein Seelenheil, teils für Geld" (pro anima sua, partim accepta pecunia). Das geschah schon im Jahre 1127.

Rupert konnte nach der Übergabe dieses Hauses das von ihm schon länger geplante Laurentiushospital einschließlich Oratorium einrichten. Die Gewölbe beabsichtigte er in gleicher Höhe aufzuführen, wie das danebenliegende Torgebäude. Das Hospital lag am Eingang des Kastells (introitum portae castelli sita), ein Ort, den der Abt zur Aufnahme von Kranken und zur Verteilung von Almosen am besten geeignet fand.

Als Oberst Wolf im Jahre 1880 an der Westseite des Kastells die alten rheinnahen Römermauern ausgrub, fand er auf den Fundamenten der römischen „Porta decumana" (Westtorburg) die Reste eines mittelalterlichen Turmes mit einem Durchmesser von 18 Meter. Bei diesem Turm handelt es sich mit großer Wahrscheinlichkeit um das von Abt Rupert in seiner Brandschrift von 1128 beschriebene Bauwerk. Was hier im Gegensatz zu den dickwandigen Römertürmen besonders auffiel, war die viel geringere Wandstärke. Angebaut an die nördliche Seite dieses Turmes befand sich die mittelalterliche Tordurchfahrt, die eine Breite von vier und eine Höhe von über drei Meter aufwies.

Am Strohdach des Laurentiushospitals fand das Feuer reiche Nahrung, loderte an dem Turm hoch, drang über schmale, schlitzartige Öffnungen in das Innere ein und zündete alles Brennbare an. Dieser Turm konnte keiner der Römertürme gewesen sein, deren 3,60 Meter dicken Wände für Fenster oder Schießscharten denkbar ungeeignet waren. Diese hatten – wenn überhaupt (siehe Beispiele in Carcassone in Frankreich und anderswo) – nur in Höhe der Wehrgänge breitrunde Öffnungen zum schnellen heraustritt der Mannschaften. Auch der Römerturm in Köln hat keine erkennbaren Öffnungen.

Wenn wir nun Standort und Beschaffenheit des von Rupert genannten Turmes, an dessen Fuß sich das Laurentiushospital befand, kennen, müssen wir bei der Frage nach dem Erbauer noch einmal auf die Person zurückkommen, gegen den der Deutzer Abt wahrscheinlich den Josuafluch schleuderte. Einige Historiker halten es als nicht genügend gesichert, daß es sich bei diesem Mann um den Grafen von Berg handelt, wie es Grundmann überzeugend dargelegt hat. Justus Bockemühl dagegen sieht in ihm den Grafen Arnold von Deutz. Er übersieht dabei, daß sich der Josuafluch auch auf die Söhne bezieht. Er schreibt selbst, daß Graf Arnold von Deutz „offenbar söhnelos nach 1041 starb".

Das Geschlecht von Odenkirchen stammt vom Niederrhein. Schon 1106 begegnet uns als Zeuge in Urkunden Erzbischof Friedrich I. betreffs des Stiftes Gerresheim ein Graf Hermann von Odenkirchen zusammen mit seinem Bruder Arnold (Regesten der Erzbischöfe von Köln im Mittelalter II, 44). Letzterer ist Vater des späteren Grafen von Deutz, der nach Thomas R. Kraus um 1100 geboren ist. 1116 und 1118 erscheint unter den „liberi"-Zeugen als letzter und jüngster sein Sohn „Arnulfus de Odenkirche" ohne comes (Reg. II, 124, 142). Erst 1121 wird der junge Arnold als letzter Edelzeuge erstmals comes genannt (Reg. II, 191). 1122 erscheint der Vater beim Victorstift zu Xanten als Vogt an erster Stelle unter den liberi et nobiles: „Arnulfus comes et advocatus" (Reg. II, 195). 1132 in Xanten und 1133 in Köln wird nochmals Arnold als erster Laienzeuge aufgeführt (Reg. II, 294, 303). 1134 begegnen uns Vater und Sohn im Zusammenhang mit dem Stift Zyfflich am Niederrhein: „Arnoldus advocatus et filius eius Arnoldus" (Reg. II, 305).

1135 wird der jüngere Arnold von Odenkirchen „Graf von Deutz" genannt. Er ist zu diesem Zeitpunkt Vogt des Kunibertstiftes (Reg. II, 313). 1136 lesen wir dann „comes Arnoldus de Duze" (Reg. II, 318) oder „Arnoldus comes Tuiciensis" (Reg.II, 319). Im Jahre 1141 erscheint „Arnold comes Tuitiensis" letztmalig in den Urkunden. Im Jahre 1143 finden wir dann einen „Arnoldus comes et uxor Uda et filia Adelheida" in einer Aufstellung von zurückliegenden Stiftungen (Reg. II, 399).

In einer undatierten, wahrscheinlich zwischen 1122 und 1131 (unter Erzbischof Friedrich I.) ausgestellten Urkunde des Grafen von Berg ist der „Comes Arnoldus Tuiciensis" respektlos mitten unter die – mit einer Ausnahme – beinamenlosen Zeugen eingereiht (Lac. I, 258).

Graf Arnold und seine Frau Uda erscheinen als Wohltäter im Nekrologium der Abtei Deutz, während man einen Berger dort vergeblich sucht. Es wäre auch verwunderlich, wenn der Graf von Berg nach der Verfluchung im Anniversarienkalender der Abtei geführt worden wäre. Arnold und Uda sind nicht etwa für ein Haus in Deutz eingetragen, sondern für einen gestifteten Zehnten in Quinheim (MGH SS XIV, S. 564). Noch 1158 ist die „nobilissima comitissa Uthilhildis" von Odenkirchen, Arnolds Frau, lebend bezeugt (Reg. II, 655). Von Adolf II. wissen wir, daß er um die Zeit, als Rupert seinen Brandbericht schrieb, die Frau verlor und mehrere Söhne hatte, von Graf Arnold ist dieserhalb nichts bekannt.

Wie groß der Einflußbereich des Grafen Arnold in und um Deutz war, konnte mangels Quellen nicht geklärt werden. Die Burg Odenkirchen kaufte im Jahre 1153 Erzbischof Arnold II. zurück. Sie war also vorher erzbischöflicher Besitz und wahrscheinlich von Erzbischof Friedrich I. zu Lehen ausgetan.[63]

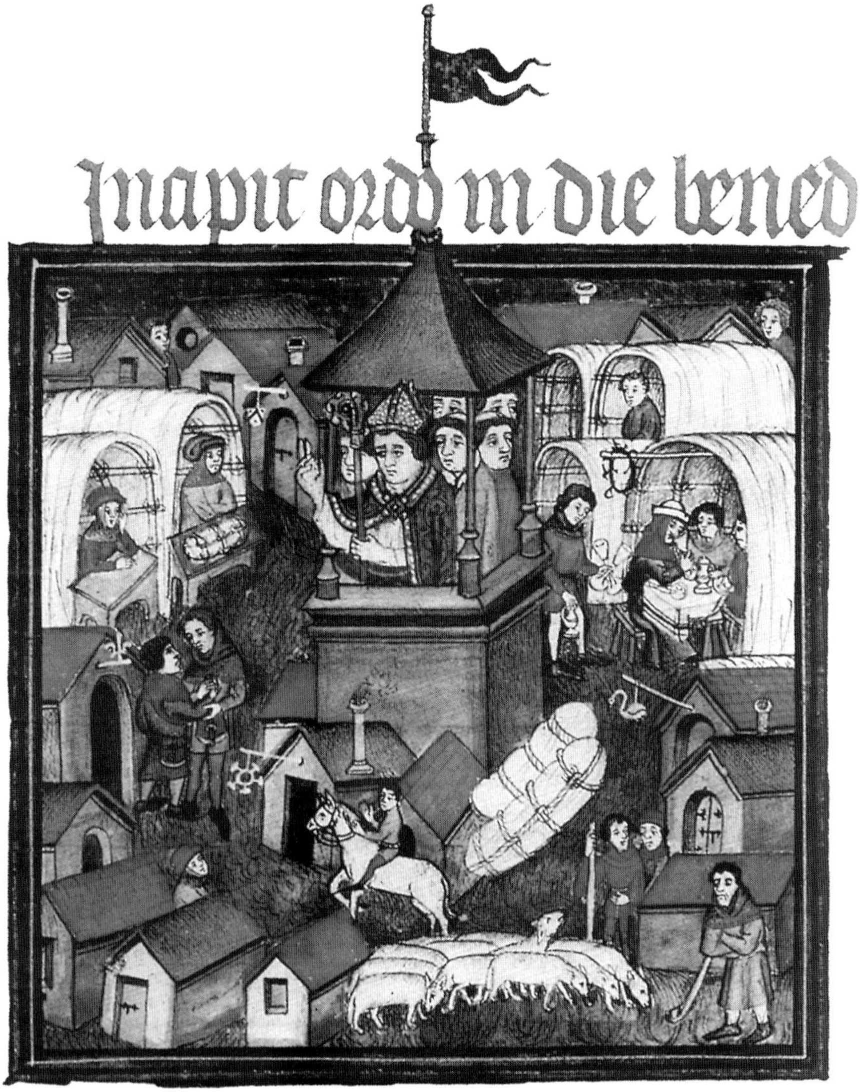

Mittelalterliche Marktszene in einer Buchmalerei (aus Pontificale Senonense, Paris, Bibliothèque Nationale). Im Mittelpunkt steht der Bischof als Stadt- und Marktherr. Die Marktstände sind hier Zelte. Manchmal sind die Verkaufsstände auch vorgebaute kleine Bretterhäuschen, die in Köln Gadden genannte wurden

Die Anwesenheit eines Grafen Arnold in Deutz muß nicht unbedingt Aktivitäten anderer Leute im Deutzer Kastell ausschließen. Abt Rupert spricht von mehreren Personen (homines honesti), die den klösterlichen Frieden durch Kastellbauten stören. Nur wenige Jahrzehnte später ist jedenfalls Besitz der Berger in Deutz gut bezeugt. Die Kölner und auch der Erzbischof hatten unter den kriegerischen Aktivitäten der Berger auf den Rheinhandel mehrfach zu leiden. Der Erzbischof konnte die Ansprüche auf das Geleitregal in seinem Herzogtum Westfalen nicht nur deshalb nicht durchsetzen, weil die Berger ältere, vermutlich vom Kaiser verliehene Geleitrechte besaßen, sondern weil diese auch Druck mit militärischen Mitteln machten, indem sie Ritter und Schützen gegenüber Köln postierten (eques lancea a litore Reni, apud Tuicium, in Renum sagittare posset).[65]

Die erste sichere Nachricht über Besitz der Berger in Deutz stammt aus einer Schreinseintragung der Martinspfarre in Köln. In den Jahren 1175/76 gab Graf Engelbert I. von Berg an Erzbischof Philipp von Heinsberg die Deutzer Burg zurück. Dieses Ereignis war für die Kölner bedeutungsvoll und einschneidend genug, um es als Datierungshilfe heranzuziehen: „eo anno, quo comes Eingelbertus resignavit presidium Tuicii Ph(ilippo) archiepiscopo" (in dem Jahre, als Graf Engelbert die Burg Deutz an den Erzbischof Philipp zurückgab).

Hier wird nur von der Rückgabe des „presidium Tuitii" gesprochen. Wir wissen nicht, wie lange das Lehen schon bestand. Joseph Milz identifizierte das „presidium Tuitii" mit der Osttorburg, die ehemalige römische „Porta praetoria". Diese Anlage allein war aus strategischen und waffentechnischen Gründen zu weit vom Rhein entfernt und hatte wegen des hohen Zentralbaus der Klosterkirche kein freies Schußfeld. Sie war deshalb für die „sagitarii", die mehrfach in der Kölner Königschronik genannten Bogen- oder Armbrustschützen der Berger, denkbar ungeeignet.[66] Erzbischof Arnod II., der im Juli 1152 die Burg Sayn völlig zerstört, nennt sie „fortissimum presidium comitis Everhardi", die starke Burg des Grafen Eberhard (Reg. II, 541).

Zusätzliche Erkenntnisse gewinnen wir aus den damaligen großpolitischen Ereignissen. Graf Adolf II. von Berg taucht erstmals im Jahre 1115 in den Urkunden des Erzbischofs Friedrich I. auf, dessen waffenpflichtiger Lehnsmann er war. Ein Jahr zuvor (1114) hatte Kaiser Heinrich V. das Deutzer Kastell belagert, um von hier aus die Stadt Köln zu bedrohen (Kaiser Heinrich... Divitense castrum obsidere et evertere venit, ut in ille presidio collocato, commeatus navium a Coloniensibus arceret.[67] Hier wird wieder das „presidio" erwähnt, das von den Kölnern zur Abwehr des kaiserlichen Angriffs besetzt wurde. Es kann sich hier nicht nur um die ehemalige römische Osttorburg gehandelt haben, sondern um die Deutzer Befestigung insgesamt, einschließlich der festungsartigen Klosterkirche. Die Osttorburg hat vermutlich im Mittelalter, wie bei der Westtorburg archäologisch belegt ist, als Steinbruch gedient und nur die Fundamente sind heute noch erhalten.[68]

Erzbischof Friedrich I. von Köln stand im Jahre 1114 an der Spitze des Adelsaufstandes in Niederlothringen und Sachsen gegen Kaiser Heinrich V. Es ist anzunehmen, daß er auch den jugendlichen Grafen von Berg, Adolf II. war damals etwa 15 Jahre alt, als Verbündeten gewann, indem er ihm vermutlich die Deutzer Befestigung zu Lehen gab. Eine Waffenbrüderschaft mit dem Grafen von Berg brauchte nicht ausdrücklich erwähnt zu werden, weil dieser als Lehnsnehmer ohnehin zum Kriegsdienst für den Lehnsherrn verpflichtet war. Ein Bündnis mit dem Grafen von Berg gegen die Selbständigkeit anstrebenden Kölner war strategisch sinnvoll. Mit der Burg eines Lehnsmannes direkt am Rhein stellten die Erzbischöfe ein Gegengewicht zu den Emanzipationsbestrebungen der Kölner Bürger her, die vor wenigen Jahren (1106) die neue Stadtmauer mit Konsens des in Köln weilenden Kaisers Heinrich IV. erbauten und dadurch den bischöflichen Stadtherrn zu Gegenmaßnahmen gezwungen hatten.

Mit den Festungsbauern in Deutz zogen auch dubiose Leute in das Kastellgelände ein, über deren Anwesenheit sich Abt Rupert heftig beschwert: „Man weiß nicht, woher sie kommen und wohin sie gehen“; fahrendes Kriegsvolk aller Schattierungen (personis locaverunt, qualium vita dubia est, conditio ignota, fama obscura). Sie hausen mit Erlaubnis des Erzbischofs und wohl auch der anderen Störer des klösterlichen Friedens in den Kellern derjenigen Türme, die nicht wiederaufgebaut wurden (Castellum quippe occupaverunt et non tantum turres et interturria sibi ad inhabitandum reparaverunt homines, honesti quidem secundum seculum, verum etiam subterturria, quae dicunt cellaria, quasi specus caecos et angulos).

Diese engen und dunklen Kellerhöhlen befinden sich unter den Römertürmen, die Abt Rupert mit eigener Wortschöpfung „subterturria“ nennt. Sie können nur vom Innenraum des Kastellgeländes betreten werden. Da man nicht annehmen kann, daß diese Personen von schlechtem Ruf – es waren wohl Kriegsknechte der untersten Stufe – sich durch die klösterliche Immunität Zutritt verschafften, ist anzunehmen, daß die Klausur ohne Verbindung zum ehemaligen römischen Mauerbering in der Mitte des Kastellgeländes lag. Dieser Befund läßt sich durch die Brandschrift „De incendio“ bestätigen.

Das Kloster lag nach Ruperts Beschreibung in der Mitte des Kastells und wurde von den Kastelltürmen umstanden, die im Verlaufe des Brandes Feuer fingen, ohne dem Kloster etwas anhaben zu können (totum hoc monasterium flammis esse circumdatum). Diese Beschreibung paßt gut zu den ältesten Abbildungen, die uns vom Deutzer Kloster und seinem Zentralbau vorliegen. Auf diesen ist die mächtige Klosterkirche von einer mehr oder weniger hohen Mauer umschlossen. Diese Mauer hat möglicherweise wie eine Brandmauer gewirkt. Auf einem Holzschnitt von 1499 ist der Zentralbau von einer zinnenbewehrten Mauer umgeben. Detailreicher ist ein Kupferstich aus dem Jahre 1583). Auf ihm erkennt man einen Durchbruch der mehreckigen Mauer für die Erweiterung des Klosters (s. Gruß: Frühmittelalterliche Burgen..., S. 147).

Zur Lokalisierung des Platzes, an dem die Berger im Kastellbereich am Rhein ihre Befestigungen errichteten, können auch spätere Nachrichten herangezogen werden. Diese Anlagen sind nämlich mit Schiffen unmittelbar vom Rhein her angegriffen worden. Sie lagen also dicht am Ufer. Als im Jahre 1205 Erzbischof Adolf von Altena durch den Papst abgesetzt worden war, besetzte als Folge davon Graf Adolf III. mit seinen Rittern und Schützen die Deutzer Burg (Tuiciense castrum... opponitur et adversatur) und sperrte abermals den Rhein für die Schiffahrt. Keine Lebensmittel und andere Waren konnten mehr nach Köln gelangen, so daß die Stadt in große Not geriet (ne victualia vel mercimonia).[69] Die bergischen Armbrust- oder Bogenschützen saßen in einem mit Brustwehren versehenen Objekt (Turm/Haus) in direkter Nähe des Ufers (sagittarii enim in domo predicti comitis Adolfi constituti cum sepius sagittis suis). Die Kölner setzten zur Abwehr große, mit hölzernen Bergfrieden (propugnaculis) ausgerüstete Kriegsschiffe ein, die in der Mitte des Rheines operierten und die bergischen Befestigungen mit Wurfmaschinen (balistarios) und – im Nahkampf! – mit Hakenlanzen (sariantos) bekämpften.

Im Jahre 1225, als mit Graf Adolf III. und Erzbischof Engelbert I. von Berg das Geschlecht der Berger im Mannesstamme ausgestorben war, ging die Grafschaft über seine Frau Irmgard von Berg auf den Herzog Heinrich von Limburg über. Unter der Herrschaft des Limburgers endete die über hundert Jahre andauernde Zusammenarbeit und Freundschaft mit der Kölner Kirche. Fünf Männer aus dem Geschlecht der Berger waren in dieser Zeit Erzbischöfe.

Die beginnende Feindschaft wurde im Jahre 1230 augenscheinlich, als Erzbischof Heinrich von Molenark der „Stadt Deutz“ das Befestigungsrecht verlieh, was einer Belagerung der Deutzer Burg der Berger gleichkam. Noch in demselben Jahr kam es zum Kampf zwischen dem Erzbischof und dem Herzog, wobei des letzteren Stützpunkt (castrum Tuiciense dicti ducis) zerstört wurde.

Im Verlauf eines 9 Jahre später (1239) ausbrechenden Aufstandes der Territoriumsherren (nobilium terre) gegen den Erzbischof Konrad von Hochstaden griffen die Truppen des Erzbischofs mit Unterstützung der Kölner Bürger die Deutzer Türme des Grafen von Berg abermals an (turres comitis de Monte). Diesmal eroberten die Angreifer wie 1205 mit Hilfe von zwei großen mit Bergfrieden und Sturmbrücken ausgerüsteten Schiffen (duas magnas naves... cum propugnaculis et pontibus) die bergische Anlage, die also wieder direkt am Rhein gelegen haben muß.

Nur ein Jahr später (1240) teilen der Erzbischof und der Graf von Berg das Deutzer Kastell. Der Berger erhält seine Hälfte zu Lehen. Der Erzbischof wählt die Hälfte „in parte superiore“ (im höheren Teil), in der die noch zerstörte „mansio“ der Berger, jedenfalls eine turmbewehrte Anlage, liegt. Die Identität mit der im Jahre zuvor angegriffenen Anlage ist wahrscheinlich. Das Objekt am Rhein erscheint dem Erzbischof beim Kampf gegen die Kölner Bürger aus strategischen Gründen interessanter gewesen sein, als seine vom Rhein abge-

Die mittelalterlichen Strafen waren grausam und brutal. Zur Abschreckung wurde z.B. den Dieben die Hand abgehackt und diese am Galgen, auf dem Rad, am Pranger oder am Stadttor aufgehangen. Zeitstrafen im heutigen Sinne für geringere Vergehen waren selten. Turm und Verlies kamen meist nur bei Leuten mit Vermögen in Frage

legene „mansio“ – ebenfalls eine turmbewehrte Anlage – wie aus einer Urkunde Herzogs Heinrich von Limburg hervorgeht. Die „castrenses“, die Burgsassen, wohnen in den ehemaligen Römertürmen, die zur Zeit Konrads von Hochstaden instandgesetzt worden waren, wobei der Erzbischof den „Turm St. Heribert“, den Zentralbau der Klosterkirche, in die Befestigung mit einbezogen hatte.

Verständlich, daß die Kölner die oppositionelle Haltung und die Gefährdung ihrer Stadt infolge der Behinderung des Rheinhandels durch die nun Verbündeten – Erzbischof und Graf – nicht hinnehmen mochten und alles daran setzten, die geballte militärische Präsenz in Deutz durch Geldzahlungen, gepaart mit gewalttätigen Bedrohungen (terroris), zu beenden. Im Jahre 1242 wurden die gesamten Deutzer Befestigungen durch die Kölner abgetragen und die Teile der Anlage, die vorher Kloster waren – hier wohl in erster Linie die turmartige Klosterkirche – wieder religiösen Zwecken zugeführt (Sed destructo undique castro, pars que monasterii erat rediit in formam et usum domus religiose). Ähnliches wiederholte sich im Laufe der Jahrhunderte mehrmals.

Bei der Frage nach demjenigen, der vor 1128 in Deutz ehemalige Römertürme wieder aufbaute und damit den Zorn Ruperts erregte, dürfen nicht die intensiven Bestrebungen der Berger, auf den Erzstuhl von Köln ein Mitglied ihres Geschlechtes zu setzen, übersehen werden. Um dieses Ziel zu erreichen, konnte zu damaliger Zeit eine militärische Präsenz in Deutz recht hilfreich sein.

Nachdem Erzbischof Friedrich I. aus dem Hause Schwarzenburg am 25. Oktober 1131 gestorben war, wurde in Gegenwart von drei päpstlichen Legaten einmütig der Propst Gottfried von Xanten und St. Severin zum neuen Erzbischof von Köln gewählt. Graf Adolf II. von Berg setzte daraufhin alle Hebel in Bewegung, um durch Umstimmung eines Teiles der Wähler die Wahl Gottfrieds rückgängig zu machen und seinen Bruder Bruno auf den Erzstuhl zu bringen. Wenn auch König Lothar von Supplinburg, der zum Weihnachtsfest 1131 in Köln weilte, zwischen den streitenden Parteien entschied, können auch gewisse Bedrohungen auf Teile des Kölner Klerus von Einfluß gewesen sein, daß Bruno von Berg als Bruno II. letztendlich Erzbischof von Köln wurde. Auch Friedrich II., Sohn des Klostergründers Adolf II., der von 1156–1158 Erzbischof von Köln war, gelangte erst nach einer heftig umstrittenen Wahl und massivem Einfluß seines Vaters in Amt und Würden.

Beispiele von schweren und direkten Gewaltanwendungen im Zusammenhang mit der Besetzung von kirchlichen Ämtern sind uns an verschiedenen Stellen überliefert. Im Jahre 1063 ließ der Kölner Erzbischof Anno II. unter Anwendung von Gewalt seinen Bruder Werner – zuvor Propst des Stiftes Mariengraden in Köln – durch König Heinrich IV. zum Erzbischof von Magdeburg erheben. Als im Jahre 1066 der Neffe Annos II., Konrad, gegen den Willen des Klerus und des Volkes vom König zum Erzbischof von Trier ernannt worden war, überfielen Mitglieder der übergangenen Trierer Kirche den unbeliebten Konrad und warfen ihn kurzerhand von einem hohen Felsen hinab.

Der Deutzer Abt Rudolf, der nur zweimal 1101–03 in Urkunden Erzbischof Friedrichs I. faßbar ist, starb angeblich durch Gift, als er sich um den Osnabrükker Bischofssitz bemühte.[70] Er soll nach Justus Bockemühl möglicherweise ein Berger gewesen sein. Die Bezeichnung „de Bierge" bedeutet wahrscheinlich „de Berge". Eine spätere Überlieferung nennt ihn „von der Mark". Nach einem Zusatz in der Abtsliste (16. Jh.), die der Deutzer „Küsters Theodericus Aedituus" im 12. Jh. angefangen hatte, war er auch Abt von Werden und Kornelimünster.

Wir können uns heute die mittelalterlichen Verhältnisse und Verhaltensweisen der Menschen nur sehr schwer vorstellen. Hauptbeschäftigung vieler Ritter in Westeuropa war die Belagerung der Nachbarburgen, um nach deren Einnahme das dazugehörige Land in Besitz zu nehmen. Die häufigen Fehden führten zu einer nicht zu beschreibenden Verrohung der Menschen. Schon bei geringfügigen Auseinandersetzungen, selbst unter Freunden, griff man hitzig zur Waffe. Auch die aus ritterlichen Familien stammenden geistlichen Söhne wuchsen mit ihren weltlichen Brüdern im Milieu von Kampf und Gewalt auf.

Das 11. Jahrhundert brachte auf Grund agrarischer Verbesserungen einen sprunghaften Bevölkerungsanstieg mit weitreichenden sozialen Umschichtungen und dem Abstieg vieler. Überall in Europa war das Leben für die Armen äußerst hart. Sie hatten wenig zu essen, liefen zerlumpt umher und wohnten in elenden Hütten. Sie waren häufig der Willkür ihrer Feudalherren ausgesetzt – von denen es natürlich gute und weniger gute gab –, und hatten bei deren häufigen kriegerischen Auseinandersetzungen am meisten darunter zu leiden.

Damals wurden auf Grund der Überbevölkerung und des daraus resultierenden sozialen Elends wurzellose Menschen aller Bevölkerungsschichten über die Fernstraßen Europas hin- und hergespült. Diese waren willfährige Leute für die Werber zum Kreuzzug. Die Vorstellung, in ein weit entferntes, sonniges Land auszuwandern und sich dabei Gottes Gunst und die Vergebung der Sünden zu erwerben, sprach natürlich Tausende aus den niederen Ständen an.

Scharen des mehr oder weniger straff organisierten Verbrechertums schlossen sich der Kreuzzugsbewegung an und unterwanderten sie. Selbst Bernhard von Clairveaux wies audrücklich darauf hin, beim (zweiten) Kreuzzug fänden auch Mörder, Räuber, Ehebrecher, Meineidige und viele andere Verbrecher eine Gelegenheit zum „Heil". Und staunend berichtet Otto v. Freising im Jahre 1147: „Und auch eine solche Menge Räuber und Landstreicher lief wunderbarerweise herzu, daß jeder Vernünftige erkannte, daß eine solche ungewohnte plötzliche Sinnesänderung durch die Rechte des Höchsten bewirkt war." Die unvorstellbaren Exzesse im Zusammenhang mit den Kreuzzügen sind zu einem guten Teil durch die Teilnahme solcher verrohter und entwurzelter Leute zu erklären.[71] Wie ein Heuschreckenschwarm zogen sie über den Balkan und plünderten und brandschatzten unterwegs Belgrad. Als Jerusalem eingenommen war, wurden die Moslems – seien es Männer, Frauen oder Kinder – zu Tausenden niedergemetzelt, Moscheen ausgeraubt, der Felsendom geplündert.

Wir erinnern uns an Ruperts Brandbericht, an die Leute von schlechtem Ruf, die in den dunklen Kellerlöchern unter den alten Römertürmen hausen. Unter diesen Störern der klösterlichen Ruhe, von denen keiner weiß, woher sie kommen und mit welchem Recht sie von den Mächtigen (Erzbischof und Graf) geduldet werden, können wir uns solche entwurzelten Leute vorstellen. Sie wurden nicht nur für die Kreuzzüge gebraucht. Wie man auch heutzutage Söldner für Kriege in aller Herren Länder anwirbt, ohne eine moralische Meßlatte anzulegen, verfuhren auch diejenigen, die nach Macht strebten und dafür eine schlagkräftige und zahlenmäßig große Kampftruppe brauchten.

Die Grafen von Berg sind gewiß unter denjenigen zu suchen, die über eine solche Kriegstruppe verfügten. Schon die Größen ihrer frühen Hauptburgen, Burg Berge und Schloß Burg, lassen auf Raumbedarf für die Unterbringung einer größeren Mannschaft schließen. Der Umfang der „Stammburg" Berge, einschließlich der durch Wälle zu erschließenden Vorburg, war – wie schon oben dargelegt – wesentlich größer als der durch Matthias Untermann im Jahre 1981 untersuchte Bereich der Kernburg.

Ihre Lanzenreiter und besonders die „sagitarii", die Bogen- oder Armbrustschützen, werden einigemale im Zusammenhang mit Deutz erwähnt. Die Berger kommen wohl eher für das Eindringen in das Kastellgelände und die Erbauung des dortigen befestigten Stützpunktes infrage als der politisch nicht so hervortretende und wenig genannte Graf Arnold von Deutz, dessen Grafschaft sich wohl nur auf den damals dünn besiedelten Großraum Deutz bezog. Im Gegensatz zu den Bergern, die viele einträchtige Vogteischaften besaßen, hatte er wohl geringe Einnahmen für die Bestreitung der hohen Kosten einer Kriegertruppe, wenn er überhaupt Ambitionen zur Machterweiterung hatte.

Von den zahlreichen Erdburgen im Bergischen Land, sowie den Landwehren, sind einige wahrscheinlich schon im 11. Jahrhundert entstanden. Die Landwehren dienten dem Schutz von ganzen Distrikten. Die vielen umherziehenden landschädlichen Leute zwangen die Bauern zur Selbsthilfe. Man war gezwungen, Refugien zu schaffen, in die man sich bei Annäherung von umherziehenden Kriegsleuten schnell zurückziehen konnte. Wenn man die Standorte alter Höfe in den Schriftstücken durchforstet, findet man oft in der unmittelbaren Nähe Erdwerke, die einen Zusammenhang sehr wahrscheinlich machen.

Die Gottesfriedensordnungen der Kirche und die Landfriedensordnungen der weltlichen Herren dienten nicht allein zur Eindämmung der häufigen Fehden der Ritterschaft, sondern beabsichtigten auch den Schutz der Untertanen vor Räubern, Wegelagerern und anderen Schadensbringern. Parallel zu den Friedensordnungen erfolgte eine Änderung und Verschärfung des Strafrechts. Aus der reinen Bußengerichtsbarkeit wurde im 11. Jahrhundert die Blutgerichtsbarkeit mit Leib- und Lebensstrafen, die uns heute brutal erscheinen. Bei Verstößen gegen die Friedensordnung wurden bei einem Totschlag Unfreie enthauptet und zugefügte blutige Wunden mit Verlust der Hand bestraft.

Die „Doktorsburg“ in Leverkusen war im Mittelalter ein Lehen derer von Berg Federzeichnung, teilw. mit Aquarell koloriert,, von F.A. de Leuw (1846)

Auch Strauweiler, das heutige Schloß, war früher ein Ritterlehen der Berger

Fassen wir die Erkenntnisse zusammen: Die Berger sind wahrscheinlich schon zur Zeit Erzbischof Friedrichs I. (1100–1131) im ehemaligen Kastell Deutz militärisch präsent, das geht aus dem Brandbericht „De incendio" des Deutzer Abtes Rupert aus dem Jahre 1128 hervor. Eine Lücke besteht zwischen diesen Nachrichten des Abtes und der Rückgabe der Burg Deutz an den Erzbischof (etwa Dezember 1175 bis April 1176). Sicher sind: 1205 die Wiederbesetzung der Burg Deutz nach Absetzung des Erzbischofs Adolf von Altena, 1230 Einnahme der Deutzer Burg des Herzogs von Limburg durch Erzbischof von Molenark und die 1239 erfolgte erneute Zerstörung der Burg.

Vermutet wird eine Waffenhilfe der Berger für Erzbischof Friedrich I. bei dessen nach 1114 erkennbaren Opposition gegen Kaiser Heinrich V., denn die Grafen von Berg waren nicht nur Vögte der Kölner Kirche, sondern auch Lehnsmann des Erzbischofs; und das nicht erst bei Rückgabe des Deutzer Burglehens 1175/76. Möglicherweise ist auch die „hereditas Berge", die Grundausstattung des Klosters Altenberg von 1133, ein kölnisches Lehen gewesen. Am 31. Juli 1226 übertrug der Kölner Erzbischof Heinrich von Molenark an Irmgard von Berg und Heinrich von Limburg alle Lehen, die der 1218 verstorbene Adolf (III.) von Berg von der Kölner Kirche empfangen hatte.[72]

Der 1128 von Abt Rupert erwähnte Wiederaufbau der Deutzer Kastelltürme konnte auch im Zusammenhang mit der entgegengesetzten Haltung des Erzbischofs Friedrich I. von Schwarzenburg zur derjenigen der Kölner bei der Wahl des Herzogs von Sachsen (Lothar) zum deutschen König gestanden haben (Aug. 1125). Der Kölner Metropolit hatte gemeinsam mit Erzbischof Adalbert von Mainz die Zurückweisung der Kandidatur des Staufers Herzog Friedrich von Schwaben erreicht. Lothar hatte sich durch die Unterstützung des Aufstandes der deutschen Fürsten gegen Kaiser Heinrich V., dessen Führer bekanntlich Erzbischof Friedrich I. war, bei diesem beliebt gemacht. Als Folge davon konnte Lothar sein Herrschaftsgebiet von Westfalen bis zum Rhein ausdehnen.

Die Kölner aber, die schon 1125 vom Erzbischof bis „tief ins Mark getroffen waren", als dieser die Kaufleute der „villa Sigeberg" vom Schiffs- und Marktzoll und den sonstigen Abgaben zu Köln befreite, hielten lieber zu Friedrich von Schwaben, von dem sie sich günstigere Handelsbedingungen erhofften.

Nachdem die Burg der Berger in Deutz im Jahre 1242 zusammen mit den anderen Befestigungswerken völlig zerstört war, verschlechterte sich in den folgenden Jahrzehnten unter den Herrschern aus dem Hause Limburg das Verhältnis zu den Kölner Erzbischöfen immer mehr. Die bergische Politik zeigte nun in zunehmendem Maße eine Annäherung an die Bürgerschaft von Köln. Eine ganze Reihe von Freundschaftsverträgen zeugt von diesem Umschwung. Die Waffenbrüderschaft fand während des Limburgischen Erbfolgekrieges in der Schlacht von Worringen (1288) mit der totalen Besiegung des Erzbischofs ihren Höhepunkt und Abschluß. Ebenso bauten und erwarben die Berger von nun an gegen das Erzstift gerichtete neue Burgen.

Anfänge der Landesherrschaft im 12. Jahrhundert

Das Zusammengehen mit Erzbischof Friedrich I. und das Fußfassen im ehemaligen Kastell in Deutz gegenüber der Bischofsstadt Köln – mit den Konsequenzen, die sich daraus ergaben – waren wichtige Voraussetzungen für die Fundation der Bergischen Hausmacht am Rhein. Die Tatsache, daß es den Bergern nach dem Tod von Friedrich I. von Schwarzenburg gelang, mit Bruno ein Mitglied ihres Geschlechtes auf den Kölner Erzstuhl zu setzen, kann man als wesentliches Zeichen für diese Entwicklung werten.

Vor allen Dingen war es den Bergern gelungen, zahlreiche Vogteischaften der Kirche an sich zu ziehen, dazu gehörten auch Besitzungen des Domstiftes im Rechtsrheinischen; so in Wahn, Ranzel und Zündorf (die Lokalisierung von Husekine, nach Dittmaier „Häuschen" bei Richrath, ist unsicher). 1118 ist Graf Adolf II. Vogt in Dünnwald, 1152 in Buchheim (mit Mülheim), 1160 in Paffrath. Um 1150 wird er als Vogt in Dünfeld (Besitz von St. Martin) und zur selben Zeit auch in Hitdorf (Fronhof von St. Panthaleon) genannt. Man kann davon ausgehen, daß die Aufstellung der vorgenannten Lokalvogteischaften nicht vollständig ist und mit weiteren Besitztiteln zu rechnen ist.

Wesentlicher waren natürlich die Altarvogteischaften der Abteien Deutz, Werden und Siegburg. Wenn wegen der schlechten Quellenlage über Anfänge und Zeiträume dieser Klostervogteischaften noch immer unterschiedliche Meinungen unter den Historikern kursieren, muß man sich fragen, ob diese überhaupt jemals ausgeräumt werden können (es ist müßig, auf noch unentdeckte Urkunden oder andere Quellen zu hoffen). Der Übergang der Altarvogteischaft von Siegburg an Adolf II. hängt wohl mit der Anhängerschaft an Erzbischof Friedrich I. von Schwarzenburg zusammen; jedenfalls fällt die Übertragung in dessen Amtszeit hinein.

Um dem Geschlecht weiteres Ansehen zu verleihen und für das eigene Seelenheil und das der Verstorbenen zu sorgen, folgten die Berger einer damals in den Adelshäusern aufkommenden Sitte und gründeten auf der verlassenen Dynastenburg Altenberg ein geistliches Institut.

Von den „drei bergischen Brüdern" Adolf, Eberhard und Bruno, Söhne des Vaters Adolf I. und der Mutter Adelheid von Lauffen, war einer üblicherweise von vornherein für den geistlichen Stand bestimmt. Der zweitälteste Sohn Eberhard blieb als „Ersatzmann" vorerst weltlich. Der jüngste Sohn Bruno avancierte auf Grund von Protektionen schnell zum Propst von St. Gereon, das nach dem Domstift unter den Kölner Stiften immer den zweiten Rang einnahm (er soll 1130 auch Propst von Koblenz gewesen sein). Als Propst von St. Gereon konnte er den in seiner Abwesenheit – Bruno befand sich zu Studien in Frankreich – gewählten Propst Gottfried von Xanten letztendlich verdrängen.Vermutlich hat dabei König Lothar III. zusammen mit Graf Adolf II. den schon gewählten Gottfried von Xanten zum Rücktritt bewogen.

Eberhard, der „Ersatzmann", trat im Jahre 1120 in das neugegründete, auf der Grenze von Burgund und Lothringen gelegene Zisterzienserkloster Morimund ein, das allerdings wenige Jahre nach seiner Gründung in eine lebensbedrohende Krise geriet. Gegen Ende des Jahres 1124 verließ dessen Abt Arnold mit einer Anzahl der besten Mönche das Kloster. Er beabsichtigte, im Heiligen Land – wohl beeinflußt von der damaligen großen Kreuzzugsbegeisterung – eine neue Niederlassung zu errichten. Er entließ seine Mönche in ihre Heimat, damit sie bei ihren Verwandten Geld für dieses geplante Unternehmen besorgen sollten. Bernhard von Clairvaux, der Abt der Schwestergründung von Morimund, mußte einspringen, um den Bestand des jungen Klosters zu retten. Er schrieb eiligst einige Briefe an einflußreiche Bekannte mit der Absicht, die Reisenden durch Einflußnahme der Briefempfänger zur Rückkehr zu bewegen.

Eines dieser Schreiben richtete er an Bruno von Berg, den er kurz vorher in der Krönungs- und Studienstadt Reims kennengelernt hatte. Der Brief hat in einer deutschen Übersetzung folgenden Wortlaut: „Seitdem wir unlängst zu Reims gegenseitig angenehme Bekanntschaft machten, erlaube ich mir anzunehmen, daß Sie meine Wenigkeit nicht ganz vergessen haben. Deshalb schreibe ich nicht mit Zurückhaltung wie an einen Fremden, sondern mit größtem Vertrauen alles an Sie, wie es mir einfällt, und zwar als einen Bekannten und gut Vertrauten. Neulich hat Abt Arnold von Morimund unter Verachtung aller Vorschriften und zum großen Ärgernis des gesamten Ordens sein Kloster verlassen...

Er hat ja von der großen Menge der Mönche, die er also nutzlos zu Wasser und zu Lande nicht für Christus, sondern für sich gewonnen hatte, die Besseren und Vollkommeneren sich als Gefährten seiner Irrfahrt angegliedert, während er die kleinere Zahl der Schwächlicheren und Minderwertigeren ratlos zurückließ. Unter den ersteren bringt uns besonders der Abgang dreier in Verlegenheit, die er zu verführen wagte, indem er sie mit sich zu führen beschloß: nämlich Eberhard, Euren Bruder, und Adam, den Ihr gut kennt, auch Konrad, jenen adeligen Knaben, den er vordem, nicht ohne Ärgernis zu erregen, von Köln entführt hatte..."[73]

Dieser Brief beweist, daß Eberhard von Berg vor 1124, d.h. bereits vor der blutigen Schlacht von Duras bei St. Trond am 7. August 1129, seine „Weltflucht angetreten hatte" (die Schlacht sollte Anlaß der Bekehrung und Eintritt Eberhards in Morimund gewesen sein). Die guten Kontakte zwischen Bernhard von Clairveaux und dem späteren Erzbischof von Köln, Bruno von Berg, sind auch noch später bezeugt. Bruno befragte nämlich nach seiner Wahl zum Erzbischof den Abt Bernhard, ob er die Wahl annehmen solle. Bernhard antwortete, er solle es wohl bedenken, zumal gemäß seiner Selbstanklage sein Lebenswandel unwürdig gewesen sei; er möge sich im Gebet an Gott wenden und den Rat Norberts (Norbert von Xanten) – zu jener Zeit Erzbischof von Magdeburg – einholen, der die göttlichen Geheimnisse besser zu offenbaren verstehe."[74]

*Der verlorene Sohn.
Kupferstich von
Albrecht Dürer (1497).
Dürer versetzt das
biblische Gleichnis in
eine spätmittelalterliche
Dorfszene.
Bemerkenswert sind
die wildschwein-
ähnlichen Schweine
und die hochgezogenen
Dächer der Häuser*

*Drei Bauern im Gespräch
(Albrecht Dürer).
Der freie Bauer und wer als
Höriger mit besserem Recht
unter einem Herrn saß,
fühlte sich als Bewahrer
der heimischen Sitte.
Das Schwert an der Seite
schritt er selbstbewußt zur
Versammlung am
Dingplatz des Dorfes*

Bernhard von Clairveaux, der den vermutlich etwas skurrilen Lebenswandel Brunos kannte, drückte sich hier um eine definitive Antwort.

Bruno von Berg blieb während seiner ganzen Amtszeit in Kreisen des Kölner Klerus und auch beim Volke unbeliebt. Als Kaiser Lothar III., der ja Bruno auf den Erzstuhl gehoben hatte, im Dezember 1133 in Köln das Weihnachtsfest feierte, entstand ein Bürgeraufstand, der möglicherweise mit der unkanonischen Erzbischofswahl von 1131 zusammenhing. Im Januar 1134 ist Bruno noch nicht im Besitz des Palliums. Weihnachten 1134 schickte dann die Stadt Köln eine Abordnung zu Kaiser Lothar III. nach Aachen, um ihn um Verzeihung für den Aufstand vom Jahr zuvor zu bitten. Diese Verzeihung erlangten die Kölner Anfang 1135, während sich nun Erzbischof Bruno von Berg mit dem Kaiser entzweite und von ihm im Unfrieden schied. Am 17. März 1135 söhnte sich auch Bruno wieder mit Kaiser Lothar aus.

Damit waren die Voraussetzungen für eine Teilnahme des Erzbischofs Bruno II. am Italienzug des Kaisers im Jahre 1136 gegeben. Dabei kam es zu einem Rangstreit zwischen seinem Bannerträger und dem Bannerträger des Erzbischofs von Magdeburg. Es ging um die Ehre, dem kaiserlichen Bannerträger zur Rechten zu schreiten. Darob entstand ein blutiger Kampf zwischen den Mannschaften von Köln und Magdeburg, dem nur ein energisches Einschreiten Kaiser Lothars ein Ende bereiten konnte.

Am 29. Mai 1137 starb Erzbischof Bruno II. von Berg auf der Heerfahrt in Trani/Apulien und wurde in der St.-Nikolai-Kirche zu Bari beigesetzt. Er war der erste bekannte Berger, der auf einem Kriegszuge sein Leben ließ.

Das Altenberger Urkundenbuch als wichtige Quelle

Um weitere Erkenntnissen aus der Geschichte des Bergischen Landes zu gewinnen, können wir das Altenberger Urkundenbuch heranziehen. Eine Urkunde vom13. März 1138 – von Erzbischof Arnold II. von Wied ausgestellt – bestätigt einige Besitzungen der Abtei: den halben Petersberg in Rhens (Weinberg) mit den Zehnten, den Zehnten des Weinberges zu Bacharach, den schon Bruno ohne Zehnten geschenkt hatte, ein Kammerforst genanntes Objekt bei Blatzheim mit Zehnten und Wälder und das Eigengut Wanemale.[77]

Aus dieser Liste geht hervor, wie wichtig der Besitz des Zehnten war. Er war die ertragreichste Einnahme des Mittelalters, und es ist deshalb nicht verwunderlich, daß wir immer wieder von langwierigen Zehntstreitigkeiten hören. Als Papst Innozenz II. am 27. Februar 1140 die Abtei Altenberg in seinen Schutz nimmt, bestätigt er u.a. ihre Besitzungen und verleiht ihr Zehntfreiheit für eigene Wirtschaftsbetriebe. Auch hier wird die Erwähnung der Zugehörigkeit des Zehnten bei verschiedenen Immobilien nicht vergessen. Gegenüber der Urkunde Erzbischofs Arnold II. von Wied kommen noch Weinberge hinzu, einer liegt in der Nähe von Randersacker in der Diözese Würzburg.[78]

Stammtafel der ältesten Berger

Adolf, Vogt der Abteien Deutz und Werden (1050/63, 1064, 1068), seit 1080 „de monte“
* um 1030, † vor 1093

Adolf I. von Berg
* um 1078
1093 „puer“, † 1106

∞ 1093/94 Adelheid von Lauffen
* um 1075

Bruno
* um 1100
1131-37 als Bruno II. Erzbischof von Köln
† Ende Mai 1137 in Trani

Eberhard
* um 1097
1120-43 Mönch in Morimund, seit 1143 Abt v. St. Georgenberg (Thüringen)
†1142-52

Adolf II. Graf von Berg
(urk. 1115-60)
* um 1097/99
Gründer v. Altenberg
ab 1160 dort Mönch
† 1160-70

1. ∞ spät. um 1120 — Adelheid (von Arnsberg?) (von Kleve?)
† vor 1128

∞ 2. spätestens 1129 — N.N. von Schwarzenburg
† vor 1160

6. Adolf
* spätestens 1150.
Urkundet von 1192-97, auch als Graf v. Berg
Wahrscheinlich Mitbegründer des Deutschen Ordens

5. Bruno
* um 1140
1156-1188 Propst von St.Georg;
1168-1191 Propst von St.Peter Köln
1191-93 als Bruno III. Erzbischof von Köln, ab 1193 Mönch in Altenberg

4. Engelbert I.
1165 Graf von Berg
* um 1130
† Anfang Juli 1189 bei Kovin (Serbien)
∞ 1175 Margarete von Geldern

3. Friedrich
* (1121-26)
1140-1156 Propst v. St. Georg Köln
1156-58 als Friedrich II. Erzbischof von Köln
† 15. 12. 1158 in Pavia

2. Eberhard
* um 1122
(urk. 1144-74)
1161Graf von Altena
† um 1174

Nach Teilung 1160/61 Linie Altena-Mark

Friedrich v. Isenberg
1194-1226

Adolf I. Erzbischof von Köln
1193-1205
1212-1216

1. Adolf
* 1120-25
† 28.7.1148 vor Damaskus

Engelbert II.
* (8.11.1185-7.11.1186)
1198-1216 Propst von St. Georg Köln;
1203-1206, 1208-1216 Propst v. St. Peter Köln;
1210-1216 Propst v. St. Severin Köln;
1213 bis 1218 Propst von St. Marien Aachen;
1216-1225 als Engelbert I. Erzbischof von Köln;
1218-1225 Graf von Berg
† 7. 11. 1225 in Gevelsberg

N.N. (Gisela?)
1225 Nonne in Ölinghausen

Adolf III. Graf von Berg
* spät. 1175
urkundet 1194 bis 1218;
† 7. 8. 1218 auf dem Kreuzzug bei Damiette in Ägypten

∞ 1204 — Bertha von N.N.

Irmgard von Berg
* um 1204
† 1248/49

∞ Heinrich von Limburg
† 1247

In den Jahren 1147 bis 1148 bestätigt Erzbischof Arnold II. von Wied den Tausch einer fünf Hufen großen Immobilie in Widdauen gegen zwei Häuser in Köln, die im Gebiet Büchel liegen (duas domos in Colonia in vico qui dicitur Bugchel), sowie einen Weinberg in Bonn. Das Land in Widdauen hatten vorher die Ritter Benjamin und Konrad vom Apostelstift in Köln zu Lehen, die zur Schadloshaltung mit Zahlung von 30 Mark abgefunden werden mußten. Interessant ist der letzte Zeuge dieser Urkunde: Adholfus de Buggel (Adolf von Büchel), dessen Familie oder Geschlecht hinter der Äbtissinenküche des St.-Ursula-Klosters in Köln ansässig war. Die von Büchel begegnen uns mehrfach in den Kölner Schreinskarten als „de monticulo“[79] (mlat. kleiner Hügel), aber auch bei der Motte „stritbuggele“ in Wiesdorf. Zuweilen findet man in Köln und Wiesdorf die Wortformen „bugchel, buchel, buchele, buggel, buggele“.[80]

Wenn nun die Abtei Altenberg in den Jahren 1147-48, also 12 bis 13 Jahre nach der Klostergründung (1133), schon zwei Häuser in Köln besitzt, dann gehören diese wohl zu den ältesten Stiftungen. Es wurde mehrfach von Historikern gerätselt, von wem die so entfernt liegenden Besitzungen der Abtei Altenberg im Würzburger Raum (Randersacker, Lützelfeld, Lindelbach u.a.) herrühren und wie sie in die Hand der Altenberger Mönche gekommen sein könnten. Interessant in diesem Zusammenhang ist, daß die Zisterze Georgenthal, dessen erster Abt ja der Berger Eberhard war, ebenso dort Besitz hatte.

Mögliche Spuren führen zum Kreuzritterorden der Johanniter, der in Biebelried (in der Nähe der Altenberger und Georgenthaler Besitzungen im Bistum Würzburg) eine Burg besaß. Das Johanniterkastell von Biebelried ist das einzige (zum Teil) erhaltene Johanniterkastell Bayerns. Die interessante Anlage ist heute allerdings durch einen Bauernhof überbaut. Im Jahre 1244 erwarb der Komtur der Johanniterkommende Konrad von Buchele von Bischof Hermann von Lobdeburg dieses Objekt .[81] Hier begegnet uns wieder der Name „von Buchele“, der – wie oben berichtet – in Köln und Wiesdorf vorkommt.

Schon 1181 finden wir in einer Urkunde des Bischofs Reginhard von Würzburg „Cunradus de Buchele“.[82] 1217 weilt ein „Albert von Buchele“ mit Graf Adolf III. und 27 bergischen Rittern im Heiligen Land. Während des Pontifikats von Erzbischof Engelbert von Berg urkundet ein „Albert de Buchele“ als Prior der deutschen Zunge des Johanniterordens. In den Dünnwalder Urkunden des 13. Jahrhundert kommen mehrfach Wiesdorfer Schöffenzeugen mit dem Namen „buchele/buggele“ (= Büchel/monticulo) vor, darunter ist auch ein Albertus, allerdings als Doppelname: „Gerlacus Albertus de buggele“ (siehe Gruß: Höfe, Rittersitze, Kirchspiele, S. 70 und 108).

Die Berger hatten engste Kontakte zu den Johannitern. Graf Engelbert I. erlaubte ihnen schon im Jahre 1176 die Gründung einer Kommende in seiner neuen Burg an der Wupper. Auf den Kreuzzügen lernten sich viele Ritter des Johanniterordens untereinander kennen. Unter diesen ist der unbekannte Stifter der Ländereien aus dem Würzburger Raum zu suchen.

Spätmittelalterliche Bauernkate. Ein Bauer schlägt den Herrenvogt. Fachwerk mit strohgedecktem Dach, die Fenster haben keine Scheiben

Ältestes Bauernhaus des Oberbergischen Landes in Dahl (Marienheide). Außenstelle des Museums des Oberbergischen Kreises im Schloß Homburg

Folgen wir weiter unserer Hauptquelle der bergischen Geschichte aus dem 12. und 13. Jahrhundert, dem Altenberger Urkundenbuch von Hans Mosler. Die drei päpstlichen Bullen und die Besitzbestätigungsurkunden des Erzbischofs sollten eventuellen Streitigkeiten vorbeugen, welche sich aus der nicht immer einwandfreien und widerspruchslosen Weise der Erwerbung der Güter ergeben könnten. Auch Papst Eugen III. nahm in der Urkunde vom 1. Oktober 1151 nach dem Vorbild seines Vorgängers Innozenz II. die Abtei Altenberg in seinen Schutz und wiederholte die ihr verliehenen Freiheiten. Neu hinzu kommen in dieser Urkunde das schon von Erzbischof Arnold erwähnte Land in Widdauen, der Hof Mülheim mit Zubehör (Zehnten?) und eine Hufe zu Rödingen.[83]

Erzbischof Friedrich II. von Köln, Sohn des Klostergründers Adolf II., nimmt am 11. August 1157 die Abtei ebenfalls in seinen Schutz und bestätigt ihre Besitzungen. In dieser Urkunde wird als Wohltäter der Abtei der Ritter Heinrich von Odenthal genannt, der aus der „terra Stega“ die Zehnten des Gründungslandes und die des benachbarten Hofes Bülsberg auslöst und der Abtei schenkt. Dabei handelt es sich wahrscheinlich um einen bischöflichen Zehnten. Hans Mosler identifizierte die „terra stega“ mit Küppersteg beim Dhünnübergang in Wiesdorf. Dort bei dem (oder auf dem) befestigten erzbischöflicher Hof (Motte) am Küppersteg ist mehrfach ein Zehntherr (dechen, deggen, decanus) belegt, der in Dünnwalder Urkunden einen hervorragenden Platz einnimmt.[84] Die Möglichkeit von erzbischöflichem Besitz im Raume Odenthal stellt die Herkunft der Fundation der Berger in Odenthal (hereditas Berge) als ein pfalzgräfliches Lehen – wie es von manchen Historikern vermutet wird – in Frage. Jedenfalls ist im Großraum westlich von Odenthal nur erzbischöflicher oder kirchlicher Grundbesitz nachzuweisen.

Zurückführend auf das staatliche Zehntgebot Karls des Großen – das sich zuerst nur auf königliche Eigenkirchen bezieht – erhalten nach 818/19 auch die weltlichen Grundherren für die auf ihren Fronhöfen errichteten Eigenkirchen den Zehnt (mittellateinisch: decima) zugesprochen. Er besteht aus einer regelmäßigen Abgabe von einem Zehntel der Erzeugnisse der Landwirtschaft. Dabei wurde unterschieden zwischen dem großen Zehnt, der von den Erträgen an Getreide, Wein und Obst bestimmter Grundstücke erhoben wurde (Feld-, Wein- und Fruchtzehnt) und dem kleinen Zehnt von Groß- und Kleinvieh bzw. ihren Produkten wie Milch, Eier, Butter (Vieh-, Blutzehnt).

Die erzbischöflichen Zehntrechte gehen zum Teil auf die während der Missionierung errichteten Taufkirchen zurück. Darüber hinaus hatten in den Binnenkolonisationsgebieten die Grundherren das Recht, den Rodezehnten zu erheben (mittellateinisch: decima novalis). Oft wurde mit dem Zehnt auch das sogenannte „Rauchhuhn“ an den Grundherrn abgeführt, das von jedem Haus, aus dem der Rauch einer Feuerstätte aufstieg, gezahlt werden mußte.

Vielfach wurde der Kirchenzehnt geviertelt (je ein Teil an Bischof, Klerus, Arme, Kirchenfabrik); bei weltlichen Eigenkirchen wurde auch gedrittelt: zwei

Drittel dem Herrn, ein Drittel dem Pfarrer. Manchmal wurden auch andere in Prozenten festgelegte Verteilungen durch richterlichen Beschluß angeordnet.

Die von einer Kirche abhängigen Zehnten, bischöflicher oder weltlicher Art, wurden häufig verselbständigt, d.h. von dem ursprünglichen Rechtsgrund losgelöst und gegen Zahlung eines Geldbetrages an einen „Zehntherrn" (dechen/ *decanus*) zu Lehen ausgegeben. Erzbischof Heinrich von Molenark bekundet 1229/38, daß die von ihm zu Lehen gehenden Zehnten in Rode, Stammheim und Buchheim von dem Ritter Theoderich von Siendorp zurückgegeben und dem Kloster Altenberg übertragen wurden.[85]

Der Zehnt des Hofes Menrath in der Nähe von Altenberg – der Hof soll nach einer unbestätigten Nachricht (Montanus) am Ende des 12. Jahrhunderts von dem Ritter zu Odenthal erworben worden sein – war an die Odenthaler Kirche abzuführen. 1254 bestätigte der Pfarrer von Odenthal, der Bonner Kanonikus Konrad, einen durch seinen Oheim vor 60 Jahren abgeschlossenen Vertrag, wonach als Zehnt von diesem Hof jährlich vier Solidi von der Abtei an die Pfarre abgeführt werden sollten.[86]

In diesen Zusammenhang gehört die schon angezogene Papsturkunde von 1205, aus der wir erfahren, daß vor 70 oder mehr Jahren durch den Klostergründer Adolf bestimmt worden war, daß das Kloster anstatt der Zehnten von gewissen, nicht näher bezeichneten Gütern nur einen jährlichen Zins zahlen solle. Diese Bestimmungen wurden von dem damaligen Odenthaler Pfarrer, dem Bonner Kanonikus Reinhard, Oheim des Konrad, nicht anerkannt.[87] Erst ein Odenthaler Pastor aus dem Geschlecht derer von dem Bongard arrangierte sich um 1322 bei diesem Streit um den Zehnt des Hofes Menrath mit der Abtei Altenberg (facta est concordia inter dominum Henricum de Pomerio pastorem in Odendair et monasterium), wie es in einer Altenberger Notiz lautet (siehe AUB I, Nr. 642 Fußnote).

Die Odenthaler Kirche hat das Pankratiuspatrozinium. Pankratius ist einer der 14 Nothelfer, die gerne von den im bäuerlichen Leben verhafteten Eigenkirchenherren als Patron gewählt wurden, weil sie vor Viehseuchen und Unbilden der Witterung schützen sollten.

Im Jahre 985 wurden die Reliquien des hl. Pankratius nach Gent übertragen. Solche Reliquienübertragungen führten häufig zur Einführung von Patrozinien durch die Kirchenerbauer. Die ältesten Teile der Odenthaler Kirche – der zweistöckige Turmunterbau aus Kalkstein mit zwei Meter dicken Mauern – wird um 1000 angesetzt. Außerdem besitzt die Kirche eine der ältesten Glocken des Rheinlandes. Unter Berücksichtigung einer möglichen hölzernen Vorgängerkirche passen der Zeitpunkt der genannten Reliquienübertragung und das Alter der ältesten Bauteile der Odenthaler Kirche gut zusammen.

Ob ein Vorfahre des um 1160 genannten Ritters Heinrich von Odenthal der Grundherr war, ist ebenso unbestimmt, wie wir nicht wissen, ob dieser auf der im 14. Jahrhundert erstmalig genannten Burg Strauweiler oder einer vermuteten

Voranlage saß. Auf Schloß Strauweiler ruht allerdings noch heute das Patronatsrecht der St.-Pankratius-Kirche zu Odenthal.

Wahrscheinlich war die Eigenkirche eines uns nicht bekannten Grundherrn nebst dem dazugehörigen Hof um 1060, als die Grafen von Berg ihre alte Burg auf dem Bülsberg errichteten (oder eine vorhandene ältere Anlage umbauten) schon vorhanden. Die Berger kommen deshalb – wie oben schon gesagt – als Erbauer der Kirche kaum infrage. Wenn nun hundert Jahre später (1160) im Zusammenhang mit der Schenkung des Warner von Berghausen erstmals genannte die Burgkapelle auf Schloß Burg genannt wird und sie das Pankratiuspatrozinium aufweist, haben möglicherweise die Grafen von Berg für die Kapelle in ihrer neuen Burg an der Wupper den Namen des ihnen aus der Jugend vertrauten Kirchleins in Odenthal übernommen.

Uns interessiert auch die rechtliche Stellung der Grafen von Berg zu der kurz nach ihrer Aufgabe der Burg Berge im Jahre 1133 gegründeten Zisterzienserabtei Altenberg. Die Berger nahmen zwar die Abtei von vornherein in ihren Schutz, aber nicht in der Stellung eines Vogtes, wie das bei anderen Klöstern (Werden, Deutz, Siegburg) der Fall war. In den Altenberger Urkunden kommt das Wort Vogt oder Vogtei überhaupt nicht vor. Nur in den Kölner Schreinsbüchern wird bei Grundstücksübertragungen ein namenloser Vogt genannt.

Das Verhältnis von Schutzherrschaft und Abtei erkennt man am besten an gegenseitigen Äußerungen. Graf Adolf V. verpflichtete sich 1268 wie seine Vorfahren auf den Vorteil der Abtei in gleicher Weise bedacht zu sein wie auf den eigenen. Noch 1577 erklärt Abt Sundorf dem Herzog, sein Kloster sei ihm mit Hab, Gut und innigem Gebet bis zum äußersten Gehorsam unterworfen. „Und diese Anerkennung ihrer Abhängigkeit von den Grafen als ihren Stiftern, Landes- und Schirmherren und ihrer Dankesschuld ihnen gegenüber drückt sich in der Gepflogenheit jener Zeit entsprechend symbolhaft aus in ihrer Pflicht zur jährlichen Lieferung von Handschuhen an eben diesen und seine bergischen Offizianten, die noch 1500 bestand.“[88]

Gewissermaßen als selbstverständlich sahen es darum auch die bergischen Fürsten an, daß das Kloster und dessen Besitzungen, insbesondere der Altenberger Hof in Köln, jederzeit für ihre Zwecke zur Verfügung standen. Für andere Dynastien – z.B. Kleve, Mark, Brabant und Limburg – sind in Köln eigene Häuser nachzuweisen, nicht aber für die Grafen und späteren Herzöge von Berg, obwohl sie sich häufig in Köln aufgehalten haben. Diese und auch ihre Gefolgschaft benutzten als Absteige den Altenberger Hof auf der Johannisstraße, wo ein umfangreicher Gebäudekomplex vorhanden war. Beim Freundschaftsvertrag im Jahre 1262 wird der Hof erstmals als Einlager für die von der Stadt Köln zu stellenden 16 Bürgen genannt. Ebenso verfahren wurde bei den vielfachen Zollstreitigkeiten in den Jahren zwischen1372 und 1381. Auch die Hochzeit Herzog Wilhelms mit Sibylle wurde mit größter fürstlicher Pracht und vielen Gästen vom 7. bis 11. Juli 1481 in diesen Gebäuden gefeiert.[89]

Im Mittelalter gab es viele Nichtseßhafte, sogenannte „fahrende Leute". Zu ihnen zählten auch die Gaukler, Tierführer, Spaßmacher, Quacksalber und Zauberkünstler. Oben: Bärenführer mit Musikkapelle

Die Gaukler. (Holzschnitte von Hans Burgkmair, 1473-1532)

Die Ritterschaft (Ministerialen) des Grafen Engelbert I.

Aus welchen Personengruppen die Grafen von Berg Dienste, Unterstützung und Rat in Anspruch nahmen, erfahren wir in der bei dem Freundschaftsbündnis mit Köln im Jahre 1262 ausgestellten Urkunde; dort werden genannt: *mage* (Verwandte), *manne* (Vasallen = persönlich freie Lehnsleute mit vererbbaren Lehen), *dinstmanne* (eine Zeitlang noch persönlich unfreie Dienstleute, eben Ministerialen mit einem nicht vererbbaren Dienstlehen), *burgmanne* (Burgbesatzung mit einem von der Burghut abhängigen Lehen) und *getrue vrunde* (getreue Freunde, wohl benachbarte oder verbündete Dynasten). Auch die an anderer Stelle genannten „officiales" (Truchseß, Vogt, Schultheiß) sind wohl in einigen Fällen abhängige Dienstmannen im Unterschied zu den ritterbürtigen „fideles", die nur in einem losen Verhältnis zu den Grafen stehen.

Wenn auch die Grafen von Berg von Fall zu Fall einen benachbarten Dynasten oder einen Verwandten zur Beurkundung ihrer Rechtsgeschäfte hinzugezogen haben, so waren es doch in der Regel Ministerialen. Die Ministerialität entwickelte sich im Mittelalter stufenweise als vielschichtiges und komplexes Gebilde. Schon im Laufe des 12. und verstärkt im 13. Jahrhundert traten ansässige Ritterbürtige des Bergischen Landes in Abhängigkeitsverhältnisse zu den Grafen von Berg. Im bekannten bergischen „Ritterbuch", das in der zweiten Hälfte des vierzehnten Jahrhunderts entstand, befindet sich eine nur aus Dienstmannen bestehende Ritterschaft.

Allgemein ist die Entwicklung des Ritterstandes bzw. der Ministerialität um die Mitte des 12. Jahrhunderts abgeschlossen. Die Belege dafür sind die von Kaiser Friedrich I. erlassenen Reichslandfriedensgesetze „Constitutio de pace tenenda" (1152) und „Constitutio contra incendarios" (1186). Etwa ab der Mitte des 13. Jahrhunderts wird für die Erlangung der Ritterwürde durch die Schwertleite Ritterbürtigkeit, also Geburtsadel, vorausgesetzt.

Was sind Ministerialen oder zu deutsch: Dienstmannen? „Minister" ist das lateinische Substantiv für Diener oder Gehilfe und „ministerialis" (= unfreier Dienstmann) ist davon abgeleitet. Gemeint ist die absolute Dienstbarkeit eines Untergebenen gegenüber seinem Herrn. Es ist ein weiter Entwicklungsweg von den abhängigen Rittern des Mittelalters über die Hofbeamten an den Höfen der kleinen und großen Herren (Hofämter) bis hin zu den heutigen Mitgliedern der Regierung, die als höchste Verwaltungsbeamte des Staates dessen „oberste Diener" sein sollten.

Was sagen die Lexika, die ja die „Quintessenz" desjenigen enthalten, was zahlreiche tiefschürfende Historiker nach eingehendem Quellenstudium über das uneinheitliche und nur schwer zu verstehende Phänomen der mittelalterlichen Ministerialität herausgefunden haben:

„Die Ministerialen (Dienstleute, Dienstmannen) waren im Mittelalter eine Oberschicht ursprünglich Unfreier, die im Dienst weltlicher und geistlicher

Großen die Hofämter ausübten und zur Verwaltung und zum Kriegsdienst herangezogen wurden. Sie entwickelten sich zu einem neuen Stand, der durch die Verschiedenheit der vom jeweiligen Dienstherrn zugewiesenen Aufgaben vielfältig differenziert war. Seit dem 11. Jahrhundert wurden ihre ursprünglich unbestimmten Pflichten und Rechte im Dienstrecht (ius ministerialium) festgelegt. Als Entgeld für ihre Dienste erhielten sie ein (nicht vererbbares) Dienstgut, das nur an Ministerialen desselben Herrn veräußert werden konnte. Der Herr hatte das Recht, das Gut bei mangelhafter Dienstleistung einzuziehen bzw. das „Heimfallrecht“ beim Tod des Dienstmannes sowie das Ehegenehmigungsrecht. Außerdem gab es für die Ministerialen eine spezielle Gerichtsbarkeit vor dem Herrn.

Schon im 12. Jahrhundert beginnt die Grenze zwischen Ministerialen und freien Rittern zu schwinden, das Dienstgut wird zum Lehen. Die Ministerialen werden in die Lehenshierarchie eingegliedert mit eigener Stufe im Heerschild. Zu dem Vorgang der Angleichung trug bei, daß häufig verarmte Edelleute unter Vorbehalt ihrer persönlichen Freiheit freiwillig in den Ministerialenstand übertraten. Der soziale Aufstieg der Ministerialen endet mit der Beseitigung von Resten ehemaliger Unfreiheit im 13. und 14. Jahrhundert, als sie mit den schwachen Schichten des Hochadels zum neuen Stand des niederen Adels, den Kern des Ritterstandes, zusammengewachsen waren. Allerdings ist der soziale Aufstieg von ursprünglich Unfreien in den Adelsstand eine auf Deutschland beschränkte Erscheinung.“

Die Ministerialen übten im Mittelalter im Dienst geistlicher und weltlicher Herren die Haus- und Hofämter aus (Truchseß, Drost = *dapifer*, Marschall = *marescalcus*, Mundschenk = *pincerna* und Kämmerer = *camerarius*). Sie konnten sich bei ihren Herren durch nützliche Dienste im Kriege und in der Verwaltung unentbehrlich machen und sozial in die Freiheit aufsteigen.

Manchmal übertrugen verarmte Adelige ihre Allode (Eigentum) gegen Geldzahlung an einen kirchlichen oder weltlichen Grundherrn und empfingen das Gut als erbliches Lehen nach Mannrecht (ius homini) zurück. Es kam auch vor, das ein Herr einen verarmten Edelherrn in seine Burg aufnahm, wie z.B. Graf Engelbert von Berg den niederrheinischen Adeligen Arnold von Tyvern, der nebst seiner Familie Hausgenosse in der neuen Burg an der Wupper wurde. Als Gegenleistung verpfändete Arnold dem Grafen seine Eigengüter in Holthausen, Düsseldorf, Wald, Monheim und Himmelgeist.

Ein Schriftstück aus einer Sammlung von Vertragsvorlagen vom Beginn des 8. Jahrhunderts, bekannt unter dem Namen „Formulae Turonenses“, gibt über Art und Charakter der Unterwerfung unter den Munt eines Lehnsherrn (Kommendation) Auskunft: Darin heiß es u.a.: „...Da es allen bekannt ist, daß es mir an Nahrung und Kleidung fehlt, habe ich mich bittend an Euer Erbarmen gewandt und habe frei beschlossen, mich in Eure Munt zu begeben oder zu kommendieren... Es soll so sein, daß ihr mir mit Speise und Kleidung helft und mich unterhaltet, und zwar in dem Maße, wie ich Euch dienen und mir damit Eure Hilfe verdienen kann. Bis zu meinem Tode muß ich Euch dienen und gehorchen, so wie ich es als freier Mann vermag... Und so kamen wir überein, daß der von uns beiden, der sich diesen Abmachungen entziehen sollte, seinem Vertragspartner soundsoviel Solidi zahlen muß..."

Zur Kommendation kam später noch der Treueid, den der Vasall unter Anrufung Gottes und bei Berührung einer Heiligenreliquie oder eines Evangeliars zu schwören hatte. Damit versicherte sich der Herr einer doppelten Bindung, die in der stark religiös orientierten Gesellschaft unverletzlich war.

Wenn auch die Ministerialen Verwaltungsdienste leisteten, war es namentlich der Kriegsdienst, der im Laufe der Zeit ihre Stellung außerordentlich hob. Adel wurde vielfach auf dem Schlachtfeld erworben. Hier näherten sich die unfreien Dienstleute den ritterbürtigen Freien.

Als Ritter genossen sie gewisse Vorrechte, wie z.B. das Fehderecht oder den Vorzug des gesonderten Gerichtsstandes vor dem Herrn. Wesentlich war auch ihre Befreiung von den seit Entstehung der Landesherrschaft eingeführten Abgaben und Leistungen. Der Zwang, aus dem geschlossenen Kreise der Ministerialität eines Lehnsherren (aus der „familia") die Lebensgefährtin zu wählen, ist auch bei den bergischen Rittern zu erkennen, die ja vielfältig untereinander verwandt waren.

Diese Tatsache macht uns für die Zeit, in der uns in den Zeugenlisten nur die Namen der Ritter begegnen,ihre Identifikation und besonders die Lokalisierung auf bestimmte Besitzungen und Wohnplätze sehr schwer. Von den Bergern selbst ausgestellte Urkunden sind für die Frühzeit ihres Auftretens fast keine vorhanden, so daß man für diese Zeit nur von einzelnen Spuren reden kann, aus denen die Qualität ihrer Gefolgschaft nicht sicher auszumachen ist.

Während bis zum Ende des 11. Jahrhunderts in den niederrheinischen (geistlichen) Urkunden die Ministerialen nur vereinzelt auftreten, können wir sie im ersten Viertel des 12. Jahrhunderts, besonders in den Urkunden des Kölner Erzbischofs Friedrich I., häufiger finden. Bei dem Kloster Deutz zeichnete sich das Vorhandensein von dienstbaren Leuten schon im 11. Jahrhundert ab. Allerdings bediente man sich damals noch nicht der Sprache des 12. Jahrhunderts. Sie sind in den Urkunden dieser Zeit unter den „mancipia" und „servientes" zu suchen. Bei den jährlichen Visitationen der abteilichen Höfe am Niederrhein ließ sich der Deutzer Abt von Rittern und Dienern begleiten.

Die erste sichere Erwähnung eines Ministerialen im Dienste des vorgenannten Grafen Adolf II. finden wir in einer Urkunde des Propstes Gottfried von St. Gereon. Circa 1160 begleiten Graf Adolf, Vogt des Hofes St. Gereon in Osenau und des Klosters Dünnwald (comitis Adolpho advocato curie nostre in Osenewe et ecclesie sororum in Dunwalt) zwei Dienstmänner den Grafen, die allerdings nur einnamig vorkommen und von denen einer Siegfried heißt: „ministeriales quoque predicti comitis Adolphi Seath et Sijfridi".[90]

Die Landsknechte beschafften sich selbst Waffen und Kleidung, waren entweder Spießknechte oder Büchsenknechte, die ersteren mit stärkerer Rüstung, zuweilen mit doppeltem Sold, aber beide in der Gesellschaft gleichberechtigt. Sie leisteten ihren Fahneneid auf Zeit oder zu einem Feldzug und zogen zum Heer mit einem Buben oder einem Weib, die sich ihnen zugesellt hatten. Ihr Troß war also nicht gering, aber er war immerhin beweglicher und weniger massenhaft als der eines Reiterheeres. Das Leiden eines Landsknechtsheeres war, daß jeder Kriegführende die Landsknechte nötig hatte, aber daß keiner sie zu bezahlen vermochte

14 Jahre später treten uns unter Adolfs II. Sohn und Nachfolger Engelbert I. nochmals eindeutig zwei Ministerialen entgegen. Als nämlich im Jahre 1174 Propst Konrad von St. Severin zu Köln dem Schirmvogt seiner Kirche, dem Grafen Engelbert von Berg u.a. die Zehnten zu Gummersbach und Meinerzhagen verleiht, finden wir in der Zeugenreihe hinter dem Namen des Grafen zwei Ministerialen: „ministeriales eius Theod(orus) und Pilgrimus".[91]

Im Jahre 1210 bekundet Graf Adolf III. von Berg, daß sein ehemaliger Ministerial und Truchseß Pilgrim eine auf dem Grimberg liegende Hufe Wald (in unmittelbarer Nähe von Altenberg) der dortigen Abtei übertragen habe.[92] Dieser Truchseß Pilgrim begegnet uns auch an anderer Stelle.

Auf Grund der urkundlichen Erwähnungen von Ministerialen in den Jahren 1160 bis 1210 zeichnet sich ab, daß die Berger schon zu dieser Zeit über Dienstmannen verfügten, die allerdings als solche nur selten gekennzeichnet und deshalb von anderen Leuten in ihrem Gefolge nicht zu unterscheiden sind.

Im Jahre 1160 wurden dem im Jahre 1118 gegründete Kloster Dünnwald umfangreiche Besitzungen in seiner Umgebung übertragen. Diese Ländereien besaßen vorher die Ministerialen Daniel und Bruno, Söhne des Kölner Zöllners Warner, als zinslose Dienstlehen von der Abtei Brauweiler. Hier wird erkennbar, daß Ministerialen im Dienste von mehreren Lehnsgebern stehen konnten. Bei eventuellen Fehden zwischen ihren Herren mußten sie sich dann neutral verhalten, was auch in den betreffenden Urkunden ausdrücklich erwähnt wird.[93]

In demselben Jahr wird eine andere Urkunde von dem Grafen Adolf II. von Berg in seiner Burg an der Wupper (in novi montis castro) ausgestellt. Der Inhalt betrifft eine Schenkung des Warner von Berghausen und seiner Gattin an die Pankratiuskirche zur Burg. Unter den Zeugen dieser Urkunde ist der Burgmann Gerhard (Gerhardus de castro) wohl als ein Ministeriale auszumachen. Bei den anderen – Reinbodo, Oliverus, Godescalcus Schat, Wolfhardus de grunesceth (Grünscheid), heinricus de herbedde und Egilmarus de flitherde (Flittard) – muß Stand und Verhältnis zu dem Grafen offen bleiben. Die Ritter von Grünscheid erscheinen auch später noch im Gefolge der Berger.[94]

Eine aufschlußreiche, aber leider – wie so oft – undatierte Urkunde ist ebenfalls in der Zeit des Grafen Adolfs II. (ca. 1115–1160) entstanden, jedenfalls vor 1160, weil Adolf sich in diesem Jahre als Mönch in die Abtei Altenberg zurückgezogen hat. Erich Wisplinghoff datiert die Urkunde aber in die Jahre 1168 bis 1173. Er schreibt u.a. über die Urkunde: „...sie ist nicht datiert und wurde von Lacomblet zu 1150 eingereiht, doch ergibt sich aus der Zeugenliste, daß das nur für die Handlung, die zu Deutz stattfand, gelten kann..."[95]

Die Urkunde ist also Jahre nach dem eigentliche Vorgang zur Bestätigung ausgestellt worden. Das geschah damals oft, denn in der weitgehend schriftlosen Zeit waren bei irgendwelchen Rechtsgeschäften symbolische Handlungen üblich, wie z.B. bei Grundstücksübertragungen der Halmwurf (effestucatio) oder der Handschlag beim Verkauf von Haustieren (noch später bei den Pferdehändlern üblich). Als die Rechtmäßigkeit der Handlung im Laufe der Zeit aus irgendwelchen Gründen angezweifelt wurde, mußte man mit Siegeln beglaubigte Urkunden nachfertigen.

Die Zeugenreihe der Urkunde wird von Adolfus comes de monte angeführt, der damals schon etwa zwei Jahrzehnte Hauptvogt der Abtei Siegburg war. Weiter folgen – ohne trennende Gruppierung – Adolfus de Gurzenich, Reinardus et Giso de Gimnich, Heinricus de Udindar (von Odenthal; wahrscheinlich urkundet derselbe in einer Altenberger Urkunde von 1157), Arnoldus frater eius, Evirhardus Upladhin (Opladen), Folcwinus de Dravinsdorp, Helmiricus de Burnheim, Giso frater eius, Hertwicus de Westuppe (Wiesdorf). Außerdem die Ministeralen: Leo scoltetus de Siberg (Siegburg), Walterus, Richolfus, Godefridus scoltetus de Gimnich et plures alii. Abt Nikolaus von Siegburg nennt am Ende der Zeugenreihe nur die Ministerialen der Abtei (ministeriales nostris), während wir bei den nach dem Grafen von Berg aufgeführten Zeugen – Heinrich von Odenthal und sein Bruder Arnold, Eberhard von Opladen und Hertwich von Wiesdorf – wieder keinen Stand ausmachen können. Die Ritter von Opladen (von Ophoven) und die Ritter von Stammheim sind erst im 13. Jahrhundert als Ministerialen der Berger nachweisbar.

Hertwich von Wiesdorf kommt in einer undatierten Urkunde der Kölner Abtei St. Martin vor. In den Jahren um 1150 kauft Abt Adalrad von Hermann von Neuß eine vom Kloster lehnrührige Manse in Dünfeld (bei Schlebusch) zurück. Nach Adolphus comes de Monte, advocatus noster et filius eius Everhardus und einigen Klosterleuten folgen diesen die servientes ecclesie nostre, also die Ministerialen der Abtei: Egilmerus de fliterde (Flittard) et frater eius Henricus, Emelricus Tuskeman, Hertwicus de Wistubbe, Vogul filius Hermanni, Gerhardus Niger, Gerlacus de Wistubbe, Gerlacus de Hemmenrode (wahrscheinlich vom Hof Hemmelrath, ältester Name „Hemmerode", im heutigen Leverkusener Stadtteil Manfort) et omnis familia de Fliterde (die Hofgenossenschaft des Fronhofs Flittard), Gisilbertus camerarius abbatis (der Kämmerer des Abtes), Fastolf Tuskere, Richwinus Porcus.[96]

Einige dieser Zeugen begegnen uns in zwei weiteren, diesmal datierten Urkunden der Abtei St. Martin: einmal im Jahre 1152, als Egelmer, Schultheiß des Flittarder Fronhofs, dem Kloster gewisse Güter zurücküberträgt und ein anderes Mal 1158 in einer Lehnssache in Köln. In beiden Urkunden ist auch Hertwich von Wiesdorf als Zeuge mit von der Partie, 1152 auch Gerlach von Wiesdorf. Egelmer besitzt seine Güter nach Mannrecht (beneficio homini), ist also ein Vasall, während die ständische Qualität der nach Wiesdorf benannten Zeugen Hertwich und Gerlach (Hertwicus und Gerlacus) weiter fraglich bleibt.[97]

Zur Zeit als die Grafen von Berg im Rechtsrheinischen ihre Macht ausbauten, gab es neben umfangreichem kirchlichen Besitz auch Rechte und Güter von landrechtlich freien Personen. Ob die von Wiesdorf, von Opladen, von Stammheim dazu gehörten, entzieht sich unserer Kenntnis.

Graf Engelbert I.

Als Adolf II. in den 60er Jahren des 12. Jahrhunderts in das Kloster Altenberg eintrat, um als einfacher Mönch seinen Lebensabend zu verbringen (er ist dort zwischen 1160 und 1170 verstorben), hatte er vorher das Land unter seine Söhne aufgeteilt. Der älteste noch lebende Sohn Eberhard erhielt den westfälischen Landesteil mit den Burgen Hövel und Altena (nach letzterer benannte er sich Graf „von Altena"), während Engelbert die bergischen Besitzungen übernahm. Nach der Erbteilung richtete Engelbert stärker als sein Vater sein Augenmerk auf das zwischen Rhein, Ruhr, Wupper, Dhünn und Sieg gelegene Gebiet. Er wird zwischen 1152 und 1189 in den Urkunden genannt und zeugt 1159 erstmals als „Engelbertus comes de Monte".[98] 1160 finden wir ihn in der Umgebung Kaiser Friedrichs I. (Barbarossa) bei der Belagerung von Mailand.

Am 31. August 1165 ist Graf Engelbert I. in Köln nachweisbar. Offensichtlich hatte er sich für Kaiser und Reich besonders verdient gemacht; denn schon kurze Zeit nach der Rückkehr Friedrichs I. von seinem 4. Italienzug erhielt er am 28. 6. 1168 auf dem Reichstag in Würzburg den Hof Diederen an der Maas zu Lehen. Engelbert war mit Erzbischof Philipp von Heinsberg verwandt. Das gute Verhältnis zu dem Kölner Metropoliten erkennt man daran, daß er in seinen zahlreichen Urkunden als Zeuge erscheint. Er war auch dessen Lehnsmann. Im Jahre 1175/76 resignierte Graf Engelbert die Burg Deutz.

Um das Jahr 1176 stiftete Graf Engelbert I. in seiner Burg an der Wupper eine Kommende der Johanniter. Schriftlich wird dies von seinem Sohn Adolf III. im Jahre 1217 bestätigt. „Sein Vater", heißt es in der Urkunde, „dem der Himmel hohe Macht und Ehre reichlich verliehen, habe die Pankratiuskapelle auf dem Berge (in monte) mit den eingehörigen wachszinsigen Leuten, die Tischgenossenschaft im Schlosse, Güter und Gefälle zu Remscheid, Dürscheid usw., sowie das Pfarrhaus nebst dem Patronate über die Pfarrkirche zu Remscheid dem Orden des hl. Johann vom Grabe zu Jerusalem gewidmet."[99]

1174 erhielt Engelbert, der seinen Machtbereich an der unteren Sieg gegen die Interessen der Grafen von Sayn ausweiten wollte, von Heinrich Raspe d.J. von Thüringen die neue Burg Windeck (castrum novum in windeke et non vetus = die neue und nicht die alte Burg) als Unterlehen. Das Obereigentum über beide Burgen, das sich Heinrich Raspe d. J. vorbehalten hatte, erwarb bald durch Kauf (wahrscheinlich schon 1188), der Kölner Erzbischof Philipp von Heinsberg, das er im Jahre 1197 dem Grafen Dietrich von Landsberg zu Lehen gab.

Das Land um Windeck war schon in der ersten Hälfte des 12. Jahrhunderts durch Vermählung des Landgrafen Ludwig I. von Thüringen († 1140) mit Hedwig von Gudensberg, Tochter des Grafen Giso IV. und der Kunigunde von Bilstein, an die Thüringer gefallen.

Als Heinrich Raspe im Jahre 1184 ohne Leibeserben starb, heiratete seine Gemahlin Jutta den Grafen Dietrich von Landsberg. Aus dieser Ehe ging nur

Bauerngruppen mit Pferden. Eine Darstellung aus der Zeit um 1525. Wie die Bewaffnung zeigt, haben sich die Männer zur Zeit der Bauernkriege vermutlich am Dingplatz versammelt, um sich zu beraten. Der Kampf der Bauern um mehr Freiheit wurde damals unter großen Verlusten für die Aufständischen beendet (Holzschnitt von H. Tirol, Nürnberg, Städtische Kupferstichsammlung)

eine Tochter Mechthild hervor, die Heinrich den Jüngeren von Sayn († 1246) ehelichte. Durch die Ehe Heinrichs mit der Erbin des Thüringer Besitzes am Mittelrhein wurde die Stellung der Sayner vorerst gefestigt. Engelbert blieb während dieses im 13. Jahrhunderts entbrennenden Streites um das Obereigentum an beiden Burgen, in den der Kölner Erzbischof, Gräfin Mechthild von Sayn, Landgraf Heinrich von Thüringen und Graf von Wildenburg verstrickt waren, im ungestörten Besitz des Unterlehens an der Burg Neu-Windeck.

Alt-Windeck, welches Mechthild von Sayn dem Grafen von Wildenburg als Lehen übertragen hatte, verkaufte dieser im Jahre 1267 an Graf Adolf von Berg. So hatte Berg ab 1267 beide Windeck unter seine Herrschaft gebracht. Von diesem Zeitpunkt an verschwindet die Nennung von „Alt-Windeck", und es stellt sich die Frage, ob nicht das am Fuße des Burgberges in Tal-Windeck gelegene „Haus Broich" – eine Wasserburg – die ehemals als „Alt-Windeck" bezeichnete Anlage war.

Broich wird im Jahre 1273 – also fünf Jahre nach dem Erwerb von „Alt-Windeck" – erstmals genannt, als Graf Adolf von Berg von diesem Anwesen einen jährlichen Zins an das Kloster auf der Rheininsel Nonnenwerth abführt. Am Anfang des 15. Jahrhunderts besitzen das Gut Broich die von der Lippe, genannt Hoen (auch Hoen von der Wintegge/Windeck). Reinhard Hoen, herzoglich bergischer Burgmann zu Windeck, bittet am 13. August 1479 den Herzog Wilhelm von Jülich und Berg „ihm seinen Burgsitz zu Windeck zu vergönnen". Daraus geht hervor, daß die Hoen schon früher im Besitz desselben waren. Mit Reinhards Burgsitz kann aber nicht die Burg „Neu-Windeck" selbst, sondern nur der in unmittelbarer Nähe am Fuße des Berges gelegene Rittersitz Broich oder Bruch gemeint sein. Broich ging dann von Reinhard auf dessen zweiten Sohn Philipp über, der mit einer von Landsberg verheiratet war.

Im Bergischen Ritterzettel von 1555 heißt es: Bertram Hoen, Drost zu Mörs, hat vor kurzem das „hus uf dem Broich" Wihelm Quaide zu Isengarden verkauft. Im Jahre 1613 gibt ein Friedrich von Hoen den Burgsitz zu Windeck an den Landesherrn zurück. Das Haus Broich wird noch bis gegen Ende des 18. Jahrhunderts im Besitz der Familie von Hoen genannt.

Oswald Gerhard schreibt 1925: „Von dem Hause Bruch oder Broich sind nur noch Grundmauern vorhanden. Zwei viereckige Plätze erheben sich in einer flachen Talmulde. Der größere, dicht an der Eisenbahn gelegen, ist 55 Schritte (etwa 41 Meter, d. Verf.) lang und 50 Schritte (etwa 37 Meter) breit, der dahinter gelegene kleinere etwa 30 Schritte (etwa 22 Meter) lang und breit.... Vorplatz und Burgplatz werden von breiten, jetzt trocken gelegten Wassergräben umgeben und durch einen 20 Schritte (etwa 15 Meter) breiten Graben voneinander getrennt".[100] Das Haus Broich war also eine typische Wasserburg.

Durch den Erwerb der Burg Windeck konnte Graf Engelbert die Herrschaftsrechte an der mittleren Sieg und im angrenzenden Oberbergischen Land weiter ausbauen und die Grundvoraussetzung für das spätere bergische Amt Windeck schaffen. Aber auch in anderen Gebieten konnte Eberhard durch geschickte Politik und Geldzahlungen den bergischen Herrschaftsbereich abrunden.

Als im Jahre 1176 Erzbischof Philipp Geld benötigte, um den Kaiser bei einem neuen Heerzuge nach Italien zu begleiten, bot sich Engelbert wieder eine Gelegenheit dazu. Für ein Darlehen von 400 Mark gab ihm der Erzbischof den Burghof zu Elberfeld nebst dem Hof Hilden zu Pfand. Als wenig später die Erhöhung der Pfandsumme auf 600 Mark notwendig wurde, kam auch der kölnische Hof zu Schwelm in den Pfandbesitz des Bergers. Beide Pfandverschreibungen wurden durch den Kaiser bestätigt. Die letzte Bestätigungsurkunde war am 27. Mai 1189 in Preßburg ausgestellt worden. Auch hier sind die Pfänder – wie mehrmals bei Pfandbesitztümern der Berger zu beobachten – nicht mehr eingelöst worden. In diesem Zusammenhang ist anzumerken, daß Pfandgüter – anders als heute – mit allem Zubehör und allen Rechten unmittelbar in die sofortige Nutzung des Pfandnehmers übergingen.

Im Jahre 1189, kurz vor seinem Tode, stellte Engelbert noch eine Urkunde aus, in der uns seine ritterliche Gefolgschaft entgegentritt. Anlaß war der Geldbedarf des Grafen Heinrich von Hückeswagen, der sich genötigt sah, dem Berger für ein Darlehen von 100 Mark sein Stammgut Hückeswagen zu verpfänden. Erste urkundliche Erwähnung findet Hückeswagen im Jahre 1085 als Äbtissin Swanhid von Essen verschiedene Erbgüter, darunter auch Hückeswagen, ihrem Konvent schenkt (Lac. I, 235). Als frühester Graf begegnet uns Friedrich (Lac. I, 328). Der zweite urkundlich bekannte Graf von Hückeswagen war der oben genannte Heinrich, den wir zwischen 1176 und 1205 im Gefolge der Erzbischöfe Philipp von Heinsberg und Adolf von Altena treffen. Der Name „Hukengeswage" oder „Hukingiswage" (wage/wac = nasse, sumpfige Niederung und Huking = Personenname) deutet auf eine frühe Burg des Hucking im Sumpf. Als man später auf die Höhe zog, änderte man den Namen in „Heukeshoven" (noch heute so in der Mundart der Hückeswagener).

Der dritte bekanntgewordene Dynast war Graf Arnold von Hückeswagen, der sich in Böhmen neu orientierte. Wir finden ihn im Juni 1228 in Diensten und am Hofe Königs Przemysl Otakar I. von Böhmen. Franco und Heinrich von Hückeswagen verzichten 1260 endgültig auf ihr Stammgut.

Die obengenannte Urkunde gibt uns Gelegenheit, die Gefolgschaft des Grafen Engelbert zu untersuchen. Als Zeugen erscheinen: Rembertus scudesper et Theodericus filius eius, Godescalcus castellanus de berge (wohl der Burgvogt der neuen Burg an der Wupper), Herimannus de bodelenberg (von dem Bottlenberg), Everhardus de upladhen (Opladen), Heindenricus de plettebreht (Plettenberg oder Plettenburg bei Dabringhausen), Theodericus de wippervorde et filius eius olricus, Hartlivus de hesceidhe (Herscheid bei Witzhelden), Hartlivus de lintlon (Lindlar), Henricus flecco (möglicherweise ein Vorfahre der Flecke von Nesselrode), Andreas Scoltetus (Schultheiß) u.a. Der Beiname Scuzzespere = „Speerschütze/Speerwerfer" bei Rembert läßt an einen im

Kampf erworbenen Namen denken. Wie uns Thomas R. Kraus mitteilt, besaßen Rembert und Dietrich Scuzsper bzw. deren Familie Allode bei dem zwischen Ahrweiler und Remagen gelegenen Kirchdaun.[101] Schon in der vom Kaiser ausgestellten Urkunde vom 24. Februar 1174, die die Verlehnung der neuen Burg Windeck durch Heinrich Raspe den Jüngeren von Thüringen an den Grafen Engelbert von Berg beinhaltet, erscheint Reimbertus scuzsper als Zeuge. Im Jahre 1202 wird ein Dietrich „scuzzespere" erwähnt.

Die Stammsitze weiterer Zeugen der Urkunde von 1189, Eberhard von Opladen und des Heinrich Flecke, liegen im „Kernland" der Berger zwischen Dhünn und Wupper, wie auch die Plettenburg an der oberen Dhünn oder Herscheid, eine alte Burg bei Witzhelden, dort zu finden sind.

Zu dem Heinrich Flecke von 1189 (um diese Zeit urkundete er noch ein zweites Mal in der Umgebung des Grafen von Berg) ist folgendes anzumerken: Der Name „Flecke" ist ein Ausdruck der Ritterkultur, der seinem ersten Träger buchstäblich „auf den Leib oder das Gewand geschrieben" war, so daß sein eigentlicher Taufname davon verdrängt wurde; der Name wurde sozusagen zu einem Ehrentitel, den sich der Träger durch besonders rittermäßige Leistungen erworben hatte (ähnliche Erscheinungen einer Personifizierung nach Besonderheiten beobachten wir heutzutage bei den „Spitznamen" von Personen, deren Vorname man sonst nicht kennt); da waren die Ritter Sobbe (Zobbo), Stael, Hugenpoet, Ruselpaffe u.a. Diese auf eine Person geprägten Ritternamen wurden „Leitnamen". Man wollte eine Verbindungslinie zu einem ruhmreichen Vorfahren herstellen, auf den man stolz war und dem man nachzueifern trachtete. Diese Übernamen wurden dann ebenso erblich wie die Taufnamen und das in männlicher und weiblicher Linie. Bei dem „henricus flecco" der Urkunde von 1189 – das ist der früheste Termin, an dem ein „Flecke" erscheint – wird der Taufname und der ritterliche Übername noch zusammen genannt, was sich später änderte, so daß man in genealogischer Hinsicht die einzelnen „Fleckes" kaum noch auseinander halten kann.

Es ist das Verdienst von Kurt Niederau, daß wir heute die Genealogie derer von Nesselrode, eines der ruhmreichsten bergischen Adelsgeschlechter, bis zum Jahre 1256 zurückverfolgen können. Der erste identifizierte Familienangehörige nennt sich zwar Albert „Sobbe" von Leysiefen (1256, 1263 Ritter), aber bei seinem Sohn Heinrich Flecke von Nesselrode (1301 Knappe, 1303–08 Ritter) wird Vorname, Übername und Geschlechtername genannt, wie auch bei einigen späteren Nachkommen. Weil, wie es üblich war, meist der Name des Großvaters für einen Enkel gewählt wurde, kann der Vater des 1256 genannten Sobbe (später auch Zobbo) durchaus ein Heinrich Flecke gewesen sein. Und von diesem „Urflecke" von 1189 kann der „ruhmbedeckte" Name auch in andere Verwandtschaften, möglicherweise in die Familien von Holstein, von der Mühlen, von Heltorf und andere, gekommen sein. Leider werden in den Zeugenlisten der älteren Urkunden – diese sind oft die einzigen Quellen – die

Ritter und Landsknecht. Der Herr reitet und der Knecht läuft hinterher (A. Dürer)

Dame und Landsknecht. Im Mittelalter war man keineswegs prüde, wie diese „amouröse Darstellung“ Albrecht Dürers zeigt

Namen der Frauen selten genannt, wie auch die Frau des Sobbe von Leysiefen (1256) nicht bekannt ist. Auffällig nahe ist die Lage der alten Burg Leysiefen (im Volksmund Zobbesmur genannt) zum neuen Schloß Nesselrode.

Die von Nesselrode führen wie viele bergische Rittergeschlechter einen Wechselzinnenbalken in ihrem Wappen. Es ist aber nicht ausgemacht, daß es das erste Wappen dieses Geschlechtes war. Die „Nessel" ist möglicherweise in einem „Urwappen" vorhanden, das eine Linie des Geschlechtes der Zobbe im 14. Jahrhundert weiterverwendet, nämlich 3 silberne Blätter, die möglicherweise Nesselblätter sein können. Wie genealogisch von Kurt Niederau dargestellt, besaß der Vater Albert Sobbe die Burg Leysiefen, ehe sich sein Sohn Heinrich († 1351, verheiratet mit N. von Iddelsfeld) nach einem vermutlich neuerbauten Sitz „von Nesselrode" benannte.[102] Ein anderer Sohn des Sobbe von Leysiefen mit dem Namen Adolf (1280–1307, verheiratet mit Adelheid) und wiederum deren Sohn Flecke von Leysiefen (1311 Ritter genannt), konnten das alte Familienwappen weitergeführt haben. Wenn also die Sobbes das Nesselwappen führten, wäre über dieses Urwappen der Familienname „Nesselrode" (= Rodung in einem mit Nesseln bestandenen Gelände) zu erklären.

Vermutlich stammte auch der in der Urkunde von 1189 genannte „Herimannus de bodelenberg" (später wird die Namensform „von dem Bottlenberg" üblich) aus dem Herkunftsraum der „urbergischen Ritterschaft", die zum Teil mit dem Wechselzinnenbalken siegeln, wie auch die von dem Bongard, die im 13. Jahrhundert. in zahlreichen bergischen Urkunden vorkommen, wahrscheinlich in diesem Gebiet ansässig waren. Es gibt Indizien dafür, daß die von dem Bottlenberg im Bereich des näheren oder weiteren Umkreises von Odenthal ihren Besitz- und Lebensraum hatten, ohne daß mit Sicherheit ein „Stammsitz" auszumachen wäre. Die Höfe Schirpendhünn und Kesselsdhünn, genannt nach Familienlinien derer von dem Bottlenberg, liegen unweit der Plettenburg. Ein Nachbarschaftsverhältnis ergibt sich auch mit dem „Heidenricus" von Plettenberg der mehrfach genannten Urkunde von 1189.

Ungeklärt ist, welcher Zusammenhang zwischen dem Geschlecht derer „von dem Bottlenberg" (Bodelenberg) und dem Hof Boddenberg bei Steinbüchel sowie dem „Bodtberg" genannten Objekt im Besitz der Strauweiler besteht.[111] Es fällt auf, daß um 1189 sich in der Gefolgschaft des Grafen Engelbert fast nur Männer befanden, die aus dem Gebiet um Odenthal stammten. Dort hatten die Berger ihre erste Burg, dort konnten sie aus ihrer Umgebung das Gefolge auswählen. Allerdings wissen wir nicht, bei welchen Zeugen es sich um Ministerialen, Vasallen, Verwandte oder verbündete Freunde handelt. Ebenso wissen wir nicht, ob diese Leute auf „eigenen" Burgen oder befestigten Höfen saßen, oder ob diese Objekte im Namen oder mit Weisung oder Genehmigung der bergischen Grafen erbaut worden sind.

Der finanziell gut gestellte Graf Engelbert konnte manche Gebietsvorteile gegenüber verarmten Edelfreien im Bergischen Land und am Niederrhein gewinnen. Hauptgründe für die Finanzschwäche der adeligen Grundherren waren die die Folgen der zahlreichen Mißernten des 12. Jahrhunderts.

Die zunehmende Attraktivität der Rodungsgebiete im Neusiedelland und die Landflucht der Lehnsbauern in die neu entstehenden Städte (Stadtluft macht frei!) ließen die Einnahmen aus den alten Grundherrschaften immer mehr zusammenschmelzen. Den geringen Einkünften standen hohe Kosten gegenüber, die durch Kriegsdienste und Geleite und häufige Abwesenheit entstanden. Pferde, Rüstung usw. waren teuer. Der große Geldbedarf der Edelfreien vom Niederrhein zwang z.B. die Herren von Angermund, Mündelheim, Heltorf und Ratingen ihre Allode dem Erzbischof Philipp von Köln zu übertragen.

Zu denjenigen, die ihr Eigentum dem Grafen Engelbert von Berg übergaben, gehörte u.a. auch Arnold von Tyvern. Er befand sich schon im Jahre 1174, als Heinrich Raspe der Jüngere die neue Burg Windeck dem Berger verlehnte, im Gefolge des Grafen Engelbert. Um 1189 übertrug auch er seine Erbgüter an Engelbert von Berg. In der darüber ausgestellten Urkunde erscheint in der Reihe von fünf genannten Zeugen nochmals ein „Henricus Flecco".

Familiensitz der Berger war seit etwa 1118 die neue Burg an der Wupper, die Engelbert von seinem Vater Adolf II. geerbt hatte und deren genaues Baudatum nicht bekannt ist. Eine Verwechslung mit einer anderen „neuen Burg" der Berger, Neuenberg bei Scheel in der Gemeinde Lindlar, kann mit Sicherheit ausgeschlossen werden. Der Erbauer der im Jahre 1433 erstmals genannten Burg ist nicht bekannt. Sie war als Rundburg eine typische Grenzburg von bescheidenem Ausmaß (etwa 2200 Quadratmeter Fläche) und nur schwach befestigt (kein Zwinger und kein Bergfried).

Wann Bensberg erworben oder erbaut wurde, liegt nach wie vor im dunkeln. Die Burg Bensberg war, wie der Name vermuten läßt, wohl ursprünglich eine königliche Bannburg für den Königsforst. Sicher als bergischer Besitz wird sie erst unter Adolf III. († 1218) genannt. Seit 1210 sind bergische Ministeriale bekannt, die von der Burg ihren Namen herleiteten. In den Jahren 1138/39 ist noch ein Edelherr Wicher nach der Burg Bensberg benannt. Die Berger dürften also irgendwann zwischen 1140 und 1210 in den Besitz der Burg gekommen sein (unter Engelbert I. oder Adolf III.?)

Im Unterschied zu vielen damaligen Herren im Bergischen Land und am Niederrhein muß Engelbert über viele Geldmittel verfügt haben. Thomas R. Kraus schreibt über mögliche finanzielle Quellen: „Die Erfolge Engelberts bei seinen Bemühungen um Ausbreitung und Sicherung der bergischen Herrschaft wären ohne finanzielle Rückhalte nicht möglich gewesen. Die Wichtigkeit des Geldes für die Herrschaftsausübung kommt in den Worten Erzbischof Engelberts I. von Köln „sine pecuniis pacem se non posse facere in terris" (ohne Geld läßt sich der Friede im Land nicht herstellen, d. Verf.) deutlich zum Ausdruck. Zusammensetzung und Höhe des bergischen „Haushalts" können wegen der schlechten Quellenlage nur unzureichend bestimmt werden..."[103] Wichtige Einnahmequellen waren verschiedene Zehnte, hier besonders Rodezehnte, die den Bergern auf Grund von Wildbannrechten zustanden. Nicht unerheblich werden auch die Einkünfte gewesen sein, die sie für vogteiliche Tätigkeiten erhoben sowie die Gefälle aus Gerichtskosten. Dazu kamen die Einnahmen aus umfangreichen Grundherrschaften, die die Berger zum Teil erheiratet hatten. Außerdem hatten sie schon früh verschiedene Steuern und Zölle eingeführt sowie Geleitschutzgelder für durchreisende Händler.

Allerdings scheinen im Zusammenhang mit der Ehe Engelberts mit Margarete von Geldern, Tochter Heinrichs und Schwester Ottos von Geldern, keine territorialen Veränderungen gestanden zu haben. Um so wertvoller waren die guten ver-wandtschaftliche Verhältnisse, die sich durch die Heirat auftaten. Die nicht näher datierbare, aber spätestens 1175 bestehende Ehe mit Margarete machte Engelbert zum Verwandten (consanguineus) einflußreicher Herren. Über die Abstammung seiner Mutter war Engelbert schon Blutsverwandter *(cognatus)* des Grafen von Geldern. Engelberts Ehe mit Margarete ist der Grund, weshalb Erzbischof Adolf I. von Köln aus dem Hause Altena den Herzog Heinrich I. von Brabant seinen Verwandten nennt und Engelbert selbst dem Grafen Balduin von Flandern und Hennegau, dem Kaiser von Konstantinopel, im Jahre 1204 als *„consanguineus"* galt.

Die Ehe mit Margarete brachte also einen beachtlichen Ansehensgewinn, der besonders bei der Besetzung des Kölner Erzstuhls und anderer Kirchenämter von Bedeutung sein konnte. Den Bergern war wohlbewußt, wie wichtig das Amt des Erzbischofs für den Aufstieg zu Territorialherren war. In Verfolgung dieses Zieles besaßen oder besetzten sie aus militärischen und politischen Gründen auch mehrfach die Burg Deutz.

Das Verhältnis des Grafen Engelbert zum Kaiser war bis 1180 gut. Thomas R. Kraus schreibt: „Mitte April 1180 verweilte Engelbert am Hofe in Gelnhausen, wo er die bekannte Gelnhäuser Urkunde, mit der dem Kölner Erzbischof vom Kaiser das Herzogtum Westfalen verliehen wurde, und eine Urkunde Friedrichs zugunsten des Baseler Bischofs bezeugte. Gleich (Erzbischof) Philipp nahm auch Engelbert an der Politik des Reiches Anteil. Er hielt sich sowohl am 4. September 1171 als auch Ostern 1174 beim Kaiser in Aachen auf... Am 9. Mai 1174 war Engelbert in Sinzig bei Hofe anwesend. Belege für seine Teilnahme am 5. Italienzug des Kaisers (1174–1178) fehlen allerdings."[104]

Nach 1180 scheint es zu Verstimmungen mit Kaiser Friedrich I. (Barbarossa, 1152–1190) gekommen zu sein. Thomas R. Kraus schreibt zu diesem Problem: „Es leuchtet ein, daß sich die Versuche der Staufer, ihre Stellung am Niederrhein politisch und wirtschaftlich auszubauen, mit den Plänen Engelberts auf Herrschaftserweiterung im Westniederbergischen nicht vertrugen. Es ist daher kein Zufall, daß er nach 1180 für neun Jahre nicht bei Hofe nachweisbar ist... Er nahm weder an Friedrichs 6. Italienzug (Herbst 1184 bis Sommer 1186) teil, noch bezeugte er dessen Urkunden..."[105]

Sage vom Wettstreit der Minnesänger auf der Wartburg (Sängerkrieg)
(Heinrich Frauenlob, Große Heidelberger Liederhandschrift).
Die Wartburg bei Eisenach war die Pfalz der Thüringer Landgrafen.
Sie wird 1080 erstmals genannt, 1521/22 war sie Asyl für Martin Luther

Übergangszeit zwischen Engelbert I. und Adolf III.

Als Graf Engelbert I. von Berg im Jahre 1189 bei Kovin in Serbien verstarb, hinterließ er zwei unmündige Söhne: Adolf (III.) wird unter 14 Jahre alt gewesen sein und Engelbert, der später Erzbischof von Köln, lebte gerade 4 bis 5 Jahre. Es waren damals ereignisreiche Jahre in denen der Tod unter den Mächtigen des Reiches einige Lücken riß. Kaiser Friedrich I. Barbarossa ertrank am 10. Juni 1190 im Fluß Saleph in Armenien. Sein Nachfolger Heinrich VI. starb 32jährig am 28. September 1197 in Messina an einer Seuche. Für den erst dreijährigen Sohn Friedrich (II.) des verstorbenen Kaisers übernahm Herzog Philipp von Schwaben, Oheim des Friedrich, die Herrschaft im Reich.

Ob Eberhards Sohn, der blutjunge Adolf (III.), die Regierungsgeschäfte der Grafschaft allein und sofort übernommen hatte, scheint fraglich. Adolfs Mutter Margarete von Geldern, die 1198 noch lebte, könnte ihren Sohn in den ersten Jahren – ohne urkundlich aufzutreten – unterstützt haben. Eine Vormundschaft des noch lebenden Bruders seines Vaters, „Adolf der Ältere", der 1192 bis 1197 urkundlich in Erscheinung tritt, ist wahrscheinlich aber nicht belegt. Bemerkenswert ist in diesem Zusammenhang, daß Adolf der Ältere im Jahre 1193 als Graf und Vogt (legitimus advocatus) des Klosters Dünnwald auftritt. Die Urkunde unterscheidet zwischen einem „Adolphus comes de Monte... legitimus advocatus ecclesiam de Doenwalt" und einem „Adolphus iunior comes de Monte". Beide werden also Graf genannt. Die Urkunde beinhaltet einen Gütertausch zwischen dem Ritter Manfred von Rheindorf und dem Kloster Dünnwald. Hier wird erstmals der Hof Wambach in (Leverkusen)-Rheindorf genannt, von dem noch heute ein Mottenhügel erhalten ist.[110]

Im Jahre 1194 lesen wir dann „Adolfus filius comitis Engelberti de Berge".[106] Adolf und sein Oheim begegnen uns im Jahre 1197 nochmals zusammen in einer Urkunde Erzbischof Adolf I. von Altena. Der junge Adolf hat ein Besitztum bei Dünnwald, das im Obereigentum der Kölner Kirche steht (agrum b. Petri) und das gegen Grundstücke zu Uckerath, Büttgen, Wanheim und Neuß getauscht wird. Das Dünnwalder Gut hatten die bergischen Ministerialen von Wanheim mit Namen Dietrich, Hermann und Rutger vom jungen Grafen zum Unterlehen. Ein „Adolphus comes de monte" ist Zeuge und erscheint als erster (also als Ältester) in der Reihe der Grafen vor Wilhelm von Jülich und seinem Bruder Gerhard sowie Graf Arnold von Altena. Hier wird also nochmals der ältere Graf genannt.[111] Ein Graf Adolf fehlt in den Urkunden des Kölner Erzbischofs des Jahres 1198. Der 1199 genannte Graf von Berg ist gemäß der Zeugenreihe mit Sicherheit der „selbständige" Graf Adolf III.[112]

„Adolf der Ältere" ist nach 1197 nicht mehr zu belegen. Vielleicht hat er wie viele andere aus dem Rheinland an dem Kreuzzug von 1197 teilgenommen und ist nicht mehr heimgekehrt. Die aus dem 15. Jahrhundert stammende „Jüngere Hochmeisterchronik" will von der Anwesenheit eines Grafen von Berg bei der

Gründung des Deutschen Ritterordens im Frühjahr 1198 zu Akkon wissen. Der jüngere Graf Adolf III. kann es nicht gewesen sein, denn dieser hielt sich nachweislich im Jahre 1198/99 im Rheinland auf und konnte bei einer Teilnahme mit einiger Wahrscheinlichkeit noch nicht zurück sein. Adolf der Ältere könnte aber auch im Herbst 1198 oder im Sommer 1199 beim Kampf gegen den König Philipp von Schwaben getötet worden sein.[106]

Am 13. August 1191 starb der Kölner Erzbischof Philipp von Heinsberg vor Neapel an der Pest. Zu seinem Nachfolger wurde zunächst Lothar von Hochstaden gewählt, der aber unter dem Druck des Geschlechts derer von Berg zurücktrat. An seiner Stelle wurde der alternde Bruno von Berg, Sohn des Grafen Adolf II., gewählt, der schon seit 1168 Dompropst in Köln war. 1193 legte dieser wegen hohen Alters und Verlust seiner körperlichen und geistigen Kräfte das Amt nieder und trat in das bergische Familienkloster Altenberg ein, wo er am 23. April 1200 verstarb.

Vorher hatte er sich im Dezember 1192 mit den Herzögen Heinrich von Brabant und Heinrich von Limburg sowie mit anderen Fürsten verbündet, um Rache an den Mördern des am 24. November 1192 getöteten Bischofs Albert von Lüttich zu nehmen. Der Bund richtete sich in erster Linie gegen den der Tat verdächtigen Gegenkandidaten Alberts, Lothar von Hochstaden, Propst zu Bonn, der in Köln dem Erzbischof Bruno III. aus dem Hause Berg hatte weichen müssen. Die Verbündeten fallen nach Weihnachten in die Grafschaft Hochstaden ein und verwüsten sie.

Brunos Nachfolger wurde sein Neffe Adolf von Altena. Über diesen nahtlosen Übergang innerhalb der Familie wird es eine Übereinkunft gegeben haben. Adolf entstammte der westfälischen Linie der Berger, die nach der Erbteilung von 1160 von Eberhard von Altena begründet worden war. Adolf war seit 1183 Domdekan, folgte 1191 seinem Onkel Bruno als Dompropst und wurde am 26. März 1194 zum Priester sowie am nächsten Tage zum Erzbischof geweiht.

Erzbischof Adolf I. von Altena versagte dem vom Reichstag zu Würzburg Anfang April angenommenen Vorschlag des Kaisers, die deutsche Königskrone erblich zu machen, seine Zustimmung; ebenso wies er die Forderung, den zweijährigen Kaisersohn Friedrich (II.) zum König zu wählen, erst zurück, um dies im August 1197 in Boppard dann doch zu tun. Gleichzeitig leistete er in Boppard Herzog Philipp von Schwaben, der nach dem Tode Kaiser Heinrichs VI. am 28. September 1197 für dessen Sohn, seinen erst dreijährigen Neffen Friedrich, die Herrschaft übernommen hatte, den Treueid.

Die sächsischen und andere Fürsten wählten im März 1198 Philipp von Schwaben zum König, während am 9. Juni 1198, nach dreitägigen Verhandlungen im erzbischöflichen Palast zu Köln, der Kölner Erzbischof Adolf I., der Bischof Conrad von Straßburg sowie die meisten niederrheinischen und niederlothringischen Fürsten den etwa 20jährigen zweiten Sohn Heinrich des Löwen, Otto von Braunschweig, zum Gegenkönig wählten (Otto IV.).

Die Berger im staufisch-welfischen Thronstreit

Am 8. Januar 1198 war einer der bedeutendsten Päpste des Mittelalters, Innozenz III., auf den Papstthron gehoben worden. Er spielte eine bedeutende Rolle im Zusammenhang mit der Doppelwahl der deutschen Könige, die sich beide um seine Anerkennung bemühten. Innozenz III. war der Auffassung, daß die Entscheidung grundsätzlich ihm zustehe, denn die Päpste seien es gewesen, die das Kaisertum vom Morgen- auf das Abendland übertragen und die Kaiser gekrönt hätten. In einem Schreiben vom 1. März 1201 teilte Papst Innozenz mit, daß er sich für Otto von Braunschweig als römisch-deutschen König entschieden habe. Gegen die Tatsache, daß so viele Reichsbischöfe für Philipp von Schwaben votierten, argumentierte er: „es komme nur auf diejenigen Fürsten an, denen die Wahl principaliter und specialiter zustehe"; doch nannte er diese – außer den Kölner Erzbischof – nicht.[108]

Daß Erzbischof Adolf von Altena vorerst auf die Seite des überwiegend vom sächsischen und niederrheinischen Adel gewählten, aus dem welfischen Hause stammenden Gegenkönigs Otto von Braunschweig trat, war ganz im Sinne der Kölner Bürger; denn die Welfen waren mit dem englischen Königshause versippt. Das Interesse der Kölner Kaufleute am Handel mit England ließ ihre schon länger bestehende Gegnerschaft zum Erzbischof in den Hintergrund treten. König Johann von England (ohne Land) sprach daraufhin am 4. Juni 1202 (nochmals am 11. April 1204) den Kölnern seinen Dank „für die guten Dienste, die sie seinem lieben Neffen König Otto erwiesen haben" aus. Er versprach ihnen dabei die volle Verkehrsfreiheit in seinem Reiche.

Unter dem Druck eines großen kölnischen Heeres öffnete die ansonsten dem König Philipp von Schwaben treu ergebene Stadt Aachen ihre Tore, damit der Kölner Erzbischof am richtigen Ort den päpstlichen Kandidaten Otto IV. krönen konnte. Als Gegenleistung zeigte sich dieser mit der Verfügung erkenntlich, daß niemand im Reiche eine Münze prägen darf, die der kölnischen an Gewicht, Form und Reinheit gleichkommt.

Die standhafte Parteinahme der Kölner für König Otto IV. hielt auch dann noch an, als dieser mit Erzbischof Adolf von Altena zerfiel. Adolf traf nämlich am 12. November 1204 den Staufer Philipp von Schwaben in Koblenz und leistete ihm den Treueschwur. Am 6. Januar 1205 krönte Adolf von Altena in Aachen auch König Philipp und dessen Gemahlin Irene, Tochter des byzantinischen Kaisers Isaak II. Angelos. Unterdessen weilte König Otto IV. untätig in Köln, weil er sich mit dem eigenen Schwert verletzt hatte. Philipp zeigte sich am 12. Januar 1205 gegenüber dem Erzbischof dankbar, indem er ihm die Herzogtümer Engern und Westfalen bestätigte und den Besitz schützen will. Auch versicherte er ihm u.a. auch alle Rechte zu Andernach und Eckenhagen.

Adolf von Altena wurde auf Grund dessen am 29. Mai 1205 vom Papst exkommuniziert und am 19. Juni 1205 abgesetzt. Am 25. Juli 1205 wählte das

Empörter Bauer überfällt sein Herrschaftspaar, das beim Mahl von einer nackten Zofe bedient wird (Holzschnitt J. Stumpf Zürich 1548)

Gotisches Kastenbett, jetzt in Kreuzstein bei Wien, die Decke diente hauptsächlich zum Schutz gegen Ungeziefer

Domkapitel und die Prioren den aus dem Hause Sayn stammenden Bruno, der bisher Propst des Cassiusstiftes war. Bruno war dem Gegenkönig Otto IV. von Braunschweig zugeneigt.[109]

Graf Adolf III. von Berg und sein Bruder Engelbert ergriffen aus verwandtschaftlicher Solidarität Partei für den exkommunizierten und abgesetzten Erzbischof Adolf von Altena. Wie Otto und Philipp um die deutsche Kaiserkrone, so kämpften nun Bruno und Adolf um den Kölner Bischofsstuhl. Im Verlauf der Feindseligkeiten besetzte Graf Adolf im August 1205 mit seinen Rittern und Armbrust- oder Bogenschützen (sagitarii) die Deutzer Burg. Selbst Köln wurde mehrfach durch König Philipp angegriffen, ohne daß es ihm gelang, die starken Mauern der Stadt zu brechen. Allerdings konnte er mit Hilfe der Berger und anderen Verbündeten den Rhein ober- und unterhalb der Stadt sperren und sie von der Lebensmittelzufuhr und vom Fernhandel abschneiden. Hungersnot und Elend unter der Kölner Bevölkerung waren die Folge.

Auch Engelbert, der schon in jungen Jahren Dompropst in Köln geworden war, konnte nicht neutral bleiben. Sein Protest gegen das von politischen Motiven geprägte Vorgehen des Papstes Innozenz III. verhallte wirkungslos. Als Sohn eines ritterlichen Hauses ergriff er gemeinsam mit Adolf von Altena die Mittel des Rittertums, die offene Gewaltanwendung. Der abgesetzte Erzbischof Adolf und sein Dompropst Engelbert zogen plündernd und verwüstend im Lande umher, um sich an den ihnen feindlich gesinnten Geistlichen, besonders den Mitgliedern des Domkapitels, zu rächen; Kirchen wurden geplündert und Geistliche eingekerkert. Von einem Überfall mit Rittermord in der Kirche von (Leverkusen)-Wiesdorf berichtet Cäsarius von Heisterbach .[109]

Den Kampf gegen das Domkapitel setzte Engelbert auch dann noch fort, als nach Brunos (von Sayn) Tod der Stiftspropst von St. Aposteln, Dietrich von Hengebach, zu dessen Nachfolger gewählt wurde; denn auch dieser war ein erbitterter Gegner der Berger. Erst 1209 ließ Engelbert von seinen Raubzügen ab und versöhnte sich mit dem Erzbischof und seinen Parteigängern. Um Sühne für sein bisheriges Leben zu leisten – der Papst bezeichnete ihn damals als „Räuberhauptmann“ –, beteiligte er sich mit seinem Bruder Graf Adolf III. an einem Kreuzzug gegen die Albigenser und Waldenser in Südfrankreich und suchte auch den Marienwallfahrtsort Rocamadour bei Cahors auf.

1212 geriet auch Dietrich von Hengebach in ein Zerwürfnis mit dem Papst und wurde ebenfalls gebannt und abgesetzt. Nun hielt Adolf von Altena den Zeitpunkt für gekommen, seine erzbischöflichen Rechte wieder geltend zu machen. Aber auch Dietrich gab sich mit seiner Absetzung nicht zufrieden; so kam es zur Spaltung, zum Schisma in der Kölner Kirche. Über das Erzbistum und die Stadt Köln wurde das Interdikt verhängt, die Glocken verstummten, die Toten starben ohne priesterlichen Beistand. Innozenz III. war nicht gewillt, diesem Zustand ein Ende zu bereiten, ehe nicht die letzte Entscheidung im Thronstreit gefallen war. Erst nachdem Philipp von Schwaben im Jahre 1208 plötzlich bei einem privaten Streit getötet und einige Jahre später (1213/14) Otto IV. von Braunschweig in der Schlacht bei Bouvines geschlagen war, konnte der junge Friedrich II. im Jahre 1215 unangefochten die Macht ergreifen. Am 4. Juli 1215 spricht im Auftrag des Papstes Erzbischof Dietrich von Trier Geistlichkeit und Volk von Köln von der Exkommunikation frei.

Wie weiter vorn schon dargelegt, war Adolf III., wie sein Oheim Erzbischof Adolf I. von Altena, Anhänger des Gegenkönigs Otto IV. von Braunschweig. Bei seiner Krönung am 12. Juli 1198 in Aachen war er anwesend. Er verweilte am Hofe bis in den Monat August. Anfang des Jahres 1201 nahm er an dem Feldzug teil, den König Otto IV. und Erzbischof Adolf I. von Altena rheinaufwärts gegen den König Philipp von Schwaben führte. Er ist Zeuge in einer am 3. Februar 1201 in Weißenburg ausgestellten Urkunde des Welfen.

Eine Vermittlertätigkeit übernahm Graf Adolf III. von Berg im Jahre 1203, als Streitigkeiten zwischen Herzog Heinrich I. von Brabant und einem anderen Parteigänger Ottos, dem Grafen Otto von Geldern, mit dem er durch seine Mutter verwandt war, ausbrachen. Der Friedensschluß wurde 1203 mit einem Heiratsvertrag gesichert, in welchem der Berger als Bürge für den Grafen Otto von Geldern auftrat.

Auch Adolf III. war auf der Seite seiner Freunde und Verwandten in die Zwistigkeiten der niederländischen Herren verstrickt. So nahm er zu Anfang des Jahres 1204 mit den Herzögen von Brabant und Limburg sowie dem Grafen von Loos an einer Fehde des Grafen Philipp von Namur gegen Bischof Johann von Cambrai teil und wurde auf Geheiß des Papstes wegen der angerichteten Verwüstungen exkommuniziert.[114]

Die verschiedenen Bündnisse und verwandtschaftlichen Beziehungen des Bergers waren sehr nützlich, als es darum ging, nach vierjährigem Ringen die Wahl seines Bruders Engelbert als Dompropst durchzusetzen. Bezeichnend für das Ansehen des Geschlechtes war, daß die Wähler Engelberts erklärten, man habe ihn wegen des stärkeren Rückhalts bei den Mächtigen unter den weltlichen Herren seinem Kontrahenten Dietrich von Hengebach vorgezogen.

Als erkennbar wurde, daß König Otto IV. und seine Brüder ihren 1198 erklärten und 1201 in Weißenburg wiederholten Verzicht auf den westfälischen Besitz Heinrichs des Löwen auf die Dauer nicht aufrecht erhalten würden, kam es zum Bruch zwischen Welfen und Erzbischof Adolf, der sich nun dem aufsteigenden Stern Philipps von Schwaben zuwendete. Was wundert es, daß auch Graf Adolf als Verwandter und treuer Anhänger des Erzbischofs wie auch die lothringischen und niederrheinischen Herren den Wechsel mitmachten.

Adolf III. von Berg war bei der Krönung Philipps am 6. Januar 1205 in Aachen zugegen und befand sich am 16. Januar in Andernach, wohin sich der Hof begeben hatte, und bezeugte dort eine Urkunde des Erzbischofs Adolf von Altena zugunsten der Kölner Münzergenossenschaft. Ende Mai/Anfang Juni 1205 besuchte er den Hoftag König Philipps zu Speyer, wo man dem Erzbischof

Hilfe gegen seine Feinde versprach, insbesondere gegen die jetzt wieder feindlich dem Erzbischof gegenüberstehende Stadt Köln, welche weiter den Welfen verbunden blieb. Im selben Jahr 1205 besetzte Graf Adolf, wie oben schon beschrieben, gegen Köln die Burg Deutz. Adolf III. blieb auch weiter im Lager des Staufers: 1206 ist er mit König Philipp in Boppard, 1207 in Köln, 1208 beim Hoftag in Aachen. Die Erschlagung des Staufers Philipp am 21. Juni 1208 in Bamberg veränderte dann plötzlich die politische Landschaft zugunsten des Welfen Otto. Wie aus einer am 30. Juni 1209 in Speyer ausgestellten Urkunde hervorgeht, gehörte auch der Graf von Berg zu den zahlreichen Großen, die nach dem gewaltsamen Tode des Staufers Philipp König Otto IV. anerkannten.[115]

Am Italienzug des Königs hat er sich zwar nicht beteiligt, als aber Otto IV. unmittelbar nach seiner Rückkehr am Palmsonntag des Jahres 1212 Hof zu Frankfurt hielt, war er dort unter jenen niederlothringischen und niederrheinischen Adeligen anwesend, die, nachdem Papst Innozenz III. zur Empörung gegen Otto (dieser hatte sich durch sein Vorgehen in Sizilien mit ihm verworfen) zugunsten des Staufers Friedrich (II.) aufrief, an der Seite Ottos blieben. Adolf III. blieb dem Welfen aus politischen Gründen auch dann noch eine Zeitlang treu, nachdem einige niederrheinische Herren, darunter auch sein Vetter Adolf von Altena und sein Bruder Engelbert ins staufische Lager übergewechselt waren. Dieses Verhalten gebot sich durch die damals starke Stellung des Welfen am Niederrhein und besonders die Nähe der bergischen Besitzungen zu Ottos Machtzentrum in Köln.

Wie seine Vorfahren war auch Adolf III. dem Kreuzzugsgedanken sehr zugetan. Schon im Jahre 1211 hatte er das Kreuz genommen und zum Zuge gegen die Katharer in Südfrankreich (Albigenser) gerüstet. Von Frankfurt aus brach er mit seinem Bruder Engelbert und vielen anderen Herren auf. Das deutsche Heer erreichte Anfang Mai, kurz vor dem Pfingstfest des Jahres 1212, den südfranzösischen Kriegsschauplatz.

Nach der schon erwähnten Niederlage der englisch-welfischen Koalition bei Bovines am 27. Juli 1214 ist auch Adolf III. im Lager Friedrichs zu finden. Jedenfalls belagerte er bereits seit dem 4. März 1215 im Auftrage des Staufers die Festung Kaiserswerth, in der Otto IV. den Bischof von Münster gefangen hielt. Noch während der Belagerung von Kaiserswerth eilte Adolf nach Andernach, wohin König Friedrich seine Anhänger zum 1. Mai gerufen hatte, um zu besprechen, wie der geschwächte Welfe endgültig auszuschalten sei.[116]

Als Erzbischof Dietrich von Hengebach im Jahre 1212 exkommuniziert und abgesetzt worden war, wurde im April 1212 Adolf von Altena durch den päpstlichen Legaten Erzbischof Siegfried von Mainz wieder in sein Kölner Amt eingesetzt, allerdings ohne Bestätigung durch Papst Innozenz III. Am 2. Mai 1212 erschien Adolf in Köln und verlangte vom Klerus erneut Gehorsam. Als Anfang 1216 Papst Innozenz III. die Kölner Prioren zur Neuwahl eines Erzbischofs aufforderte, trat er zurück. Am 29. Februar 1216 wählte dann das

Turnier zwischen 4 Rittern (aus der Melusinenhandschrift, Nürnberg, Germ. Nationalmuseum)

Turnierritter im heraldischen Gewand. Leider endeten die Kämpfe oft blutig, manchmal tödlich

Domkapitel einstimmig den sowohl dem neuen König Friedrich wie auch dem Papst genehmen Engelbert von Berg.

Erzbischof Engelberts I. Bruder, Graf Adolf III. von Berg, konnte unterdes das von seinen Vorgängern geschaffene Territorium nach Norden und Süden weiter abrunden. In seiner Regierungszeit wird besonders der Aufbau der Verwaltung des bergischen Herrschaftsgebietes und die einheitliche Organisation seiner ministerialischen Ritterschaft erkennbar. Cäsarius von Heisterbach schreibt, daß Adolf III. über „multi ministeriales" verfügte. Im Gefolge Adolfs III. werden erstmals Inhaber von Hofämtern, wie Truchseß (dapifer) und Mundschenk (pincerna), genannt.

Wie weiter oben schon dargelegt, war z.B. der Ritter Bruno von dem Bongard von 1202–28 († 1229) bergischer Mundschenk. Vermutlich führte Adolf III. für die Angehörigen seines ritterlichen Gefolges das „urbergische" Wappen mit dem Wechselzinnenbalken ein. Seine Siegel zeigen dieses jedenfalls erstmalig (mehr über die bergischen Wappen weiter hinten).

Die verbesserte Verwaltung führte, wie dies auch bei anderen weltlichen und geistlichen Herren des 13. Jahrhunderts zu beobachten ist, zu einem gesteigerten schriftlichen Verkehr und zur Ausbildung einer eigenen Kanzlei. Für das Jahr 1218 ist ein „Henricus capellanus et notarius noster" (unser Kapellan und Notar Heinrich) bezeugt."[114]

Vogteischaften Adolf III. werden selten genannt, obwohl eine gewisse Kontinuität der älteren bergischen Rechte nicht auszuschließen ist. Im Jahre 1199 fungierte er z.B. als Ortsvogt der Abtei St. Panthaleon in Rolshoven bei Deutz. Adolf III. ist der erste Berger, der als Vogt des Stiftes Gerresheim nachweisbar ist. Wenn auch Adolf III. sich nach wie vor um den Kölner Erzbischof als mächtigsten Mann am Niederrhein scharte, vergaß er nicht, sich für das Reich nützlich zu machen und bei Hofe präsent zu sein.

Graf Adolf III. von Berg war ein kämpferischer Mann, sah aber sein Tun in Gott verwurzelt und nannte sich selbst, anlehnend an die Königsaussage, demütig „dei gratia comes" (Graf von Gottes Gnaden) oder „divina permissione comes" (von Gott geduldeter Graf). In der Arenga einer Urkunde von 1202 erklärte er: Er rechne damit, daß er zu wenige vor Gott gültige Verdienste erwerben wird, und beabsichtige, geistliche Personen und ihre Anstalten zu begünstigen (anlehnend an ein Bibelzitat). „Zu göttlicher Liebe entflammt" war er gegen die Albigenser gezogen. Bevor er als dritter oder vierter Angehöriger seines Geschlechtes auf dem Kreuzzug blieb, hatte er im Hinblick auf göttliche Vergebung die Abteien Heisterbach, Siegburg, Altenberg, Knechtsteden, die Johanniter und den Deutschen Orden gefördert.[117] Besonders die von seinen Vorfahren gestiftete Abtei Altenberg lag ihm am Herzen. Es war wohl dem Einfluß Adolfs und seines Bruders, dem damaligen Dompropst Engelbert, zuzuschreiben (sie kommen beide in der entsprechenden Urkunde von 1208 vor), daß Erzbischof Dietrich von Köln den Waldbesitz der Abtei in Rhens bestätigte. Auch in zwei Urkunden des Jahres 1210 ist Graf Adolf als Förderer zu erkennen. Beide Urkunden sind von ihm ausgestellt: In der einen bekundet er den Verkauf von Besitztümern des Grafen Arnold von Tyvern in Himmelgeist, laut der anderen überträgt der bergische Ministeriale und ehemalige Truchseß Pilgrim für sein und seiner Frau Gertrud Seelenheil an die Abtei Altenberg eine Hufe Wald auf dem Grimberg .[118]

In der letzgenannten Urkunde fungieren als Zeugen Adolf von Stammheim, Giso von Opladen, der Kämmerer Hermann von Bacheim, der Truchseß (Sibodo) Puls, Ludwig von Ensen, Gottfried von Keldenich, der Schreiber Wolbero und der „capellanus" Heinrich u.a. Von diesen begleiteten 1117/18 den bergischen Grafen auf seinem Kreuzzug nach Ägypten: Adolf von Stammheim, Giso von Opladen und der Hausgeistliche Kaplan Heinrich .

Im Jahre 1216 befreit Graf Adolf III. von Berg alle Besitzungen der Abtei Altenberg, soweit diese in seinem Herrschaftsgebiet liegen, von der Bede (eine Steuer). Aus der Gefolgschaft des Bergers sind diesmal anwesend: Johann und sein Bruder Wilhelm von Merheim, Gumpert von Eller mit seinen Söhnen Hermann und Dietrich, der „castellanus" (Burggraf) Gottschalk, die ehemaligen Truchsesse Pilgrim und Engelbert, der amtierende Truchseß Sibodo Puls, Adolf von Stammheim und sein Bruder Bruno (Mundschenk des Kölner Erzbischofs),Wolfart von Grünscheid, Lambert von Scherf, der „capellanus" Heinrich, Franco von Quettingen (Quettincheim) u.a.[119]

Als Erzbischof Engelbert von Berg am 7. März 1217 der Abtei Altenberg den Besitz zu Wasars und Buir bestätigt, der ihr von der Gräfin Alveradis von Molbach geschenkt, aber von Herzog Heinrich von Limburg widerrechtlich beschlagnahmt worden war, finden wir Adolf III. unter zahlreichen Edelleuten (nobiles) des Erzbistums Köln als Zeuge.[120]

Charakteristisch für das ganze Mittelalter – und für uns heute schwer vorstellbar – ist das stetige Hin- und Herschwanken der Menschen zwischen Weltverachtung und Weltbejahung im ständigen Wechsel zwischen unvorstellbar roher Gewalt und guten Taten.

Wann Adolf III. von Berg den Entschluß faßte, an einem Kreuzzug ins Hl. Land teilzunehmen, ist unbekannt. Obgleich Papst Honorius III. die Kreuzfahrer der Kölner Kirchenprovinz bereits für den April 1217 in die Bestimmungshäfen zur Überfahrt nach Palästina beordert hatte, brach Adolf später (als Nachzügler?) in der ersten Hälfte des Jahres 1218 auf, denn in diesem Jahre schenkte er mit Zustimmung seines Bruders Engelbert der Abtei Knechtsteden das Patronat der Kirche zu Rommerskirchen (ausgestellt: apud Bensbure).[121]

Aber schon vor Antritt des Kreuzzuges, im Jahre 1217, verkaufte er im Kreise seiner Vasallen und Ministerialen, „um zur Ehre Gottes und zur Verzeihung unserer Sünden im Zeichen des Kreuzes das Heilige Land zu befreien" (viam ultra mare ad honorem dei et pro remedio peccatorum nostrorum sub sue sancte crucis), für 100 Mark den Hof Merheim unter Vorbehalt der Wiedereinlösung.

Zeugen sind diesmal: Arnold von Hückeswagen, Hermann von Hardenberg und sein Sohn Heinrich, Gottfried von Hemersbach, Wilhelm von Merheim, Gumpert von Eller und seine Söhne Hermann und Dietrich, Rembodo von Orsbach, der Burggraf Gottschalk, Bruno Wolf, der Truchseß Sibodo (Puls), die ehemaligen Truchsesse Pilgrim und Engelbert, Gerhard von Urbach, Johann von Milenforst, Heinrich von Iddelsfeld, Gerhard von Herl und sein Bruder Dietrich, Franco von Quettingen u.a.[122]

Wenn Adolf 1217 vor Antritt seines Kreuzzuges Geld für den an die Abtei Altenberg übertragenen Hof Merheim verlangte, kann das damit zusammenhängen, daß er Mittel für die Überfahrt und für die benötigte Ausrüstung und Verpflegung für sich und sein Gefolge brauchte. Der einzelne Kreuzzugfahrer mußte die Kosten des Kreuzzuges selber tragen, was manch einer aus eigenem Besitz und Vermögen nicht bestreiten konnte, es sei denn, er verkaufte oder verpfändete seinen Hof. Solchermaßen begründete Verkäufe sind uns aus Urkunden einige Male bekanntgeworden. Auch der später eingeführte Kreuzzugszehnte konnte die Kosten nur zum Teil tragen.

Wie ein besorgter Vater sein Haus bestellt, bevor er eine gefährliche Reise antritt, von der er möglicherweise nicht zurückkehren würde, bestätigte Adolf III. vorsorglich das von seinem Vater Engelbert gestiftete Ordenshaus zur Burg und dessen Besitzungen in Remscheid und anderswo.[123]

Schon Ende Mai 1217 war das Heer der niederländisch-niederrheinischen Kreuzfahrer von Holland aus zur See gegangen und am 1. Juni 1218 – über 1 Jahr später – kam es nach einem weiten Weg über Zwischenstationen vor Damiette in Ägypten an. Der Kölner Domscholaster und spätere Bischof von Paderborn und Kardinalbischof von S. Sabina Oliver berichtet, daß Graf Adolf von Berg der Kopf oder Hauptmann der fränkischen und friesischen Kreuzfahrer war (Francorum omnium caput et Frisonum).

Allerdings scheint Olivers wohl idealisierende Darstellung, Adolf III. sei im Kampf gefallen, nicht zuzutreffen. Oliver vermeldet die glückliche Abreise im Hospital des Deutschen Ordens (apud hospitale Theutonicorum) in Ossa (Thessalonien). Große Teile des Heeres wurden von einer furchtbaren Seuche befallen, der auch der Graf von Berg wahrscheinlich erlegen ist. Letztendlich ist der Kreuzzug wohl auch wegen der Schwächung durch diese Krankheit erfolglos verlaufen, denn die Geschichtsschreibung hat diesen wie auch den unsinnigen Kinderkreuzzug mit keiner Ordnungszahl versehen.

Wohl in Dankbarkeit und Sorge um den Fortbestand und zur Unterstützung des verhältnismäßig jungen Deutschen Ritterordens, dem er sehr verbunden war, schenkte er am 15. Juni 1218 den großen Hof Diederen an der Maas, der aus Reichsbesitz stammte und seinerzeit dem Grafen Engelbert von Berg vom Deutschen Kaiser für vorzügliche Dienste übertragen worden war.[124]

Wie oben schon dargelegt, hatte Adolfs Oheim Adolf der Ältere nach Auskunft der „Älteren Hochmeisterchronik" bei der Gründung des Deutschen

Kreuzritter im Gefolge Christi (Anfang 14. Jh. London, Britisches Museum)

Kreuzritter im Kampf mit Sarazenen (Kirchenfenster-Motiv des 11. Jahrhunderts in St. Denis)

Die Urkunde ist kurz abgefaßt und läßt die Eile erkennen, mit der sie ausgestellt wurde. Bei sonstigen Urkunden Graf Adolf III. von Berg nicht vorkommenden Besonderheiten sowie die Verschreibungen der Namen lassen darauf schließen, z.B. das „dictus“ bei „de monte“ oder das „de“ vor „vileke“ = Flecke (das „von“ Flecke ist sonst in den Urkunden nicht überliefert).

Bemerkenswert lang ist die Liste der Zeugen, in der uns einige bergische Ritter genannt werden, die damals mit Graf Adolf III. vor Damiette lagen, als da sind neben dem Kapellan und Notar Heinrich: Hermannus de Elslo, Theodericus de Herlare (vom Haus Herl bei Mülheim), Rembodo de Hursbecke (Orsbeck), Albertus de Hurde, Suederus de Dingede, Hermannus de Alftere (Hermann von Alfter war Marschall Erzbischof Engelberts), Teodericus de Coslar, Adolfus de Bernsovle (Bernsau), Henricus frater suus, Remboldus de Bernsovle, Wikardus de Linnefe (Lennep), Adolfus de Stamheim, Bruno frater suus, Gerardus de Upladin (Opladen), Gyso frater suus, Marsilius de Durscheide (Dürscheid), Lambertus de Scherve (Scherf bei Odenthal), Suikerus de Lintlo (Nachfolger von Lindlar), Bruno de Holte, Bruno lupus (1217 Bruno Wolf), Henricus de vilecke (Heinrich Flecke), Godefridus de Mendorp, Albertus de Buchele (von Büchel), Elger de Mendorp, Richwin Rusche, Henric de Schonrode (Schönrath vor Mülheim) u.a. Wieviele von ihnen vom Kreuzzug zurückgekommen sind wissen wir nicht.

Adolf III. hatte aus seiner Ehe mit Bertha (Geschlechtername unbekannt) nur eine Tochter, Irmgard, die sich vor 1216 mit Heinrich von Limburg, dem ältesten Sohne des Herzogs Walram von Limburg, verheiratete. Wegen dieser ehelichen Verbindung entstanden nach dem Ableben Adolfs erhebliche Zwistigkeiten im Kampf um das Erbe der Grafschaft Berg zwischen der Familie der Limburger und dem Erzbischof Engelbert von Köln, dem letzten männlichen Überlebenden der ersten Grafenfamilie von Berg. Dieser Konflikt fand am 7. November 1225 auf dem Gevelsberg seinen entsetzlichen Abschluß.

In den Jahren als der Erzstuhl von Erzbischöfen aus den bergerfeindlichen Häusern Sayn und Hengebach/Heimbach besetzt war, schien eine Ehe mit einem Limburger politisch sinnvoll zu sein. In einem Bündnis konnte man das Erzstift militärisch „in die Zange nehmen", indem man eine Zweifrontensituation schaffte. Ähnliche strategische Maßnahmen und Bündnisse waren damals wie heute übliches Gebahren der Mächte.

Nur stelle man sich die Situation der Irmgard von Berg vor, die mit einem Manne aus dem feindlichen Lager verheiratet war. Wahrscheinlich hat sie zu ihm gehalten, auch dann noch, als die Erbitterung gegen die Limburger sowohl bei ihrem Vater Adolf III. als auch bei dessen Bruder Engelbert so groß wurde, daß man beabsichtigte, die Ehe mit Heinrich zu lösen, um evtl. Erbansprüche auf die Grafschaft Berg auszuschließen. Erst als der Vater Heinrichs, Herzog Walram von Limburg, am 30. März 1217 seiner Schwiegertochter Irmgard einige Lehngüter überließ (u.a. Rüdesheim), kam es zu einer Entspannung.

Zeit der Kreuzzüge

Mindestens drei Angehörige des ersten bergischen Grafenhauses ließen ihr Leben auf einem Kreuzzug. Weil wir nicht wissen, was diese bergischen Ritter im einzelnen dort erleben mußten, wollen wir uns einen kleinen Einblick über die damaligen Ereignisse und ihre Beweggründe verschaffen.

Die Pilgerfahrt in den Nahen Osten, in das Land wo Christus gelebt hatte, war bereits seit dem ausgehenden Altertum unter der abendländischen Christenheit Brauch geworden, wobei die Araber diese Besuche gegen Zahlung einer Abgabe bereitwillig tolerierten. Das änderte sich nach der vernichtenden Niederlage der Byzantiner gegen die Türken im Jahre 1071 bei Mantzikert. Von nun an waren die Pilgerstraßen durch Kleinasien in steigendem Maße gefährdet, denn die türkischen Seldschuken hatten jetzt alle großen Städte einschließlich Jerusalem in der Hand.

Der byzantinische Kaiser Michael VII. bat daraufhin den Westen, der Christenheit im Osten gegen die Türken zur Hilfe zu kommen. Michaels Bitten waren vergeblich; erst die dringende Aufforderung seines Nachfolgers, Alexios I. Komnenos, wurden mit offenen Ohren aufgenommen. Papst Urban II. rief am 27. 11. 1095 auf der Synode von Clermont-Ferrand mit feuriger Rede die abendländische Christenheit zum „Heiligen Krieg“ gegen die ungläubigen Muslime und zur Befreiung des Heiligen Grabes auf.

Als Mittel der Politik waren die Kreuzzüge etwas verhältnismäßig Neues. Allerdings war den Mohammedanern die Vorstellung des Dschihad, des Heiligen Krieges, schon seit langem geläufig. Der Prophet hatte ihnen aufgetragen: „Kämpft im Namen Allahs gegen die, die euch bekämpfen... Tötet sie, wo immer ihr sie findet...“ Die Christen hingegen, deren Religion eigentlich eine Religion des Friedens ist, wurden – allerdings nur theoretisch – dazu angehalten, den Krieg als Übel zu betrachten. Nur die Ostkirche in Byzanz sah den Krieg tatsächlich als Übel an, als allerletztes Mittel, zu dem man nur Zuflucht nehmen durfte, wenn alle Versuche, diplomatisch vorzugehen oder mit Bestechung zu arbeiten, gescheitert waren. Der Soldat genoß in Byzanz kein großes Ansehen.

Im Westen stand das Fehdewesen in hoher Blüte. Besonders die normannische Ritterschaft war allzugern bereit, das Schwert in die Hand zu nehmen, wenn es – wie der heilige Augustinus gesagt hat – ein gerechter Krieg gegen das Böse auf Gottes Geheiß sein sollte. Hier mischten sich gesteigerte Religiosität der Zeit, Strömungen der Cluniazensischen Reformbewegung in den Klöstern mit der Frömmigkeit des Rittertums, die zum ritterlichen Ideal auch den Kampf für die Kirche und den Glauben zählten. Zu den Vorstellungen der „militia Christi“ gesellten sich Abenteuerlust, Aussicht auf materiellen Gewinn und Hoffnung auf Erlangung eines Ablasses, welchen der Papst den Kreuzfahrern versprach. Aber nicht die „Edlen“ – schon gar nicht die der deutschen Ritterschaft – waren die ersten, die ins Heilige Land aufbrachen.

Von den Worten des Papstes angeregt, begannen auch seltsame Visionäre und Volksverführer wie Peter von Amiens (auch „Peter der Einsiedler“ genannt) und Walter „Sans-Avoir“ den Kreuzzugsgedanken zu verbreiten. Bei der armen und hungerleidenden Bevölkerung fanden sie offene Ohren. Aber es waren nicht allein religiöse Gedanken und Absichten, die zum Mitmachen anregten. Reisefieber und Beutelust brachten alles Gesindel in Aufregung. Räuber kamen aus ihren Waldnestern, die Spielleute und Gaukler drängten sich begehrlich in die Menge, fahrende Krämer boten ihre Waren, Heilmittel und fragwürdige Reliquien an; auch die hübschen Frauen, welche singend durch das Land zogen oder an der Stadtmauer hausten, liefen scharenweise unter die „wilden Fremden“, die aus aller Herren Länder zusammenliefen und vorbeizogen. Ohne Plan und ohne kundige Führer wälzte sich die aufgewühlte Masse vorwärts. Viele waren ohne Reisegeld und ohne Karren mit Vorrat. Sie erwarteten entweder die Hilfe des Herrn oder rechneten mit Beute, die sie auf dem Wege ergreifen würden. Unzählbar nennt ein Berichterstatter die Menge der Waffenlosen, der Kinder und Frauen, welche mit den Haufen in die Weite zogen.

Vorher aber entlud sich die Wut der Massen in grausamen Progromen gegen die Juden, „die doch den Heiland ans Kreuz geschlagen hatten“. Mit Mord und Plünderung begann auch in den Städten am Rhein und an der Donau das Gesindel die heilige Fahrt. Zu Mainz hatten die Juden ihre Habe und ihr Leben dem Schutz des Erzbischofs Rothardt anvertraut, der sie schützend in seinem Hause untergebracht hatte. Aber ein übelberüchtigter Graf Emicho aus dem Rheingau warf sich mit einem Schwarm der hergelaufenen Kreuzfahrer gegen seine Burg, brachen sie und schlachteten darin viele Männer, Frauen und Kinder. Ähnliche Judenverfolgungen, aufgeheizt von zahlreich auftretenden Volksverführern, wiederholten sich immer wieder in den Städten.

Ähnliches haben wir in unserer schmerzlichen Vergangenheit auch erleben müssen, wenn ein Volksverführer wie Göbbels im Berliner Sportpalast die zusammengekarrten „Jasager“ zu Jubelstürmen und Zustimmung zur Gewalt hinriß. Auch hier waren apokalyptische Menschenvernichtungen die Folge. Auch in der Jetztzeit erleben wir wieder in der Welt – diesmal allerdings durch einzelne oder kleine fanatische Gruppen –, wie gegen Menschen anderer Völker oder Religionen mörderische Anschläge verübt werden. Blinder Fanatismus, Haß und Dummheit, die oft mit der „Lust an der Gewalt“ verbunden sind, zeigen sich unverständlicherweise auch bei Fußballspielen.

Die zügellosen Massen wurden schon auf dem Wege durch den Balkan und Klein-Asien zum großen Teil aufgerieben. Diejenigen, die bis Konstantinopel kamen – es sollen etwa 20.000 gewesen sein – erwiesen sich als eine schwere Bürde für die Byzantiner. Alexios Komnenos hatte um ein diszipliniertes Heer ersucht und sah sich jetzt einem Pöbelhaufen gegenüber. Sie waren wie ein Heuschreckenschwarm durch Europa gezogen, hatten unterwegs Belgrad geplündert und gebrandschatzt und schickten sich an, dasselbe auch auf byzanti-

Die Eroberung von Damiette durch Ludwig den Heiligen (1248). Im Hintergrund die Schiffe des Ordens. Vor Damiette starb 30 Jahre vorher Graf Adolf III. von Berg

Der Fall von Akkon (1291). Die Ritter vom hl. Johannes (Johanniter) bilden die Nachhut und halten die Mamelucken zurück, während sich die Überlebenden einschiffen

nischem Gebiet zu tun. Um sie loszuwerden, stellte Alexios Komnenos eiligst eine Flotte zusammen und ließ sie nach Kleinasien übersetzen. Mit den Türken, die sie schon erwarteten, kam es bald zur Schlacht, dessen Ergebnis von vornherein feststand. Nur wenige von den Kreuzfahrern überlebten, die Männer gerieten in die Sklaverei, die Frauen in die Frauenhäuser (Harem).

Zum ersten planmäßig organisierten Kreuzzug brach 1096 unter Führung Gottfrieds von Bouillon ein Ritterheer aus Franzosen, Engländern, Flamen, Norditalienern und süditalienischen Normannen auf. Deutsche und Spanier waren nur ganz wenige darunter, dagegen schlossen sich später noch Skandinavier, Böhmen, Polen und Magyaren an. Das Heer begab sich auf verschiedenen Wegen – teils zu Lande, teils per Schiff – gegen Osten und sammelte sich in der Nähe von Konstantinopel, um von hier aus den beschwerlichen Marsch durch Kleinasien anzutreten. Auf ihrem Zuge sahen die Ritter erstmals die gigantischen byzantinischen Befestigungen, die bei weitem alles übertrafen, was sie aus ihren europäischen Heimatländern kannten (in Frankreich, England und Deutschland war noch die Motte oder der Donjon üblich). Am 15. Juli 1099 gelang nach fünfwöchiger Belagerung unter Einsatz von Belagerungsmaschinen und Wandeltürmen, die man inzwischen kennengelernt hatte, die Einnahme von Jerusalem. Es gab ein Blutbad; zu Tausenden wurde die jüdische und muslimische Bevölkerung abgeschlachtet. Danach wurde Jerusalem nach französischem Vorbild ein Lehnsstaat. Daneben entstanden die kleineren Staaten Tripolis und Edessa als Grafschaften und Atiochia als Fürstentum.

Die Lage der neugegründeten Kreuzfahrerstaaten war schwierig. Sie konnten sich nur in ständigen Auseinandersetzungen mit den Muslimen halten. Ihre Versorgung übernahmen die italienischen Seestädte, allen voran Venedig. Bald wurde der Orden der Bruderschaft des „Hospitals des Heiligen Johannes von Jerusalem" gegründet, später Johanniter oder Hospitaliter genannt. Diesem ältesten Kreuzritterorden stiftete im Jahre 1176 Graf Engelbert I. von Berg in seiner Burg an der Wupper eine Kommende.

Eine weitere Rittergemeinschaft war der von Hugo von Payens 1118 gegründete Templerorden, der als erste Unterkunft die Akramoschee erwählte. Weil sie dieses Gebäude als Tempel Salomons ansahen, benannten sie sich Templer oder Tempelritter. Sie machten es sich vor allem zur Aufgabe, den Pilgern auf ihrer Reise zu den heiligen Stätten militärischen Schutz zu gewähren. Auch dieser Orden nahm alsbald mönchische Formen und Regeln an.

Der Deutsche Orden (auch Deutschritter genannt) entwickelte sich 1198 zum Ritterorden aus einer Bruderschaft für Krankenpflege, die 1190 bei der Belagerung von Akkon von Kaufleuten aus Lübeck und Bremen gestiftet wurde (Ordo domus Sanctae Mariae Teutonicorum). An der Gründung dieses Ordens ist möglicherweise auch Graf Adolf der Ältere von Berg (er urkundet 1193–98) beteiligt gewesen (s. Seite 106). Der Deutsche Orden hatte seinen Sitz in Akkon. Seine Mitglieder trugen einen weißen Mantel mit schwarzem Kreuz; die

Templer trugen auf dem Mantel ein rotes Kreuz auf weißem Grund, wie es ursprünglich bei dem ersten Kreuzzug von allen getragen wurde. Die Johanniter bevorzugten das weiße Kreuz auf rotem Grund: „Das weiße Kreuz des Friedens auf der blutroten Wallstatt des Krieges".

Der Fall von Edessa im Jahre 1144 war der Anlaß zum zweiten Kreuzzug (1147–1149), an dem auch Deutsche beteiligt waren. Dieser entzündete sich an der Predigt Bernhards von Clairveaux in Speyer. Wie beim ersten Kreuzzug wurden erneut Judenprogrome in den Städten ausgelöst. Zwei Könige, Ludwig VII. von Frankreich und Konrad III. von Deutschland, übernahmen die Führung zweier Heere. Über Ungarn und Konstantinopel gelangten die Kreuzfahrer nach Kleinasien, wo der Hauptteil des deutschen Heeres Ende Oktober 1147 bei Dorylaion eine vernichtende Niederlage gegen die Muslime hinnehmen mußten. Die Reste des geschlagenen Heeres schlossen sich dem vorrückenden französischen König an, der unter schweren Verlusten nach Attaleia gelangte und sich dort einschiffte, während das Landheer ebenso wie die getrennt operierenden deutschen Fußtruppen unter Bischof Otto von Freising von den Türken eine Niederlage erlitten. Im Frühjahr 1148 trafen Otto, Konrad und Ludwig in Jerusalem zusammen, doch scheiterten gemeinsame Aktionen gegen Askalon und Damaskus. Vor Damaskus starb am 28.7.1148 Adolf (* 1120–25), der erste Kreuzfahrer aus dem Geschlecht der Berger.

Veranlassung zum 3. Kreuzzug (1189–1192) gaben die Eroberungen des ägyptischen Sultans Saladin, der 1187 das Heer der Kreuzfahrerstaaten bei Hattin schlug und am 2. Oktober des gleichen Jahres Jerusalem erobern konnte, wobei er die christlichen Einwohner aufs großmütigste behandelte und schonte. Von Regensburg aus trat der alternde Kaiser Friedrich I. Barbarossa 1189 den Kreuzzug an, der nach einem glänzenden Sieg bei Ikonion erfolgreich zu verlaufen versprach. Dann ertrank der Kaiser am 10. 5. 1190 beim Schwimmen im Fluß Saleph. Die Führung ging auf den englischen König Richard Löwenherz über. 1192 konnte Akkon nach zweijähriger Belagerung erobert werden.

Nach einem Waffenstillstand mit Saladin blieb den Kreuzfahrern neben dem Rest ihrer nordsyrischen Besitzungen nur noch der Küstenstrich von Jaffa bis Tyros. Auf diesem Kreuzzug starb Anfang Juli 1189 bei Kovin in Serbien mit Graf Engelbert I. von Berg (er urkundet 1151–1189) der zweite Berger auf dem Wege zum Heiligen Land.

Dem Aufruf Papst Innozenz III. zum 4. Kreuzzug (1202–1204) folgte diesmal vorwiegend der Adel, insbesondere der französische. Der neueingeführte Kreuzzugszehnte, der bei der Finanzierung helfen sollte, war wohl nicht ergiebig genug, denn die Kreuzfahrer konnten den von den Venezianern verlangten Überfahrtpreis nicht bezahlen. Als Ersatz sollte das Kreuzfahrerheer für die Venezianer die Stadt Zara in Dalmatien erobern. In Zara bat dann der byzantinische Prinz Alexios um Hilfe für seinen Vater Kaiser Isaak II., der von seinem älteren Bruder Alexios III. geblendet und entthront worden war.

Die Kreuzfahrer fuhren daraufhin auf den Schiffen der venezianischen Flotte weiter nach Konstantinopel, das sie am 17. Juli 1203 einnahmen. Isaak Angelos und sein Sohn Alexios IV. wurden auf den byzantinischen Thron gehoben, doch leistete die Bevölkerung Widerstand gegen die damit verknüpften Bedingungen: Zahlung von hohen Geldsummen und Verbindung der griechischen Kirche mit der römischen. Nach einem Umsturz, der einen lateinerfeindlichen Kaiser auf den Thron brachte, erstürmten die Kreuzfahrer erneut die Stadt, die sie jetzt restlos ausplünderten und größtenteils zerstörten; eines der traurigsten Kapitel in der Geschichte des Abendlandes. Die barbarischen, vor allem französischen (normannischen) Ritter und ihre Gefolgsleute vernichteten nicht nur eine große und schöne Stadt, die 900 Jahre lang kulturell und zivilisatorisch geblüht hatte, sondern sie rüttelten auch an den Grundfesten des byzantinischen Reiches; und dieses Reich war bis dahin der Schild Europas gegen die Bedrohungen aus dem Morgenland gewesen.

Gegründet von den Kreuzfahrern entstand nun ohne Billigung des Papstes ein „lateinisches Kaisertum“, das bis 1261 bestand. Griechenland wurde 1204 unter den Kreuzfahrern aufgeteilt und die Einheit des byzantinischen Reiches zerfiel immer mehr. Außer der Bildung des lateinischen Kaisertums bei diesem Schwenk nach Konstantinopel, verlief der 4. Kreuzzug ergebnislos, was natürlich nicht im Sinne Papst Innozenz III. war, der eigentlich die Mohammedaner im Zentrum ihrer Macht in Ägypten treffen wollte. Die Kreuzfahrer, die durch die Habsucht und Verschlagenheit der Venezianer, insbesondere des Dogen Dandolo, von ihrem eigentlichen Ziel abgelenkt worden waren, wurden von Papst Innozenz III. pauschal mit dem Kirchenbann belegt, als dieser von den Zerstörungen in Konstantinopel erfuhr.

Ein französischer Kinderkreuzzug scheiterte 1212 grausam, als sich Kinder aus Frankreich und den Rheinlanden im Alter von etwa acht bis sechzehn Jahren auf den Weg ins Heilige Land aufmachten, in der Hoffnung, dort auf friedliche Weise mehr zu erreichen als die Kämpfenden. Sie kamen elendig im Sturm auf dem Meer um oder gerieten in morgenländische Sklaverei. Dieser Kinderkreuzzug gehört wie der Kreuzzug Königs Andreas II. von Ungarn, auf dem der dritte Berger Adolf III. vor Damiette starb, zu den sogenannten „ungezählten“ Kreuzzügen. An diesem erfolglosen Kreuzzug, der gegen die Hauptmacht des Islam in Ägypten gerichtet war, beteiligten sich in erster Linie holländische und niederrheinische Ritter (siehe Seite 116). Erfolglos blieb ein Vorstoß von Pilgern unter Führung des Kardinals Pelagius, der zwar im Jahre 1219 Damiette eroberte, dann aber letztendlich scheiterte.

Einen politischen Erfolg brachte der 5. Kreuzzug, der unter der Leitung des deutschen Kaisers Friedrich II. stand. Als Gebannter unternahm er von 1228 bis 1229 zur See einen Kreuzzug nach Akkon. Er konnte mit dem ägyptischen Sultan al-Malik al-Kamil einen Vertrag abschließen, der der abendländischen Christenheit Jerusalem, Nazareth und Bethlehem für zehn Jahre sicherte. Trotz

Graf Hugo I. von Vaudémont im Kreuzfahrergewand umarmt bei seiner Rückkehr von einem Kreuzzug nach sechzehn Jahren Abwesenheit seine Gemahlin (Skulptur aus der Klosterkirche in Belval (Vogesen), drittes Viertel des 12. Jahrhunderts. Nancy, Franziskaner-Kirche. Das Relief zeigt den kantigen Stil Ostfrankreichs

Im Verlaufe von 200 Jahren wurden insgesamt 7 (gezählte) Kreuzzüge durchgeführt

Der Templerorden wurde 1119 von dem französischen Ritter Hugo von Payens in Jerusalem gegründet

Marmorgrabmal eines Templer-Ritters, um 1250 (Templer Church London)

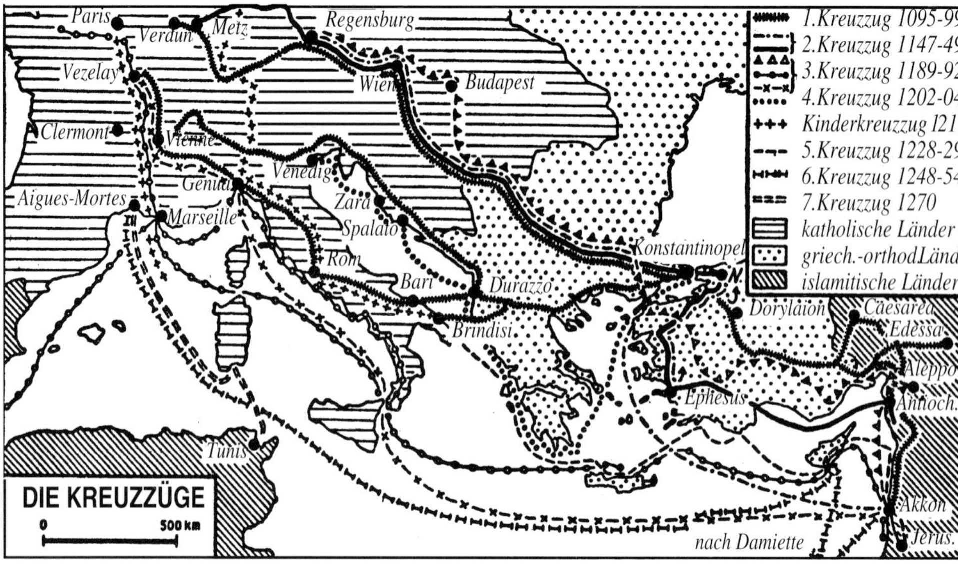

Wege der 7 Kreuzzüge und des Kinderkreuzzuges

Niederlassungen der Kreuzritter an der Ostküste des Mittelmeeres

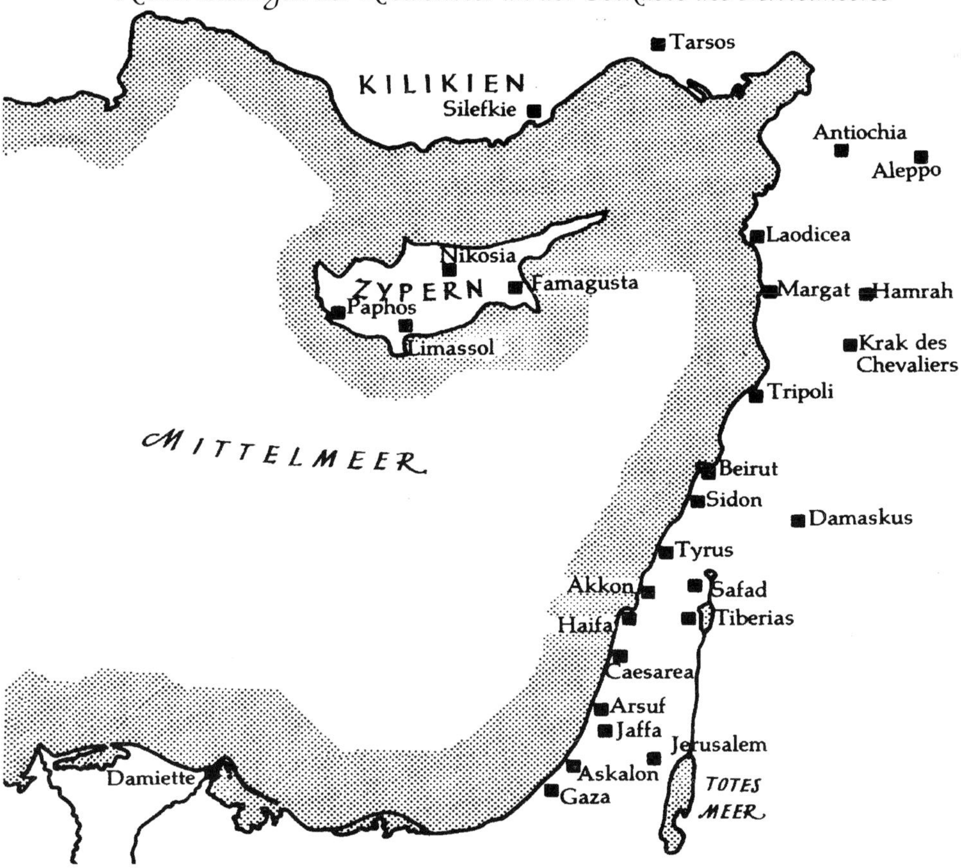

Bann und Interdikt krönte sich Friedrich II. in Jerusalem zu dessen König. Doch bereits 1244 ging Jerusalem für die Christenheit für immer verloren, als die Choresmier im Auftrag des ägyptischen Sultans die Stadt zurückeroberten.

Es folgte der 6. Kreuzzug, auf dem Ludwig IX. der Heilige im Frühjahr 1249 nochmals Damiette erobern kann. Als er jedoch nach Kairo ziehen wollte, um die Sarazenen in ihrem Machtzentrum anzugreifen, erfuhr er eine vernichtende Niederlage bei Mansurah, wurde mit dem gesamten französischen Heer gefangengenommen und konnte sich nur durch Zahlung eines hohen Lösegeldes freikaufen. Im Anschluß daran begab sich Ludwig nach Palästina, wo er während 4 Jahren Aufenthalts Akkon und andere Küstenstädte befestigen ließ.

Von 1261 bis 1272 griffen die Mamelucken erfolgreich die Reste des Königreichs Jerusalem an, 1268 eroberte Baibars I. Jaffa und Antiochia. 1270 unternahm Ludwig IX. den 7. und letzten Kreuzzug des Abendlandes gegen das Sultanat in Tunis, wo er und der größte Teil des Heeres durch eine Krankheit dahingerafft wurden. Das völlig ohne Beistand gelassene Palästina fiel jetzt dem Ansturm der Mamelucken zum Opfer. 1291 ging Akkon, der letzte Kreuzritterstützpunkt, verloren. Die Christen mußten sich jetzt endgültig aus Tyros, Beirut und Sidon zurückziehen.

Die 200 Jahre dauernden Kreuzzüge, so unsinnig, sogar verwerflich sie uns heute erscheinen, brachten die Begegnung der abendländischen Ritter mit der aus der Antike überkommenen Kultur, zeigte ihnen den byzantinischen Reichtum und eine total anders geartete, großzügigere Architektur. Die normannischen Barone, die ab 1066 mit Hilfe von transportablen Holztürmen für schnell aufzubauende Erdburgen (Motten) England eroberten, gewöhnten sich bald an umfangreiche und bequemere Burganlagen, nachdem sie aus ihren primitiven, zugigen Donjons zum Kreuzzug aufgebrochen waren. Zum Schutz der Pilgerwege und zur Abwehr der ständigen Bedrohung der zahlenmäßig weit überlegenen Muslime hatten sie große Burgen wie den „Krak des Chevaliers" erbaut. Ihre Erfahrungen, die sie im Morgenland sammelten, verwendeten sie in der Heimat für ihre modernen Wehrbauten, die sich von den bisherigen Holz-Erde-Bauten und den Donjons sehr unterschieden. Der Donjon, die steinerne Turmburg, wurde wohl Vorbild für die entstehenden „Bergfriede" als letzte Bastion der Burg. Auch die älteste nachweisbare bergische Burg Altenberg, die in der Kernburg einer Motte ähnelte, wurde Anfang des 12. Jahrhundert durch eine Steinburg an der Wupper mit mächtigem Bergfried abgelöst.

Die Entfaltung der ritterlich-höfischen Welt des Abendlandes während des Hochmittelalters war in manchem auf die Kreuzzüge zurückzuführen. Nicht zu übersehen sind die wirtschaftlichen Veränderungen, die im Gefolge der Kreuzzüge eintraten. Einen bedeutenden Aufschwung des Handels mit Waren aus dem Orient erlebten nicht nur die lombardischen Städte im Innern Italiens und die Seestädte wie Venedig, Genua und Pisa, sondern über die Fernhandelswege das ganze europäische Abendland.

Engelbert, Erzbischof von Köln und Graf von Berg

Graf Engelbert II. von Berg, als Erzbischof von Köln Engelbert I., gehört zu den glänzendsten Persönlichkeiten des deutschen hohen Mittelalters. Er war in erster Linie ein hervorragender Politiker, besorgter Fürst und Bischof, aber auch ein tapferer und gewaltiger Kriegsheld sowie ein weitgereister Weltmann. Er konnte es deshalb nicht verhindern, Neider und Feinde zu haben. Der junge Kaiser Friedrich II. ernannte den erfahrenen Mann zu seinem Verweser im Reichsgebiet nördlich der Alpen und zum Vormund seines Sohnes Heinrich (VII.), den Engelbert 1222 im Alter von 10 Jahren zum deutschen König krönte. Während seines Pontifikats als Erzbischof und nach dem Tode seines Bruders Adolf III. waren unter ihm für kurze Zeit die Verwaltungen des Erzstiftes und der Grafschaft Berg in einer Hand vereint. Als fünfter Erzbischof aus dem Geschlecht der Berger war er dessen hervorragendster Vertreter in diesem Amt. Man nennt ihn auch „den größten Sohn des Bergischen Landes seiner Zeit".

Im Jahre 1222 erhob Engelbert Wipperfürth zur ersten Stadt des Bergischen Landes. Dieser Standort am Übergang über die Wupper war strategisch klug gewählt. Wie sehr ihm am Zuzug zahlreicher Bürger gelegen war, sieht man daran, daß er als Anreiz dafür die Bewohner von allen Abgaben und Lasten befreite. Der Stadt verlieh er einige Privilegien und das Befestigungsrecht.

Engelberts Zeitgenosse und Biograph Cäsarius von Heisterbach charakterisiert ihn folgendermaßen: „Er war ein Mann von großer Schönheit, dessen Äußeres schon den Herrscher bekundete (nobilitate et pulchritudine corporis), eine hohe Heldengestalt von schlankem, ebenmäßigen Wuchse, kräftig und gewandt in den ritterlichen Künsten (Engelberts Körpergröße wurde nach Untersuchung seines Skeletts mit der damals ungewöhnlichen Größe von etwas unter 1,80 Meter angegeben, d. Verf.). Dabei besaß er hohe geistige Gaben und Charakterzüge; er war mit durchdringendem Verstande, scharfer Beobachtungsgabe und schneller Beurteilungskraft ausgestattet, so daß er gleich das Richtige zu treffen wußte. Er liebte rasches, entschiedenes Handeln und zeigte eine durch nichts zu erschütternde Festigkeit und Beharrlichkeit. Durch gelehrte Bildung scheint er sich nicht hervorgetan zu haben. Natürlich fehlten auch bei ihm die Schattenseiten nicht. Mag er auch nicht frei von Herrschsucht, Ehrgeiz und Prachtliebe gewesen sein, sich auch Gewalttätigkeiten zuschulden kommen lassen, so werden diese Fehler doch durch seine hohen Regententugenden überstrahlt und vermögen den Glanz seines Bildes kaum zu verdunkeln."

Cäsarius von Heisterbach schrieb die Biographie Engelberts im Auftrage seines Nachfolgers Heinrich von Molenark unter dem nachhaltigen Eindruck der grausamen Erschlagung. Deshalb können „wohlwollende" Formulierungen nicht ausgeschlossen werden. Wir wollen im folgenden an Hand der Quellen untersuchen, was von den Ausführungen des schreibfreudigen Mönches zu bestätigen, was abzuschwächen oder sogar in Frage zu stellen ist.

Erzbischof Engelbert der Heilige, Holzskulptur aus dem ehemaligen Zisterzienserinnenkloster Gevelsberg, das an der Stelle errichtet wurde, an der Engelbert am 7. November 1225 auf Grund einer Verschwörung meuchlings erschlagen wurde (um 1230, Westfälisches Landesmuseum Münster)

Nur wenige von den erhaltenen Urkunden, die uns von der Tätigkeit Engelberts Auskunft geben, beziehen sich auf das bergische Stammland. Aus dem Kölner Erzstift, dem Herzogtum Westfalen und auch vom übrigen Deutschland sind schon mehr Schriftstücke vorhanden. Eine erste überlieferte Regierungshandlung des am 29. Februar 1216 gewählten Erzbischofs Engelbert für das Erzstift war die Erneuerung des alten Bündnisses zwischen der Kölnischen Kirche und Herzog Heinrich von Lothringen.

Der neue Papst Honorius III. (Innozenz III. war am 16./18. Juli 1216 gestorben) verweigerte die Übersendung des Palliums an Engelbert mit der Begründung, er müsse erst die Schulden seiner Vorgänger bezahlen (das Pallium, Zeichen der erzbischöflichen Jurisdiktionsgewalt, besteht aus einer weißen um die Schulter getragenen Wollbinde). Erst am 24. April 1218 wurde Engelbert mit diesem Symbol ausgezeichnet.

Engelbert selbst schien an einer schnellen Übersendung nicht interessiert gewesen zu sein; denn so lange er im Besitz der Pfründe der Propsteischaften war, standen ihm die gewiß nicht geringen Einkünfte zu. Er war von 1198–1216 Propst von St. Georg, 1203–1206 sowie 1208 bis 1216 Dompropst und von 1210–1216 Propst von St. Severin (alle in Köln). Ebenso war er Propst in Aachen. Am 1. Februar 1218 befahl Papst Honorius III., die Propstei zu Aachen, die durch die Wahl des bisherigen Propstes zum Erzbischof von Köln freigeworden sei, dem päpstlichen Kaplan Alatrinus zu verleihen.

Betreffs der Schulden, die Engelberts Vorgänger Dietrich in Rom hatte, sind einige Nachrichten erhalten geblieben. In einer bestätigt Papst Honorius III. einen Vergleich zwischen den Bevollmächtigten des Erzbischofs Engelbert und dem Römer Mathias Guidonis Marronis „und Genossen" als Gläubiger wegen einer Schuld von 500 Mark Sterlinge. Die andere berichtet, daß Romanus, Kardinaldiakon von St. Angelos in Rom, einen Vergleich zwischen dem edlen Römer Johannes de Maroca und den Bevollmächtigten des Erzbischofs Engelbert, Propst Gerhard von St. Mariengraden und Scholaster Johannes von Kerpen, wegen eines dem ehemaligen Erzbischof Dietrich gegebenen Darlehns von 100 Mark Sterlinge herbeigeführt habe. Die Schuld sollte in zwei Raten zurückgezahlt werden. Der Römer Johannes hatte, „wie er geschworen", auch Geldbeschaffungskosten, die von den Bevollmächtigten abgegolten waren.

Wie seine Vorfahren war Engelbert Wohltäter von geistigen Instituten. Der Abtei Altenberg schenkte er die Felle von allem Wild, das von seinen Jägern in der Grafschaft Berg erlegt wurde, zur Anfertigung von Schuhwerk. Er zeigte sich 1218 gegenüber der Abtei Siegburg erkenntlich, indem er die Besitzungen ihrer Propstei zu Oberpleis in seinen besonderen Schutz nahm. Die Siegburger Klostervogtei ist seit Graf Adolf II. im Besitz der Berger.

Gleich nachdem er zum Erzbischof gewählt worden war, setzte er das von ihm initiierte „Besetzungskarussel" um die freigewordenen kirchlichen Ämter in Gang. Sein Großneffe Dietrich von Altena, bisher Propst von Soest und

Xanten, wurde an seiner Stelle im Jahre 1217 Dompropst in Köln. Im nächsten Jahr (1218) betrieb er dessen Wahl zum Bischof von Münster. Ebenfalls 1218 setzte er sich für die Wahl seines Großneffen Engelbert von Altena als Propst von St. Georg in Köln ein. 1224 wurde dieser auf sein Betreiben Bischof von Osnabrück. Vor 1222 machte er seinen Großneffen Philipp von Altena zum Kanonikus und Thesaurar am Dom zu Köln.

Engelbert übernahm von seinem verstorbenen Bruder Adolf III. nicht nur die Macht im Bergischen Land, sondern notwendigerweise auch ein Teil seiner Ministerialen. Nach Cäsarius von Heisterbach hatte er von seinem Bruder „multis ministerialis" übernommen. So ist vermutlich der bergische Mundschenk Bruno von Bongard, der von 1202–28 urkundet, derselbe der als „Bruno pincerna" einige Male in Engelberts Urkunden vorkommt. Im Jahre 1224 stellt er sich laut einer Urkunde schützend vor seine Ministerialen Daniel und Amilius, die auf Grund ihres Geburtsrechts (natalium ministerialium iure) und dem gesonderten Recht der Ministerialen (iustitiam ministerialium) unterworfen sind. Sie standen schon bei seinem verstorbenen Bruder Adolf im Dienst. Die Ritter hatte man entweder falsch angeklagt oder sie wurden vor ein nicht zuständiges Gericht befohlen (Kremer II, Kölnische Urkunden, Nr. 39).

Als Zeugen der vorgenannten Urkunde Erzbischof Engelberts finden wir nach dem Kölner Vogt Hermann und seinen Söhnen Gerhard und Arnold Ritternamen, von denen einige schon zu seines verstorbenen Bruders Adolf III. Zeiten in dessen Gefolge genannt werden: Adolf von Stammheim (es ist vermutlich derselbe, der 1218 mit Engelberts Bruder Adolf III. vor Damiette lag), Godescalcus de Castro (wahrscheinlich derselbe, der 1217 in einer Urkunde Graf Adolf III. von Berg „burggravius" = Burggraf genannt wird), Engelbert und sein Sohn Engelbert von Bensberg, Sibodo Puls (er erscheint an anderer Stelle als Truchseß des Grafen von Berg) und sein Sohn Remboldus, die drei Brüder von Bernsau Adolf, Dietrich und Heinrich, Otto und Pilgrim von Deutz, Hermann und sein Bruder (Engelbert?) von dem Bottlenberg, Benedikt von Snittert, der erzbischöfliche Truchseß „de Munichusen", Dietrich Truchseß genannt Gryn (aus einem Kölner Rittergeschlecht?), Eberhard von Benrath, Dietrich von Horst, Hermann und Dietrich von Eller, Johannes von „Lochtmere" (Lohmar?), Arnold von Heldorf u.a.

Von Anbeginn seines Pontifikats als Erzbischof wird Engelbert in kriegerische Handlungen verwickelt, deren Wurzeln in den voraufgegangenen Kämpfen während der Thronwirren und den Auseinandersetzungen um den Kölner Erzstuhl zu suchen sind. Das Erzstift Köln und auch die niederländisch-niederrheinischen Territorien waren nämlich aus der Zeit des staufisch-welfischen Thronstreites geschwächt hervorgegangen. Das ermunterte die „landhungrigen" Limburger, diesen für sie militärisch günstigen Zustand für die Ausdehnung ihres Besitz- und Herrschaftsbereiches auszunutzen. Das war natürlich nicht im Sinne Engelberts und es kam zur Konfrontation. Er mußte gleich nach seiner

Wahl zum Erzbischof, wie oben schon dargelegt, gegen Usurpationen des alten Herzogs Heinrich von Limburg einschreiten, indem er ihn zum Verzicht auf Güter der Abtei Altenberg zwang, die er widerrechtlich an sich gezogen hatte. Bald danach kam es zum offenen Kampf zwischen Engelbert und Heinrichs Sohn Walram von Limburg, weil dieser im erzstiftischen Bereich eine Burg gebaut hatte. Während dieser Fehde wurde die Burg der Limburger zerstört und im Anschluß daran für kurze Zeit Frieden geschlossen.

Als Adolf III. ohne männliche Nachkommen verstarb und die Limburger über die Erbtochter Irmgard, verheiratet mit Heinrich von Limburg (junior), Erbansprüche auf die Grafschaft Berg geltend machten, entbrannte im Jahre 1218 erneut der Kampf. Die Limburger fanden Unterstützung bei dem Grafen Dietrich von Kleve. Erzbischof Engelbert wollte das Territorium Berg den Limburgern nicht überlassen, weil er fürchtete, die Verbindung zu seinem Herzogtum Westfalen zu verlieren. Er ging auch diesmal als Sieger aus dem Kampf hervor, und Walram von Limburg mußte sich ihm unterwerfen.

Im August 1218 nahm Erzbischof Engelbert von Berg die Grafschaft Berg in seinen Besitz. Zum endgültigen Frieden kam es aber erst nach dem Vergleich im August 1220, bei dem auch die Frage der Erbschaft der Grafschaft Berg zugunsten von Engelbert geregelt wurde. Walrams Sohn Heinrich, der Gatte der Irmgard von Berg, durfte nicht mehr von dem Erbe seiner Frau in Besitz nehmen, als ihm der Erzbischof freiwillig zubilligte (Cäsarius von Heisterbach schreibt dazu: Bis zu Engelberts Tode sollten Irmgards Ansprüche auf die Grafschaft Berg ruhen und zum Ausgleich eine Jahresrente gezahlt werden).

In der von Cäsarius von Heisterbach verfaßten Lebensbeschreibung Engelberts lautet eine Textstelle: „(Die) neue Burg, die der Erzbischof auf seine Kosten erbaute“ (Novum castrum, quod b. episcopus suis edificaverat). Das kann nicht ganz richtig sein, denn die Burg an der Wupper bestand schon länger. Deshalb wird diese Nachricht bedeuten, daß Engelbert entweder die Burg – nach Zerstörung? – wiederhergestellt hat oder zu einem Schloß mit einem neuen repräsentativen Palas, Mauern, Wehrgängen und Türmen erweitern ließ. Wie der bauliche Befund aussagt, ist Schloß Burg wirklich zu Anfang des 13. Jahrhunderts großzügig ausgebaut worden. Man fragt sich nur, warum man dem Gefolge Engelberts mit seiner Leiche nach der Erschlagung im Jahre 1225 den Einlaß in die Burg verwehrte.

Engelbert wird auch sonst als Burgenbauer tätig. In der weisen Voraussicht, daß die Limburger die erlittenen Demütigungen nicht ertragen würden, errichtete er ihrem Schlosse Herzogenrath gegenüber die Burg Valentia (Valenz?). Wahrscheinlich hat Engelbert auch die Burg Angermund bei Düsseldorf, die 1222 erstmalig erwähnt wird, auf einem kölnischen Lehen errichtet.

Als er sich in den Jahren 1216/17 mit Gewalt der Burg Turon an der Mosel und auch anderer pfälzischer Besitzungen bemächtigt hatte, erbaute er vor der eroberten Burg Turon einen neuen Turm und kontrollierte sie von dort aus.

Reiterstandbild
Graf Engelberts II.
von Berg.
Eine Arbeit von
Paul Wynand für
den Schloßbauverein
Burg a.d. Wupper.
Graf Engelbert,
zugleich Erzbischof
von Köln, ließ 1218
bis 1225 die Anlage
zur weitläufigen
Hofburg mit Palas,
Wehrgängen, Mauern
Toren und
Türmen umbauen

Gefolge Engelberts mit seiner Leiche. Nach der Erschlagung wird der Zutritt in Schloß Burg verweigert (Gemälde im Rittersaal)

Die Erbtochter Irmgard konnte aus ihrem Familienbesitz nicht ausgeschlossen werden. Die Tatsache wird dadurch erkennbar, daß Erzbischof Engelbert dem Heinrich von Limburg und seiner Gemahlin die Besitzungen in „Lůhen oder „Lō“ (Kürzungszeichen über dem „o“) erst abkaufen mußte, ehe er sie dem Johanniterorden zur Burg schenkte. Das spricht für Erbbesitz der Tochter Adolfs im Stammland der Berger. Allerdings ist die in der Literatur zu findende Lokalisierung von „Lůhen“ oder „Lō“ mit dem Büchelter Hof in Herkenrath einem Urkundenfälscher zuzuschreiben, der aus Luhen „Luhell“ gemacht hat: die beiden Schenkel des „n“ sind nach oben zu „ll“ verlängert, um als Buhell oder Bühl = Büchel gelesen zu werden (siehe Gruß Höfe, S. 109 f.)

Auszug aus der Urkunde Herrenstrunden Nr. 6, betrifft Schenkung der Güter in Lůhen (n ist gefälscht in ll durch Verlängerung der beiden Schenkel nach oben)

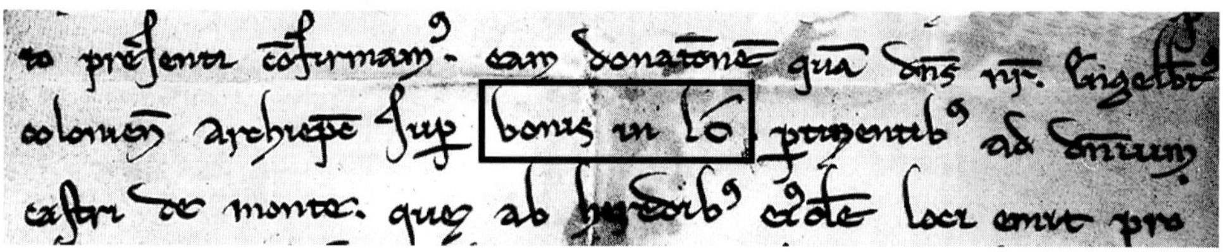

Auszug aus der Urkunde HStAD Herrenstrunden Nr. 7, Bestätigung der Schenkung Engelberts durch den Herzog von Limburg, hier steht „bonis in Lo'“

Noch zu Lebzeiten Engelberts bestätigen Heinrich von Limburg, Herr von Montjoi, und seine Gemahlin Irmgard diese Schenkung des Erzbischofs an den Johanniter-Orden. Die Güter in Lo' gehören zum Herrschaftsbereich der Burg an der Wupper (bonis in Lo, pertinentibus ad dominium castri de Monte), womit wohl Irmgards Erbbesitz (Mitbesitz) an dem Familieneigentum der „Neuen Burg“ seinen Ausdruck findet. Möglicherweise saßen dort Ritter des Gefolges des Limburgers. Das würde erklären, warum Engelberts Begleiter mit seiner Leiche am Tage nach seiner Erschlagung an der Burg abgewiesen wurden, weil man eventuell innerhalb der Burg Übergriffe der aufgebrachten Ritter Engelberts gegen Anhänger des Heinrichs von Limburg befürchten mußte.

Eine Urkunde, die der Geschichtsforscher Ch. J. Kremer (Akad. Beiträge, Band III, S. 200) fälschlich auf das Jahr 1222 datiert, spricht von der Schenkung eines von Burg an der Wupper abhängigen Ministerialen an die Abtei Brauweiler. Der Text lautet: Henricus dux de Lymburg et comes de Monte... declarari, quod nos Roudulphum de Wistubbe attinentem Novo castro nostro intuitur retributionis divine et ad peticionem dilecti et familiaris nostri Arnoldi monachi de Brunwilre, scolteti in Wistubbe de consensu Yrmingardis uxoris nostre, tradidimus beato Nicolao in Brunwilre...). Da Heinrich hier Herzog von Limburg und Graf von Berg genannt wird, muß diese Urkunde nach 1225 entstanden sein.

auf die Karre und brachten ihn nach Schwelm. Dort wollten sie denselben in der Kirche niedersetzen, aber der Priester litt es nicht, weil sie dadurch entweiht werde; sie brachten ihn daher in das Haus, wo das Nachtlager bereitet worden war, und stellten brennende Kerzen bei demselben auf.

Am folgenden Morgen wurde die Leiche auf einem Wagen der Heimat zugeführt, begleitet von dem versprengten Gefolge, das sich allmählich wieder eingefunden hatte. Man kam zum Herrschersitz der Grafen von Berg, der neuen Burg an der Wupper, welche Engelbert mit großen Kosten ganz neu hatte umbauen lassen. Aber der Einlaß wurde verweigert aus Furcht vor dem neuen Herrn, Heinrich von Limburg, den man als bitteren Feind des Erschlagenen kannte. (Vielleicht fürchtete man von den erzürnten Rittern Engelberts Ausschreitungen in der Burg, d. Verf.).

Man zog nun nach Altenberg; der Prior Randulf war gekommen, um den Trauerzug dorthin zu führen, und die Mönche zogen ihm in feierlicher Prozession entgegen. In Altenberg angekommen, wurde die Leiche unter lautem Wehklagen in den Betsaal gebracht." Herz und Eingeweide wurden herausgenommen und anfangs auf den Kirchhof, später in die Klosterkirche vor den Hochaltar verbracht. Am vierten Tage nach der Ermordung wurde Engelberts Leichnam nach Köln überführt, wo er mit großer Trauer in Empfang genommen und in feierlicher Prozession durch den bischöflichen Palast in den Dom gebracht wurde. Erst im folgenden Jahre wurde er dort beigesetzt.

Engelbert, dem man den Beinamen „der Heilige" gab, wurde nie offiziell von der Kirche heiliggesprochen, doch läßt Erzbischof Ferdinand von Bayern 1622 die Gebeine erheben und gibt einen kostbaren Reliquienschrein in Auftrag, in den die sterblichen Überreste Engelberts am 7. November 1633 gebettet werden. Dieser künstlerisch hervorragende Schrein hat seinen Platz im Kölner Dom, so daß man seine noch vorhandenen Gebeine 1979 untersuchen konnte. In diesem Jahre setzte der Kölner Gerichtsmediziner Günter Dotzauer den inzwischen zerbrochenen Schädel Engelberts wieder zusammen und untersuchte auch die übrigen Gebeine auf die noch feststellbaren Tateinwirkungen von 1225. Cäsarius von Heisterbach spricht in seiner „Vita, passio et miracula beati Engelberti Colonienses Archiepiscopi" präzis von 47 Verletzungen. Die Untersuchung ergab eine Körpergröße von knapp 1,80 Meter. Dieses Maß war für die damalige Zeit ungewöhnlich. Cäsarius von Heisterbach bestätigt mit seiner Beschreibung „pulchritudine corporis" die auffällige Größe des Erzbischofs. Es ergab sich auch die Bestätigung von vielen Verletzungen, die nicht alle im bloßen Kampf, um einer Gefangennahme zu widerstehen, entstanden sein können. Vielmehr scheint ein berserkerhaftes Einschlagen auf einen bereits Wehrlosen stattgefunden zu haben. Mehrere Schläge auf den Schädel haben dem Erzbischof gewiß sofort die Besinnung genommen und den Tod verursacht. Neben den vorwiegend den Kopf verletzenden stumpfen Gewalteinwirkungen fand sich eine große Zahl scharfer Verletzungen, wobei kurzklingige

Waffen weniger als Kurzschwerter bzw. Langschwerter in Betracht zu ziehen sind. Das Kollektiv der Mörder mußte großen Zorn auf Engelbert gehabt haben.

Ein an dem Mord Beteiligter wurde vier Tage nach der Tat vom Grafen Heinrich von Berg (von Limburg), der dadurch vielleicht jeden Verdacht der Mitschuld von sich ablenken wollte, in Deutz ergriffen und sofort auf eine vor Köln gelegene Rheininsel gebracht, um dort auf das Rad geflochten zu werden. Nicht lange danach wurde man eines zweiten habhaft, der gefesselt nach Köln geführt wurde. Hier band man ihn mit den Füßen an den Schweif eines Pferdes und schleifte ihn durch die Straßen der Stadt. Nachdem ihm mit einem Beil alle Glieder zerschlagen worden waren, wurde er außerhalb der Stadtmauer gerädert. Zwei andere erlitten ähnliche Strafen.

Der Isenberger wurde erst ein Jahr später von dem Ritter Balduin von Gennep gefangen und nach Köln ausgeliefert. Nachdem er noch drei Tage im erzbischöflichen Palast in Haft gesessen hatte, führte man ihn am 13. November 1226 zum Richtplatz, einem kleinen Hügel vor dem Severinstor. Hier zerschlug ihm der Henker erstmal alle Glieder, dann flocht er ihn auf das hoch auf einer Steinsäule befestigte Rad. Einige der Mitschuld verdächtige edle Ritter wurden später von Erzbischof Heinrich von Müllenark zum Reinigungseid zugelassen.

Engelberts Nachfolger wurde Heinrich von Molenark, der vorher Propst des Cassiusstiftes in Bonn war. Er wurde am 15. November 1225 einstimmig vom Domkapitel und den Prioren gewählt. Danach schwur er, den Mord an Engelbert von Berg zu rächen. Dem bei der Wahl anwesenden Herzog Walram von Limburg, Bruder des Grafen Heinrich von Berg aus dem Hause Limburg, verweigerte er die Belehnung mit den kölnischen Lehen, weil Walram gleich nach der Ermordung Engelberts die von diesem erbaute Burg Valentia (Valenz) hatte belagern und zerstören lassen. Die freigewordenen kölnischen Lehen erhielt 1226 Graf Adolf von der Mark. Den Bürgern von Köln versagte er seine Huld, weil diese die von Erzbischof Engelbert der Stadt gegebenen Satzungen verbrannt und mit Herzog Walram ein Bündnis geschlossen hatten.

Der neue Erzbischof überführte im Dezember 1225 die Leiche des Ermordeten zum Königstag nach Frankfurt vor Heinrich VII. In deren Anblick wurde erneut die Acht gegen die Mörder ausgesprochen. Bei einem Rachezug zerstörte Heinrich von Müllenark auch die Isenburg sowie die Burg Nienbrügge und verwüstete auch das Gebiet der Grafen von Tecklenburg und Schwalenberg.

Unweit der Stelle, an der Engelbert erschlagen wurde, ist nach 1226 eine Kirche bezeugt, die wahrscheinlich eine Sühnestiftung der an der Tat beteiligten Sippen war. Sie entwickelte sich zu einer Wallfahrtsstätte. Die Kirche wurde kurze Zeit später in ein Nonnenkloster umgewandelt, das 1236 erstmals urkundlich genannt wird. Der größte und wertvollste Besitz des Klosters war der Büchelter Hof in Wiesdorf mit dem Patronat über die dortige St.-Antonius-Pfarrkirche. Der Hof wurde 1264 erstmals genannt, als ihn Gräfin Margarete von Berg mit ihrem unmündigen Sohn Adolf V. von Abgaben befreit.[125]

Luftbild von Schloß Burg

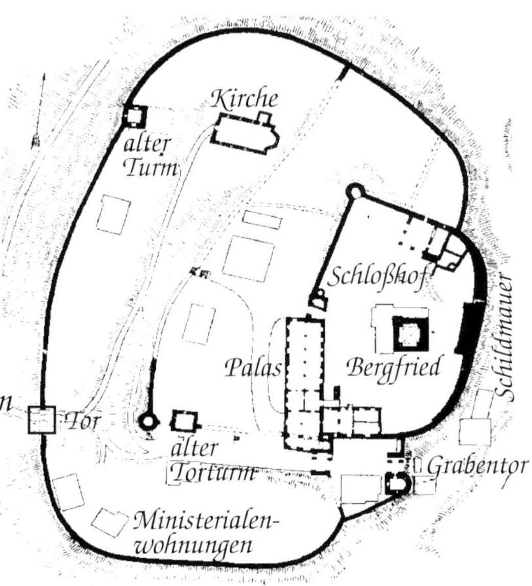

Alter Grundriß der Burg von Gerhard A. Fischer, Architekt des Wiederaufbaus ab 1887. Die Burg war lange nur noch eine Ruine. Fischer wußte auch, die ersten Mitglieder für den „Verein zur Erhaltung der Schloßruine Burg an der Wupper e.V.“ zu begeistern

Wende in der bergischen Politik unter Heinrich von Limburg

Seit Erzbischof Anno II. um 1064 die Macht des Pfalzgrafen im Kölner Raum brach, schafften die Berger im Zusammengehen mit der Kölner Kirche den Aufstieg. Die Berger hatten es verstanden, Einfluß auf die Geschicke der Kölner Kirche zu nehmen, indem sie fünf Mitglieder ihres Hauses als Erzbischöfe nach dort entsandten, wenn dies auch manchmal nur mit den damals üblichen Druckmitteln gelang. Die meisten Erzbischöfe, die nicht aus ihrem Hause stammten, kann man als „bergerfreundlich" einstufen; einige waren mit ihnen verwandt. Aber mittlerweile war das Haus Berg im Streben nach Territoriums- und Landesherrschaft in Konkurrenz mit dem Erzstift zu mächtig geworden und Konfrontationen konnten deshalb nicht ausbleiben.

Mit dem Aussterben der ersten Berger im Mannesstamm und Übergang der Grafschaft Berg an die Herren aus dem Limburgischen Geschlecht trat eine allgemeine Veränderung der Politik zwischen den konkurrierenden Mächten am Niederrhein ein. Diese Entwicklung war weniger den Bergern als der Kölner Kirche zuzuschreiben, die mit dem Bonner Propst Heinrich von Molenark einen Mann auf den Erzstuhl setzten, der von seiner Herkunft her eher eine bergerfeindliche Politik betreiben würde. Wenn dieser auch alles daran setzte, seinen Vorgänger Engelbert zu rächen, tat er dies nicht für einen Grafen von Berg, sondern für den Erzbischof von Köln.

Nachdem Heinrich nach dem Tode seines Vaters Walram Anfang des Jahres 1226 auch das Herzogtum Limburg übernommen hatte, entstand im politischen wie in militärischen Sicht eine für das Erzstift gefährliche „Zangensituation", nämlich die Bedrohung von zwei Seiten. Dies konnte der beabsichtigten territorialen Entwicklung des Erzstiftes hemmend entgegenwirken. Deshalb war dem neuen Erzbischof die seit den Tagen der Zusammenarbeit mit dem Erzbistum noch in bergischer Hand befindliche Burg in Deutz – den Ort betrachtete der Erzbischof von jeher als sein Eigentum – ein Dorn im Auge.

1228 nimmt Heinrich von Limburg an dem Kreuzzug des gebannten Kaisers Friedrich II. teil. Nach seiner Rückkehr weitet sich der Streit mit dem Erzbischof Heinrich von Molenark um die Siegburger Vogtei aus. Bei den Kämpfen fanden beide Seiten Verbündete. Große Heere wurden ins Feld gestellt. Es kam aber nicht zu einer offenen Schlacht, sondern nur zu Verwüstungen und Angriffen auf die jeweiligen Burgen und Ländereien der Gegner.

Den ersten Schachzug unternahm Heinrich von Molenark, indem er dem Ort Deutz – in dem die Burg der Berger an der Rheinseite des ehemaligen Römerkastells lag – im Jahre 1230 das Befestigungsrecht verlieh und den Zuzug von Neubürgern durch steuerliche Vergünstigungen anregte. Das kam einer Belagerung der Deutzer Burg des Herzogs von Limburg gleich. Es war nur eine Frage der Zeit, daß der Erzbischof den Stützpunkt der Berger einnehmen und zerstören konnte. Und weil Heinrich von Molenark nun einmal dabei war, belagerte er vereint mit dem verbündeten Grafen von Sayn auch die Burg in Bensberg, ohne sie einnehmen zu können. Die erzbischöflichen Truppen hatten dabei 50 Tote zu beklagen.

Ein Parteigänger des Limburgers, Herzog Heinrich von Brabant, eroberte die Burg Daelheim an der Maas aus den Händen des Grafen Lothar von Hochstaden, welcher mit dem Erzbischof verwandt und verbündet war. Auch die erzbischöfliche Burg in Zülpich wurde von Helfern des Herzogs Heinrich von Limburg eingenommen, nachdem sie vorher in Brand geraten war.

Im Zusammenhang mit den damaligen Auseinandersetzungen und Konfrontationen scheinen auch einige strategische Burgen im Verlaufe der Dhünn bzw. eines dort befindlichen alten Rheinarmes entstanden zu sein, nämlich zwei am Übergang der nordsüdgerichteten „Cölner Straße", das spätere Haus Büchel oder „Doktorsburg" und der Büchelter Hof oder „sritbuggele", und weitere zwei am Übergang des Mauspfades über die Dhünn der Rittersitz Rode oder Schlebuschrath und die Burg Morsbroich. Als Nachfolgeanlagen sind heute nur noch die Doktorsburg und das Schloß Morsbroich vorhanden.

Auf Morsbroich saßen die aus dem Limburgischen stammenden Ritter Mor, die im Bruch (= Sumpf) wahrscheinlich eine Motte erbauten. Der vermutliche Hügel ist neben dem heutigen Schloßgebäude noch gut zu erkennen, wie auch der Hügel des Rittersitzes Rode (Schlebuschrath), auf dessen Gelände bis Anfang des 19. Jahrhunderts die Pfarrkirche von Schlebuschrath stand.

Der Büchelter Hof (Hof Büchel), oder wie alte Namen sagen „stritbuggele" oder „Wallburch hurne", ist heute völlig verschwunden (an seiner Stelle erhebt sich das Leverkusener Forum). Vom Namen her kann hier an eine Motte gedacht werden, wie auch „Morsbroich" (= der Bruch des Mor) die im Sumpf gelegene Burg des Ritters Mor war.[126]

Wie gesagt, stammen die Ritter Mor aus dem Limburgischen. Ihr Name taucht im Bergischen in derselben Zeit auf, als Heinrich von Limburg durch Heirat mit der bergischen Erbtochter Irmgard hier Fuß faßt. Bei der Ausstellung des schon erwähnten Sühnevertrages zwischen Erzbischof Engelbert I. von Köln und Graf Walram von Luxemburg im August 1220 gehören Wilhelm Mor und sein Sohn Udo (Wilhelmus Mor et Udo filius eius) zu fünf Rittern (Gerhard von Horn, Hermann von Eylslo, Alexander von Wilre und Dietrich von Hufalis), die beschwören, daß, wenn Walram und seine Söhne, Heinrich und Walram, gegen die getroffenen Vereinbarungen verstoßen, sie den Erzbischof gegen die Limburger so lange unterstützen, bis ihm wieder Genüge getan sei. Hier sind also unschwer Limburger Ministerialen zu erkennen, die für ihren Herrn bürgen müssen. Eigenen Leuten brauchte Engelbert keinen Schwur abzuverlangen, weil ihre Waffenhilfe ja selbstverständlich war. Der anwesende Herzog von Brabant und die Grafen von Sayn, von Lon und Friederich von Isenberg schwören ebenfalls, dem Erzbischof gegebenenfalls Waffenhilfe zu leisten, wenn die Limburger den Vertrag nicht einhalten.[127]

Als im Januar 1222 Herzog Walram von Limburg mit seinen Söhnen und seinem Bruder Gerhard von Wassenberg dem Norbertinerstift zu Heinsberg das Patronat der Kirche zu Hoengen bei Sittard schenkt, sind neben den schon oben genannten limburgischen Ministerialen Alexander de Wilre, Hermann von Elslo auch Willelmus moer et sui filii Udo et Tiricus dabei. Am 31. Januar 1224 wird Udo Mor, Sohn des Wilhelm Mor (in der Urkunde steht latinisiert Hudo Maurus, filius W. Mauri) für das Gut Floverich Lehnsmann des Grafen Wilhelm von Jülich. Er gelobt dem Grafen von Jülich, im Fehdefall Beistand gegen jedermann, mit Ausnahme gegen seinen Herrn, den Herzog von Limburg.[128]

Wie schon oben erwähnt, nehmen im 13. Jahrhundert Ritter Lehen von mehreren Herren. Das ist z.B. von den Herren von Stammheim bekannt. Ein Mitglied dieses Geschlechtes ist 1217 mit Graf Adolf III. vor Damiette. Trotz kirchlicher Ämter und Lehen, z.B.1228 Vogt der Abtei St. Martin und Inhaber von Besitzungen und Fischereigerechtsamen in Stammheim[114], waren sie auch Ministerialen der Grafen von Berg (z.B. um 1260 Truchseß und Anfang des 14. Jahrhunderts war einer von Stammheim Diener und Koch der Berger).

Der Besitz mehrerer Lehen wurde bei den Ritterbürtigen fast zur Regel, denn die Ausrüstung eines gewappneten Reiters war teuer, namentlich vor der Vermehrung der Eisenproduktion und der Waffenschmiede und im Laufe von immer neueren Verfeinerungen der Kriegstechnik. Die Kosten eines einzigen gepanzerten Reiters nebst notwendigen Knappen und Knechten deckten oft den Gegenwert eines ganzen Bauernhofes.

Nicht nur der Harnisch, sondern auch die benötigten Pferde verschlangen große Summen. Jeder Ritter mußte im 13. Jahrhundert über mindestens drei Pferde verfügen. Das wichtigste und auch teuerste dieser Pferde war das Streitroß, das in der Regel das Vierfache, oft das Zehnfache und mehr eines normalen Pferdes kostete, einschließlich der Panzerung. Das Streitroß, stets ein Hengst, wurde beim Kampf Mann gegen Mann erst in der letzten Phase des Angriffs geritten. Um das Streitroß zu schonen, wurde ein zweites Pferd (der Zelter) die meiste Zeit geritten. Mindestens ein drittes Pferd benötigte der begleitende Pferdeknecht oder Knappe. Hatte der Ritter einen größeren Troß, so konnte die Anzahl der Pferde leicht größer sein. Reiche Herren hatten noch je ein Reisepferd oder Schlachtroß zum Wechseln.

Nachdem Heinrich von Limburg die Grafschaft Berg übernommen hatte, begegnet uns bald wieder der Ministeriale Udo Mor. In der Urkunde vom 1. Oktober 1231 (Graf Wilhelm von Jülich und sein Bruder Walram schenken dem Kloster Dünnwald den Rottzehnten von 18 Morgen Land zu Garsdorf) wird sofort sein neuer Burgsitz, nämlich Rode (Schlebuschrath) genannt, und seine Wertschätzung durch Heinrich von Limburg erkennt man daran, daß er als Truchseß (dapifer de Rode) nach diesem Ort benannt ist. Auch der im 13. Jh. auftretende limburgische Ministerial Alexander von Weiler (*Wilre*, ein Ortsname aus ehemals römisch besetzten Gebieten im Linksrheinischen) ist wohl mit

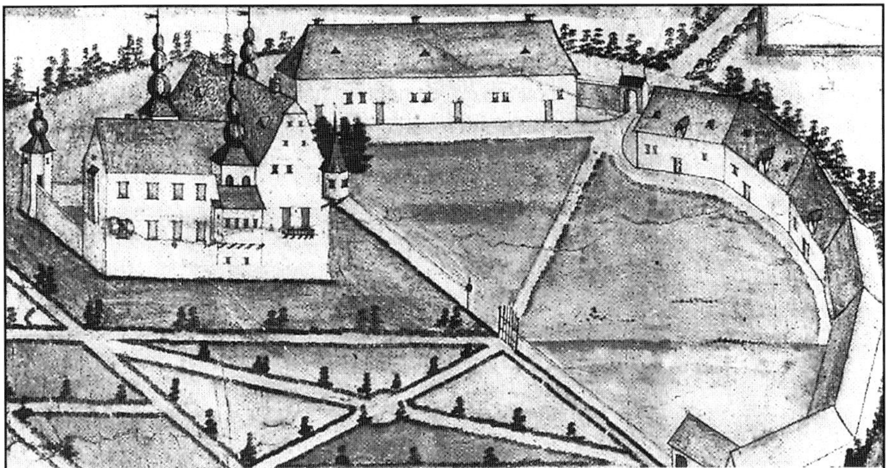

Morsbroich im Jahre 1762 vor dem Neubau (1775). Ausschnitt aus der Karte des Landmessers Franz Ehmans (Original im Stadtarchiv Leverkusen)

Luftbild des Schlosses Morsbroich in Leverkusen. Hier befand sich einst der Rittersitz (Motte) des Geschlechtes „Mor vanme Broiche" (13. Jh.)

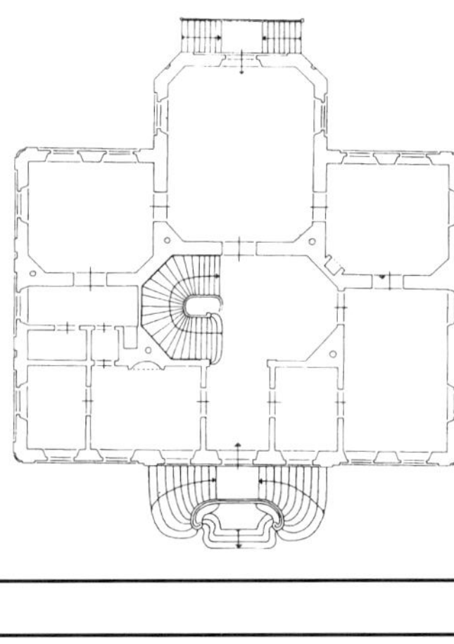

Erdgeschoß des Hauptgebäudes vor der Erweiterung durch F. H. von Diergardt von 1885 bis 1887 (H.J. Mahlberg 1973, Rekonstruktion nach Aufnahme von H.O. Pflaume 1885)

dem Herzog von Limburg ins Bergische gekommen. Aus der altbergischen Ritterschaft zeugen Adolf von Stammheim und Gottschalk von der Burg. Ausgestellt ist die Urkunde am Remigiusfest in Köln.[129]

Über das Ende des Ritters Udo Mor sind wir gut unterrichtet, denn er kam im Oktober 1268 beim bekannten Kampf an der Ulrepforte in Köln um. Der Anschlag gegen das Stadtregiment der Overstolzen, der von Anhängern des Erzbischof Engelberts von Falkenburg und des aus der Stadt vertriebenen Geschlechts der Weisen gemeinsam ausgeführt wurde, mißlang unter Hinterlassung von vielen Toten. Herzog Walram von Limburg geriet dabei in stadtkölnische Gefangenschaft. Fünf Jahre später (1273) beurkundet er für sich und seine Genossen die vollständige Sühne. Unter denjenigen, die auf des Herzogs Veranlassung die „Urfehde" (= Verzicht auf Rache für Schäden aus einer Fehde, körperlicher oder materieller Art) kundtun, sind die Kinder des Ritters Udo Mor (liberos Udonis dicti Moir militis), deren Vater in Köln getötet wurde.[130]

Erst 60 Jahre später werden Nachfolger des Udo genannt. Am 15. Mai 1328 verkaufen „Johan genant Moir van dem Broiche" und Frau Bela dem Kloster Dünnwald zwei Holzgewalten im Rheindorfer Busch. Zur selben Zeit ist Johan der moyr van dem Bruche Zinszahler in den Wiesdorfer Fronhof, der einen Bruder Engelbert hat. 1363 ist „Johannis van dem Broiche" beim Verkauf des Fronhofes und der Kirche zu Solingen an die Abtei Altenberg Siegelzeuge unter 22 bergischen Rittern und Knappen. Sein Siegel zeigt die Umschrift „Johis more vamme Broich", im oberen Feld des Siegels befinden sich drei Sterne.[131]

Seit dem 14. Jahrhundert führen die Ritter Mor die Beifügung „von dem Bruch". Das heutige Morsbroich liegt bei Schlebuschrath (früher Rode).

Ort und Kirche von Rode werden schon um 1222 von Cäsarius von Heisterbach erwähnt. Die Kirche wird zu dieser Zeit von dem Bürriger Pastor Michael, einem Konventualen aus Altenberg, bedient. Sie ist aber wahrscheinlich noch älter. Dort befand sich in der Mitte des 12. Jahrhunderts ein Lehen der Abtei St. Martin zu Köln. Schon 1130 ist in einem Schriftstück des Klosters St. Martin ein „Arnolfus de Rothe" als Zeuge aufgeführt.[132] 1174 wird genannt „Arnoldus de Rode".[133] 1179 heißt es, daß Abt Gottschalk von St. Martin nach dem erblosen Tode des „Suikers von Rothe zu Dunevelt", trotz Widerstrebens der Verwandten, dessen Lehen eingezogen habe. Arnold ist wahrscheinlich ein Ministeriale von St. Martin.[134] 1238 erscheint in einer Urkunde des Erzbischofs Heinrich von Molenark „Godescalcus de Rode".[135] 1229–1238 urkundet Gottschalk von Rode. In der Mitte des 13. Jahrhunderts erscheinen die Ritter von Rode in den Zinsregistern des (kirchlichen) Wiesdorfer Fronhofs. Zuerst wird zwar nur eine „vrouwe van royde", wohl die Witwe des vorgenannten Gottschalk erwähnt; dann erscheint zwischen 1264 und 1281 „Her Goitschalc der ridder van rode" im Wiesdorfer Zinsregister.[136]

Der Name Rode kommt häufig vor, aber die hier herangezogenen Nennungen sind wohl Zeugnis genug für die Lokalisierung des später Schlebuschrath genannten Ortes mit Mottenhügel und Kirchplatz. Jedenfalls ist ein Nebeneinander des Ritters Gottschalk von Rode und des Udo Truchseß von Rode auf nur wenige hundert Meter auseinanderliegenden Objekten zu erkennen. Wegen der nahen Lage der Burgen zueinander ist eine Gegenburg der Berger zu einer erzbischöflichen Befestigung möglich. Ein schriftliches Zeugnis dieser Konfrontation gibt es allerdings nicht.[137]

In einer von Heinrich Herzog von Limburg und Graf von Berg für die Abtei Altenberg ausgestellten Urkunde begegnen uns am 28. Dezember 1238 zahlreiche bergische Vasallen und Ministerialen, darunter wiederum „Udo dapifer de Rhode". Die Zeugenreihe wird angeführt von Heinrichs und Irmgards Söhnen Adolf und Walram, es folgen: Dietrich von Eller, Adolf von Stammheim, der Burgvogt Adolf (advocatus de Castro), der Kleriker von Bernsau Dietrich, der Truchseß Udo von Rode, der Truchseß Engelbert von Bensberg, Hermann und Engelbert von Bodelenberg (Bottlenberg), Hermann von Hohenscheid, von Bode, von Mülheim, Adolf junior von Stammheim, Adolf von Bongard, Adolf von Flittard, Gottschalk von Lennep, der Capellanus der Herzogin Werner, der Capellanus des Herzogs Hermann, der Notar Ingebrand und der Johanniterpriester Hermann u.a. Datum in „novo Castro".[138]

Als 1242 die Festungswerke in Deutz zerstört werden, ist bei der Ausstellung der betreffenden Urkunde durch Herzog Heinrich von Limburg auch Udo (udone mauro) zugegen wie auch Dietrich von Eller, Adolf von Stammheim, der Marschall Gozwin von Alfter, der Mundschenk Hermann Vlecke, der Kämmerer Hermann von Burnheim und der Notar Gottschalk.[139]

Im März 1244 bekunden Herzog Heinrich von Limburg, Graf von Berg, dessen Gemahlin, Söhne und Schwiegertöchter die Steuerfreiheit der Stadt Remagen, welche wegen dieses Anerkenntnisses fünf Morgen Weinberge dem Herzog verehren. Die lange Zeugenreihe der bergischen Ritter wird angeführt von „Udo miles dictus Mor dapifer de Rode". Udo Mor ist gemäß seiner Stellung der älteste und angesehenste bergische Ritter. Auch hier erscheint er wieder in seiner gehobenen Stellung als Truchseß.[140] Heinrich von Limburg starb am 25. Februar 1247. Vorher hatte er Limburg und Berg an seine Söhne aufgeteilt, Adolf erhielt die Grafschaft Berg, Walram das Herzogtum Limburg.

Über 10 Jahre später, im Jahre 1258, erscheint Udo nochmals in einer Urkunde des Herzogs Walram von Limburg, der in Duisburg im Beisein seines Bruders Adolf für den Königshof eine Urkunde ausstellt. Folgende vornehmen Herren (illustris viri) sind als Zeugen zugegen: als Verwandter Walram, Herr von Montjoy (wohl Walram von Jülich), als Edelherr (viri nobilis) Burchardi de Benken, es folgen die ehrenwerten Ritter: domini Udonis de Rothe dapiferi, d. Henrici de Kolmunte (Heinrich von Kalmünten bei Altenberg), d. Zobbonis (er ist zu dieser Zeit Truchseß), d. Wilhelmi de Wenrehs (Wiens?), d. Adolphi de Pomerio, d. de Elnere, militum honestorum. Am Ende stehen die Schöffen des Duisburger Gerichts (scabinis Dusburgensibus).[141]

Kehren wir in die ersten Jahre der Regierungszeit Heinrichs von Limburg als Graf von Berg zurück. Auf Befehl des Königs kam 1232 vorübergehend ein Friede zustande, der aber bald darauf aufs neue gebrochen wurde, so daß sich die Fehde fast ununterbrochen bis in die Regierungszeit des folgenden Erzbischofs Konrad von Hochstaden hinzog. Herzog Heinrich von Limburg und Graf von Berg blieb aber im Besitz der Siegburger Vogtei. Die Abtei hat auch in der Folgezeit das freie Vogtwahlrecht nicht wahrnehmen können.

Gleichzeitig war in Westfalen eine heftige Fehde um die Erbschaft des hingerichteten Grafen Friedrich von Isenberg entbrannt, welche mit den anderen Kämpfen zwischen den Bergern und der Kölner Kirche aufs engste zusammenhing. Graf Adolf von der Mark, der vom Kölner Erzbischof mit dem ehemaligen Gut der Isenberger belehnt worden war, stand natürlich auf dessen Seite; somit handelte Herzog Heinrich von Limburg zugleich im eigenen Interesse, wenn er die Ansprüche, welche sein unterdes herangewachsener Neffe Dietrich von Isenberg auf das Erbe seiner Eltern hatte, unterstützte und deshalb den Grafen von der Mark befehdete.

Mit einem starken Heer fiel Heinrich wahrscheinlich im Jahre 1232 in Westfalen ein und baute an der Lenne eine starke Burg, die er nach seiner Stammburg Limburg „Neuenlimburg" benannte (jetzt hat sich Hohenlimburg eingebürgert). Mit dieser Burg belehnte er seinen Neffen Dietrich, der sich statt von Isenberg nun den Titel „Graf von Limburg" zulegte.

Heinrich von Limburg scheint auch im Bergischen Güter an seinen Neffen abgetreten zu haben. Urkundlich wird dieser zwar nur einmal als Lehnsgeber erwähnt. Am 13. August 1301 verkauften der Ritter Adolf von Stammheim und seine Gemahlin Juliana den Fronhof in Bechen mit dem Patronat über die dortige Pfarrkirche der Abtei Altenberg zum freien Eigentum. Lehnsherr war der obengenannte Edelherr Dietrich von Limburg, der mit einem anderen Hof der Stammheimer in Seelscheid schadlos gehalten werden mußte.[142]

Die ein Jahrzehnt andauernden Fehden zwischen Maas und Weser, die auch im Zusammenhang mit der Untat an Engelbert standen, wurden von handfesten Anschuldigungen gegen Erzbischof Heinrich von Molenark begleitet, die über mehrere Jahre erhoben wurden und die man durchaus mit den heutigen Gepflogenheiten der Politiker und Nachrichtenmedien vergleichen kann.

Zuerst wird er vom Domkapitel beim Papst angeschwärzt. Dieser teilt dem Kölner Erzbischof daraufhin mit, daß man ihn eines unwürdigen Lebenswandels bezichtige (gemeint sind sittliche Verfehlungen – er soll mit der Frau eines Ritters Ehebruch begangen haben – und Geldverschwendung). Es werde eine baldige Untersuchung stattfinden, und er solle den möglichen Verzicht auf sein Amt erwägen. Der Erzbischof wehrt sich dagegen heftig, indem er gegen diejenigen, die ihn denunziert haben, mit Suspension vom Amt und Exkommunikation vorgeht. Der Papst verbietet das und teilt dem Domkapitel in diesem Zusammenhang mit, daß es für die Schulden, „die gewisse Erzbischöfe von

Modell „Alter Palas" von Schloß Burg. Er gehörte wahrscheinlich zur ersten Burg (vor 1133), die um 1150 erweitert wurde. Hier ist eine vollständige Baustelle des Mittelalters mit Baugerüst, Tretkran und Steinrütsche dargestellt. Die alten Fundamente dieses Gebäudes wurden im nördlichen Teil des Burggeländes entdeckt. Erst nach 1220 wurde unter Graf Engelbert II., als Erzbischof von Köln Engelbert I., der neue, größere Palas an der heutigen Stelle erbaut

G. A. Fischer zeichnete im Jahre 1892 unter dem Namen „ehemaliges Schnitzhaus" diesen alten Palas

Köln" in beträchtlicher Höhe bei verschiedenen Kaufmannsgesellschaften in Rom und anderswo gemacht haben, nicht haftbar sei. Auch die Kölner Erzbischöfe hatten wohl des öfteren Geldsorgen. Damit unterschieden sie sich in keinster Weise von ihren weltlichen Adelsgenossen.

Die Untersuchungen ziehen sich zwei Jahre dahin, in denen Heinrich von Molenark auch beim Papst in Rom – wohl ohne nachhaltigen Erfolg – vorstellig wurde, denn am 19. April 1233 befiehlt der Papst den Untersuchungsführern, den Kölner Erzbischof zur Abdankung zu bewegen. Dieser wiederum wirft den Untersuchungskommissaren eigene Verfehlungen vor und verdächtigt sie der Konspiration mit den Mördern Engelberts von Berg. Papst Gregor IX. fordert daraufhin den Erzbischof auf, den Wahrheitsbeweis für die Anschuldigungen gegen die Kommission zu erbringen und die Akten zur Einsicht nach Rom schicken zu lassen.

Das scheint aber, wie auch heutzutage häufig, wie „das Hornberger Schießen" (also ohne sichtbares Ergebnis) ausgelaufen zu sein. Am 17. Juni 1233 befiehlt der Papst, gegen die Söhne und den Bruder des Mörders von Erzbischof Engelbert, die mit ihren Genossen (darunter wohl auch Heinrich von Limburg?) die Kölnische Kirche und den Erzbischof Heinrich von Molenark bedrängen, mit kirchlichen Strafen vorzugehen, ohne „daß aber dadurch der Prozeß gegen den Erzbischof eine Verzögerung erleide". Der Ausgang des Prozesses ist nicht bekannt; Heinrich von Molenark regiert noch fünf Jahre bis zu seinem Tode am 26. März 1238.

Heinrichs Nachfolger auf dem Kölner Erzstuhl, Konrad von Hochstaden, setzt die Politik seines Vorgängers vorerst fort. 9 Jahre nach dem ersten Angriff auf Deutz gelingt es dem mit diplomatischem Geschick ausgestatteten Erzbischof, die Kölner Bürger für sich und gegen die Berger zu gewinnen (zu diesem Zwecke hatte er Köln für drei Jahre von der an ihn zu entrichtenden Biersteuer befreit und andere Vorrechte eingeräumt). Im Juni 1239 griffen die Verbündeten die Türme des Grafen von Berg in Deutz mit besonders dafür ausgerüsteten Schiffen an und zerstörten sie aufs neue.[143]

Erzbischof Konrad von Hochstaden läßt danach das ehemalige Kastell Deutz, nämlich die noch vorhandenen 15 ruinösen Türme, erneuern und zieht auch den „Turm" der Abteikirche in die Befestigung ein. Gerade letzteres läßt erkennen, daß er von dem hohen Turm aus den Rhein bedrohen will, die Lebensader des Kölner Handels. Die gehabten Machtkämpfe Erzbischof gegen die Bürger von Köln treten wieder in Erscheinung. Im April 1240 kommt nach weiteren Kämpfen und Verwüstungen im Erzstift und im Bergischen ein Friede zustande, der durch eine Doppelehe gefestigt wird: der Sohn des Herzogs Heinrich von Limburg, Adolf (IV.), nimmt Erzbischof Konrads Schwester Margarete von Hochstaden zur Frau und wird mit der halben Burg Deutz belehnt; der Neffe des Erzbischofs Dietrich, Graf von Daelhem und Hochstaden, heiratet die Tochter Walrams (Bruder des Herzogs Heinrich von Brabant).

Aus den politisch begründeten Eheverbindungen und der erneuten Besetzung der Burg Deutz durch bergische Ritter, läßt sich die Zielrichtung der damaligen Politik erkennen: das Bündnis zwischen Erzbischof und Graf war gegen die Kölner Bürger gerichtet, die gezwungen werden sollten, die Stadtherrschaft des Erzbischofs wieder anzuerkennen, was sie aber keineswegs taten.

Herzog Heinrich von Limburg, Graf von Berg, bekundet am 2. und 3. September 1240, daß ihn der Kölner Erzbischof mit der Hälfte der Burg in Deutz belehnt habe. Die Burg soll in einem Kriege zwischen beiden neutral bleiben. Der Erzbischof übernimmt die Hälfte des Kastells „in parte superiore" mit den zerstörten Türmen des Grafen von Berg, die dieser ebenso hoch erneuern muß, wie die erzbischöflichen, die er zu Lehen hat. Die Burgmannen schwören beiden Herren die Treue; die Wächter und Pförtner weden von beiden besoldet. Innerhalb der Burg darf keine Trennmauer errichtet werden.

Die Kölner Bürger wollen eine so starke Burg gegenüber ihrer Stadt nicht dulden. Auf Grund von Geldzahlungen – der Erzbischof verspricht, bei der Eintreibung der Summe bei den Bürgern behilflich zu sein – geben Heinrich von Limburg und Konrad von Hochstaden ihre Einwilligung zur vollständigen und nachhaltigen Zerstörung aller Befestigungswerke zu Deutz. Mit Urkunde vom 21. November 1242 verspricht Herzog Heinrich und sein Sohn Adolf, die von der Stadt Köln eine Summe Geld empfangen haben, im Falle von Übergriffen ihrer Burgleute (dampni irrogatum a nostris castrensibus), die während der Zerstörung der Burg vorkommen könnten, Schadenersatz zu leisten. Der Abbruch sollte ihrem Seelenheil und zur Beruhigung des Landes dienen.[144]

Als endlich nach jahrelangen Kämpfen der Friede wiederhergestellt war, erwarb Herzog Heinrich den Hof Barmen, der das Gebiet der Grafschaft Berg nach der märkischen Seite hin erweiterte und abrundete. Der Hof hatte vorher eine Zeitlang dem Grafen Ludwig von Ravensberg gehört, der ihn am 14. Januar 1244 dem Herzog Heinrich, Graf von Berg, überließ.

Heinrich von Limburg konnte auch in Remagen ein wertvolles Gut erwerben. Schon zu Lebzeiten hatte er – wie berichtet – seine Lande aufgeteilt. Adolf IV. kommt schon in den letzten Urkunden seines Vaters, die insbesondere das Bergische Land betreffen, als Mithandelnder vor; ja es hat sogar den Anschein, als wenn Adolf IV. während der letzten Lebensjahre seines Vaters Heinrich die Regierung des Bergischen Landes allein geführt hat; denn in einem Verzichtsbrief des Grafen Heinrichs von Arnsberg auf den Hof Barmen kommt der Ausdruck „venerabilis" (ehrwürdig) vor, den man in jener Zeit für geistliche Ordensritter gebrauchte. Der Text in der Urkunde für Remagen betreffs der Verleihung der Steuerfreiheit: „et quia huius rei nota est veritas et nos recognoscimus et per presens instrumentum manifeste profitemur... ob reverendam nostre pietatis memoriam, dignum duximus innovandam", läßt vermuten, daß Heinrich von Limburg vielleicht gegen Ende seines Lebens in die Genossenschaft der Johanniter auf der Burg eingetreten ist.[145]

Adolf IV. „mit dem Barte“

Nach dem Tode Heinrichs von Limburg am 25. Februar 1247 folgte ihm sein ältester Sohn Adolf als Graf von Berg, während dessen Bruder Walram das Herzogtum Limburg übernahm. Als die Mutter Irmgard behauptete, ein fortdauerndes Erbrecht an der von ihrem Vater herrührenden Grafschaft zu haben, wurde zur Lösung der Frage ein Schiedsgericht gebildet, bestehend aus dem Erzbischof Konrad von Hochstaden, den Grafen Otto von Geldern, Arnold von Loos und Wilhelm von Jülich; unter dem 16. Juni 1247 entschied das Gremium, daß eine Teilung stattfinden sollte. Der Mutter wurden – mit Rückfall an den Sohn bei ihrem Ableben – die Burgen Angermund und Burg, dem Sohn die Burgen Bensberg und Windeck zugeteilt. Eine Kommission von bergischen Adeligen sollte sämtliche Einkünfte des Landes zu gleichen Hälften aufteilen und zuweisen. Irmgard starb aber bereits zwischen dem 11. und 13. August 1248 oder 1249. Graf Adolf IV. veranlaßte laut einer Urkunde vom 2. Januar 1250 ein Jahrgedächtnis für seine Eltern in Altenberg und stiftete zu diesem Zweck eine Rente von 9 Mark aus dem Hof in Barmen (Ausstellungsort Burg).[145]

Wie ihre Vorfahren, zeigen sich auch Adolf und Gemahlin Margarete von Hochstaden mit der Abtei Altenberg verbunden und übertragen 1253 zunächst tauschweise einige zu ihrem Hofe Holz bei Odenthal zugehörende Besitzungen. 1255 befreien sie Teile von den vorgenannten Besitzungen, nämlich Spezard und Humboldt, von allen Dienstleistungen und machen sie zu Eigengütern der Abtei, schließen aber jeden späteren Verkauf oder Tausch aus.[146]

Im Unterschied zu seinem Vater war Adolf IV. ein treuer Bundesgenosse des Erzbischofs, dessen Reichspolitik er unterstützte. Er stellte sich auf seine Seite als dieser im Jahre 1246 gegen Kaiser Friedrich II. und seinen Sohn König Konrad IV. den Landgrafen Heinrich Raspe von Thüringen zum Gegenkönig ausrief (wieder erscheinen Thüringer im Zusammenhang mit Bergern). Als Heinrich Raspe bald starb, ließ Konrad von Hochstaden im Jahre 1247 Graf Wilhelm von Holland zum Gegenkönig wählen. In den nun folgenden Kämpfen wurde sowohl Kaiserswerth erobert als auch Aachen, wo Wilhelm 1248 die Krone empfing. Als Dank für die geleisteten Dienste erhielt der Berger von König Wilhelm die beiden Reichshöfe Rath (bei Düsseldorf) und Mettmann. Gleichzeitig bestätigte der König den Bestand und die Verfassung der Grafschaft Berg. An der Grundsteinlegung des gotischen Kölner Domes am 15. August 1248 nahm Adolf teil und legte am 3. März 1255 (oder nach neuen Erkenntnissen 1259) den Grundstein zum „Bergischen Dom“ in Altenberg.[147]

Bei einer abermaligen Fehde zwischen dem Erzbischof und der Stadt Köln standen Graf Adolf von Berg, sein Bruder Herzog Walram von Limburg und Graf Wilhelm von Jülich – als Kölnische Lehnsträger, wie sie in ihrer Erklärung vom 2. Oktober 1257 sagen – auf der Seite des Erzbischofs. Sonst scheint sich Adolf wenig an den Fehden seines Schwagers Konrad beteiligt zu haben. Im

Brautzug und Jahrmarkt. Die Trauung fand vor der Kirche statt. Auf dem Jahrmarkt erschien auch der Quacksalber (H. S. Beham)

Fahrender Quacksalber; ursprünglich der Arzt, der seine Salben und medizinischen Künste öffentlich anpries (Holzschnitt 16. Jh., Berlin, Kupferstichkabinett)

Jahre 1257 bestätigt Adolf IV. mit seiner Gemahlin Margarete von Hochstaden dem Kloster Gräfrath die Zollfreiheit zu Monheim. Im Februar 1259 bekundet er in Gemeinschaft mit seinem erzbischöflichen Schwager, daß die Witwe des Gottfried von Lagheim ihre Güter dem Kloster Altenberg verkauft habe.

Der Berger endete unrühmlich bei einem Turnier in Neuss am 27. April 1259. Er soll dem Pferd seines Gegners aus Rauflust die Vorderläufe abgeschlagen haben. Anschließend wurde er durch einen Lanzenhieb vom eigenen Roß gestoßen und erschlagen. Seine Witwe lebte noch lange Jahre auf der Burg Hückeswagen, die man ihr als Sitz zuwies.

Beider Sohn, Adolf V., war beim Tode des Vaters noch unmündig. Am 20. Juli 1259 bekundet Gräfin Margarete allein, daß Udo von Scherve und seine Gemahlin den Wald Grimberg der Abtei Altenberg schenken.[148] Außer dem genannten Adolf hinterließ Adolf IV. noch mehrere Kinder: die Tochter Irmgard vermählte sich 1274 mit dem Grafen Eberhard von der Mark; Heinrich war zwischen 1268 und 1290 Herr von Windeck; Wilhelm, zuerst Geistlicher, folgte nach dem Tode seines Bruders Adolf V. als Graf von Berg (Wilhelm I.); Konrad, Engelbert und Walram waren Pröpste in Köln. Die Mutter Margarete von Hochstaden tritt noch bis 1267 als Mitregentin mit ihrem Sohne Adolf auf.

Adolf V., Teilnehmer der Schlacht bei Worringen

Unter Adolf V. zeichnet sich eine Wende in der Politik der Berger ab. Er schließt mit der Stadt Köln am 9. Juni 1262 einen Freundschaftspakt, der durch den Herzog Walram von Limburg und dem Grafen von Jülich vermittelt wurde. In diesem Vertrag wird schon erkennbar, daß er die Möglichkeit des Erzbischofs einschränken soll, in Deutz militärische Positionen zu beziehen. Adolf verspricht nämlich den Kölnern gegen Zahlung von 2000 Mark mit aller Macht zu verhindern, daß „irgend jemand" in Deutz eine Festung baut oder in feindlicher Absicht gegen die Stadt dorthin Truppen legt oder dort auf dem Rhein Kriegsschiffe verankert. Die Deutzer Bürger treten im eigenen Interesse dem Bündnis sofort bei. Um der Sache Nachdruck zu verleihen, sind mehrere Kölner bereit, bei Nichtzahlung des Geldes durch die Stadt sich so lange als Bürgen in die Kölner Niederlassung der Abtei Altenberg in der Johannisstraße zu begeben, bis die Schuld getilgt sei, was praktisch einer Gefangenschaft gleichkam.

Als Bürgen aus der bergischen Ritterschaft bestellt der „Greve Ailf van dem Berge" einige seiner Mannen, Dienstmannen, Burgmannen und treuen Freunde: Herr Johann von Merheim, Herr Engelbert von Bodelenberg, Herr Albrecht Zobbe, Herr Adolf von Stammheim, Herr Adolf von dem Forste, Herr Adolf von dem Bongart, Herr Adolf von Eller, Herr Dietrich von Eller, Herr Heinrich von Eller, Herr Gottschalk der Burgvogt, Herr Gottschalk von Lennep, Herr Sibodo von den Blegge, Herr Rembold von Lugehausen, Herr Adolf von Wiele, Herr Eberhard Smende und Heinrich von Herl.[149]

Zunächst hatte Adolf V. eigene Angelegenheiten zu klären. Als im Jahre 1264 Ritter Konrad von Elberfeld mit Unterstützung seines Vaters Arnold und anderen wegen seiner Rechtsansprüche auf die gräfliche Burg zu Windeck eine Fehde anstrengte, blieb Adolf Sieger. Bei der Sühne vom 26. Juni 1264 verzichteten Konrad von Elberfeld und seine Parteigänger auf ihre Ansprüche an „Turm, Tor und Schlüssel" zu Windeck.[150]

Bald trat Adolf V. offen in das Lager derjenigen, die die politische Vormacht des Erzbischofs am Niederrhein brechen wollten. Im Jahre 1267 stand er dem Grafen von Jülich im Kampf gegen den Erzbischof bei. Bei diesen Auseinandersetzungen fiel Erzbischof Engelbert von Falkenburg in die Hände des Grafen Wilhelm von Jülich und wurde auf der Burg Nideggen dreieinhalb Jahre gefangengehalten. Das war die Antwort des Grafen von Jülich an Engelbert, der vorher raubend und brennend in sein Land eingedrungen war. Erst nach der Sühne vom 16. April 1271, wohl gegen Zahlung eines hohen Lösegeldes, wurde Engelbert von Falkenburg wieder freigelassen. Der Erzbischof mußte darüberhinaus viele Zugeständnisse machen und erklärte dabei auch, daß er „völlig mit seinen geliebten, treuen Kölner Bürgern ausgesöhnt sei". Er war also in Zukunft an einer Loyalität der Kölner ihm gegenüber stark interessiert, weil er sie gegen die mächtig aufstrebenden Feinde an Rhein und Maas brauchte. Erzbischof Engelbert von Falkenburg starb am 20. Oktober 1274 in Bonn und wurde wegen des vom Papst über die Stadt Köln verhängten Interdikts nicht im Kölner Dom, sondern in der Bonner Münsterkirche beigesetzt.

Nach Engelberts Tode wäre beinahe nochmals ein Berger Erzbischof von Köln geworden. Das Domkapitel wählte nämlich den allseits beliebten Propst von Mariengraden, Konrad von Berg, ein Bruder Graf Adolf V., zum Nachfolger. Das fand aber nicht die Gegenliebe des Papstes, der sich – wie auch König Rudolf – für Siegfried von Westerburg entschied, der vom Domkapitel allerdings nur eine Stimme erhalten hatte.

Sozusagen als Antrittsgeschenk für die Stadt Köln hob im Jahre 1275 der dafür vom Papst ermächtigte Erzbischof Siegfried das wegen der Gefangennahme seines Vorgängers verhängte Interdikt über die Stadt auf und machte ihr auch sonst Versprechungen. Er gelobte öffentlich „seinen geliebten Bürgern von Köln" zur Erhaltung der Freundschaft und des Friedens, die der Stadt von Kaisern, Königen und Erzbischöfen verliehenen Rechte, Freiheiten und Gewohnheiten, „mögen solche geschrieben oder nicht geschrieben, alt oder neu sein", unverbrüchlich wahren zu wollen. Richter, Schöffen, Rat und Gemeinde der Stadt Köln gelobten ihrerseits Anerkennung und Achtung, um Huld und Schutz in reicherem Maße zu besitzen; sie versprachen außerdem, alle erzbischöflichen und erzstiftischen Rechte und Freiheiten treu zu achten.

Am 25. November 1276 begann Erzbischof Siegfried von Westerburg mit dem Bau einer Burg zu Worringen als Gegenburg zu der von Graf Wilhelm von Jülich gebauten Burg im Worringer Bruch. Um den Kölnern den Verdacht zu nehmen, dieser Burgenbau sei gegen sie gerichtet, versicherte er, wenn sie ihm bei der Eroberung der Burg des Grafen von Jülich Hilfe leisten würden, es ihnen anheimstände, beide Burgen nach der Einnahme der Jülischer zu zerstören.

Im Vorfeld der Schlacht von Worringen werden in den nächsten Jahren zahlreiche Verträge geschlossen... und je nach geänderten Interessen auch wieder gebrochen. Kurz nachdem Herzog Johann von Brabant und der Kölner Erzbischof am 31. März 1277 das zwischen ihnen bestehende Schutzbündnis erneuert hatten, versammelten sich am 7. April 1277 in Deutz viele niederrheinische Herrscher zu einem Bündnis gegen den Kölner Erzbischof Friedrich von Westerburg, darunter auch Graf Adolf von Berg und dessen Bruder Heinrich von Windeck. Bezeichnend ist, daß sich Siegfrieds Gegner zu Deutz versammelten, welches der Erzbischof immer als sein Eigentum betrachtet hatte. Daß man sich gerade hier traf, sollte wohl schon dessen Machtlosigkeit auf der Köln und dem Erzstift gegenüberliegenden Rheinseite demonstrieren.

Am 9. Januar 1279 erneuerten die Stadt Köln und Adolf von Berg ihr Bündnis von 1262 und vereinbarten abermals, der Graf solle mit aller Macht verhindern, daß jemand zu Deutz eine Feste baut oder in feindlicher Absicht dorthin Truppen gegen die Stadt legt oder auf dem Rhein Kriegsschiffe verankert. Ferner sollten die Kölner im Lande Berg Schutz genießen, ebenso die Bergischen in der Stadt Köln. Letzteres galt nicht bei einer Fehde des Grafen mit dem Erzbischof, d.h. die Kölner wollten dann entweder den Erzbischof unterstützen oder neutral bleiben. Die Berger besaßen um diese Zeit Deutz als Lehen.

Am 1. April 1279 kam dann zwischen dem Erzbischof und dem Grafen Adolf von Berg eine Sühne zustande. Der Graf erhielt bei dem Vertrag die Kölnischen Lehen zugesprochen, beide vereinbarten gegenseitigen Beistand. Der Graf mußte versprechen, die inzwischen zu Mülheim und Monheim errichteten starken Türme niederzulegen und nie wieder aufzubauen. Diese Vereinbarung schien von den Bergern nicht oder nur ungenügend befolgt worden zu sein, denn am 23. November 1286 wurde dieserhalb eine weitere Urkunde ausgestellt, nach der die „Festung Mülheim" geschleift werden sollte.

In Köln schlossen am 17. Dezember 1282 Erzbischof Siegfried von Westerburg und Johann, Herzog von Lothringen und Brabant, ein Bündnis. Demnach sollte Siegfried dem Herzog mit aller Macht und auf eigene Kosten gegen alle seinem Herzogtum benachbarten Edeln bei der Verteidigung seines Besitzes und seiner Rechte zwischen Maas und Rhein beistehen. Als Gegenleistung versprach Herzog Johann dem Erzbischof ebenso gegen „jedermann" zwischen Maas, Rhein und Ahr wie auch jenseits des Rheins (hier ist der Graf von Berg der mögliche Gegner) und in Westfalen beizustehen und zwar mit 200 gewappneten Reitern. Bis zum Rhein sollte Herzog Johann die Kosten tragen, jenseits des Flusses Erzbischof Friedrich von Westerburg. Beute und Lösegeld sollten gleichmäßig geteilt werden. Sie beschließen, eine evtl. zu erbauende Burg, sei es auf Kölner Gebiet oder „anderswo", gemeinsam zu besitzen.

Bettlerpaar. Um Mitleid zu erregen, wird eine Beinamputation vorgetäuscht (Kupferstich des 15. Jahrhunderts)

Bettler und fahrende Leute gehörten zum Straßenbild des Mittelalters und bildeten eine eigene Schicht in der Gesellschaft mit besonderen Regeln und Gesetzen. Bettler an der Klosterpforte (Holzschnitt 15. Jh.)

Die getroffenen Vereinbarungen zwischen den „beiden größten und landhungrigsten Kriegshelden der damaligen Zeit", Erzbischof Siegfried von Westerburg und Herzog Johann von Brabant, ließen einen geplanten Angriff auf die Länder Jülich und Berg vermuten. Bald aber trat ein Ereignis ein, das eine andere politische Lage schuf und alle Absichten und Vereinbarungen über den Haufen warf: der Limburger Erbfolgestreit.

Als Herzog Walram von Limburg, Bruder Graf Adolfs IV. von Berg, in den Jahren 1279/80 starb, hinterließ er lediglich eine Tochter Irmgard. Als Erbin des Herzogtums Limburg war sie natürlich für die damaligen benachbarten Herrscher sehr interessant, und es gelang dem Grafen Reinald von Geldern, sie als Gattin zu gewinnen. Graf Reinald herrschte nun in ihrem Namen über ein Gebiet, das zwar klein war, aber seine Grafschaft attraktiv ergänzte. Jedoch galt die Herrschaft über Limburg nur zu Lebzeiten seiner Frau, brachte Rechte lediglich für gemeinsame Nachkommen. Deshalb ließ sich Graf Reinald am 18. Juni 1282, als seine Frau von König Rudolf von Habsburg mit dem ererbten Herzogtum belehnt wurde, für den Fall ihres Todes den Besitz des Herzogtums für seine Lebzeiten garantieren, falls die Ehe kinderlos bleiben sollte. Seine Sorge um den Bestand des Besitzes bestätigte sich, als kaum ein Jahr später Irmgard starb, ohne einem Kind das Leben geschenkt zu haben. Reinald lebte noch bis zum Jahre 1326 – wenn auch in den letzten Jahren in geistiger Umnachtung, spätfolge einer in der Schlacht von Worringen erlittenen Kopfverletzung.

Aber die Verwandtschaft seiner Frau erkannte die Rechtmäßigkeit von Rainalds Erbfolge nicht an. Einer der näheren Erben war Graf Adolf von Berg, der Cousin der verstorbenen Herzogin. Erbforderungen stellte außerdem Graf Heinrich III. von Luxemburg, allerdings aus entfernterer Verwandtschaft. Interesse zeigte aber auch der expansionsfreudige Herzog Johann I. von Brabant, der sich auf die Reichtümer der aufstrebenden brabantischen Städte stützen konnte, d.h. er verfügte über große Geldmittel und eine schlagkräftige ritterliche Armee, einschließlich der Fußtruppen.

Auf der einen Seite hatte Graf Adolf V. von Berg wohl keine Ambitionen, sich mit den Miterben und dem hervorragend gerüsteten Herzog von Brabant herumzuschlagen, auf der anderen Seite war mit der Abtretung seiner Rechte eine große Summe zu verdienen. Die Zahlung von 32 000 Mark, ca. 8 Tonnen Silber, war für jene Zeit ein außergewöhnlich hoher Preis. Der Verzicht Adolfs auf das Herzogtum Limburg – sein Großvater Heinrich von Limburg hatte es noch besessen, bevor er es an seinen Sohn Walram übertrug – war ein erkennbarer Akt politischer Klugheit; denn der Vertrag vom 17. 12. 1282 zwischen dem Herzog von Brabant und dem Kölner Erzbischof Siegfried von Westerburg versprach nichts Gutes für Berg. Die Abmachung, daß im Falle eines eventuellen Kriegszuges des Brabanters jenseits des Rheines die Kosten der Erzbischof tragen sollte und der Passus über die Teilung von Beute und Lösegeld sprachen für sich und ließen dem Berger in militärischer Hinsicht keine andere Wahl; denn Adolf V. war damals auch vereint mit seinen Parteigängern zu schwach, der geballten militärischen Kraft des Herzogs von Brabant, des Erzbischofs und deren Verbündeten zu widerstehen. Außerdem war nicht vorauszusehen, an wen der König das Herzogtum neu verlehnen würde.

Durch das Abtreten seiner Ansprüche an den neben dem Erzbischof mächtigsten Kriegsherrn in dieser Region schaffte Adolf praktisch eine Spaltung der Kräfte, die ihm gefährlich werden konnten. Damals war das Verhältnis zwischen Erzbischof und den Bürgern von Köln auf Grund von einigen Zugeständnissen gegenüber der Stadt relativ gut, wie einige zu dieser Zeit abgeschlossene Verträge und sogar Treueschwüre der Kölner erkennen lassen. Sollte es dem Erzbischof gelingen, das aufstrebende Berg und die anderen Territorien niederzuzwingen, wäre der Kölner Metropolit für lange Zeit gestärkt und unangefochten der mächtigste Mann im Nordwesten des Reiches geworden.

Damit wären auch die besten Voraussetzungen geschaffen worden, die emanzipierten Kölner Bürger zur Raison zu bringen und die Stadtherrschaft wieder ganz in die Hand zu bekommen. Dann hätte der Erzbischof seine Residenz nicht nach Bonn verlegen müssen; und die dortigen prachtvollen Schloßgebäude ständen heute wahrscheinlich in Köln, so wie sie in den anderen Bischofsmetropolen, z.B. Mainz und Trier, die Städte zieren.

Indirekt hat Graf Adolf mit seinem Entschluß, auf das Erbe von Limburg zu verzichten, auf diese Entwicklung Einfluß genommen. Am 13. September 1283 teilte er allen limburgischen Vasallen, Ministerialen, Lehnsleuten, Burgleuten und Bewohnern mit, daß er als Erbe seines Onkels Walram, des verstorbenen Herzogs von Limburg, und dessen Tochter Irmgard, Gräfin von Geldern, seine Rechte auf Limburg dem Herzog von Brabant übertragen habe. Er forderte sie auf, diesen als ihren Herrn anzuerkennen.

Keine 10 Tage später schlossen sich Graf Reinald von Geldern und der Kölner Erzbischof zu einem Bündnis zusammen. Die Feindseligkeiten wurden eröffnet. Der Erzbischof zerstörte die Burg des Brabanters in Kerpen und Herzog Johann antwortete mit einem Plünderungszug in das erzbischöfliche Gebiet von Lechenich, Friedheim und Blatzheim. Beide bemühten sich um Verbündete und gute Ausgangspositionen für die zu erwartenden Kämpfe.

1286 gelobten Graf Adolf von Berg und sein Bruder Heinrich von Windeck nochmals der Stadt Köln, an beiden Ufern des Rheines zwischen Rheindorf und Zündorf keine Burgen oder Befestigungen zu errichten. Das Verhältnis Köln zu Berg konnte man also zu dieser Zeit als neutral ansehen.

Am 2. Juli 1287 kam zwar ein Waffenstillstand zustande, der bis zum 25. November dauerte; aber nach Ablauf desselben führte der Erzbischof sofort einen Einfall in die Grafschaften Berg und Mark aus und verwüstete vor allem das Bergische Land durch Feuer und Schwert. Daß die bergischen Bauern ihm das sehr übel nahmen, ersah man an der berserkerhaften Art, wie diese sich in der weiter hinten zu beschreibenden Schlacht bei Worringen (1288) einsetzten.

Die Lage spitzte sich 1288 zu. Zunächst verkaufte auch Reinald von Geldern, der seine Erfolgsaussichten wohl nicht mehr sehr hoch einschätzte, seine Ansprüche für 40 000 Mark – knapp 10 Tonnen Silber – an den Grafen von Luxemburg und dessen Bruder Walram, blieb aber der Verbündete des Erzbischofs Friedrich von Westerburg. Andere Parteigänger des Erzbischofs waren inzwischen in das Lager des Brabanters übergetreten; und auch die Stadt Köln war am 13. April 1288 dort gelandet.

Ende Mai 1288 lassen die Kölner den Herzog von Brabant mit seinen Bewaffneten in die Stadt, schließen mit Brabant, Berg, Mark und Jülich einen Landfrieden und wenden sich unter Mißachtung der bisherigen Verträge von dem Erzbischof ab. Grund für das Umschwenken war das Verhalten des Kölner Metropoliten, der von seiner Worringer Burg aus die Rheinschiffahrt und damit den Kölner Handel sehr behinderte. Burgen am Rhein, unter welcher Herrschaft auch immer, waren den Kölnern stets „ein Dorn im Auge“. Darüberhinaus schien es ihnen sinnvoll, das erzbischöfliche Stadtregiment ein für allemal loszuwerden, was ihnen als Mitergebnis der bald nachfolgenden Schlacht auch vollkommen gelang.

Brabanter und Kölner Ritter und Bürger zogen am folgenden Tage nach des Herzogs Ankunft in Köln nach Worringen, um die Burg des Erzbischofs zu belagern. Am 5. Juni traf Siegfried von Westerburg mit einem zahlenmäßig überlegenen Heer vor Worringen ein, wo Herzog Johann sofort die Belagerung abbrach und sein Heer in Schlachtordnung formierte. Auf der Fühlinger Heide, südwestlich des Worringer Bruches, stand sich fast die gesamte Ritterschaft der Region um Rhein und Maas gegenüber, aber auch viel schlechtbewaffnetes Fußvolk aus Bürgern und Bauern, die mit der – versprochenen! – Aussicht auf Beute in Scharen herbeigelaufen waren.

Wir sind über die Ereignisse von Worringen über einen schreibgewandten Augenzeugen – wie es um diese Zeit sonst selten ist – ziemlich gut unterrichtet. Wenn man auch dem Jan von Heelu die besondere Herausstellung der Brabantischen Heldentaten, besonders die des Herzogs Johann, nachsehen muß – er war ja Brabanter und wahrscheinlich Mann des Herzogs – ist sein Bericht von der „Slag van Woeringen“ als historisch korrekt anzusehen. Er hat sein Werk der Herzogin Margarete von England, der Frau von Herzog Johanns gleichnamigem Sohn, zugedacht. Er schreibt: „Ich will ein Geschenk in Form einer Erzählung in deutscher Sprache machen, mit der sie diese Sprache lernen möge, die sie nicht beherrscht; die Geschichte handelt von ihrem Schwiegervater, dem Herzog, die ich hier beschrieben habe; denn es kann nichts Schöneres als große Rittertaten geben.“ Noch betrachtete man sich am Hofe Johanns I. von Brabant als zum deutschen Sprachbereich zugehörig.

Das Werk des Jan von Heelu dient in erster Linie dem Preis der Helden aus Brabant und wird sichtlich dem Anteil, den ihre Mitkämpfer, die Bergischen, Jülischen, Märkischen und Kölner, an dem Kampfgeschehen hatten, nicht

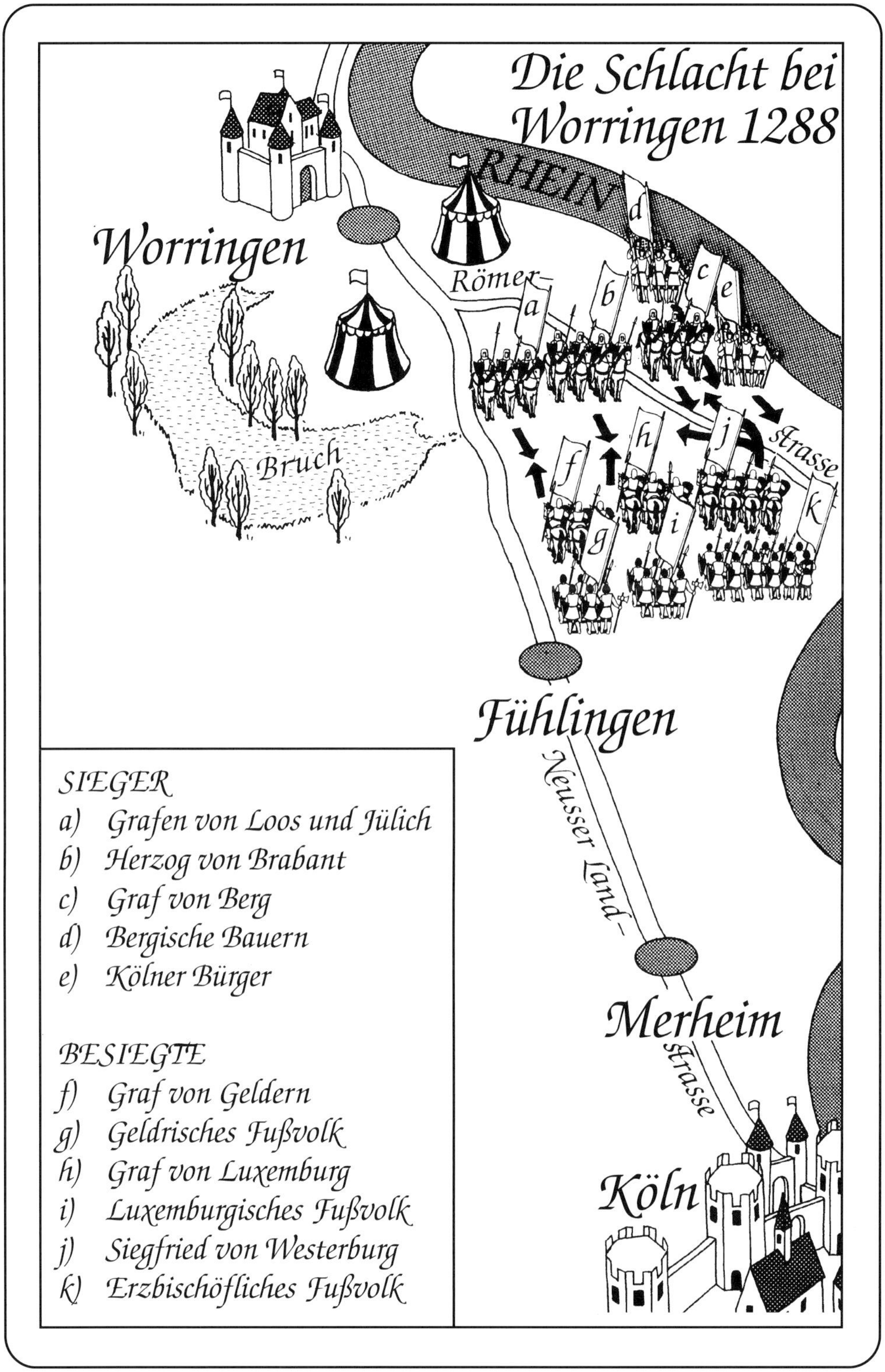

Die Schlacht bei Worringen 1288
RHEIN
Worringen
Römer-
Strasse
Bruch
a
b
c
d
e
f
g
h
i
j
k
Fühlingen
Neusser Land-
Strasse
Merheim
Köln
SIEGER
a) Grafen von Loos und Jülich
b) Herzog von Brabant
c) Graf von Berg
d) Bergische Bauern
e) Kölner Bürger
BESIEGTE
f) Graf von Geldern
g) Geldrisches Fußvolk
h) Graf von Luxemburg
i) Luxemburgisches Fußvolk
j) Siegfried von Westerburg
k) Erzbischöfliches Fußvolk

gerecht. Vor allem bleibt das von ihm erwähnte relativ späte Eingreifen der bergischen und kölnischen Fußtruppen unerklärt. Den Darstellungen Heelus stehen die etwa 25 Jahre später geschriebene Österreichische Reimchronik Ottokars (mit stark sagenhaften Zügen) und die Gesta Baldewini gegenüber, die die von Heelu geschilderten Einzelheiten in etwa bestätigen, aber eine andere, verlorengegangene Quelle, wahrscheinlich bergischer Herkunft, benutzt haben, weil hier der Graf von Berg den Ruhm des Tages davonträgt.

Die Schlachtordnung war folgende: Die drei Treffen des Herzogs von Brabant standen südlich von Worringen zwischen der Neusser Landstraße und dem Rhein zu beiden Seiten der alten Römerstraße. Im rechten Treffen standen die Grafen von Loos und Jülich, in der Mitte befanden sich die Brabanter mit ihrem Herzog, während der Graf von Berg mit seinen Rittern und den streitbaren Bürgern von Köln (Führung Gerhard Overstolz) den linken Flügel bildeten. Die kampfunerfahrenen bergischen Bauern blieben vorerst in Hinterhand, vermutlich, um die Schlachtordnung der Ritter nicht durcheinanderzubringen.

Ihnen gegenüber, die weit entfernte Stadt Köln im Rücken, standen auf dem rechten Flügel der Erzbischof Siegfried von Westerburg (dessen ritterliche Tugenden bei Jan von Heelu ausdrücklich gewürdigt werden), in der Mitte die kampfeslüsterne Schar der Luxemburger und links führte Reinald von Geldern das Treffen an. Auch Graf Reinald hielt sein Fußvolk erst einmal in Reserve. Dieses machte sich aber selbständig und stürzte sich auf das fast verlassene brabantische Zeltlager in der Mitte des Worringer Bruchbogens, um dort zu plündern. Die Schlacht begann gegen 9 Uhr. Im Getümmel der stundenlangen Einzelkämpfe lösten sich die einzelnen Treffen nach und nach auf und das Schlachtfeld wurde zunehmend unübersichtlicher.

Einige der Einzelkämpfer kannten sich von den Turnieren her und waren vermutlich aus Revanchegelüsten vom Kampfeseifer besessen. Dabei hat es manche Versuche gegeben, den jeweiligen Gegner gefangenzunehmen, um von ihm später ein Lösegeld oder die Übertragung eines Lehnshofes abzupressen. Dietrich Flecke von Holstein z.B. geriet in die Gefangenschaft des Grafen von Jülich und mußte deshalb später an ihn einen Hof abgeben. Es gab aber auch Hemmnisse wegen verwandtschaftlicher Beziehungen, so wollte der Luxemburger nicht gegen den mit ihm verwandten Grafen Adolf V. kämpfen.

Als am frühen Nachmittag die bergischen und kölnischen Fußtruppen ins Kampfgeschehen eingriffen, sah der Erzbischof wohl die Schlacht verloren. Im Anblick der mit furchbaren Keulen um sich schlagenden bergischen Bauern fürchtete er um sein Leben. Ihm war wohlbewußt, daß sich diese einfachen Leute für die jüngst von ihm im Bergischen begangenen Brandschatzungen und Plünderungen rächen wollten. Deshalb ergab er sich per Zuruf dem brabantischen Ritter Gottfried (Godevaert) von Arschot. Ihm mag es günstiger erschienen sein, in brabantische Gefangenschaft zu geraten als etwa in bergische oder auch kölnische. Als es dem Godevaert nicht möglich war, die Zügel von Erzbischof

Siegfrieds Pferd zu ergreifen – diese symbolische Handlung war notwendig, um den anderen Schlachtteilnehmern anzuzeigen, daß dieser sich ergeben hatte und nun von ihm aus dem Kampfgetümmel herausgeführt wurde – überließ der brabantische Ritter den hohen Gegner dem günstiger stehenden Grafen von Berg, nicht ohne ihm mit Zuruf zu verstehen zu geben, ein Lösegeld sei nur mit Willen des Herzogs von Brabant zu vereinbaren. Graf Adolf von Berg scheint dann mit dem gefangenen Erzbischof, wohl in Begleitung seiner Ministerialen, das Schlachtfeld verlassen zu haben. Mit Siegfrieds Gefangennahme war die Schlacht praktisch entschieden; denn das mußte normalerweise eine demoralisierende Wirkung auf sein Heer haben. Aber viele der erzbischöflichen Ritter kämpften der Ritterehre wegen und vielleicht auch in der noch nicht aufgegebenen Hoffnung, zur Erzielung eines Lösegeldes einen Gefangenen heimführen zu können, unverdrossen weiter.

Jan von Heelu beschreibt die Bewaffnung der bergischen Bauern und der Bürger von Köln so: „...Aber ich werde erst berichten, wie sie mit ihren Knüppeln, die mit Eisenspitzen versehen waren, hinzukamen und zu Werke gingen, die kühnen Bauern von Berg, die, in der Sprache Brabants, zu Recht Dorfleute genannt werden. Diese kamen alle wohl zum Kämpfen bereit, in der Gewohnheit, die dort besteht. Ein Großteil von ihnen hatte Wams und auch Haube, ein Teil sogar Panzer; zwar der Schwerter mit scharfen Klingen wollten sie sich nicht bedienen; aber Knüppel hatten sie alle, am Ende mit großen Hufnägeln gespickt. Ihren Scharen hatten sich die Kölner mit ihren Treffen beigesellt: In ihrer Gesellschaft sah man glänzende Kettenhemden, Halsberge und Schwerter blinken (die Kölner Bürger waren schon deshalb besser mit Harnisch und Waffen ausgerüstet, weil sie diese zur Verteidigung der Tore und Mauern ihrer Stadt benötigten, d. Verf.)."

Ein Mönch namens Walter Dodde ermunterte die Fußtruppen: „Wollt ihr gewinnen Gut, daß Ihr es nun angeht; denn die Feinde sind ermattet". Mit dem Schlachtruf „Hya, ruhmreiches Berg" zogen die Bergischen daraufhin tapfer in das Gefecht. Einige von ihnen „stellten sich an einen Graben und schlugen nieder Freund und Feind, ohne Schonung; denn wer zu den einen oder anderen gehörte, davon hatten sie keine Kenntnis".

Nachdem der Graf von Berg seinen erzbischöflichen Gefangenen nach Monheim gebracht hatte, waren die bergischen Fußtruppen praktisch ohne Führung. Die übernahm nach Jan von Heelu ein Gefolgsmann und Knappe des Herzogs von Brabant namens „Battele". Dieser führte nun die Bauern und Kölner Bürger in den Rücken der erzbischöflichen Kämpfer. Jan von Heelu dazu: „Da war in des Feindes Heer niemand, war er auch noch so tapfer, der nicht abgewehrt wurde, denn durch die Schwerter der Brabanter fielen sie ohne Umschweife, wenn sie vorwärts drängen wollten, und wenn sie umkehren wollten, fanden sie die Kölner oder die Bauern von Berg... Als die Bauern sahen, daß die Herren die Gewohnheit hatten, die Feinde alle zu fangen, um sie für Gut loskaufen zu lassen, da wollten sie daran mitverdienen und taten das gleiche. Darum ließen sie das Schlagen und gingen tapfer die zu fangen, die bei ihnen um Gnade baten; aber die dagegen fochten, erschlugen sie sogleich. Da sah man jämmerlich gezwungen die Wackersten des ganzen Christenreiches, dem armen Bauernvolk sich ergeben."

Nach dem Kampf war das Schlachtfeld mit Toten und Verwundeten übersät. Zirka 10 000 Streiter (an anderer Stelle wird von 6000 gesprochen) waren an der Schlacht bei Worringen beteiligt. Die Zahl der Berittenen betrug auf erzbischöflicher Seite etwa 3600 – darunter ein besonders großes Kontingent Limburger und Luxemburger – und auf der brabantischen 2500, davon allein 1500 aus des Herzogs Gefolge. Nach Jan von Heelu waren die brabantischen Opfer mit „weniger als 40 Mann" und 100 Schwerverwundeten gering, während die Feinde mehr als tausend Mann verloren haben sollten.

Mehr als 4000 Pferde lagen unter den Reitern abgeschlachtet auf dem Feld, dabei ist zu beachten, daß viele Ritter mehr als ein Pferd bei sich führten. Als Gefallene der Berger, Märker und Kölner kennt Heelu nur drei, darunter den Marschall des Grafen Eberhard von der Mark und den Kölner Patrizier Gerhard von Overstolz, der, zu Fuß seine Leute führend, fiel. Die gewiß zahlreich getöteten bergischen Bauern und anderes Fußvolk erwähnt er nur pauschal.

Nach der Schlacht, „als der Kampf schon zu Ende gegangen war und mancher Mann tot oder kläglich gefangen auf dem Schlachtfeld war, geschah dort ein seltsames Treiben", so Jan von Heelu, „denn dann setzte man so manchem Packpferd und manchem Wagen nach, die einen hier, die anderen dort... Es wurde auf Pferde und auf Leute, die dort aus dem Kampfe schieden, außerhalb des Schlachtfeldes hartnäckig Jagd gemacht... Ritter, die sich dort im Lande auskannten... folgten in Schlachtordnung mit aufgerollten Bannern und fingen und plünderten forsch alles, was ihnen unterkam, sowohl Leute als auch Gut..." Als die Ritter später ihre gefallenen Kampfgenossen suchten, konnten sie diese nicht ausfindig machen, weder den Graf von Luxemburg, den Herrn Berthout, noch andere Herren; „...denn Diebe, die Gewinn machen wollten, beraubten sie, ehe sie tot waren, und hatten sie ihrer Waffen entledigt, daß sie so nackt dalagen, wie sie geboren waren..."

Mönche der verschiedenen religiösen Orden übernahmen das Zusammentragen der Leichen und bestatteten sie bei der Worringer Kirche. Damit hatte eine der größten Ritterschlachten des Mittelalters ihr schaurig-bemerkenswertes Ende gefunden.

Graf Adolf V. von Berg setzte den Erzbischof auf seiner Burg an der Wupper gefangen. Der Papst versuchte daraufhin ohne Erfolg, dessen Gefangenschaft zu beenden. Aber Adolf konnte nicht allein über das Schicksal des Erzbischofs entscheiden, denn er war seinen Kampfgenossen von Worringen verpflichtet. Graf Eberhard von der Mark und die Kölner Bürger bemühten sich, die Freilassung Erzbischof Siegfrieds zu verhindern, ja sie versuchten sogar, seine

Unterricht Ende des 16. Jhs. Mehrere Lehrer unterrichten gleichzeitig. Die Rute ist schnell bei der Hand (Holzschnitt von 1592)

Mit der Emanzipation des Bürgers ging die schulische Erziehung zunehmend von den Klosterschulen auch in die Hände der Bürger über, die eigene „Schulmeister" mit dieser Aufgabe betrauten. Deutsche Schulstube des 16. Jhs. mit den nach Altersgruppen getrennten Schülern (Ausschnitt aus „Legende von St.Rupprecht", J. Köbel, Oppenheim 1524)

Gefangenschaft zu einer länger dauernden zu machen, indem sie dem Grafen in Aussicht stellten, daß sein Bruder Konrad, Dompropst zu Köln, zum Schützer (tutor) der Kölner Kirche erhoben werden könnte. Graf Adolf von Berg, der die Chance sah, wieder größeren Einfluß auf den Kölner Erzstuhl zu gewinnen, versuchte daraufhin durch Bitten und Geschenke einige Prioren dazu zu bringen, die erzbischöflichen Amtleute und Ministerialen zu einer Neuwahl nach Bonn zusammenzurufen. Erst als die Erhebung nicht zustande kam, war der Graf zu Verhandlungen über die Bedingungen der Freilassung Siegfrieds bereit. Unter denjenigen, die damals den Plänen des Bergers Widerstand leisteten, war auch der damalige Domscholaster (= Domschulmeister) Wikbold von Holte, Siegfrieds Nachfolger als Erzbischof von Köln (1297–1304).

Am 19. Mai 1289 wurden zu Burg an der Wupper mehrere Urkunden über die Sühne zwischen den verschiedenen an der Schlacht von Worringen beteiligten ritterlichen Herren ausgestellt. Die Sühne mit dem Schwur der Urfehde *(urveda)* mußte nach damals geübtem Recht der Freilassung des Erzbischofs vorausgehen. Der Vertrag des Erzbischofs mit Graf Adolf von Berg und dessen Bruder Heinrich von Windeck war dabei mit Abstand der umfangreichste. Der Hauptteil der Sühneleistung, der mit insgesamt 12000 Mark Schadenersatz beziffert wurde, enthielt auch die Abtretung von Deutz – das Siegfried wieder einmal ausdrücklich „seine Stadt" nannte – sowie das dortige „officium villicationis" (die erzbischöfliche Hofverwaltung), mit Ausnahme der Mühlen, die an das Domkapitel verpfändet waren. Das nie erloschene Interesse der Berger an Deutz – wegen der Einwirkungsmöglichkeit auf die gegenüberliegende Stadt Köln – tritt auch hier wieder klar hervor.

Weiter wurde folgendes vereinbart: Der Erzbischof darf ohne Zustimmung des Grafen zwischen Sieg und Anger keine Burg am Rhein oder sonstwo in der Grafschaft Berg errichten. Die dort lebenden Laien werden gleichzeitig der weltlichen Gerichtsbarkeit des Erzbischofs, seines Offizials und seiner Archidiakone entzogen. Ferner darf Siegfried nicht die Geistlichen zur Verantwortung ziehen, die trotz des verhängten Interdikts Gottesdienst – auch in Anwesenheit des Grafen – gehalten haben. Heinrich, Herr von Windeck, der Bruder Adolfs, wird vom Erzbischof mit Zustimmung des Domkapitels und der Kölner Prälaten mit dem erzstiftischen Erbkämmeramt belehnt, das früher die Grafen von Hochstaden innehatten. Hier ging es wohl nur um die Zuweisung der Pfründe, die mit diesem Amt verbunden waren.

Dazu kamen noch Abtretungen der erzstiftischen Burgen Altenwied, Waldenburg, Rodenberg und Aspel als Pfand. Die verpfändeten Burgen lagen in strategisch wichtigen Grenzbereichen des erzstiftischen Herrschaftsgebietes am Mittel- und Niederrhein sowie in Westfalen. 1289 wurde noch die Burg Lechenich an Graf Adolf V. verpfändet.

Ohne das Hindernis erzbischöflicher Vorrechte und Einreden entstand auch wieder eine bergische Münzstätte. Die Grafen von Berg hatten schon im 12.

Jahrhundert Münzen geprägt, ohne daß darüber ein königliches oder erzbischöfliches Diplom bekanntgeworden ist. Die Tatsache, daß sie Münzen geprägt haben, setzt eine solche Genehmigung voraus. Erzbischof Siegfried, der damals die Konkurrenz zum Kölner Pfennig (Denar) befürchtete, führte 1279 einen Schiedsspruch herbei, der dem Grafen Adolf V., dem späteren Mitsieger von Worringen, die Münzprägetätigkeit einstweilen untersagte.

Am 6. Juli 1289 wurde Erzbischof Siegfried von Köln aus der Gefangenschaft entlassen. Er war in der letzten Zeit so schwer erkrankt, daß man mit seinem Ableben rechnen mußte. Er soll in der Burg einem Adeligen würdig untergebracht gewesen sein – also nicht im Verlies –, aber der Graf von Berg soll ihm nicht gestattet haben, seinen Harnisch abzulegen, damit niemand sagen könne, er hätte ihn in seiner Eigenschaft als Erzbischof gefangengehalten.

Nach dem Sieg von Worringen war die politische Macht des Kölner Metropoliten am Rhein und in Westfalen gebrochen und der Weg frei für die Entwicklung zu einer vom bischöflichen Episkopat unabhängigen Herrschaft der Berger, wenn man auch noch nicht von einer absoluten Landesherrschaft sprechen kann. Die Erhebung Bergs zu einem selbständigen Herzogtum erfolgte erst im Jahre 1380. Allerdings konnte der Erzbischof seine im Jahre 1151 von König Konrad III. verliehenen Herzogsrechte im rheinischen Herrschaftsraum praktisch nicht mehr überall ausüben.

Als äußeres Zeichen der nun gewonnenen politischen Unabhängigkeit gründete Graf Adolf die Stadt Düsseldorf. Zwar hatten die Grafen von Berg innerhalb der Grafschaft schon einigen Städten Abgabenfreiheit, Privilegien und das Befestigungsrecht verliehen. Aber Wipperfürth (gegründet 1222), Lennep (1230) und zuletzt Ratingen (1276) durch Adolf V. selbst lagen zu weit vom Rhein entfernt, um die Wasserstraße wirtschaftlich nutzen zu können. Bisher war den Bergern der Weg zum Rhein vertraglich verwehrt. Allerdings scheinen sie ihn bei Mülheim gebrochen zu haben, denn dort soll ein Turm von Siegfried von Westerburg zerstört worden sein. Im Jahre 1322 gewährte Graf Adolf städtische Freiheiten und Sonderrechte für Mülheim, womit er wohl einen schon länger bestehenden Zustand sanktionierte. Wie oben beschrieben, hatten die Berger längere Zeit Lehnsrechte an Deutz.

Graf Adolf wählte zur Gründung seiner ersten offiziellen Stadt am Rhein das Dorf an der Mündung der Düssel, wo vor nahezu hundert Jahren Engelbert I. von Berg das Erbgut des Edelherrn Arnold von Tyvern erworben hatte. Die Urkunde der Stadterhebung trägt das Datum 14. August 1288. Auch Düsseldorf war offenbar bereits befestigt, d.h. mit Wall und Graben umgeben. Auch diese Urkunde war nur die Bestätigung eines schon länger bestehenden Zustandes, wie es 1322 auch bei Mülheim der Fall war. Allerdings blieb die Größenentwicklung des Ortes erst einmal bescheiden. Die erste Befestigung um die Siedlung herum hatte kaum 800 Meter Umfang. Nach dem Tode des Stadtgründers Adolf V. stagnierte der weitere Ausbau. Seine Nachfolger kümmerten sich kaum um die erste bergische Stadt am Rhein. Hinzu kam die Konkurrenz der Nachbarstädte, z.B. der wichtige Handelsort Duisburg. Nur fünf Tage vor der Stadterhebung von Düsseldorf kam es am 9. August 1288 zu einem Vertrag zwischen Adolf V. von Berg und der damals noch freien Reichsstadt Duisburg, in dem gegenseitiger ungehinderter Verkehr, Schutzgewährung und gleichmäßige Rechtspflege mitsamt einem paritätisch besetzten Schiedsmännergremium vereinbart wurden.

Zwei Jahre später wurde die alte und bedeutende Stadt von König Rudolf von Habsburg an Graf Dietrich von Kleve verpfändet, womit – trotz bergischer Anrechte im 14. Jahrhundert – die Vorentscheidung über ihre spätere territoriale Zugehörigkeit gefallen war.

Konkurrenz boten dem kleinen Ort an der Mündung der Düssel auch die wichtige Zollstätte Kaiserswerth, die aufstrebende Nachbarstadt Ratingen sowie Neuss als bedeutendster Ort im Kölner Niederstift, von der europäischen Metropole Köln ganz zu schweigen. Die Folge davon war, daß Düsseldorf für Jahrzehnte auf der Stufe einer „Minderstadt" verharrte. Erst im 15. Jahrhundert wurde Düsseldorf eine größere Stadt.

Residenz der Berger blieb nach wie vor die Burg an der Wupper, obwohl Graf Adolf V. vermutlich schon damals an eine Übersiedelung von Schloß Burg nach Düsseldorf als Residenzstadt dachte. Das ersieht man an der Gründung eines Kanonikerstiftes an der Pfarrkirche St. Lambertus zu Düsseldorf, das später zum „dynastischen Hausstift" der bergischen Fürsten avancierte.

Graf Adolf muß schon unmittelbar nach der Schlacht von Worringen gehandelt haben, denn Papst Nikolaus IV. wies mit Mandat vom 5. September 1288 den Siegburger Abt an, dem Wunsche des Grafen zu einer Stiftsgründung stattzugeben. Die Anerkennung eines Erzbischofs unterblieb aber vorerst. Erst Siegfrieds zweiter Nachfolger, Heinrich von Virneburg, erteilte 1306 dem neuen Kanonikerstift in Düsseldorf die erzbischöfliche Anerkennung.

Graf Adolf V. war gewiß einer der bedeutendsten Repräsentanten des Hauses Berg-Limburg, der mit politischem und klugem Weitblick die Weichen für die weitere Entwicklung des Territoriums Berg zu einer Landesherrschaft stellte. Er förderte Handwerk und Gewerbe, holte Kolonisten aus den Niederlanden und Bergleute aus dem Harz; die Rodungen wurden fortgesetzt, Flußläufe reguliert und die Landwirtschaft gefördert.

Adolf V. starb am 28. oder 29. September 1296 leider kinderlos. Abweichend von der Familientradition fand er seine letzte Ruhestätte in der Gräfrather Stiftskirche, wo auch seine Frau Elisabeth von Geldern beigesetzt wurde. Graf Adolf V. zeigte damit sein gutes Verhältnis zu dem 1185/87, zu Lebzeiten seines Vorfahren Graf Engelbert I., gegründeten „Monasterium S. Mariae in Greverode", obwohl von einer Gründungsmitwirkung der Berger nichts bekannt geworden ist. Gräfrath lag unweit der Burg, so daß persönliche Beziehungen zu den dortigen Stiftsangehörigen durchaus bestanden haben können.

Siegel Graf Adolf III. von Berg vom Jahre 1217 (HStA. Düsseldorf, Johanniterkommende Herrenstrunden, Nr. 5). Für Adolf III. ist erstmalig das Wechselzinnenmotiv im Wappen der Berger nachgewiesen

Reitersiegel Herzog Heinrichs von Limburg von 1242 (HstA. Düss. Kurköln Nr. 20)

Rücksiegel Heinrichs von Limburg (1242). Er benutzt als Graf von Berg das Wechselzinnenmotiv (Kurköln Nr. 20)

Siegel Graf Adolf IV. Er benutzt als Sohn Herzogs Heinrich von Limburg das Löwenwappen mit Turnierkragen (1242, HStA. Düsseldorf, Kurköln Nr. 20)

Siegel Adolfs V., er benutzt als Enkel Heinrichs von Limburg im Jahre 1308 den Löwen mit Sternbeizeichen (Urkunde Nr. 202 des Stiftes Essen)

Die Wappen der Grafen von Berg

Die Wappen der Ritterschaft waren im Mittelalter den Adeligen ebenso geläufig wie in der Neuzeit den Fans die farbigen Trikots der Sportler, besonders die der Fußballbundesligaspieler. Sie dienen heute wie damals demselben Zweck: der Identifizierung und Unterscheidung der Gegner in Kampf oder Spiel. Zum Wesen des Wappens gehört die eindeutige Zuordnungsmöglichkeit zu einer bestimmten Person oder Familie, aber auch zu Angehörigen einer Gruppe, z. B. zu Ritterorden oder städtischen Milizen.

Die Einführung der Kettenkapuze und des Nasalhelms, wie er auf dem berühmten Teppich von Bayeux mehrfach abgebildet ist, die nur noch Augen und Oberteil der Wangen freiließen, machten bei gleicher Bewaffnung und Rüstung den einzelnen weitgehend unkenntlich, selbst für seine Freunde und Gefolgsleute. Spätere Helme nur mit Augenschlitzen, wie z.B. der Topfhelm der adeligen Ritter in der Schlacht bei Worringen, verstärkten noch die Unkenntlichkeit der Personen. Im Schlachtgetümmel, aber auch bei Turnieren, wären ohne Wappen die Gegner, Freunde oder Feinde, kaum zu unterscheiden gewesen. So mußte sich im Jahre 1066 Wilhelm der Eroberer in der Schlacht von Hastings seinen eigenen Leuten durch Anheben des Helmes zu erkennen geben.

Aus der Schlacht bei Worringen, die im wesentlichen eine Reiterschlacht war, ist das durch Wappen und Fahnen differenzierte bunte Bild der Kämpfenden überliefert. In der Regel war es so, daß Schild, Wappenrock oder Mantel sowie die Pferdedecke von gleicher Grundfarbe waren. Die Schildfiguren wurden möglichst flächendeckend auf Brust und Rücken sowie auf Vorder- und Rückenteil der Pferdedecken aufgenäht oder aufgestickt. Auch die zum Kampf zusammengeschlossenen Verbände der Knappen und die lehnspflichtigen Ritter trugen als Hinweis auf einen gemeinsamen Herrn dessen Wappen; das ist für das berittene Gefolge des Herzogs von Brabant durch Jan von Heelu, dem Augenzeugen und Chronisten der Schlacht bei Worringen, bezeugt.

Wir haben heute kein Bild oder eine Zeichnung mit einer Darstellung von Wappenschild, Wappenrock und Pferdedecken, wie sie die Grafen von Berg und die sie begleitenden Dienstmannen in der Schlacht bei Worringen benutzten. Wir können nur auf wenige nur schlecht erhaltene Siegel zurückgreifen, die das Motiv des damaligen bergischen Wappens, den Wechselzinnenbalken, erkennen lassen. Die Gleichsetzung des Schildes mit seinem Träger drückt sich in den Siegeln aus; die rechtliche Bedeutung der Siegel überträgt sich auch auf die Wappen.

Die ersten Grafen von Berg haben den Wechselzinnenbalken bis zum Jahre 1225 in ihrem Wappenschild geführt. Es ist aber durchaus möglich, daß der Wechsel-zinnenbalken nicht das älteste bergische Wappen war. Dieses Wappen ist erstmalig im Reitersiegel für Adolf III. von Berg (* um 1175, um 1184 Graf von Berg, † 1218) nachgewiesen. Von Adolfs Vater Engelbert I. (* vor 1130, um erstmals 1165 Graf von Berg, † 1189) sind zwar Siegel überliefert, auf ihnen ist jedoch kein Wappen zu erkennen. Engelbert war aber der jüngere Sohn; und es ist wahrscheinlich, daß Eberhard von Altena als Älterer das eigentliche Familienwappen behielt, während Engelbert sich nach der Landesteilung um 1160 wohl ein neues Wappen zulegte. Das Haus Altena trug im Wappenbild jedenfalls eine Rose, die nach der Altenberger Überlieferung im ältesten bergischen Wappen vorhanden war.

Nach Aussterben des ersten bergischen Grafenhauses im Jahre 1225 fiel die Grafschaft Berg auf dem Erbwege an Herzog Heinrich von Limburg. Über die Limburger kann das Löwenmotiv in das Haus Berg gelangt sein.

Der rechtsgewandte Limburger Löwe begegnet uns im „Großen Wappensiegel" des Grafen Adolf V. von Berg, das an einer Urkunde vom 28. Januar 1269 hängt. Auf diesem ist ein fünflätziger Turnierkragen zu erkennen. Der Turnierkragen ist ein sogenanntes Beizeichen, um das Wappen entweder von Vater und Sohn oder der einzelnen Familienglieder, die das gleiche Wappen führen, zu unterscheiden. Eine Veränderung des Wappens durch Beizeichen finden wir bei Heinrich von Windeck, dem Bruder von Adolf V., der das Schild mit der Löwendarstellung durch eingestreute Hermelinschwänze ergänzt.

Neben dem großen Wappensiegel und einem kleineren Rücksiegel oder Sekretsiegel benutzte Adolf V. auch ein großes Reitersiegel, das z.B. an einer Urkunde von 1283/84 hängt. Die großen Reitersiegel gelten als die vornehmeren Siegel des hohen Adels. Ab 1276 läßt sich ein standesgemäßes Reitersiegel des Grafen Adolf V. nachweisen. Mit 82 Millimeter im Durchmesser übertrifft es das große Reitersiegel Reinalds von Geldern.

Die Wappen der bergischen Ritter

Wie der Rittername „von dem Bongard" (d.h. von dem Obsthof = Bungert) vermuten läßt, stammten einige der bergischen Ministerialen aus dem bäuerlichen Bereich. Diese und andere zum ritterlichen Leben übergegangenen Männer besaßen kein eigenes Wappen. Deshalb gestattete üblicherweise ihr Dienst- und Lehnsherr, hier die Grafen von Berg, die Benutzung ihres eigenen Wappens. Dem jeweiligen Lehnsherrn mochte auch an der möglichst einheitlichen Kennzeichnung seiner Kriegsmannschaft gelegen sein.

Von der Benutzung des Siegels der Grafen von Berg durch Untertanen berichtet eine Urkunde von 1281. In diesem Jahre übertrugen die Söhne des Wiesdorfer Vogtes das Kirchenpatronat an das Kloster Gevelsberg. Bei der Siegelankündigung am Schluß dieser Urkunde lautet es in einer deutschen Übersetzung: „Da wir zur Bezeugung unserer Sache kein eigenes Siegel besitzen, so haben wir um Beidruck des Siegels unseres erlauchten Herrn, des Grafen Adolf von Berg, gebeten. Und wir, Graf Adolf, haben auf Bitten der Brüder Gottfried und Hermann diesen Gebrauch unseres Siegels gestattet..."[151]

Die aus edelfreien Familien stammenden Vasallen behielten ihr altes Familienwappen, wie z.B. die von Eller (Herzschild mit Windmühlenflügeln) und die von Stammheim (drei Sterne im Schildhaupt). Die Menge der wechselzinnenbalkenführenden Geschlechter im Bergischen ist groß. Man kann davon ausgehen, daß die bergischen Geschlechter, die den Wechselzinnenbalken führen, schon seit den Grafen Eberhard I. bzw. Adolf III. – also vor dem Wappenwechsel zum limburgischen Löwen – zur bergischen Gefolgschaft gehörten. Sie behielten das Wappen auch bei, als ihre Herren später ein anderes führten. Hier kann man den Ritter Vlecke von Nesselrode erwähnen, der in der Schlacht bei Worringen unter diesem Wappen mit angeblich sieben Söhnen focht. Eine aufschlußreiche Quelle für Siegel mit dem Wechselzinnenbalken sind die Urkunden der Abtei Altenberg.

Unter den Trägern des Wechselzinnenwappens sind die ältesten Gefolgsleute der Berger zu suchen. Diese Erkenntnis hilft bei der schwierigen Lokalisierung der Herkünfte der bergischen Ritterschaft. Die Geschlechter, die in der Zeit Adolf III. und danach den Wechselzinnenbalken führten – ob Ministerialen oder Vasallen sei dahingestellt – sind die von Opladen, von dem Bottlenberg, von dem Bongart, von Nesselrode (= von Leysiefen), von Grünscheid, von Steinbüchel, von der Mühlen, von Driesch, von Hückeshoven. Alle Vorgenannten sind demnach in das Gebiet der ältesten bergischen Besitzungen anzusiedeln.

Anfänglich bestanden die Wappen nur aus dem Schild. Im ersten Drittel des 13. Jahrhunderts wurde es dann üblich, beim Vollwappen einen Helm mit Helmzier hinzuzufügen. Von den Geschlechtern von Opladen (Ophoven), von dem Bottlenberg, von Nesselrode (und später von Hugenpoet) sind uns die Vollwappen, also Schild, Helm und Helmzier, bekannt. Sie haben untereinander eine verblüffende Ähnlichkeit. Alle Genannten zeigen neben dem Wechselzinnenbalken den Brackenkopf auf dem Helm mit Wiederholung der Zeichnung auf dem Hals des Tieres. Die Darstellung eines Jagdhundes (die Bracke war ein Meutenhund, besonders für die Niederjagd geeignet) kann einen Hinweis auf die Landschaft geben, in der dieses Wappen üblich war (bildhafte Darstellung des Wappenbildes = redendes Wappen): wenn wir wissen, daß der Forst Miselohe zu einem beliebten Jagdgebiet der Grafen von Berg gehörte, in dem nachgewiesenermaßen eine ganze Reihe von bergischen Lehnshöfen Hundemeuten unterhalten mußte, dann ist die Wahrscheinlichkeit groß, daß alle drei Geschlechter aus demselben Jagdgebiet oder sogar aus einer Familie stammen.

Bei denen von Opladen, von Nesselrode und von dem Bongard u.a. ist Herkunft oder Wohnaufenthalt aus diesem Raum – das spätere Amt Miselohe (= sumpfiger Niederwald) – bekannt. Von dem bergischen Genealogen Kurt Niederau wird allerdings die Herkunft derer von dem Bottlenberg aus dem Großraum Opladen/Leichlingen/Altenberg angezweifelt. Eines seiner Argumente ist der Hinweis auf einen Hof derer von dem Bottlenberg zu Serm im

Reitersiegel Graf Adolf V. von Berg, einer der Sieger von Worringen (1289, HStA. Düsseldorf)

Vollwappen des bergischen Ministerialengeschlechtes von dem Bottlenberg (von Bodelenberg)

Wappen der Sobbe oder Zobbo von Leysiefen

Allianzwappen der vereinigten Herzogtümer Jülich, Berg und Kleve sowie der Grafschaften Mark und Ravensberg. Interessant ist, daß auf dem Hals des Hundekopfes das „urbergische Wappen", der Wechselzinnenbalken, erscheint

Kirchspiel Mündelheim, weil dort der früheste belegte Besitznachweis dieser Familie sein soll. Ganz abgesehen von der Ferne zum „Kernraum" Berg ist dieses Gut erst 1313 von Heinrich von Westerholt gekauft worden, während Hermann von Bodelenberg schon im Jahre 1189 im Gefolge des Grafen Engelbert I. erscheint. Das sind fast 125 Jahre bis zum Kauf des Hofes in Serm.

Vielleicht hängt die Übersiedelung eines bergischen Ritters von Bodelenberg mit der Heirat Graf Adolfs VI., Sohn Heinrichs von Windeck, mit Agnes von Kleve zusammen, die Duisburg als Aussteuer erhielt. Das geschah just 1 Jahr vor dem Kauf des Hofes in Serm durch die von Bodelenberg. Auch die Hugenpoet sind ein – wohl aus politischen Gründen – in Ruhrnähe „verpflanztes" Geschlecht mit Wechselzinnenbalken. Auch sie werden dort in dieser Zeit besitzlich. Es gibt eine ganze Reihe von Beispielen dafür, daß ein Geschlecht nach dem Erwerb eines neuen Besitzes diesem seinen Namen gab.

Wie aus vielen Urkunden wahrscheinlich wird, ist der ursprüngliche Lebensraum derer von dem Bottlenberg (Bodelenberg) in nicht zu weiter Nachbarschaft zu den Besitzungen derer von dem Bongart (Odenthal) und von Stammheim (Hanscheider Hof bei Burscheid – möglicherweise zur Eifgenburg gehörig? – und Fronhof Bechen) zu suchen. Auffällig oft urkunden die von Bodelenberg für die vermutlich ihrem Wohnsitz nahegelegene Abtei Altenberg.

Kurt Niederau schreibt selbst: „Häufiger noch als in Urkunden des bergischen Grafenhauses begegnen die v. d. B.(ottlenberg) mit Angehörigen des Geschlechts derer von dem Bongard (de Pomerio), die gleichfalls einen Wechselzinnenbalken führten. Dabei stellten beide Geschlechter nicht nur recht oft gemeinsam Zeugen unter bergischen Ministerialen, mehr noch sprechen alle übrigen der oben nachgewiesenen Überlieferung für eine enge Beziehung... Daß eine Verwandtschaft bestand, ist augenscheinlich, obwohl ein ausdrückliches Zeugnis fehlt."[152]

In Zeiten, in denen es beschwerlicher als heute war, von einem Ort zu einem anderen zu kommen, um bei irgendwelchen Beurkundungsterminen anwesend zu sein, ist wohl eine nahe Nachbarschaft der Zeugen wahrscheinlicher als eine erforderlich werdende längere Tagereise (hin und her zu Pferde) von Serm in der Rheinschleife bei Mündelheim (Duisburg) nach Odenthal für die von dem Bottlenberg oder auch in umgekehrter Richtung für die von dem Bongard.

Neue archäologische Erkenntnisse aus dem oberen Dhünntal

Bei der Frage nach der Herkunft derer von dem Bottlenberg werden die jüngst von Manfred Rech getätigten Untersuchungen im Bereich der neuen Dhünntalsperre interessant, die die Höfe Schirpendhünn, Kesselsdhünn und auch das „Gut auf der Dhünn" als Besitz dieser Familie ausweisen. Wenn auch hier nicht direkt ein „Stammsitz" zu lokalisieren ist, so ist ihre regionale Herkunft aus dem Amt Miselohe bestätigt oder doch wahrscheinlicher gemacht.

Dr. Rech schreibt u.a.: „Der fragliche Geländestreifen nördlich der Dhünn weist Beziehungen zu der Familie von Bottlenberg auf, ein altes bergisches Geschlecht, bei dem eine Linie ‚Schirp' und eine Linie ‚Kessel' unterschieden werden... Der genealogische Zusammenhang zwischen beiden Linien wird auch durch die räumliche Nähe der Weiler Schirpen- bzw. Kesselsdhünn, die ja nur knapp einen Kilometer auseinanderliegen, unterstrichen... Danach sind die Familienzweige ‚Schirp' bzw. ‚Kessel' in den ältesten Ritterzetteln unter dem Amt Angermund eingeschrieben. Als unwahrscheinlich kann deshalb auch gelten, daß wegen der beiden Zusatzbezeichnungen das Geschlecht etwa ursprünglich vom oberen Dhünntal stammen könnte."[153]

Zum Ritterzettel ist dasselbe zu sagen, wie oben zu Serm in der Rheinschleife bei Mündelheim: auch die Ritterzettel erscheinen viel später als die Erstnennungen der Herren von Bodelenberg. Wenn auch wegen der Zusatzbezeichnungen der Besitz im oberen Dhünntal als „Stammsitz" nicht infrage kommen soll, ist ein in der Nähe liegender, noch nicht lokalisierter Platz als früher Wohnsitz des bekannten bergischen Geschlechtes sehr wahrscheinlich.

Ein Engelbert „Scirp" wird 1326 als Knappe der Abtei Deutz erwähnt. Im Jahre 1399 verkauft Katharina, Witwe des Johann von Hugenpoet, mit Zustimmung ihrer Kinder sowie deren Freunde und den übrigen Verwandten (magen) ihr Manngut auf der Dhünn an die Abtei Altenberg.[154]

Interessant in diesem Zusammenhang ist – wie schon oben erwähnt –, daß auch die Hugenpoets ein sehr ähnliches Vollwappen wie dasjenige derer von Bodelenberg zeigen. Die Urkunde besiegelt „Reinard Kessel van Bodelenberg" mit dem Wechselzinnenwappen. Manfred Rech schreibt dazu: „Katharina war nach Niederau sehr wahrscheinlich eine der Töchter des Knappen Ludwig von Bottlenberg. Dieses Gut ‚auf der Dhünn' scheint somit zum Stammbesitz der Bottlenberg, genannt Kessel, zu gehören, wobei allerdings der Zusammenhang mit Kesselsdhünn nicht klar ist."

Bemerkenswert ist außerdem, daß in der Altenberger Urkunde von dem „Manngut auf der Dhünn" gesprochen wird. Ein „Manngut" war Lehnsgut eines Vasallen. Die Abtei Deutz hatte eigens eine „Mannkammer", auf der diejenigen Mannen den Lehnseid schwören mußten, die ihr Lehen nach dem Recht des Mannes (ius homini) empfingen. Lehnsherr des Manngutes „up der Doynen" („up" ist allgemein mit „an" zu übersetzen und muß nicht „obenliegend" oder „hochgelegen" heißen) war Herzog Wilhelm von Berg. Der Hof war Oberhof über mehrere abhängige Güter.

Drei nahe beieinanderliegende Höfe waren also im Besitz der Familie von Bodelenberg; von welchem Zweig auch immer, ist hier von untergeordneter Bedeutung. Wichtig für die Erkenntnisgewinnung ist die Häufung der Besitzhinweise der Familie im „Kernland" der Berger. Die archäologischen Befunde sprechen von einer Besiedelung dieses Gebietes vom 11. bis 13. Jahrhundert, als dort Bodenschätze ausgebeutet wurden. Möglicherweise waren die Berger am

Abbau von Kalk und an der Gewinnung von Eisen aus Raseneisenstein beteiligt, bis diese Tätigkeit – wohl nach Versiegen der Vorkommen – aufgegeben werden mußte.

Die Ausgrabungsergebnisse im Zusammenhang mit der sogenannten „Dhünnenburg", einer kleinen Wasserburg unweit von Schirpen- und Kesselsdhünn, sind das eigentliche Hauptthema von Dr. Rechs Arbeit. Sie muß im Areal eines durch angeschüttete Dämme begrenzten sumpfigen Weihers gelegen haben. Das Gelände in Richtung der Dhünn war stark versumpft. Bei den kleinen Ritterburgen im Bergischen Land sind mehrfach durch Dammbauten künstliche Versumpfungen herbeigeführt worden (z.B. bei den kürzlich entdeckten Motten Hortenbach und Wiebershausen/Niederscherf).

Ein Wassergraben mit hohem Wasserstand allein gab augenscheinlich nicht den ausreichenden Schutz; man konnte ihn ja durchschwimmen oder mit Booten befahren. Ein Sumpf dagegen war mit Belagerungsmaschinen und anderen Geräten nicht zu überwinden; auch ein wohlgerüsteter Krieger wird seine Last gehabt haben, nicht einzusinken, und war deshalb einem auf festem Grund stehenden Gegner unterlegen. Die Burgbewohner selbst betraten den festen Boden ihrer Burg über wegnehmbare Bretter bzw. Schiebebrücken. Später wurden Zugbrücken üblich. Bei Reuschenberg scheinen im Wassergraben stehende Faschinen die Annäherung des Feindes behindert zu haben. Abgefaulte Pflöcke als Reste davon sind heute noch vorhanden. Dem Wärter des Tierparks in Leverkusen-Bürrig sind sie bei Arbeiten am Tierparkteich, der wahrscheinlich Teil des ehemaligen Burggrabens war, sehr hinderlich.

Die Dhünnenburg hatte im 13. Jh. eine hölzerne Vorgängeranlage, die eine Zeitlang wüst gefallen war, bis sie gemäß dem archäologischen Befund in der Mitte des 16. Jahrhunderts wieder in Benutzung genommen wurde. Den Beweis erbrachte ein Eichenholzbalken, der nach einer ^{14}C-Untersuchung nach 1258 gefällt bzw. verarbeitet worden ist (begleitende Keramik: spätes 13. Jahrhundert). Eine andere Bohle gehört in die Jahre nach 1586, also zur Zweitnutzung.

Für die Erstnutzung der Dhünnenburg sind uns leider keine Besitzer bekannt. Die aus fortifikatorischen Gründen gesuchte Lage an Sumpf und Wasser läßt an eine Burg denken, die zum Schutz der Kalk- und Eisengewinnung angelegt worden war. Daß es ein gemeiner Bauernhof war, ist deshalb unwahrscheinlich, weil diese nach den allgemeinen Beobachtungen auf den Höhen lagen. Möglich ist aber auch die auseinanderliegende Trennung von Burgteil und zugehörigem Wirtschaftshof. Dann wäre mit dem Versiegen der Vorkommen an Kalk die Dhünnenburg überflüssig und aufgegeben worden.

Vermutlich sind die Vorkommen an Kalk und Raseneisenstein im oberen Dhünntal unter der Regie der Grafen von Berg ausgebeutet worden. Möglicherweise gab es einen Zusammenhang mit dem Geschlecht von dem Bottlenberg (Bodelenberg = Bodenberg = Motte) mit der Dhünnenburg. Auffällig ist in Urkunden die „Nachbarschaft" derer von dem Bongard mit denen von Bodelenberg.

Beispiele von kleinen Burganlagen. Nebenstehend das Burghaus der Dhünnenburg. Rekonstruktionszeichnung von Dr. Manfred Rech

Burg Overbach bei Much aus dem 13. Jahrhundert, wahrscheinlich zum Schutz der dortigen Bleizinkerzgruben erbaut

Die kurze Regierungszeit Wilhelm I. (1296–1308)

Wie berichtet, starb Adolf V. kinderlos am 28. (29.?) September 1296. Sein Nachfolger wurde einer seiner drei geistlichen Brüder, Wilhelm, den der Papst kurz vorher vom geistlichen Stand losgesprochen hatte. Ein anderer geistlicher Bruder Adolfs V., der Dompropst Konrad von Berg – es war derjenige, der um 1302 „ein Haus auf einem kleinen Hügel bei Hochscherf" erbaut hatte (die Kramerburg), war wohl schon zu alt für eine Nachfolge und starb auch bald. Heinrich von Windecks Sohn Adolf, der ebenfalls Erbansprüche hatte, mußte vorerst zurückstehen, ebenso die Söhne der Schwester Irmgard.

Wilhelm I. wandte sich sofort mit der Bitte an den König, ihn mit der Grafschaft Berg zu belehnen, soweit sie Reichslehen sei. Um den Berger zu gewinnen, war König Adolf von Nassau dazu im Interesse des Reiches gern bereit. Wer aber nach der siegreich beendeten Schlacht von Worringen gehofft hatte, daß im Bereich der niederrheinischen Lande politisch Ruhe einkehren würde, sah sich getäuscht. Das Ränkespiel um Machtpositionen setzte sich unvermindert fort. Bei den alten Kontroversen Erzbischof und Erzstift gegen die Reichsmacht befand sich der Berger mit dem König im selben Lager. Die Belehnung mit der Grafschaft Berg wurde am 10. 2. 1297 in Koblenz ausgesprochen.

Wilhelm vermählte sich mit Irmgard der Schönen von Kleve. Er und seine Frau haben vor der Geschichte den Ruf der besonderen Wohltätigkeit erworben. Am 25. März 1297 befreite er die Kirchspielsgenossen von Hückeswagen von allen Frondiensten und machte sie zu Wachszinsigen des Altares der hl. Katharina in der dortigen Pfarrkirche. Er förderte den Orden der Kreuzbrüder, der sich in einem von den Bergern im Jahre 1298 geschenkten „Steinhaus" niedergelassen hatte. Erzbischof Heinrich von Virneburg bestätigte am 6. Juni 1307 die Niederlassung der Kreuzbrüder in Beyenburg. Auch Papst Johannes XXII. nahm mit Urkunde vom 13. April 1318 den Konvent in seinen Schutz und bestätigte die Besitzungen.

Nachdem König Adolf von Nassau am 23. Juni 1298 im Beisein oder im Namen der Kurfürsten im Mainzer Dom für „untauglich und unnütz" erklärt und abgesetzt worden war, wurde Albrecht von Österreich dessen Nachfolger. Graf Wilhelm I. von Berg ging sofort in das Lager des neuen Königs über und leistete ihm wichtige Dienste. Wegen seiner Verdienste für das Reich versprach ihm der neue König Schutz und Hilfe. Dazu erklärte er die Grafschaft Berg frei von jedem Landvogt oder anderen königlichen Beamten, die er im Zuge einer Verbesserung der königlichen Machtstruktur am Niederrhein etablieren möchte.

Auch Wilhelm I. starb kinderlos am 21. April (nach anderen Angaben am 11. Mai) 1308 und wurde in der Altenberger Familiengrablege beigesetzt. Neben ihm ruht seine Gemahlin Irmgard von Kleve († 12. Mai 1319). In den Deckel des Sandsteinsarkophags, der aus schwarzem Marmor besteht, wurden die lebensgroßen Bildnisse des Grafen und der Gräfin in weißem Marmor eingelegt.[155]

Adolf VI. (1308–1348), genannt „der Ehrwürdige“

Auf Wilhelm folgte der schon oben genannte Sohn des Heinrich von Windeck als Graf Adolf VI. von Berg. Fast gleichzeitig mit Graf Wilhelm starb auch Kaiser Albrecht von Österreich, der ermordet wurde. An seine Stelle trat Heinrich VII. von Luxemburg, dessen Vater in der Schlacht von Worringen gefallen war. Als Heinrich im Jahre 1309 nach Köln kam, standen die Grafen von Berg, von Jülich, von der Mark und andere in einer offenen Fehde mit Erzbischof Heinrich von Virneburg und seinen Verbündeten. Gegen Weihnachten desselben Jahres kam Kaiser Heinrich VII. wieder nach Köln und erteilte die Reichsbelehnungen, worauf eine vorläufige politische Beruhigung eintrat.

Nach Ostern des Jahres 1312 vermählte sich Graf Adolf VI. mit Agnes von Kleve, die von ihrem Bruder, dem Grafen Dietrich VIII., Duisburg als Aussteuer erhielt. Der ritterliche Kaiser Heinrich VII. fiel am 24. August 1313 der Malaria zum Opfer, ehe er seine Pläne verwirklichen konnte. Sein siebzehnjähriger Sohn, König Johann von Böhmen, trat zuerst als Bewerber für den Thron auf. Er versuchte, den Grafen von Berg für sich zu gewinnen, indem er ihm 5000 Mark und die Reichspfandschaft zu Duisburg versprach. Die Erzbischöfe von Mainz und Trier, die glaubten, die Wahl des blutjungen Johann von Böhmen nicht durchsetzen zu können, einigten sich auf Ludwig von Bayern als Kandidaten. Dieser Partei traten mit den Grafen von Jülich, Kleve u.a. auch Graf Adolf von Berg und die Städte Köln und Aachen bei.

Damit setzten sie sich in Gegnerschaft zum Kölner Erzbischof, der am falschen Ort in Bonn Friedrich den Schönen von Österreich zum König krönte, während die andere Partei mit Ludwig von Bayern dasselbe am richtigen Ort in Aachen vollzog. König Ludwig bestätigte Graf Adolf die Reichspfandschaft von Duisburg und wies ihm für geleistete und künftige Dienste 11 000 Mark auf einen Rheinzoll an, den der Graf irgendwo in seinem Gebiet errichten sollte.

Am 26. Februar 1316 schlichtete Gerhard von Jülich als Schiedsrichter einen Streit, der zwischen der Stadt Köln und dem Grafen von Berg wegen eines bei Merkenich vorgefallenen Scharmützels entstanden war. Der Graf von Berg verzichtete bei dieser Gelegenheit auf jede Nachforderung des bergischen Bürgerlehens, sollte aber von jetzt an, sobald er den Ehrenbürgereid geleistet hatte, wie seine Vorfahren ein Kölner Bürgerlehen von 150 Mark erhalten.

Weil Köln Mittelpunkt der Partei Ludwigs von Bayern geworden war, hatte der Erzbischof, der den Gegenkönig Ludwig den Schönen unterstützte, wieder einmal „seine Stadt Deutz“ befestigt. Wie weiland 1230 gegen den Herzog von Limburg verlieh er Deutz die Stadtrechte, um dadurch die Bürger zum Bau von Befestigungswerken zu animieren. Aber schon am 21. März 1317 mußten sich Schultheiß, Schöffen und Gemeinde von Deutz verpflichten, innerhalb von zwei Wochen die ausgeworfenen Gräben wieder aufzufüllen und die schon errichteten Palisaden und Schlagbäume abzubauen. Ansonsten müßten der

Deutzer Schultheiß Hilger von der Stessen und einige andere Deutzer Bürger eine Geldstrafe von tausend Mark kölnischen Pagaments zahlen, und die Kölner könnten dann selbst die Deutzer Befestigungswerke zerstören.

Als Folge der militärischen und politischen Aktivitäten des Erzbischofs in Deutz erneuerte Graf Adolf den Freundschaftsvertrag mit der Stadt Köln (wie schon in den Jahren 1262, 1280 und 1299 paraphiert). Am 2. Januar 1330 wurde dieser Vertrag nochmals erneuert. Die Grafen von Berg waren also damals an einem guten Verhältnis zu Köln interessiert. Sie hatten zwar selbst kein Domizil in der Domstadt, benutzten aber häufig den Altenberger Hof ihres „Hausklosters" als Absteige. Ein Berger feierte dort um 1400 seine Hochzeit.

Am 22. Juni 1317 brachte König Ludwig IV. zwar einen siebenjährigen Landfrieden zustande, der alle Zölle zu Wasser und zu Lande bis auf die alten Geleitsregale aufhob, aber Raub und Fehde setzten sich in verheerenderweise die Rheinlande herauf und hinab weiter fort. Wegen fortlaufender Schatzungen, die er aus seinen Zollburgen heraus vornahm, wurde Heinrich von Virneburg von der Stadt Köln und Graf Gerhard von Jülich im April /Juni des Jahres 1318 des Landfriedensbruches bezichtigt. Die Vorgenannten forderten die Städte Mainz, Worms, Speyer, Oppenheim, Frankfurt, Wetzlar, Friedberg und Gelnhausen auf, gegen den Kölner Erzbischof von Virneburg Hilfe zu leisten, denn dieser habe den Frieden gebrochen und Kaufleute zur Zahlung von übertriebenen Zöllen gezwungen. Am 17. Juni desselben Jahres fällten der Erzbischof Peter von Mainz, der Deutschmeister Karl von Lothringen und Graf Gerhard von Jülich einen Spruch wegen Landfriedensbruches, den sich der Kölner Erzbischof habe zuschulden kommen lassen.

Wie der Kölner Bürger Johann van Beyene vor der Versammlung der Landfriedensvertreter in Oppenheim im Auftrage des Grafen von Jülich, des Erzbischofs von Trier und der Stadt Köln vorbringt, haben die Kaufleute durch den erhobenen Zoll nicht nur hohe Verluste, sondern sie werden darüber hinaus auch allzuoft gefangengenommen und beraubt.

Am 5. November 1319 schloß Erzbischof Heinrich von Virneburg mit den Bischöfen von Münster und Osnabrück sowie mit den Städten Münster, Osnabrück, Soest und Dortmund einen Landfrieden von der Wupper bis zur Weser; er sollte bis Weihnachten 1322 dauern.

In der Schlacht von Mühldorf am 28. September 1322 wurde der Gegenkönig Friedrich der Schöne von König Ludwig IV. besiegt und gefangengenommen. Der Erzbischof von Köln, der sich nun seines mächtigsten Bundesgenossen beraubt sah, suchte nun sein Herzogtum Westfalen zu stärken, indem er mit dem Bischof von Münster ein Schutz- und Trutzbündnis schloß. Obwohl es gegen Graf Engelbert von der Mark gerichtet war, wird Graf Adolf in diesem Vertrag als befreundet genannt. 1323 entbrannte der Kampf; als aber 1324 Engelbert von der Mark die erzbischöfliche Burg Volmerstein zerstörte, leistete Graf Adolf VI. von Berg dem märkischen Verwandten Waffenhilfe.

Wappen bergischer Geschlechter

Vollwappen des bergischen Ministerialengeschlechtes von Nesselrode. Viele Geschlechter führten das Wechselzinnenmotiv in ihrem Wappen

Eller

Quadt

Opladen, wie von dem Bottlenberg

Stammheim

Siegel des Mor vanme Broiche (Morsbroich), gleiches Wappen wie Stammheim, drei Sterne im Schildhaupt

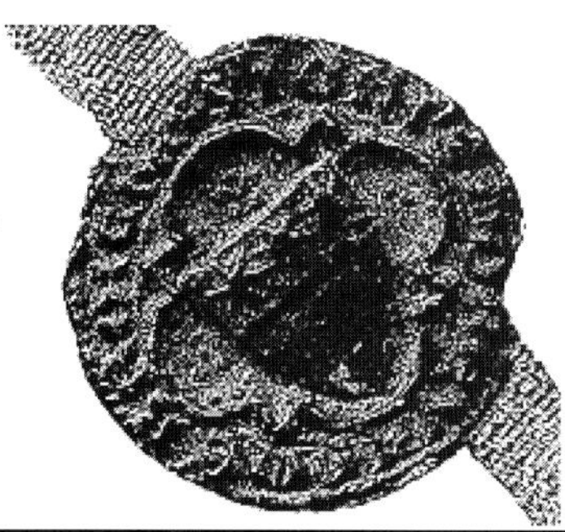

Schlebusch

Nach dem Eintritt in die Opposition gegen den Erzbischof und Abschluß der Freundschaftsverträge mit Köln konnten die Berger ihre Präsenz in Deutz, das dem Erzbischof gehörte, nicht aufrechterhalten. Sie gründeten deshalb, sozusagen in zweiter Linie, die Stadt Mülheim. Der sogenannte Mülheimer Freiheitsbrief trägt das Datum des 7. März 1322. Auch in Lennep verstärkte Adolf VI. damals durch Erweiterung der städtischen Privilegien seine Position.

Die von König Ludwig dem bergischen Grafen bewilligte Zollstätte wurde nun in Düsseldorf errichtet. Im Januar 1324 verfügte der König, den bisher vor dem Duisburger Walde erhobenen Zoll künftig bei Düsseldorf erheben zu lassen. Dadurch wurde dem im Jahre 1288 nach der Schlacht von Worringen zur Stadt erhobenen „Dorf an der Düssel" eine weitere Förderung zur Stadtentwicklung gegeben. Der Erzbischof, der seit der Schlacht von Mühldorf (1322) in seiner Position geschwächt war, mußte das hinnehmen. Als Lehnsherr des Schlosses Angermund genehmigte er, daß Adolf dasselbe seiner Gemahlin Agnes als Wittum zur Verfügung stellte. Die Lehnsabhängigkeit von Köln wurde noch 1399 anerkannt, geriet aber nachher in Vergessenheit.

1327/28 begleitete Adolf VI. König Ludwig zur Kaiserkrönung nach Rom. Als Belohnung erhielt er dafür das sonst nur dem deutschen König vorbehaltene Recht, in seiner Münzstätte zu Wipperfürth Silbergeld prägen zu dürfen.

Als im Jahre 1332 Erzbischof Heinrich von Virneburg starb, wollte der Papst mit einem geschickten politischen Schachzug das Haus Jülich mit dem Erzstift Köln verbinden. Zu diesem Zwecke ernannte er gegen die kanonische Regel – ohne Wahl – Walram, den Bruder des Grafen Wilhelm V. von Jülich, zum Erzbischof von Köln. Graf Wilhelm von Jülich, der 1336 von Kaiser Ludwig dem Bayern als Markgraf von Jülich in den Reichsfürstenstand und 1356 von Kaiser Karl IV. zum ersten Herzog von Jülich erhoben worden war, bereitete durch geschickte Heiratspolitik den Anfall von Berg und Ravensberg (bei Bielefeld) vor, indem er seinen ältesten Sohn Gerhard mit Margarete von Ravensberg, Tochter der Schwester Adolfs VI. und Enkelin Heinrichs von Windeck, verheiratete.

Als es offensichtlich wurde, daß die Ehe Graf Adolf VI. von Berg mit Agnes von Kleve kinderlos bleiben würde, ließ sich Wilhelm von Jülich von diesem bereits 1336 die Belehnung mit der Grafschaft Berg für sich, seinen Sohn Gerhard und dessen Frau Margarete von Ravensberg im Falle des kinderlosen Ablebens des bergischen Grafen zusichern. Als enger Verbündeter des Kaisers konnte ihm das gut gelingen. Als Adolf VI. am 3. April 1348 starb, ist deshalb die Erbfolge – diesmal ohne kriegerische Auseinandersetzungen – geregelt.

Mit Adolf VI. starb der Mannesstamm der bergisch-limburgischen Linie, die 1225 mit Heinrich von Limburg, Gatte der Erbtochter Irmgard von Berg, ihren Anfang nahm, aus. Ihm folgte mit Gerhard der erste Herrscher aus dem Hause Jülich. Bereits 1346 war Gerhard durch seine Frau die Grafschaft Ravensberg zugefallen. Ravensberg blieb bis 1666 mit Jülich-Berg verbunden.[156]

Fehderecht, Gottesfrieden und mittelalterliches Strafrecht

Im Voranstehenden sind einigemale die Begriffe „Fehde“ und „Landfrieden“ vorgekommen; und sie werden uns auch in den folgenden Abhandlungen weiter begleiten. Wir Menschen von heute können uns kaum eine Vorstellung vom mittelalterlichen Recht und besonders vom Strafvollzug machen. Eine heute unvorstellbare hohe Zahl von Gewalttaten, im Zusammenhang mit der leidigen Überbevölkerung entstanden, zwang die weltlichen und kirchlichen Oberen, diesem Übelstand entschieden mit neuen und wirkungsvolleren Rechts- und Strafformen entgegenzutreten. Manche der damals verhängten Strafen erscheinen uns heute drastisch, grausam und vollkommen überzogen; sie sind überhaupt nur im Verständnis des Mittelalters zu verstehen.

Bei den Germanen – es gab kaum Verbrecher im heutigen Sinne – entstanden die Stammesrechte (leges Germanorum) durch unmittelbare Beteiligung des Volkes an Gesetzgebung und Rechtsprechung; aufgezeichnet wurde dieses Recht im 5. bis 9. Jahrhundert von den „Leges Wisigothorum“ König Eurichs um 475 bis zu den „Leges Saxonum, Thuringorum“ usw. In den Jahren 802/3 unter Karl dem Großen wurden sie nochmals fixiert. Karl erließ im letzten Jahrzehnt des 8. Jahrhunderts auch die sogenannten Kapitularien. Eines davon ist das „Capitulare de villis“; es enthält in 70 Kapiteln zum Teil sehr detaillierte Vorschriften über Bewirtschaftung und Gerichtsbarkeit karolingischer Krongüter.

Die im bäuerlichen Leben verhaftete mittelalterliche Welt mag die Kapitularien Karls „über die Höfe“ als Anregung für das Lehnsrecht, ergänzt durch das Gewohnheitsrecht, benutzt haben. Es wurde bei den Hofgerichten von „Rechtsweisern“ in mündlicher Form vorgetragen. Erst ab dem 15. Jahrhundert liegen die „Weistümer“ der Hofgerichte in schriftlicher Form vor. Die Rechte und Pflichten des Lehnswesens waren also schon recht früh in geordnete Bahnen gelenkt und regelten das bäuerliche Leben.

Aber die staatliche Überwachung des Rechtes und der permanente Schutz der Untertanen vor schweren Verbrechen war schon wegen der weiten Entfernungen dem allumfassenden Einfluß des Königs entzogen. Die Wahrung des Rechts war deshalb weitgehend Sache eines jeden einzelnen. Dabei galt es als durchaus legitim, seinen Vorteil oder seinen – wenn auch manchmal nur vermeintlichen – Anspruch zu ertrotzen, wenn nicht gütlich (auch durch Bestechung), so mit Gewalt., wie z.B. bei den Fehden zur Durchsetzung von Erbansprüchen (siehe Limburger Erbfolgestreit u.a.).

Von der älteren allgemeinen Blutfehde ist die ständisch begrenzte Ritterfehde des Mittelalters zu unterscheiden. Sowohl die Blutfehde als auch die Ritterfehde sind in unserer heutigen Rechtsauffassung unverständlich, werden aber zu Unrecht als unliebsame Störung des mittelalterlichen Rechtsfriedens gewertet. In Wirklichkeit waren sie nach überlieferter Rechtsanschauung in die Gesamtheit der damaligen Rechtsordnung eingebettet, den strengen Formen des Rechtes unterworfen und wickelten sich in dessen Bahnen ab. Eine Fehde mußte drei Tage vor Beginn der Feindseligkeiten dem Gegner durch einen Fehdebrief angekündigt werden; ein Ritter forderte seinen Widersacher durch das symbolhafte Werfen seines Handschuhs zum Zweikampf heraus (Fehdehandschuh). Der Begriff der Fehde weitete sich allerdings im späten Mittelalter auf jede Form des Kleinkrieges aus.

Aus dem Jahre 1301 ist ein Fehdebrief des Heinrich von Westerburg, Propst von St. Gereon zu Köln, an den Kölner Erzbischof Wikbold von Holte überliefert, der hier ausschnittsweise wiedergegeben wird: „Ihr habt, ehrwürdiger Herr... mir seit langem schweres Unrecht zugefügt, indem Ihr mich hindert, meine kanonisch erlangte Propstei zu genießen. Ihr habt mir meinen Advokaten... der mein Geld empfangen hatte und die Geheimnisse meines Prozesses kannte, abspenstig gemacht... Es ist mir nichts geblieben als mein Leben, das ich gegen Euch einsetzen will, bis mir für allen Schaden und alles Unrecht Genugtuung wird... Ich sage Euch hiermit ab und kündige Euch meine Todfeindschaft an..." Wie die Fehde ausgegangen ist, wissen wir nicht.

Die Kirche, die ursprünglich ein völliges Verbot der Fehde forderte, kämpfte seit Ende des 10. Jahrhunderts mit Hilfe des „Gottesfriedens" (seit 1083), die weltliche Macht mit dem „Landfrieden" (seit 1085) gegen die Fehden ohne Erfolg an. Sie wurden unter dem Landadel der werdenden deutschen Territorien, ebenso zwischen Adel und Stadt, ja zwischen Bauern bis in die frühe Neuzeit fortgeführt, obwohl im „Ewigen Landfrieden" von 1495 für das Reich ein absolutes Fehdeverbot verkündet wurde.

Aus dem „Gottesfrieden", später „Kölner Friedensordnung" (constitutio pacis) genannt, den Erzbischof Sigewin auf der Kölner Diözesansynode am 20. April 1083 verfassen und veröffentlichen ließ, entnehmen wir folgenden Auszug in einer deutschen Übersetzung: „Da in unseren Zeiten die heilige Kirche an ihren Gliedern durch Trübsal über die Maßen und mannigfache Ängste so sehr heimgesucht wurde, daß man an Ruhe und Frieden gänzlich verzweifelte... haben wir folgende Heilmittel in Aussicht genommen... (Es werden nun an bestimmte Tage oder Heiligenfeste gekoppelte Termine genannt, an denen die Fehden ausgesetzt werden müssen). Wenn es sich ergibt, daß eine Burg belagert werden muß, so sollen die Belagerer für die Tage, die in diesen Frieden einbezogen sind, vom Angriff ablassen, ausgenommen sie würden angegriffen und wären gezwungen zurückzuschlagen..."

Es folgen nun einige Strafandrohungen bei Bruch des Gottesfriedens: „Wenn ein Knecht einen Mann tötet, soll er enthauptet werden; wenn er ihn verwundet, soll er an der Hand bestraft werden... Wenn aber einer, dem eine Untat vorgeworfen wird, leugnet und seine Unschuld beweisen will, soll er sich durch die Kaltwasserprobe reinigen, jedoch so, daß er selbst und kein anderer für ihn ins Wasser geworfen wird... Verstümmeln der Hände darf nicht bei Knaben vorgenommen werden, die das Alter von zwölf Jahren noch nicht erreicht haben...

Wappen bergischer Geschlechter

Stael von Holstein

Markelsbach, genannt Alner

Hövel (Mark)

Omphal

Moellenbeck (Müllenbach)

Isengarten

Katterbach

Lülsdorf

Wenn Knaben jedoch kämpfen, sollen sie mit Peitschen gezüchtigt und so vom Kämpfen abgeschreckt werden...

Es verletzt einer nicht den Frieden, wenn er einen Übeltäter, der ihm als sein Knecht, Lehrling oder sonstwie untergeben ist, mit Ruten oder Peitschen schlagen läßt... Ausgenommen von dieser Friedenserrichtung ist auch, wenn der König öffentlich gebietet, es solle ein Kriegszug unternommen werden zum Angriff auf die Feinde des Reiches, oder wenn er einen Hoftag zu halten wünscht zur Aburteilung der Feinde der Gerechtigkeit. Der Friede wird nicht verletzt, wenn bisweilen der Herzog oder die anderen Grafen, Vögte oder deren Stellvertreter Gerichtstage abhalten und, wie es das Gesetz vorsieht, gegen Diebe, Räuber und andere landschädliche Leute das Gericht wahrnehmen...

In den Kirchen aber und den Kirchhöfen soll Gott Ehre und Ehrfurcht zuteil werden, so daß, wenn ein Räuber oder Dieb dorthin flüchtet, er keinesfalls getötet oder gefangen wird, vielmehr soll er dort so lange belagert werden, bis er, vom Hunger getrieben, zur Übergabe gezwungen ist..."

Die Gottesfriedensordnungen schufen nicht nur Friedensräume und Friedenszeiten für Personen und Sachen, sondern änderten das Prinzip des staatlichen Strafens grundlegend. Nach dem Rechtssystem der älteren Zeit konnten auch schwere und schwerste Vergehen, auch Verletzungen von Leib und Leben, durch Geldzahlungen und Bußen gesühnt werden.

Dabei war das System der Bußzahlungen mehrfach gestaffelt: einmal nach der Schwere des Verstoßes und dem Umfang der Verletzung und zum anderen nach der Person des Verletzten. Schließlich waren zur Aburteilung der Rechtsverstöße nach der ständischen Zugehörigkeit des Täters verschiedene Gerichtsinstanzen zuständig.

Die ständisch gestaffelte Wergeldzahlung (Wedde) griff nicht in die Schichten des sich ausbreitenden Berufsverbrechertums ein. Die tiefgreifenden soziologischen Veränderungen des 11. Jahrhunderts, der ungeheure Bevölkerungsanstieg, hatte auch die Zahl der Nichtsnutze vermehrt; Menschen, die sich am Gut der fleißig Schaffenden bereichern wollten, „landschädliche" Leute wie Wegelagerer, Diebe und Räuber.

Friedenswahrung war das natürliche Anliegen eines jeden Herzogs, Landgrafen usw., der seine Herrschaft konsolidieren und seinen „Leuten" Ruhe zum Roden, Ausbau des Hofes, Markt und Verkehr, kurzum wirtschaftliche Blüte und bescheidenen persönlichen Wohlstand sichern wollte.

Deshalb entwickelte sich aus der Bußengerichtsbarkeit über schwere Straffälle im 11. Jahrhundert die Blutgerichtsbarkeit, die dadurch gekennzeichnet ist, daß von jetzt an Leib- und Lebensstrafen angewendet wurden. Die Ablösung der Geldbußen durch „peinliche", d.h. Pein und Schmerz verursachende Strafen, ist für die Geschichte des Strafrechts (den Vollzug hoheitlicher Strafen gegenüber dem Rechtsbrecher), von ganz entscheidender Bedeutung. In dieser Veränderung des 11. Jahrhunderts vollzieht sich die Geburt eines eigentlichen Strafrechts im heutigen Sinne. Es geht nicht mehr darum, dem Verletzten oder der Sippe durch Geldzahlungen eine Genugtuung zu verschaffen, sondern um Sühne für den begangenen Rechtsbruch im Interesse der Allgemeinheit.

Nach neuesten Forschungen waren es nicht „Gaugrafen", die ab der zweiten Hälfte des 11. Jahrhunderts über ihre Untertanen Recht setzten und richteten – der Gaugrafschaftstheorie ist für diese Zeit abzusagen –, sondern die Landherren oder Landgrafen, die uns in den mittelalterlichen Urkunden und Gesetzesbüchern begegnen. Sie erscheinen unter den lateinischen Bezeichnungen wie: terre comes oder comes terre, comes provincialis, principalis comes, landgravius, aber auch deutsch: Lantgrave, lantrichter, lantrihter.

Den Bau einer Burg (berge mit vestenunge) oder einer Ortsbefestigung hatte nach Ausweis des Schwabenspiegels der „Landrichter" zu genehmigen. Die Beschaffenheit der Umfriedungen von Dörfern und Höfen war vorgeschrieben: „Ohne des Landrichters Erlaubnis kann man wohl in die Erde graben, so tief wie ein Mann mit einer Schaufel auswerfen kann, so daß eine Stufe entsteht. Kann auch wohl ohne seine Erlaubnis drei Gaden (Stockwerke) hoch mit Holz oder Steinen ohne Zinnen und Brustwehr bauen. Man kann auch ohne seine Erlaubnis einen Hof zu ebener Erde mit einer Mauer umschließen, die so hoch sein kann, daß, wenn ein Mann auf einem Roß sitzt, er wohl zuoberst daran mit der Hand reichen möge, ohne Zinnen und Brustwehr..."

Nach dem Sachsenspiegel darf man ohne des Landrichters Erlaubnis weder eine Burg bauen oder eine Stadt mit Palisaden oder Mauern befestigen noch einen Berg oder Turm im Dorf errichten. Nach dem Österreichischen Landrecht soll niemand ein (festes) Haus oder Burg ohne des Landesherren Gunst und seine Erlaubnis bauen. Er mag aber auf seiner eigenen „ebner erd" bauen was er will, das zwei Gaden hoch ist und einen Graben darum, der neun Schuh weit und sieben Schuh tief ist und nicht mehr, es sei denn der Landesherr erlaubt es.

Entscheidend für den Begriff „Burg" waren also laut Schwabenspiegel, Sachsenspiegel und österreichischem Landrecht die Tiefe der Gräben und Höhe der Umfassungen; also die fortifikatorische Stärke.

Das Befestigungsrecht war im Mittelalter ein königliches Regal, das von den Fürsten und Landesherren in seinem Namen ausgeübt wurde. Im bergischen „Kernland" waren das wahrscheinlich die Grafen von Berg bzw. ihre Ministerialen oder Vasallen, die die Motten, Burgen und festen Häuser erbauten.

Über die vielen kleinen Anlagen gibt es leider keine Archivalien. Manchmal stecken diese Objekte „im Kern" eines jüngeren Gebäudes, oder Reste und Spuren von ihnen befinden sich in der Nähe der bestehenden Gebäude. In den Urkunden begegnen uns diese Anlagen als Steinhaus oder Bergfried (wie in Paffrath) oder in lateinischen Urkunden als „suburbium" oder „domus", wie z.B. bei der Abschnittsbefestigung der sogenannten „Kramerburg", die laut einer Altenberger Urkunde aus dem Jahre 1303 von dem ehemaligen Dompropst Konrad von Berg auf einem kleinen Berg bei Hochscherf erbaut wurde.

Übriggebliebene Erdhügel und Wälle der mittelalterlichen Befestigungsanlagen findet ein geschultes Auge überall im Bergischen Land. Diese Anlagen dienten dem Schutz der Bewohner in ihrem Einzugsgebiet; denn die Fehdestrategie jener Tage war nicht so sehr auf die Konfrontation in einer Schlacht abgestellt als vielmehr auf die Verwüstung der Landschaft des Gegners und damit auf die Zerstörung der Ernährungsgrundlage.

In zeitgenössischen Berichten ist immer wieder von Ein- und Überfällen von Kriegshaufen in das Land der Gegner die Rede, ohne daß es dabei zu direkten Konfrontationen zwischen den Heeren kommt. Kaum hatte ein Aggressor das Land und die Höfe seines Gegners verwüstet, folgte prompt der Gegenschlag in ähnlicher Weise. Infolge dieser Häufigkeit der Überfälle ist die Frage zu stellen, ob die vielen Befestigungen, die im Bergischen Land zu finden sind, auf die Normannen- und Ungarneinfälle vor der Jahrtausendwende zurückzuführen sind, wie einige Geschichtsforscher vermuten, sondern vielmehr auf die zahlreichen Fehdehandlungen im hohen Mittelalter. Es ist fraglich, ob das Bergische Land, das damals noch vielfach versumpft und nur dünn besiedelt war, das Interesse der beutesuchenden Normannen und Ungarn finden konnte. Diese interessierten sich wohl in erster Linie für reiche Klöster und Städte.

Wie oft mag der Grundherr oder seine Bauern sich in versteckt liegende Refugien zurückgezogen haben, die – wie heutzutage Luftschutzbunker – vorsorglich angelegt waren. Vielleicht hat man dorthin das Vieh, den wertvollsten Besitz des Landmannes, in Sicherheit gebracht. Die oben dargelegten „Spiegel" gestatteten schwach ausgebildete Schutzanlagen, die nur so stark sein durften, daß sie den Mächtigen des Landes nicht gefährlich werden konnten.

Dies gilt natürlich nicht für den Wehrbau des hohen Adels. Ihr Burgbesitz (Adelsburg) hatte einen angemessenen Besitzstand zur Voraussetzung; das wird augenscheinlich in einer besonderen bayerischen, in den Landfrieden des 13. Jahrhunderts eingebundenen Bestimmung, wonach zum Burgenbaurecht ein Einkommen von 30 Pfund Silberpfennigen, damals viel Geld, notwendig war. Ein landesherrliches Befestigungsregal als Folge fortgeschrittener territorialstaatlicher Entwicklung ist vielleicht aus dem Artikel 32 des bayerischen Landfriedens von 1281 abzuleiten, der bestimmt, daß niemand eine Burg haben soll, er habe sie denn ohne des Landes Schaden.

Landschädliche Wehrbauten konnten nach den Landfriedensgesetzen zerstört, ihre Wüstung durch Feuer oder Niederreißen (brennen und werfen) angeordnet werden. Wie dabei zu verfahren war, bestimmte das Landrecht im Sachsenspiegel. Der Fall konnte z.B. eintreten, wenn in der Burg ein Friedensbrecher Zuflucht nahm oder die Beute eines Raubzuges dort hingebracht worden war.

Von der Stadt Köln und anderen handeltreibenden Städten wissen wir, daß sie Zollburgen des Adels angriffen und zerstörten. Nach der Schlacht bei Worringen vernichteten die Kölner nachhaltig die dortige Zollburg.

Bildergeschichte über Aburteilung und Exekution von Bauern (1525). Von links nach rechts: Rädern, Hängen, Pfählen, Erstechen, Verbrennen (Petrarca-Meister)

Wasserprobe als „Gottesurteil". Meist bei angeblichen „Hexen" angewandt

Die Grafschaft Berg fällt an das Haus Jülich

Wie weiter oben berichtet, starb Graf Adolf VI., Sohn Heinrichs von Windeck, im Jahre 1348 kinderlos. Er war der letzte männliche Sproß des bergischen Stammes aus dem limburgischen Hause; mit ihm erlosch also nach 123 Jahren das zweite Regentenhaus von Berg. Adolf VI. hatte eine Schwester Margarete, die mit Graf Otto IV. von Ravensberg verheiratet war. Deren einzige Tochter, ebenfalls Margarete, heiratete den Junggrafen Gerhard von Jülich, der über die Erbtochter die Grafschaft Ravensberg übernahm. Gerhard wurde nach dem Tode seines Vaters Wilhelm auch Herzog von Jülich.

Graf Gerhard gelang es am 1. Oktober 1346, die Stände von Ravensberg zu bewegen, ihn namens seiner Gemahlin als Herrn anzuerkennen. Gegen den Grafen von Ritberg, der ihn anfeindete, fand er alsbald Unterstützung und sicherte den ruhigen Besitz der Grafschaft Ravensberg durch einen fünfjährigen Landfrieden, den er am 8. Februar 1348 mit den Bischöfen von Osnabrück und Minden sowie anderen benachbarten Gebietsherren und Städten einging.

Nach dem Tod Graf Adolf VI. am 3. April 1348 übernahm er auch Berg, wie es ihm auf Fürsprache seines Vaters vom König schon zugesichert war. Vor allem richtete er sein Interesse auf die wichtige Reichsburg Kaiserswerth, welche sein Vater noch innehatte. Während die Grafschaft Ravensberg wegen der Entfernung im großen und ganzen abseits blieb, entwickelten sich enge Verbindungen zwischen den benachbarten Ländern Berg und Jülich; sie ergänzten sich vor allem auf wirtschaftlichem Gebiet. Es kam zu einem regen Güteraustausch zwischen dem reichen Bauernland am linken Niederrhein und dem gewerbefleißigen und waldreichen Bergischen Land.

Allerdings war die Entwicklung anfänglich durch eine furchtbare Seuche überschattet, der schlimmsten Seuche des Mittelalters überhaupt, der Pest. Diese epidemische Infektionskrankheit wurde als schreckliche Folge der stattgehabten Kreuzzüge mit Ratten aus dem Orient ins Abendland eingeschleppt. Bei einer Dezimierung der Ratten aus irgendwelchem Grunde suchten deren Flöhe den Menschen als Wirt auf. Durch Kratzwunden und Stich der infizierten Rattenflöhe gelangten die Pestbazillen in den Körper und bewirkten hohes Fieber, endzündliche Schwellungen und Vereiterungen der benachbarten Lymphdrüsen. Während die Beulenpest im Grunde genommen heilbar war, führte die Lungenpest schon nach wenigen Tagen zum Tod. Vom „Schwarzen Tod“, der von 1347 bis 1352 in ganz Europa grassierte, wurde ein Viertel der Bevölkerung dahingerafft. Zahlreiche später als Pest bezeichnete Seuchen hatten andere Ursachen. Sogenannte Pestepidemien grassierten in Deutschland und Europa immer wieder bis ins 18. Jahrhundert hinein.

Als auch noch riesige Heuschreckenschwärme die Ernte vernichteten und Hungersnöte verursachten, suchten die religiös-naiv denkenden mittelalterlichen Menschen eine Ursache für diese „Geißel Gottes“ und fanden sie in den

Juden: Verfolgungen, Mord und Beraubung waren die Reaktion. Am 23./24. August 1349 kam es auch in Köln und an einigen anderen Orten Deutschlands zu Volksaufläufen und Gewalttätigkeiten gegen die Juden, in deren Verlauf viele um Gesundheit und Habe gebracht, vertrieben und sogar getötet wurden. Bei einem Brand im Kölner Judenviertel wurde das unmittelbar danebenliegende Rathaus schwer beschädigt oder sogar gänzlich zerstört. Die vom Pöbel geraubte Habe wurde von der Kirche und dem Kölner Magistrat eingezogen, aber nur zum Teil an die Besitzer wieder zurückgegeben.

Von Judenprogromen im Bergischen Land ist nichts bekanntgeworden. Daß die Pest auch dort durchgezogen ist oder zumindest die Gefahr bestand, beweisen die vielen Pestkreuze und die Bittprozessionen, die zur Abwendung der Pestgefahr zu den einzelnen Wallfahrtsorten zogen. Die katholische Pfarrgemeinde St. Antonius in Leverkusen-Wiesdorf zieht noch heute alljährlich aufgrund eines im Mittelalter gegebenen Pestgelübdes zum Muttergottesheiligtum nach Bergheim am Niederrhein.

Als der Junggraf Gerhard sich in Gemeinschaft mit seinem Bruder Wilhelm gegen seinen Vater empörte, trat Walram, Erzbischof von Köln und Bruder des Vaters, an die Seite des Gefährdeten. Walram nahm für den Altgrafen Partei, weil Gerhard von ihm nicht die kölnischen Lehen empfangen wollte, ihn in der Ausübung der geistlichen Gerichtsbarkeit behinderte und ohne Ermächtigung den Zoll zu Kaiserswerth erhöht hatte. Doch scheint es nicht zum offenen Kampf gekommen zu sein. Die Söhne unterwarfen sich letztendlich dem gemeinsamen Schiedsspruch des Vaters, des erzbischöflichen Oheims und des Grafen von Loos. Als Kaiser Karl IV. am 16. August 1349 nach Köln kam, war alles ausgeglichen. Am folgenden Tage verlieh der Kaiser dem Grafen Gerhard die Regalien von Berg und Ravensberg und gestattete ihm, die Zollgefälle zu Kaiserswerth zu erhöhen.

Am 28. Dezember 1355 verkaufen Ritter Heinrich II. von Hardenberg und sein Sohn Heinrich III. mit Zustimmung von Adelheid, Tochter des ersteren, an den Grafen Gerhard von Berg und Ravensberg ihre freie Herrschaft Hardenberg, Eigen und Gut, nämlich ihre Herrschaft und Wohnung, das Haus zu Hardenberg, und ihre zwei Höfe zu Neviges und Melmershof nebst allen Höfen, welche in diese zwei zu einigem Recht zu gehören pflegen und in den Ämtern Neviges, Langenberg, Mettmann und Düssel liegen, sowie den Dienstleuten, Wachszinsigen und eigenen Leuten, die in den obigen Ämtern oder im ganzen Lande von Berg wohnen.

Im Jahre 1358 übergab Herzog Wilhelm von Jülich seinem Sohn Gerhard Burg, Stadt und Zoll von Kaiserswerth. Ein Jahr später (1359) erwarb Gerhard von dem Ritter Heinrich von Oefte den Fronhof Solingen mit dem Kirchenpatronat. Auch der Kaiser erwies Graf Gerhard I. von Berg seine Gunst, indem er ihm die Pfandschaft an dem Reichsort Remagen bestätigte und die Befestigung zu einer Stadt erlaubte.

Einführung der Ämterverfassung im Lande Berg

In den Jahrzehnten zwischen 1350 und 1360 fand im Bergischen eine Verwaltungsreform statt, an deren vorläufigem Ende die Aufteilung des Bergischen Landes in acht Ämter stand. Im Jahre 1358 werden sechs Amtleute und fünf Städte aufgezählt: Siegburg, Wipperfürth, Lennep, Ratingen und Düsseldorf. Auch die frühesten bergischen Kellnereirechnungen gehören der Zeit von 1360 an. Eine Urkunde vom 6.9.1363 gibt den ganzen Umfang der Grafschaft Berg an. Als Städte werden genannt: Ratingen, Düsseldorf, Wipperfürth, Lennep, Radevormwald und Mülheim am Rhein. Als Ämter mit ihren Dörfern und Kirchspielen werden aufgezählt: 1. Amt und Land Angermund mit Kreuzberg, Breitebrücke, Mülheim a. d. Ruhr und Homberg; 2. Amt Monheim mit Monheim, Hitdorf, Rheindorf, Reusrath, Richrath, Himmelgeist, Bilk und Hamm; 3. Amt Mettmann mit Mettmann, Gerresheim und Erkrath; 4. Amt Solingen mit Solingen, Wald, Sonnborn, Gruiten, Düssel, Schöller und Hilden; 5. Amt Miselohe mit Opladen, Neukirchen, Lützenkirchen, Leichlingen, Wiesdorf, Burscheid, Witzhelden, Schlebusch und Bürrig; 6.a Amt Bornefeld mit Dhünn, Wermelskirchen, Lüttringhausen, Remscheid und Dabringhausen; 6.b Kirchspiel Hückeswagen; 7. Amt Bensberg mit Odenthal, Paffrath, Stammheim, Dürscheid, Bensberg, Porz, Volberg, Lülsdorf, Mondorf und Bergheim; 8. Amt Steinbach mit Wipperfeld, Bechen, Kürten, Olpe, Lindlar, Overath, Engelskirchen, Keppel (Hochkeppel) und das Kirchspiel Wipperfürth.

In einer Urkunde vom 8. Juni 1387 werden dieselben Ämter und Ortschaften wiederholt, und noch in den Hebelisten aus dem ersten Drittel des 15. Jahrhunderts sind nur die genannten acht Ämter als die alten Hauptämter des Bergischen Landes berücksichtigt. Im Laufe der Zeit aber stieg ihre Zahl.

Durch die Vermählung von Gerhards Schwester Philippa mit Godart von Heinsberg zu Dalenbroich, dem Brudersohn des kinderlosen Grafen Dietrich von Loos (Looz), Herrn zu Heinsberg und Blankenberg, wurde der Grund zu einer sehr wichtigen Gebietserweiterung gelegt. Gerhard selbst erlebte das nicht mehr und auch nicht die Nachfolge von Jülich, denn er starb noch zu Lebzeiten seines Vaters. Er zog sich nämlich am 18. Mai 1360 bei einem Zweikampf in Schleiden gegen den Grafen Arnold von Blankenheim eine tödliche Verletzung zu; ob dieser Kampf in einem Gefecht oder während eines Turniers stattfand, ist nicht bekannt. Über dieses Ereignis unterrichtet uns nur die Nachricht von der Befreiung von Gefangenen für 10 000 Goldschilde, wie Bernhard Schönneshöfer in seiner „Geschichte des Bergischen Landes“ schreibt.

Damit wäre Gerhard nach Graf Adolf IV. der zweite Berger gewesen, der bei einem Turnier ums Leben kam. Jedenfalls wird hier ein Beispiel gegeben, wie schnell die damaligen Ritter, wenn schon nicht auf dem Schlachtfeld, so doch auf dem Turnierplatz umkommen konnten. Es zeigt, damals wie heute, die Unsinnigkeit und Unvernunft menschlichen Tuns in Krieg und Frieden. Selbst

Luftbild des Schlosses Benrath

Turniere konnten in aufgeheizter Atmosphäre – ähnlich wie heute bei Fußballspielen – zu wahren Schlachten ausarten, wenn Hitzköpfe für das, was eigentlich ein spielerischer Kampf sein sollte, sich buchstäblich „in die Haare gerieten“ und es zum blutigen Kampf, manchmal auch mit Toten, kam.

Graf Gerhard wurde im Altenberger Dom beigesetzt. Seine Gemahlin Margarete, die ihn lange überlebte, ließ ihm dort ein prachtvolles Grabmal errichten, welches noch recht wohl erhalten ist. Auf dem mit gotischem Maßwerk geschmückten Deckel sind die plastischen Abbildungen Gerhards und seiner Gemahlin dargestellt, er in voller Rüstung, aber entblößten Hauptes, sie im weiten Gewand der damaligen Tracht.[157]

Erwerb von Blankenberg unter Gerhards Nachfolger Wilhelm II.

Nach Gerhards Tod trat sein unmündiger Sohn Wilhelm unter Assistenz seiner Mutter, Gräfin Margarete von Ravensberg, die Herrschaft über Berg an. Noch 1374 muß sie um ihr Einverständnis zu der Erwerbung eines Hofes durch die Abtei Deutz gebeten werden, das der junge Graf bereits gegeben hatte.

In der Grafschaft Ravensberg wurden durch Einschreiten des Grafen Wilhelm II. die anfangs widerstrebenden Stände willig, der Mutter zu huldigen, die dann den Sohn zum Regenten einsetzte. Um die Region zu befrieden, schloß Wilhelm ein Bündnis mit den Bischöfen von Osnabrück und Paderborn.

Der oben erwähnte Godart oder Gottfried II. von Heinsberg und Dalenbroich hatte 1361 seinen Oheim Dietrich von Loos, Herrn von Heinsberg, Blankenberg und Löwenberg, beerbt, war aber wegen Loos, einem Lehen des Bistums Lüttich, in Fehde geraten und hatte deshalb große Schulden gemacht. Er sah sich deshalb gezwungen, seine Besitzungen an der Agger und Sieg, nämlich die Kirchspiele Honrath, Altenrath, Sieglar, Rheydt und Oberkassel, dem Grafen Wilhelm II. von Berg zu verkaufen. Gottfried von Heinsberg hatte sich schon zu Beginn der Fehde bemüht, ein friedliches Verhältnis zum Herrschaftsnachbar Berg herzustellen. Das war besonders deshalb erforderlich, weil sein Oheim Dietrich, der dort offensichtlich Ambitionen zur Herrschaftsausweitung hatte, zum Ärger der Berger in Lohmar eine Burg errichtet hatte.

Gottfried II. von Heinsberg und Dalenbroich, der andere politische Ziele verfolgte oder verfolgen mußte, verpfändete dem Grafen Wilhelm II. gegen eine große Summe Geld Stadt und Land Blankenberg, obwohl er diese schon vorher gegen eine Rentenzahlung an den Grafen Johann von Nassau übertragen hatte. Wilhelm verständigte sich mit dem Grafen von Nassau gegen eine Geldentschädigung und dem Versprechen, keine weiteren Gebiete Gottfrieds an sich zu bringen. Blankenberg blieb in der Folge als Amtsbezirk dauernd bei Berg.

Graf Wilhelm II. vermählte sich mit Anna, Tochter des Pfalzgrafen Ruprecht des Jüngeren, die eine erkleckliche Mitgift einbrachte, nämlich 24000 Gulden aus den Zolleinnahmen zu Kaub. Aber dieses Geld reichte nicht aus, um die

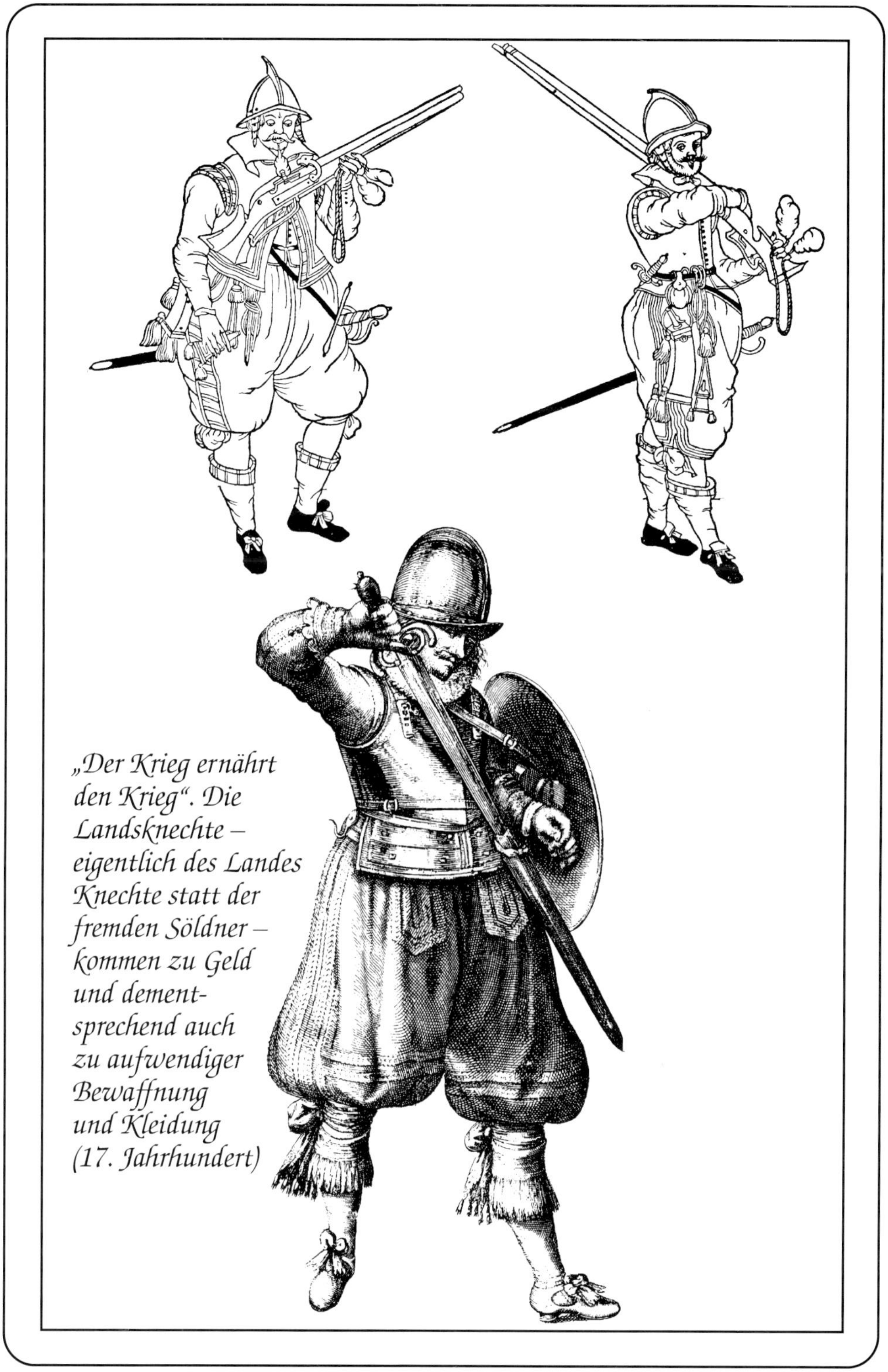

„Der Krieg ernährt den Krieg“. Die Landsknechte – eigentlich des Landes Knechte statt der fremden Söldner – kommen zu Geld und dementsprechend auch zu aufwendiger Bewaffnung und Kleidung (17. Jahrhundert)

Herrschaft Blankenberg zu erwerben und Wilhelm sah sich daher gezwungen, den eben erworbenen Hof Solingen wieder zu veräußern, die Herrschaft Hardenberg zu verpfänden und auch noch zu Anleihen zu schreiten.[158]

Über den Verkauf des Hofes zu Solingen sind wir durch eine Altenberger Urkunde vom 16. Dezember 1363 gut unterrichtet: Hans Mosler schreibt dazu in einer deutschen Übersetzung: „Margaretha, Witwe des Grafen Gerhard von Berg und Ravensberg, ihr Sohn Wilhelm, Graf dieser Lande, und seine Gemahlin Anna von Bayern erklären, daß sie neulich (16. September 1363, d.Verf.) zur Verstärkung der Grafschaft Berg die Herrschaft Blankenberg für eine große Summe Geld erworben hätten, die sie ohne Veräußerung von Erbe geringer Nützlichkeit nicht aufzubringen wußten. Sie verkaufen daher mit Zustimmung Elisabeths, Gräfin von Waldeck, und Margaretha, der Schwester Graf Wilhelms, ihren Hof zu Solingen, den weiland Graf Gerhard dem Ritter Heinrich von Oeft abgekauft hatte (26. September 1359, d.Verf.), mit all seinem Zubehör (Lehngüter des Hofes sind die Höfe Gönrath und Höhscheid mit den Zehnten, die Fischerei in der Wupper oberhalb der Kohlfurter Brücke bis „zu der mennen Wipperen“, d.Verf.), samt dem dazugehörigen Patronat über die Solinger Pfarrkirche dem Kloster Altenberg für 3850 Goldschilde, die sie zur Erwerbung vorgenannter Herrschaft verwandt haben...“

Außer den oben genannten Adeligen siegeln auch 22 Ritter und Knappen der Grafschaft Berg mit ihren Wappen:

1. Margareta comitissa: Siegelrest. 2. Reitersiegel Graf Wilhelms von Berg: Der Graf selbst in voller Rüstung mit Schwert und Schild zum Angriff nach links sprengend. Umschrift: +SIGILLUM·WILHELMI·DE·IULIACO·COMITIS·DE·MONTE·ET·DE·RAVENSBERCH. 3. Anna comitissa: Viergeteilter Schild, das linke untere Feld gerautet, in den drei anderen den aufgerichteten, rechtsgewandten Jülischen Löwen. Der Rand teilweise abgestoßen. 4. Dux Juliacensis: Siegelrest. 5. H. comes de Waldecke: Viergeteilter Schild, in den Feldern abwechselnd Stern und aufrechter, rechtsgewandter Löwe. Umschrift: S·HENRICI[....]COMITIS·DE·WALDECKE. 6. Elizabeth comitissa ibidem: Gespaltener Schild, links geteilt; in diesen beiden Feldern den Löwen wie Nr. 5. Umschrift: +S·DNE·ELIZABETH·COMITISSE·D·WALDEC. 7. Theodericus de Merheim: Schild mit Adler, Rand teilweise abgestoßen. Adolphus de Graschaf: Schild mit aufrechtem, rechtsgewandten Löwen; durch die Mitte läuft ein Turnierkragen (solche Turnierkragen sind Beizeichen). Umschrift: SIGILLUM·ADOLPHI·DE·GRAISCHA[F. 9. Johannes de Elverfelde: Schild mit 6 Querbalken; rechts oben ist ein Quadrat ausgespart. Umschrift: S·IOANNIS·DE·ELVERFELDE·MILIT. 10. Lutterus Stael: Siegelrest. 11. Wilhelmus Quade: Schild mit zwei waagerechten Wechselzinnenbalken. Umschrift: +S·HER·WILHEM·DE·QVADE. 12. Wilhelmus de Haen: Geteilter Schild; in der linken oberen Ecke eine Mondsichel, nach links geöffnet. Rand teilweise abgestoßen. 13. Henricus de Schoenroyde: Schild mit aufgenageltem

Hochgrab des Grafen Gerhard I. von Jülich und Berg (1348-1360) und seiner Gemahlin Margarete von Berg und Ravensberg († 1389) im Dom zu Altenberg

Weitere Fehden des Herzogs Adolfs I.

Adolf VII., als Herzog Adolf I., stand auch nach Übernahme der alleinigen Herrschaft in häufigen Fehden mit den herrschenden Nachbarn. Das lag zum einen an der damaligen fehdereichen Zeit und entsprach zum anderen auch seinem kämpferischen Charakter. Zuerst mußte er sich mit dem Grafen von Wied-Isenburg auseinandersetzen, welcher Ansprüche an Blankenberg vorbrachte. Etwas später kam es zu Streitigkeiten wegen der Erbfolge in Jülich und Geldern. Der dritte Herzog Wilhelm von Jülich hatte 1372 auch die Herrschaft über Geldern übernommen. Nach Wilhelms Tod folgte ihm sein Bruder Reinald. Als Reinalds Erblosigkeit immer offensichtlicher wurde, mußte er sich um einen Nachfolger bemühen. Er erwählte Adolf von Berg, der nicht nur der nächste Verwandte im Mannesstamme war, sondern wegen seines wagemutigen Auftretens in den Fehden die Sympathien des jülischen Herzogs besaß. Ihn sah er deshalb am besten geeignet, seine Lande zusammenzuhalten.

Reinald söhnte durch politische Bemühungen seinen erwählten Nachfolger Adolf von Berg mit dessen Widersachern aus und machte ihn für eine Geldsumme zu seinem Vasallen. Dem Herzog Reinald gelang es auch, bei einer Fehde zwischen dem Erzstift Köln und dem Berger Frieden zu vermitteln. Am 7. 5. 1411 wurde ein Bündnis geschlossen, wobei Adolf die Belehnung mit dem kölnischen Kämmeramte erhielt. Reinald schenkte Adolf die Burg und das Amt Heimbach sowie die Stadt Bergheim mit Burg, Zoll und Amt, um für die Berger eine günstige Ausgangsposition in Hinsicht auf die Erzbischofswahl zu schaffen, bei der Adolf gerne seinen Bruder Wilhelm als Gewinner gesehen hätte.

Als Erzbischof Friedrich von Saarwerden 1414 starb, wurde in Bonn Dietrich von Moers von der Mehrheit des Domkapitels als Nachfolger gewählt, nachdem er schon zu Lebzeiten von Friedrich dazu bestimmt worden war. Nur eine Minderheit des Domkapitels in Köln wählte Wilhelm von Berg, der deshalb seinen Anspruch nicht durchsetzen konnte. Der neue Erzbischof Dietrich von Moers vermittelte nun seine Nichte Adelheid von Tecklenburg dem abgewiesenen Berger Wilhelm und fand ihn mit 10000 Gulden ab.

Herzog Adolf I. befestigt Mülheim und Monheim

Herzog Adolf von Berg befestigte nun Mülheim und Monheim, wodurch die Stadt Köln zu einem Bündnis mit dem Erzbischof veranlaßt wurde. Und, wie so oft, entstand aus dem Bündnis ein Krieg, der besonders erbittert den Sommer und Herbst des Jahres 1416 hindurch geführt wurde. Zur Beilegung desselben lud Kaiser Sigismund die Fürsten und Herren des Niederrheins nach Aachen ein. Dort kam am 13. März 1416 ein vorläufiger Ausgleich zustande. Am 22. April 1417 erließ der Kaiser eine Verfügung, nach dem der Herzog von Berg den Kölnern die Zollfreiheit zu gewähren habe. Beide Teile mußten sich verpflichten, die errichteten Festungswerke zu schleifen.

Armbrustschütze beim Spannen der Waffe

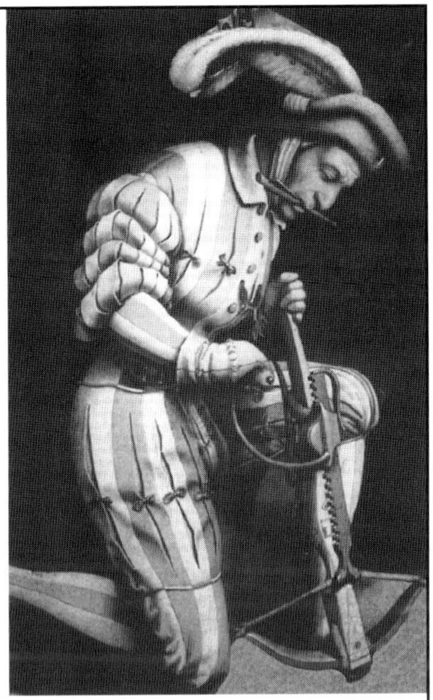

Kampf zwischen Rittern und Landsknechten. In der Schlacht bei Sempach (1386) wurden die Ritter von den Söldnern besiegt (Kupferstich 1668)

Auch dieser Friede dauerte nicht lange. Im Dezember 1417 verbündete sich Adolf von Berg wieder mit der Stadt Köln gegen den Erzbischof, der zu Deutz ein Bollwerk errichtet hatte. Diese Fehde wurde 1419 mit der Schleifung der Deutzer Befestigungen beendet. Adolf kam immer noch nicht zur Ruhe. Im selben Jahre 1419 zog er mit einem Heer nach Lothringen, um dort die Rechte zu verfolgen, die ihm durch seine Frau Jolantha von Bar auf dem Erbwege zugefallen waren. Um freie Hand zu bekommen, mußte er sich vorher mit Johann von Heinsberg arrangieren, dem er Rechte an Jülich und Geldern einräumte. Adolf geriet in Lothringen in Gefangenschaft und mußte sich durch ein Lösegeld von 40000 Gulden freikaufen sowie auf Bar Verzicht leisten.

Am 23. Juni 1423 starb Herzog Reinald von Jülich und Geldern, und am 30. Juni empfingen Adolf von Berg und Johann von Heinsberg auf Grund ihrer Vereinbarung die Huldigung der Ritterschaft, der Städte und der Landstände von Jülich. In Geldern aber, wo man die Selbständigkeit wünschte, huldigte man Arnold, dem Sohne Johanns von Egmont, dessen Großmutter die einzige Schwester Reinalds von Geldern war.

Herzog Adolf von Kleve-Mark geriet im Jahre 1423 mit seinem Bruder Gerhard in Fehde. Bei den anstehenden Wirren gelang es dem Kölner Erzbischof Dietrich von Moers durch geschicktes Taktieren ein lang gehegtes Ziel zu erreichen: Gerhard von Kleve verkaufte ihm als Dank für Unterstützung Stadt und Burg Kaiserswerth mit dem Zoll, der Vogtei und allem Zubehör für 100000 Gulden; an diesem Besitz haben die Erzbischöfe bis 1762 zäh festgehalten.

Am 24. Mai 1424 belehnte König Sigismund den Herzog Adolf gemäß einer in Ofen (Ungarn) ausgestellten Urkunde mit Jülich und Geldern und forderte die Bewohner von Geldern und Zütphen auf, diesem zu huldigen. Der König bestätigte dem Berger erneut die früher bewilligte Zollerhebung auf dem Rhein und verordnete die Einrichtung einer Münzstätte zu Mülheim am Rhein, wo Gold- und Silbermünzen unter seinem Namen und mit dem Wappen des Herzogs geprägt werden sollten. Mettmann erhielt 1424 die Stadtrechte.

Während der Wirren zwischen Adolf von Kleve-Mark und dessen Bruder Gerhard gelang es dem Herzog von Berg am 12. November 1427, die Burg und Herrlichkeit Elberfeld von Adolf Quade und dessen Gattin käuflich zu erwerben, wobei der Herzog von Kleve auf das ihm zustehende Öffnungsrecht (d.h. ihm bei einem Kriegsfall die Burg zur Verfügung zu stellen) verzichtete. Den märkischen Edeln Lubbert von Galen, der Elberfeld im Pfandbesitz hatte, entschädigte der Herzog dadurch, daß er ihn zu seinem Amtmann in Elberfeld machte. Er sollte die Hälfte aller Einnahmen solange behalten, bis ihm das geliehene Geld zurückgezahlt worden war. So fiel Elberfeld an Berg, und die letzten Bande an den bisherigen Lehnsherrn, den Erzbischof von Köln, gerieten in völlige Vergessenheit.

Die fortwährenden Fehden nahmen natürlich große Geldmittel in Anspruch, und bei den steten Geldverlegenheiten sah sich Herzog Adolf von Berg immer wieder zu neuen Pfandverschreibungen genötigt. Schon bald nach seinem Regierungsantritt hatte er gegen ein Darlehen von 2500 Goldgulden Schloß und Kirchspiel Hückeswagen den Eheleuten Hermann Ovelacker und Druda verschreiben müssen. Andere Verpfändungen waren bald nachgefolgt.

Im Juli 1429 schloß Herzog Adolf mit Arnold von Egmont einen vierjährigen Frieden. Adolfs Gemahlin Jolantha von Bar war schon während seiner Gefangenschaft in Lothringen gestorben. Seinen einzigen Sohn Ruprecht, nach dem Schwiegervater so genannt, hatte er am 24. Februar 1426 auf Veranlassung des Erzbischofs Dietrich von Moers mit Reinald von Gelderns Witwe, Maria von Harcourt, vermählt. Da diese Ehe aber ohne Nachkommen blieb, vermählte sich Adolf am 14. Februar 1430 von neuem mit Elisabeth, Tochter des Pfalzgrafen und Herzogs Ernst von Bayern. Jungherzog Ruprecht starb noch vor seinem Vater im August 1433. Als ihm Herzog Adolf am 14. Juli 1437 folgte, war der Streit zwischen Jülich und Geldern immer noch nicht erledigt.

Nach seinem Dahinscheiden in der Abtei St. Martin in Köln – wo er krank darniedergelegen hatte –, wurde er gleich seinem Sohn Ruprecht in der Familiengrablege im Altenberger Dom beigesetzt.

Die Zeit des Herzog Gerhard II.

Weil Herzog Adolf I. keinen direkten Erben mehr hatte, folgte Gerhard, der kaum zwanzigjährige Sohn seines verstorbenen Bruders Wilhelm und der Gräfin Adelheid von Tecklenburg. Gerhard war aus „etwas anderem Holz geschnitzt" als sein fehdebesessener Oheim Adolf. Er war eher auf klugen Ausgleich mit seinen Kontrahenten bedacht, als kostspielige Kriege zu führen. Gleich zu Beginn seiner Regierungszeit als Herzog von Berg bestätigte er der Ritterschaft die Privilegien, die Adolf ihnen im Jahre 1404 in bedrängter Lage zuerkannt hatte und bat gleichzeitig den Kaiser um die Belehnung,

Da der junge Fürst noch einer erfahrenen Stütze bedurfte, stand ihm Erzbischof Dietrich von Moers hilfreich zur Seite. Kaiser Sigismund erteilte deshalb die Belehnung mit der Weisung, den Lehnseid vorläufig dem Erzbischof zu leisten. Er belehnte Gerhard aber nur mit Jülich, Berg und Ravensberg, obwohl er im Protokoll der Urkunde auch Herzog von Geldern und Graf von Zütphen genannt wird.

Die Regierungshandlungen des jungen Herrschers waren zunächst nur auf Frieden nach außen und Ordnung im inneren Haushalt ausgerichtet. Dazu war er schon deshalb gezwungen, weil infolge der vorangegangenen Fehden Adolfs nicht nur die verfügbaren Geldmittel verschlungen, sondern auch fast alle Einnahmequellen reduziert oder gänzlich verlorengegangen waren.

Die nächste Sorge war auf die Regelung des Verhältnisses zum Hause Heinsberg gerichtet. Der Sohn Johann II., Wilhelm Graf von Blankenheim, hatte 1433 von seinem Vater die Mitberechtigung an Jülich erhalten; mit ihm wurde eine Einigung erreicht. Auch mit Kleve wurden über schwebende

Streitpunkte eine Einigung erzielt. Mit der Stadt Köln erneuerte Herzog Gerhard das Bündnis des Oheims und wurde wie er Edelbürger der Stadt. Die Edelbürgerschaft war für die Kölner ein probates Mittel, die Träger des Titels nach Zahlung einer Geldsumme an die Stadt zu binden und somit zumindest eine Gegnerschaft während einer Fehde zu vermeiden. Den Domstädtern war dieser Preis für die unbehinderte Durchführung von Handel und Wandel und für den Schutz der Stadt wert. Von der Möglichkeit der bezahlten Edelbürgerschaft, die eine regelmäßige Einnahmequelle für die benachbarte Ritterschaft darstellte, machten zur damaligen Zeit viele Adelige Gebrauch.

Als nach König Albrechts II. kurzer Regierungszeit Friedrich III. deutscher Kaiser geworden war, belehnte dieser zwei Tage nach seiner Krönung zu Aachen (19. Juni 1442) Gerhard mit den Herzogtümern Berg, Jülich und Geldern sowie den Grafschaften Zütphen und Ravensberg. Mit Geldern war die bestehende Waffenruhe durch Vermittlung des Erzbischofs bis zum 10. Oktober 1444 verlängert worden.

In der Zwischenzeit stiftete Gerhard II. zu Düsseldorf ein Kloster. Dort bestand außer der Pfarrkirche St. Lambertus, an der Graf Adolf V. schon ein Kollegiatstift gegründet hatte, noch eine Kapelle, die mit einem Gasthaus zur Pflege erkrankter Bürger und Pilger verbunden war. Herzog Gerhard II. verlegte das Gasthaus an einen anderen Ort und überwies im Jahre 1443 dessen Stätte mit Gebäuden, Kapelle und Opferstock zur Stiftung eines Klosters an die Kreuzbrüder oder Kreuzherren, die zu Beyenburg schon eine Gründung besaßen.

Im übrigen war und blieb Herzog Gerhard II. von Berg eifrig auf Ordnung und Besserung der inneren Zustände seiner Lande bedacht. Die größten Sorgen bereiteten ihm die zahllosen finanziellen Verpflichtungen, die er mit seinem Erbe übernommen hatte. Man muß sich die damaligen staatlichen Wirtschaftsverhältnisse vergegenwärtigen, um zu ermessen, welch schwere Bürde ihm damit auferlegt worden war.

Der Waffenstillstand mit Geldern hatte zwar sein Ende gefunden, doch scheint Herzog Gerhard II. einen Wiederausbruch der Feindseligkeiten nicht befürchtet zu haben. Aber die Tatsache: „Es kann der beste nicht in Frieden leben, wenn es dem bösen Nachbarn nicht gefällt“, mußte auch er erleben. Unversehens brach Herzog Arnold von Geldern mit 2200 Berittenen in das Herzogtum Jülich ein und brannte 17 Dörfer nieder.

Herzog Gerhard von Jülich/Berg mußte nun reagieren und sich stellen. Eiligst empfing er den Ritterschlag, den er nun weitergeben konnte, und zog mit einem Heer ins Feld. Am 3. November 1444, am Hubertustage, kam es im Felde zwischen Linnich und Bracheln zur Schlacht. Herzog Gerhard an der Spitze seiner Schar, die nur 800 Pferde zählte, drängte so mächtig gegen seine Gegner, daß diese bald weichen und sich geschlagen geben mußten. Des feindlichen Herzogs Bruder, Wilhelm von Egmont, wurde gefangengenommen. Unter dem Eindruck des großartigen Sieges stiftete Herzog Gerhard den Hubertus-Orden,

Pestepidemien und Mißernten regten immer wieder zu Wallfahrten an. Pilgerfahrt zur „Schönen Madonna" (Michael Ostendorfer)

der später von den Regenten aus dem Hause Pfalz-Neuburg erneuert und nach Bayern verbracht wurde, wo er als vornehmster Orden des Königreiches kräftig weiter bestand.

Um diese Zeit entbrannte auch die berühmte Soester Fehde. Herzog Gerhard II. war besonnen genug, sich von diesem Kampf nicht nur fernzuhalten, sondern er verstand es auch, davon zu profitieren. Am 21. November 1445 kam zwischen Gerhard von Jülich-Berg und Arnold von Geldern ein Vertrag auf zehn Jahre zustande, nach dem Wilhelm von Egmont aus seiner Gefangenschaft befreit worden war. Wilhelm verzichtete am 4. Juni 1447 endgültig auf Jülich.

Erzbischof Dietrich II. von Moers wollte im niederrheinischen Raum die Vorherrschaft von Kurköln erneut etablieren. Im Verlauf der daraus entstandenen Fehde versuchte der Erzbischof am 18. und 19. Juli 1444 die befestigte Stadt Soest zu erstürmen, wurde aber zurückgeschlagen. Auf dem Heimweg verheerten die erzbischöflichen Truppen Ravensberg. Erst 1449 fand die Soester Fehde ihr Ende. Soest schloß sich nun dem siegreichen Kleve-Mark an.[165]

Herzogtum Berg beinahe an Kurköln vergeben

Im Jahre 1445 hatte sich Herzog Gerhard von Berg mit Sophia, der Tochter des Herzogs Bernd von Sachsen-Lauenburg, vermählt. Die Ehe schien anfangs kinderlos zu bleiben. In diesem Falle wäre Kleve-Mark erbberechtigt und für das bedrängte Erzstift eine zu mächtige und gefährliche Nachbarschaft geworden. So ließ sich Herzog Gerhard zu einem Schritt bewegen, bei dem außer den angeführten Beweggründen wohl Eifersucht gegen Kleve-Mark eine Rolle spielten. Aber auch eine beginnende, erst später signifikant werdende Geistesschwäche könnte sich schon damals gezeigt haben.

Mit Urkunde vom 12. März 1451 übertrug nämlich der immer noch überschuldete Herzog Gerhard von Berg mit seiner Gemahlin Sophia das Herzogtum Berg mit der Herrschaft Blankenberg, die Grafschaft Ravensberg und die Städte Sinzig und Remagen dem hl. Peter, d.h. dem Erzbischof Dietrich von Moers, für den Fall, daß seine Ehe kinderlos bleiben würde, und auch dann noch, wenn ihre eventuellen Kinder ohne Nachkommen sterben sollten. Blankenberg wurde sofort dem Erzstift zugeschlagen, und die Amtmänner, die Ritterschaft und die Städte der gesamten Region leisteten dem Erzbischof den auf den bedingten Fall lautenden Erbhuldigungseid. Durch Privilegien und Bewilligungen hatte Gerhard die Städte und die Ritterschaft für diesen Schritt gewonnen.

Erzbischof Dietrich von Moers hatte gehofft, den Schaden, welcher ihm der unglückliche Krieg gegen Soest gebracht hatte, durch den Erbvertrag mit Herzog Gerhard wiedergutmachen zu können. Es kam aber anders: Gerhards Ehe wurde noch mit Söhnen und Töchtern gesegnet. Dietrichs Nachfolger, Erzbischof Ruprecht von der Pfalz, verzichtete 1469 auf alle Ansprüche.

Erzbischof Dietrich von Moers starb am 14. Februar 1463. Das Domstift und die weltlichen Stände des Erzstiftes waren längst entschlossen, etwaigen

Herrschergelüsten seines Nachfolgers feste Schranken vorzuschieben. Sie einigten sich über Satzungen zur Erhaltung ihrer eigenen Rechte und Freiheiten. Der am 30. März 1463 gewählte Ruprecht von der Pfalz, ein Enkel des Kaisers Ruprecht, war der erste Erzbischof, der auf die Erblandesvereinigung vereidet wurde, die am 26. März vom Domkapitel, von den Edelherren, von der Ritterschaft und von den Städten des Erzstifts beschlossen worden war. Als wichtigste Bestimmungen seien genannt: Der Erzbischof soll einen Rat aus geistlichen und weltlichen Räten bilden, keine Gelder ohne Zustimmung des Domkapitels aufnehmen und nur mit Zustimmung des Domkapitels und der Landstände Krieg beginnen oder Landtage einberufen. Der Bruch der Erblandesvereinigung u.a. führte dann zur Stiftsfehde, die im Krieg gegen den Erzbischof und in der Belagerung von Neuss kulminierte. Schon am 1. 9. 1474 wurde von Bürgermeister und Rat der Stadt Köln dem Erzbischof Ruprecht von der Pfalz, der die vereinbarten Schranken durchbrochen hatte, der Krieg erklärt.

Da der Erzbischof dabei auch Jülich und damit Herzog Gerhard II. bedrohte, sah sich die Herzogin Sophia, welche jetzt mit den Räten für ihren seit 1460 gänzlich in geistige Umnachtung gefallenen Gemahl regierte, veranlaßt, in die alten Verbindungen der Grafen und Herzöge von Jülich und Berg mit der Stadt Köln gegen den Erzbischof einzutreten.

Als im Jahre 1468 zufällig Kriegsmannen des Erzbischofs zu Wichterich mit dem Grafen von Virneburg und dem Grafen Wilhelm von Blankenheim, dem Mitbesitzer von Jülich, zusammenstießen, wurde letzterer erstochen, und zwar angeblich auf Anstiften Ruprechts. Erzbischof Ruprecht von der Pfalz, der den Haß, welchen er bereits auf sein Haupt geladen hatte, durch die Ermordung Wilhelms von Blankenheim noch bedeutend verstärkt sah, leistete nun gänzlich Verzicht auf die herzoglichen Lande, nicht ohne eine Erstattung von 40000 Gulden zu verlangen.

Der älteste Sohn Gerhards, Jungherzog Wihelm, vermählte sich am 19. Oktober 1472 mit Elisabeth, Tochter des Grafen von Nassau-Saarbrücken. Sie brachte ihm als reiche Hochzeitsgabe die Lande Heinsberg, Löwenberg, Diest und Zichen mit in die Ehe. Aber auch der junge Herzog konnte sich seines Besitzes nicht ohne Gegenansprüche erfreuen. Die alten Familienverbände traten wieder gegeneinander an. Graf Dietrich von Manderscheid erhob Ansprüche auf Mitbesitz von Jülich, obwohl er vorher darauf verzichtet hatte. Als der mächtige Karl von Burgund (der Kühne) auf den Plan trat, um seine Herrschaft möglichst auf den ganzen Niederrhein auszudehnen, konnte Wihelm III. nicht mehr hoffen, seine Ansprüche auf Geldern durchzusetzen. Deshalb trat er seine Ansprüche gegen Zahlung von 80000 Gulden an Graf Dietrich von Manderscheid ab.

Das Domkapitel hatte unterdessen den in Ungnade gefallenen Ruprecht von der Pfalz „als unnütz“ für abgesetzt erklärt und Hermann von Hessen zum Administrator bestimmt. Es paßte in die Pläne Herzogs Karl des Kühnen von

Durch die sogenannte „Klever Union“ des Jahres 1496 wurden folgende Territorien zu einem Ganzen vereinigt:

1. Das Herzogtum Jülich, ein fruchtbares Ackerbauland, die gesegnete Kornkammer des Rheinlandes
2. Das Herzogtum Kleve, ein Land mit vielen Städten und reich an ausgezeichneten Weiden
3. Das Herzogtum Berg, in welchem schon damals der Gewerbefleiß eine hohe Stufe erreicht hatte
4. Die Grafschaft Mark, ein viele Rittersitze umschließendes, wald- und erzreiches Gebiet (das spätere Ruhrgebiet)
5. Die Grafschaft Ravensberg, welche später der Große Kurfürst „seine Linnenstadt“ nannte
6. Die Grafschaft Ravenstein, auf dem linken Ufer der Maas, zwischen Grave und Herzogenbusch, rings von Brabant und Geldern umgeben, durch die Schlacht von Kleverhamm zu Kleve gekommen und 1815 an das Königreich Holland übergegangen

Diese vereinigten Landschaften erstreckten sich im Westen bis zur Maas und reichten im Osten bis zur Weser. Sie sind heute wesentliche Teile des Landes Nordrhein-Westfalen mit der „altbergischen“ Hauptstadt Düsseldorf.

Hinsichtlich der Verwaltung bestand, wie wir wissen, die Einteilung in Ämter. Der an der Spitze des Amtes stehende Amtmann wurde vom Landesherrn aus dem ritterbürtigen Adel ernannt. Die Burg des Amtmannes war jeweils Hauptsitz des Amtes. Bei der Aufsicht über Polizeisachen und persönlichen Rechtsklagen wurde er durch einen Richter (Dinger, Vogt) unterstützt. Die Ministerialen unterstanden einem Rittergericht, bei dem der Landesherr oder ein Stellvertreter den Vorsitz führte. An beiden Gerichten waren Schöffen tätig. Wichtige Gerichte waren auch die Hofgerichte, die durch Erhöhung der Schöffenzahl zu Landgerichten werden konnten. Der die Pacht- und Lehnszinsen erhebende Beamte hieß Kellner und sein Büro war die Kellnerei. Es gab bergische Kellnereien in Burg und in Bensberg.

Die Verfassung war eine landständische, deren Existenz seit der Mitte des 14. Jahrhunderts nachgewiesen ist. Die Landstände, aus der Ritterschaft und den Vertretern der Städte bestehend, wurden vom Landesherrn zu den Landtagen einberufen. Die Rittergüter mußten in Größe und Befestigung landtagsfähig sein, ihre Besitzer vom geburtsständischen Adel. Das Bauernrecht wurde in Sachen, die die Landwirtschaft und das Zusammenleben im Dorf betrafen, im Hofgericht behandelt. Eine mehr oder minder große Anzahl Höfe waren darin vereinigt. Schwere Verbrechen der Bauern gehörten vor ein Landgericht.

Der Landesherr hatte Einnahmen aus den Erträgen seines Grundbesitzes, aus dem sogenannten Schatz, aus der Bede (von erbitten bei den Landständen), aus Zöllen, aus Gerichtsgebühren, Vogtabgaben, Münzgefällen und manchmal auch Geldverleih (Pfandschaften) usw. Lösegelder konnten von Fall zu Fall in

Köln, Johann Heller, genannt Korbach, von der Kanzel der Lambertus-Stiftskirche herab heftige Angriffe gegen Myconius. In Gegenwart des sächsischen Kurprinzen Johann Friedrich, etlicher Jülisch-Bergischer Räte und vielen vom Adel und der Ritterschaft des Bergischen Landes sowie Gelehrten und gemeinem Volk veranstalteten Myconius und Heller ein Streitgespräch, das nach (subjektiver) Äußerung des Myconius zu Gunsten der neuen Lehre ausfiel.

Am 3. April 1528 wurde der berühmteste bergische Vorkämpfer der Reformation, der Theologe, Prediger und Lehrer Adolf Clarenbach, in Köln unter dem Vorwurf lutherischer Umtriebe verhaftet. Er war nach Köln gekommen, um den vor dem Geistlichen Gericht des Erzbischofs wegen „Irrlehre" angeklagten Kaplan Johann Klopreis – er war mit ihm befreundet – zu verteidigen und gegen dessen Festnahme beim Kölner Rat zu protestieren. Während Klopreis – zu lebenslangem Kerker verurteilt – in der Silvesternacht aus dem Gefängnis entkommen konnte, dauerte das Verfahren gegen Clarenbach ganze 11 Monate.

Nach langer, zäher Verhandlung fällte das Geistliche Gericht seinen Schuldspruch gegen Clarenbach, den man in 23 Punkten der Ketzerei überführt hielt. Die Hinrichtung verzögerte sich unter anderem vielleicht deshalb, weil man noch auf eine Bekehrung des Verurteilten hoffte. Da wurde auch Köln von der im Sommer 1529 grassierenden „sudor angelicus" befallen (ein aus England eingeschleppter Schüttelfrost mit Fieber und Krämpfen). Es zeigte sich wieder einmal die unheilvolle mittelalterlich-naive Auffassung, daß solche und ähnliche Seuchen eine Strafe und Geißel Gottes seien. Für Clarenbach und seinen Leidensgenossen wurde diese aufgereizte Stimmung zum Verhängnis: „die ungesühnte Ketzerei sollte endlich ihre gerechte Strafe finden". Zusammen mit dem Studenten Peter Fliesteden aus Pulheim, der wegen Verächtlichmachung des Altarsakramentes und wegen Ablehnung kirchlicher Lehren verurteilt worden war, starb er bei Melaten auf dem Scheiterhaufen.

Für die herzogliche Regierung wurde es hohe Zeit, die in Aussicht gestellte kirchliche Reform durchzuführen. Deshalb wurde eine kirchliche „Ordnung und Berichtigung" beschlossen. Sie bestimmte, daß in den Pfarrkirchen nur die Pfarrer, in den Klöstern nur die von den Oberen berufenen Geistlichen zum Predigen zugelassen werden sollten. Es dürfe kein Schelten seitens der Prediger, kein Einspruch seitens eines Zuhörers stattfinden; schließlich gab die „Ordnung", die Heresbachs Ideen in jeder Zeile verrät, eine Anleitung und Erklärung der zehn Gebote, der Sakramente, der Liturgie usw.

Die lutherischen Fürsten, die Protestanten, übergaben am 25.4.1530 dem Reichstag zu Augsburg ein von Philipp Melanchthon verfaßtes Glaubensbekenntnis, die „Augsburger Konfession". Das veranlaßte den Kaiser im Jahre 1532 beim Religionsfrieden zu Nürnberg, den „Status quo" anzuerkennen. Die Anhänger Zwinglis, die sich mit denen Calvins vereinigten, wurden fortan zum Unterschied zu den Lutheranern „Reformierte" genannt. Luther und seine Anhänger traten diesen „religiösen Schwarmgeistern" entschieden entgegen.[168]

Herzog Johann III. bessert die inneren Zustände seiner Länder

Daß der Herzog Johann nicht bloß auf die Besserung der kirchlichen, sondern auch der sonstigen Zustände bedacht war, zeigen seine Verordnungen. So liegen z.B. solche aus den Jahren 1533 und 1534 vor, welche beweisen, daß er das Bedürfnis eines guten Unterrichts erkannte, sowohl des allgemeinen auf Volksschulen, wie des höheren auf wissenschaftlichen Lehranstalten.

Herzog Johann hatte auch eine gründliche Verbesserung des Gerichtswesens im Auge; denn er erklärte den Jülischen Ständen ausdrücklich, daß er eine „Rechtsreformation" beabsichtige. Eine solche war allerdings notwendig; denn die früheren Rechtsordnungen, wie das Opladener Ritterrecht und das Jülische Landrecht, entsprachen nicht mehr den Fortschritten der Wissenschaft und der staatlichen Verfassung. Wie in allen Wissenschaften, so gab sich auch in der Rechtswissenschaft der geistige Aufschwung der Zeit kund. Das römische Recht drang immer mehr ein; die barbarischen Strafen des Mittelalters wurden zum Teil aufgehoben.

Aber die Abfassung einer „Landes-Rechts- und Gerichtsordnung", wie sie Herzog Johann vorschwebte, war für die damalige Zeit eine höchst schwierige Aufgabe und konnte erst später gelingen.Vorerst galt die erst 1532 von Kaiser Karl V. auf dem Reichstage zu Regensburg erlassene „hochnotpeinliche Hofgerichtsordnung" weiter, die nach schriftlicher Aussage einen „wohltätigen" Fortschritt darstellt, wenn sie auch noch die Folter zuläßt und brutale Strafbestimmungen wie folgende enthält: Zur Abschreckung soll der Delinquent „durch den ganzen Leib zu vier Stücken zerschnitten, und solche Vierteile auf gemeinen vier Wegstraßen öffentlich gehangen und gesteckt werden... mit dem Rade durch Zerstoßen seiner Glieder vom Leben zum Tode gerichtet und fürder öffentlich darauf gelegt... vor der endlichen Tötung öffentlich auf einem Wagen bis zur Richtstatt umhergeführt und der Leib mit glühenden Zangen gerissen... öffentlich in Pranger oder Halseisen gestellt, die Zunge abgeschnitten und dazu aus dem Lande verwiesen... beide Ohren abgeschnitten, fürder mit Ruten ausgehauen und des Landes verwiesen werden... usw."

Zu jener Zeit begannen die schrecklichen Hexenprozesse. Auch im Bergischen Land kamen sie vor, wenn auch nicht in der Häufigkeit wie anderswo. Aus Odenthal ist uns die Verfolgung der unglücklichen Scheuer-Trein überliefert, die am 10. Januar 1613 nach schrecklichen Folterungen und Abpressung „eines Geständnisses" am Steinbrückchen in Lustheide bei Refrath verbrannt wurde.

Mit einer schlimmen Plage hatte sich Herzog Johann auseinanderzusetzen. Das waren die Horden entlassener Söldner und heimatlosen Gesindels, die sich als Folge der unaufhörlichen Fehden in der bergischen und niederrheinischen Gegend herumtrieben und die Sicherheit des Landes sehr beeinträchtigten.

Herzog Johann starb ganz unerwartet am 6. Februar 1539, nachdem ihn am Tage vorher ein Schlaganfall getroffen hatte. Er wurde zu Kleve begraben.[169]

Herzog Johann Wilhelm I. (1592–1609). Geisteskranker Germahl der Jakobe. Letzter Herrscher aus dem Hause Kleve

Herzogin Jakobe (Jakobea von Baden) wurde im Alter von 39 Jahren ermordet

Herzog Wilhelm IV. (der Reiche) folgt seinem Vater Johann III.

Herzog Johann von Kleve hinterließ aus seiner Ehe mit Maria von Jülich-Berg vier Kinder, einen Sohn Wilhelm und drei Töchter. Die älteste Tochter Sibylle hatte sich seinerzeit, wie erwähnt, mit Johann Friedrich von Sachsen vermählt. Die zweite Tochter, Anna, wurde 1540 die vierte Gemahlin des Königs Heinrich VIII. von England, der sich jedoch bald wieder von ihr scheiden ließ. Die jüngste Tochter Amalie blieb unvermählt.

Herzog Wilhelm der Reiche (1539–1592) war beim Tode seines Vaters erst 22 Jahre alt. Von dem reformfreudigen Humanisten Konrad von Heresbach erzogen, neigte er überwiegend der „Augsburger Konfession" zu. Seine Regierungszeit fällt in einen der wichtigsten und folgenreichsten Abschnitte der niederrheinisch-bergischen Geschichte. Sie teilt sich in drei unterschiedliche Perioden: Die erste ist die schnell vorübergehende Bündnisperiode mit Frankreich, Schweden, Dänemark und zeitweise auch mit England gegen Kaiser Karl V., an deren Ende der endgültige Verlust von Geldern stand (1539 bis 1543); die zweite ist die Zeit der staatlichen und kirchlichen Reformen, die sein Vater begonnen, aber nicht vollendet hatte (1543 bis 1567); die dritte Periode umfaßt die Zeit des politischen Stillstandes und des Obsiegens der streng katholischen Richtung bei Hofe während der zunehmenden Leibes- und Geistesschwäche des Herzogs von 1567 bis 1592.

Die Stimmung am Hofe neigte sich zur Zeit Wilhelms der Reformation zu. Nach dem Augsburger Religionsfrieden vom 25. 9. 1555 (cuius regio, eius religio) gab Wilhelm in vier Ländern die Priesterehe und das Abendmahl in beiderlei Gestalt frei. Wie schon sein Vater, so betrachtete sich auch Herzog Wilhelm IV. als oberster Kirchenherr in seinem Machtbereich. Seit 1560 neigte er sich dann entschieden dem katholischen Bekenntnis zu. Den Bemühungen des Kölner Erzbischofs Adolf v. Schaumburg um eine Regelung der kirchlichen Juris-diktions- und Visitationsfrage setzte er passiven Widerstand entgegen.[170]

Kampf um Geldern gegen Kaiser Karl V.

Kaiser Karl V., Enkel Kaiser Maximilians I., erbte die Herrschaft in Spanien, Neapel und den burgundischen Niederlanden. Nach dem Tode Maximilians bewarb sich Karl unter Einsatz von riesigen durch die Fugger bereitgestellten Geldmitteln um die Kaiserkrone. Nach Ablegung einer seine Befugnis begrenzenden „Wahlkapitulation" wurde er am 26. 6. 1519 in Frankfurt gegen seinen Gegenkandidaten, König Franz I. von Frankreich, zum Kaiser gewählt. Nach der Krönung in Aachen berief er die Fürsten zum 27. 1. 1521 nach Worms zum Reichstag, zu dem Luther am 6. 3. zitiert und auf dem dieser am 17./18. 4. verhört wurde. Weil Luther einen Widerruf ablehnte, verhängte der Kaiser am 8. 5. 1521 die Acht über ihn, die im „Wormser Edikt" am 26. 5. neben dem Reichstagsabschied besonders publiziert wurde.

Kaiser Karl V. hatte einen gefährlichen Zweifrontenkrieg zu führen: gegen König Franz I. von Frankreich und gegen die mit den Franzosen verbündeten Türken. Die gleichzeitige Herrschaft Karls V. in Spanien und Deutschland empfand der französische König als eine Bedrohung seines Landes, weil es nun an allen seinen Grenzen von Habsburgs Besitz eingeschlossen war.

Es ist verständlich, daß König Franz I. Bundesgenossen suchte. Auch Herzog Wilhelm von Jülich-Berg, der Ansprüche an Geldern stellte, ließ sich von ihm – „aus jugendlichem Leichtsinn", wie Karl V. später versöhnlich formulierte – überreden, ein Bündnis gegen den Habsburger zu schließen. Gefördert wurde der Entschluß des jungen Herzogs durch ein Eheversprechen mit der Nichte des französischen Königs, Johanna von Navarra. In persönlichen Verhandlungen zwischen Herzog Wilhelm und Kaiser Karl V., der ersteren zur Umkehr bewegen wollte, konnte keine Einigung erzielt werden. Auf dem Regensburger Reichstag von 1541 stimmten die Stände von Geldern dem Kaiser zu, ohne Wilhelm, der von Franz I. von Frankreich unterstützt wurde, zur Resignation bewegen zu können.

Daraufhin traf 1543 der Kaiser mit einem Heer in Deutschland ein. Sein Feldherr Gonzaga führte in raschem Kriegszug durch die Eroberung von Düren, Jülich und Roermond eine siegreiche Entscheidung herbei. Frankreich und der Schmalkaldische Bund versagten dem Herzog die versprochene Hilfe. Von allen Seiten verlassen, blieb ihm nichts anderes übrig, als sich zu unterwerfen.

Der Kaiser rief ihn dann in das Lager von Venlo. In Trauerkleidern – wie es gefordert wurde – erschien er vor dem Kaiser und bat ihn fußfällig um Gnade. Karl V. nahm diese Demütigung an und ließ einen Friedensvertrag entwerfen, laut dem der junge Herzog sich verpflichten mußte:

1. in seinen Gebieten den Katholizismus aufrechtzuerhalten und, wo Neuerungen eingetreten, den früheren Zustand wiederherzustellen
2. dem Kaiser, dem deutschen König und dem Reich Gehorsam zu leisten
3. dem französischen, dänischen und schwedischen Bündnis zu entsagen
4. auf das Herzogtum Geldern und die Grafschaft Zütphen gänzlich zu verzichten und die Bewohner des Huldigungseides zu entbinden
5. Ravenstein vom Kaiser als brabantisches Lehen zu empfangen usw.

Mit dem kurzen und erfolgreichen Feldzug hatte Kaiser Karl V. die Reformation am Niederrhein erst einmal gestoppt, sein Erbland durch eine reiche Provinz vergrößert und aus dem selbständigen jungen Herzog Wilhelm einen abhängigen Vasallen gemacht. Der Mutter des Herzogs, Maria von Jülich-Berg, die sah, wie der Kaiser ihr Stammland verheeren und ihren Witwensitz zu Süstern und Hambach in Asche legen ließ, starb darüber. Heresbach verfaßte ihre Grabschrift: „Aus glücklichem Geschlecht war ich, reich an Ländern und Kindern – nun aller Güter beraubt! Wozu schmücke ich den Leib mit seinem Gewande und Geschmeide? Er ruht in der Erde nun, eine Speise der Würmer.

fest steht einzig das Heil: der hoffende Glaube an Christus; alles andere vergeht, ein Staub, ein Schatten, ein Nichts."

Am 14. Oktober 1543 bestätigte Karl V. dem Herzog die Regalien und Pfandschaften der Lande Jülich, Berg und Ravensberg, die durch den Tod der Mutter nun endgültig ihm zugefallen waren. Der versöhnte Kaiser faßte nun aus politischen Gründen den Plan, den Herzog an seine Familie zu binden. Er vermittelte in diesem Sinne eine Ehe mit Maria, der Tochter seines Bruders Ferdinand. Damit war für die Zukunft eine kaiserfreundliche Haltung des jülisch-bergischen Herzogs zu erwarten. Karl V. hebt in seinen Aufzeichnungen über diese Angelegenheiten mit Befriedigung hervor, daß die Heirat mit seiner Nichte Maria, die bei der Hochzeit erst 15 Jahre alt war, den Herzog von Jülich-Berg „ebenso fest an die Interessen des Hauses Habsburg band, als sie ihn von weiteren Verbindungen mit Frankreich fernhielt".

Einige Tage nach der am 18. Juli 1546 erfolgten Vermählung erteilte der Kaiser das „Privilegium Successionis", um welches der Herzog für die Töchter dieser Ehe nachgesucht hatte. Dieses später „Privilegium Carolinum" genannte Recht der weiblichen Erbfolge wurde auch von den folgenden Kaisern bestätigt und war der Grund für die späteren langandauernden Erbschaftswirren.

Befreit von machtpolitischen Ambitionen konnte der Herzog sich jetzt ganz dem inneren Aufbau seines Landes widmen. Er schuf einen neuen juristischen Kodex, der das bisher praktizierte Gewohnheitsrecht nach überwiegend römischen Normen ablöste. Gegenüber den Evangelischen zeigte er sich nur so moderat, wie es die Absprache mit Karl V. zuließ.

Im Jahre 1550 wurde zur Durchführung der von den Räten beschlossenen neuen „Kirchenordnung" im Bergischen Land eine Visitation aller Pfarreien durchgeführt, die ähnlich vorher schon in Jülich stattgefunden hatte. Es gab bis dahin noch keine Akten über die kirchlichen Zustände im Lande, auf die man zurückgreifen konnte. Die herzoglich bergische Regierung beabsichtigte in den Erkundigungen von 1550 weniger eine „Visitation" im kirchenrechtlichen Sinne als vielmehr die Herstellung einer Statistik zur Wahrung der von ihr beanspruchten Rechte und die Vorbereitung der Reformen im Kirchenwesen.

Die Erkundigungen von 1550 sind heute aufschlußreiche Quellen für den Historiker. Aus ihnen geht hervor, daß sich die evangelische „Opposition" besonders in Lennep, Lüttringhausen und Solingen festgesetzt hatte. Die dort ansässigen Gewerbetreibenden waren auf Grund der auf die Berufsausübung zurückzuführende höhere Aufgeschlossenheit eher geneigt, die „neue Lehre" anzunehmen, als das gläubig-konservative Bauerntum in der Rheinniederung. Dadurch ist das West-Ostgefälle der Verbreitung von Katholiken und Evangelischen im Bergischen Land, wie es auch heute noch besteht, zu erklären.

Ab 1555 galt die aus 157 Artikeln bestehende „Bergische Landesordnung", die eine effizientere Verwaltung möglich machte. Auf sozialem Gebiet wurden sogenannte „Armenordnungen" und „Armenpflegen" eingeführt (1546–54).

Wolfgang Wilhelm von Pfalz-Neuburg, Herzog von Jülich und Berg (1614–1653)

Herzog Philipp Wilhelm, Sohn Wolfgang Wilhelms (1653–1679), seit 1685 auch Kurfürst von der Pfalz

also sodomitisch, tierisch und viehisch verhalten, daß es nicht zu beschreiben; etliche haben sie gleich den Männern ermordet.“

Am 11. August 1583 überfallen die Truchsessischen Truppen vor den Augen der (neutralen!) Kölner Bürger, die das Geschehen von den Zinnen der Stadtmauer aus beobachten können, Deutz, wo sich eine Abteilung Soldaten des neuen Kurfürsten Ernst verschanzt hatte. Dorf und Kloster werden niedergebrannt, die Besatzung vertrieben. Die Deutzer Bevölkerung, einschließlich der dort seit 1424 ansässigen Juden, hatte sich größtenteils auf die andere Rheinseite in Sicherheit gebracht. Einige Tage später reißt ein stadtkölnischer Bautrupp das Kloster St. Heribert und die Pfarrkirche bis auf die Grundmauern nieder, damit sich in den außerordentlich festen Gebäuden, besonders in dem aus dem 11. Jahrhundert stammenden starken Turm der Klosterkirche, keine Truppen mehr festsetzen konnten. Als am 16. Sept. 1583 die Truchsessischen Kriegsvölker unter Johann Casimir im Feld bei Deutz lagern, erhalten sie die Erlaubnis, sich im neutralen Köln mit Proviant einzudecken, während gleichzeitig von anderen Abteilungen im Lande Berg, etwa in Stammheim, Wiesdorf und Schlebusch, schwere Verwüstungen angerichtet werden.

Gebhard, der von den protestantischen Fürsten nur ungenügend unterstützt wurde, mußte bald der durch die Spanier unterstützten Übermacht unterliegen. 1583 wurde die Godesburg gesprengt, 1584 fielen Bonn und Siegburg und die letzten Städte im Niederstift. Aber auch in Westfalen, wo seit Juli 1584 die katholische Restauration begann, verlor der abgesetzte Erzbischof Gebhard seine Positionen. Damit war der Kölnische oder Truchsessische Krieg faktisch entschieden, jedoch noch längst nicht beendet; der Befreiungskampf der Niederlande wurde nämlich fortgesetzt.[172]

Verfolgung und Entrechtung der Juden in Köln

Wie oben beschrieben, flüchteten während des Kölnischen Krieges die Juden aus Deutz nach Köln. Der Kölner Rat beschloß am 12. Juli 1584, die während der Kriegswirren um Deutz erteilte Aufenthaltsgenehmigung nicht zu erneuern und räumte den Juden lediglich eine Zweimonatsfrist bis zum endgültigen und unwiderruflichen Abzug ein. Die Kölner Ratskommission, die man auf Einspruch von Kölner Bürgern, die gegen die Ausweisung waren, gebildet hatte, kam zu dem Schluß: „Die Anwesenheit von Juden in der Stadt wirke sich für das Gemeinwohl schädlich aus“. Seit dem Jahre 1424, in dem man aus ähnlichen Gründen die Juden aus der Stadt verwies, hatte ein Jude weder in Köln einen Wohnsitz noch durfte einer von ihnen die Stadt überhaupt betreten. Der Rat der Stadt Köln beschloß damals, die Juden nach Ablauf einer auf zehn Jahre befristeten Aufenthaltsgenehmigung, „up ewige tzyden“ auszuweisen. Nach ihrer Vertreibung aus Köln siedelten sich die meisten Juden auf der rechten Rheinseite in Deutz an. Diejenigen Kölner, die weiter Geschäfte mit ihnen machen wollten, waren gezwungen, per Schiff herüberzufahren.

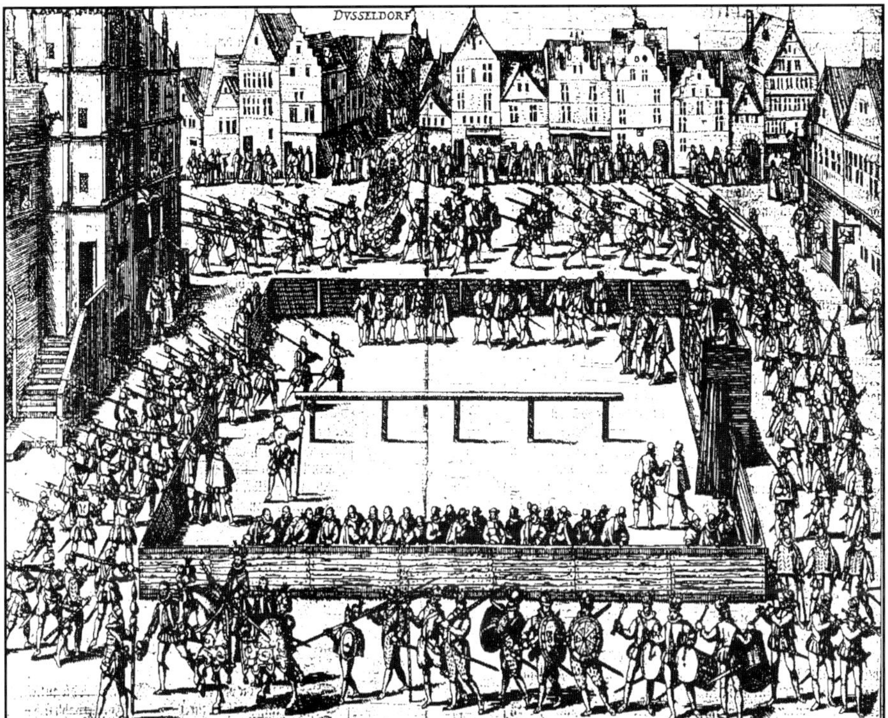

Aufmarsch zum Fußturnier anläßlich der Fürstenhochzeit 1585.
Älteste Ansicht des Düsseldorfer Marktplatzes, links das Rathaus

Rheinfront in Düsseldorf mit dem Schloß der Herzöge von Berg, Rathaus, Zolltor und Kran (Kupferstich nach Graminäus, 1619)

Vor der Ausweisung vom 8. Juli 1408 hatte der Kölner Rat eine Kleiderordnung für die jüdischen Mitbürger beschlossen: „Juden und Jüdinnen, jung und alt, die in Köln wohnen oder die fremd dahin kommen, sollen solche Kleider tragen, daß man sie als Juden erkennen kann, und zwar in folgender Weise: Ärmel sollen sie an ihren Überwürfen und Röcken tragen, nicht weiter als eine halbe Elle. Die Kragen an Röcken und Kapuzen dürfen nicht breiter als ein Finger sein. An ihren Kleidern darf keine Pelzfütterung gesehen werden, die oben und unten heraustritt... Die Mäntel müssen befranst sein und müssen mindestens bis an die Waden reichen... Sie sollen keine grauen Schuhe tragen, weder innen noch außen grau. Über dem Ohrläppchen dürfen sie sich nicht scheren lassen. Die jüdischen Frauen dürfen werktäglich keine Ringe tragen, deren Gewicht das von drei Goldgulden übersteigt... Sie dürfen werktäglich keine goldenen Gürtel tragen und keine Gürtel, die über zwei Finger breit sind... In der Karwoche und am Ostertage müssen sie sich in ihren Häusern aufhalten... Sie dürfen zu keiner Zeit unter der Halle des Bürgers gehen, stehen oder sitzen, außer wenn die Herren vom Rate sie dahin entbieten..." So weit ein Exkurs über die Zustände in Köln, die uns zeigen, daß es Judendiskriminierungen schon im Mittelalter gegeben hat. Für das Bergische Land liegen uns allerdings keine schriftlichen Nachrichten über Judenverfolgungen vor.[173]

Eine Dynastie endet in Wahnsinn und Mord

Kurz nach der faktischen Beendigung des Truchsessischen Krieges wurde am 16. Juli 1585 in Düsseldorf – trotz allen Elends in den Landen – eine prunkvolle Hochzeit gefeiert, die zehn Tage dauerte und alles bisher am Düsseldorfer Hofe Dagewesene in den Schatten stellte. Um ein Gegengewicht gegen den Protestantismus und die Heiraten von Johann Wilhelms älteren Schwestern mit protestantischen Fürsten zu bilden, wurde der Erbprinz Johann Wilhelm I. unter dem Einfluß von Kaiser Rudolf II., des Papstes, des Herzogs von Bayern und des Erzbischofs von Köln mit der 4 Jahre älteren katholischen Markgräfin Jakobe (Jakobea) von Baden vermählt, obwohl der Jungherzog schon zu dieser Zeit Anzeichen einer geerbten Geisteskrankheit zeigte.

Es war kein erfreulicher Abschnitt der bergischen Geschichte, der sich nun entwickelte, und das hing nicht nur mit den Religionsauseinandersetzungen, sondern auch mit Machtkämpfen am Hofe nebst Eifersüchteleien zusammen.

Nach dem frühen Tod ihrer Eltern wuchs Jakobe, Tochter des Markgrafen Philibert von Baden, am streng katholischen Hof ihres Onkels, des Herzogs Albrecht V. von Bayern, auf. Sie war heimlich mit dem Grafen Philipp von Manderscheid verlobt. Jakobe fügte sich – wie so viele adelige Frauen vor ihr und nach ihr – den politisch motivierten Wünschen der Mächtigen und heiratete den Jungherzog von Jülich-Berg.

Aber aus dem Festestaumel gab es für die lebenslustige badische Prinzessin ein böses Erwachen. Die düstere Atmosphäre am Düsseldorfer Hofe war so ganz anders als die Umgebung in der Münchener Residenz. Allzubald trat man ihr feindselig entgegen. Besonders Sibylle, die unverheiratete Schwester des Jungherzogs, knüpfte Intrigen gegen die ungeliebte Schwägerin.

Nachdem der Altherzog Wilhelm am 5. Januar 1592 verstorben und ihr Gatte inzwischen wegen Tobsuchtsanfällen auf das Schloß Hambach gebracht worden war, übernahm die ehrgeizige Herzogin die Regentschaft für ihren geisteskranken Mann, und zwar in wechselnden Bündnissen mit den vorwiegend katholischen Räten und den mehrheitlich protestantischen Ständen.

Jakobe war dem verwirrenden, undurchsichtigen politischen Ränkespiel am Düsseldorfer Hofe nicht gewachsen und zeigte keine glückliche Hand bei ihren Entscheidungen. Vor allem verstand sie es nicht, sich ihre Feinde im wahrsten Sinne des Wortes „vom Halse zu halten". Neben ihrer Schwägerin Sibylle beteiligte sich auch Marschall Wilhelm von Waldenburg, genannt Schenkern, an den Angriffen gegen sie. Auch im privaten Bereich machte die lebensfrohe Frau Fehler. Sie verliebte sich in den Junker Dietrich von Hall zu Ophoven. Das Verhältnis blieb am Hofe nicht unbemerkt. Am 24. Mai 1593 wurde Jakobe bereits von Düsseldorfer Räten gewarnt. Nachdem Schenkern sie schon im Jahre 1591 beim Kaiser in Prag wegen Unkeuschheit verklagt hatte, strengte Sibylle im Jahre 1595 einen Prozeß gegen die verhaßte Schwägerin an. Die Anklageschrift enthielt nicht weniger als 91 „Denunziatorial-Artikel".

Man warf ihr vor allem unsinnige Verschwendung und die Verletzung der ehelichen Treue vor. Welcher Art der Prozeß und die auftretenden Zeugen waren – man verhörte nur die von Sibylle vorgeschlagenen –, erkennt man an der unsinnigen Behauptung, „Jakobe wäre eine Zauberin und sie hätte den traurigen Zustand ihres Gemahls durch geheime Zaubermittel hervorgerufen". Man verhaftete die Hofdamen und Diener ihrer Umgebung. Jakobe stand unter strengem Hausarrest, durfte ihre Räume nicht mehr verlassen.

Die meisten am Hofe ließen nun die sich tapfer gegen die Vorwürfe wehrende Herzogin fallen. Man drängte den Kaiser zu einer Verurteilung. Weil er sich dazu nicht entschließen konnte, fanden die Feinde Jakobes ein anderes Mittel...

Am 3. Sept 1597 früh morgens fand man die Herzogin, im vollen Leben noch nicht vierzig Jahre alt, tot in ihrem Bett. Sogleich verbreitete sich das Gerücht von einer Ermordung. Die Räte behaupteten, sie sei einem Lungenschlag erlegen. Die Ärzte widerlegten den Verdacht auf eine Vergiftung. Einer der wenigen Zeugen, der die Leiche zu sehen bekam, war der Ansicht, daß man die Fürstin mit einem Handtuch erdrosselt oder mit einem Kissen erstickt habe. Ohne den Dienern und den Freunden der Herzogin weiteren Zutritt zu gestatten und ohne die Verwandten derselben zur Beisetzung einzuladen, wurde sie in aller Stille beerdigt. Der Haß ihrer Feinde verfolgte sie über das Grab hinaus. Weder ihr Gemahl noch Sibylle noch das Hofgesinde und die Räte legten Trauergewänder an. Erst als Marschall Schenkern entmachtet war, traute man sich, ihn am Pranger zu Köln als Mörder der Herzogin Jakobe zu bezichtigen.[174]

Die Spanier im Bergischen Land

Die Ereignisse im Bergischen Land und am Niederrhein während der Regierungszeit Johann Wilhelms I. hingen aufs engste zusammen mit zwei für das deutsche Reich wichtigen Bewegungen: nach außen war das der Abfall der Niederlande, nach innen die zunehmende Glaubenszwietracht. Schon früher waren durch Truppen der spanischen Statthalter der Niederlande häufig Neutralitätsverletzungen vorgekommen. Im Jahre 1597 klagten die Einwohner von Huckingen, Mündelheim, Serm, Rheinheim, Bockum, Wittlaer und Kalkum (Amt Angermund) beim Herzog, daß sie „diesen Nachsommer zum vierten Male mit schwerem Kriege überzogen worden seien", wobei ihnen alles Getreide mitsamt dem Viehfutter von den durchziehenden Truppen weggenommen wurde. Als 1598 ein spanisches Heer mit 24000 Mann heranrückte, um die nördlichen niederländischen Provinzen zu maßregeln, verübten die schlecht disziplinierten Soldaten abermals schlimmste Greuel.

Johann Wilhelm I. hatte sich wegen seines bedauernswerten Zustandes mit seiner Schwester Sibylle auf das Schloß Hambach zurückgezogen. Um ihn aus erbrechtlichen Überlegungen wieder verheiraten zu können, versuchte man auf jede Weise, eine Heilung des Herzogs herbeizuführen, und zwar nach üblichen Methoden der damaligen Zeit und mit den unsinnigsten Mitteln, wie Wunderkuren und Teufelsbeschwörungen (Exorzismus). Nach dem Tode Jakobes behauptete man, er sei genesen. Sibylle zeigte sich mit ihm in der Öffentlichkeit. Man wollte dadurch beweisen, daß Johann Wilhelm seiner Geisteskräfte wieder mächtig sei und zu einer neuen Ehe durchaus fähig.

Am 21. April 1598 richtet Johann Wilhelm I. ein Gesuch an Kaiser Rudolf um Einwilligung und Unterstützung der beabsichtigten Hochzeit mit Antoinette von Lothringen. Die Vermählung fand am 20. Juni 1599 statt. Der Lothringerin fiel nun dieselbe Rolle zu, die vorher die ermordete Herzogin Jakobe von Baden für ihren geisteskranken Mann spielen mußte; aber Antoinette verstand es besser, diese mit Geschick und Erfolg auszufüllen. Sie setzte es durch, daß sie im Jahre 1600 als Mitregentin anerkannt wurde. Mit Marschall Schenkern, der noch immer Befehlshaber in Jülich war, machte sie kurzen Prozeß; plötzlich erschien sie mit Truppen vor der Festung, entzog ihm den Befehl und nötigte ihn, unverzüglich das Land zu verlassen.

Die im Jahre 1601 erfolgte Vermählung des Herzogs Schwester Sibylle mit dem katholischen Markgrafen von Burgau, Karl von Österreich, Sohn des Erzherzogs von Österreich, brachte neue Unruhen in die durch Glaubenszwietracht aufgewühlten Lande. Der Krieg dauerte bis 1609. In diesem Jahre wurde endlich zwischen Spanien und der nunmehrigen Republik der Vereinigten Niederlande ein zwölfjähriger Waffenstillstand geschlossen. Als Herzog Johann Wilhelm I. am 25. März 1609 verstarb, hatten 30 Jahre Krieg das Land durchzogen und verwüstet. Mit ihm schied ein ganzes Herrschergeschlecht.[175]

Mit dem Aufkommen der Geschütze ging die militärische Bedeutung von festen Burgen immer mehr zurück. Viele einstige Wehranlagen wurden nun zu Schlössern mit mehr Komfort und Repräsentation umgebaut

Zudem wurde unter dem 11. Februar 1610 ein Bündnis mit Heinrich IV. von Frankreich geschlossen. Weiter bemühte sich die Union auf das eifrigste, die niederländischen Generalstaaten in das Bündnis einzubeziehen mit der Absicht, von ihnen Hilfstruppen zu erhalten.

Obwohl der König von Frankreich, Heinrich IV., am 14. Mai 1610 ermordet worden war, setzten sich seine versammelten Truppen unter dem Befehl des Marschalls de la Châtre in Richtung Jülich in Bewegung und verstärkten die Truppen der beiden Fürsten Ernst und Wolfgang Wilhelm sowie des Prinzen Moritz von Oranien, die bereits Jülich belagerten. Johann von Reuschenberg – Erzherzog Leopold hatte schon frühzeitig die Festung verlassen – blieb im Angesicht der Übermacht nichts anderes übrig, als zu kapitulieren. Nach der Kapitulation von Jülich am 1. September 1610 waren Ernst und Wolfgang Wilhelm nun gänzlich Herren im Land.

Während sich Brandenburg und Pfalz-Neuburg in den Besitz der Länder gesetzt hatten, war Sachsen auch nicht untätig geblieben, sondern hatte sogar am 7. Juli vom Kaiser die Belehnung erhalten. Im September 1610 kamen Bevollmächtigte aller Beteiligten in Köln zu einer vom Kaiser ausgeschriebenen Konferenz zusammen, die kein Ergebnis brachte. Am 18. März 1611 kam zu Jüterbog ein Vergleich zustande, wonach Sachsen, Brandenburg und Pfalz-Neuburg die streitigen Lande in gesamtem Namen ungeteilt besitzen und regieren sollten. Dieser Vergleich scheiterte, weil Pfalz-Neuburg, das an der Verhandlung überhaupt nicht teilgenommen hatte, seine Zustimmung versagte.

Weil beide Landesherren protestantisch waren, schien für die Evangelischen der vereinigten Lande eine bessere Zeit zu kommen. Der frühere Druck hörte auf. Aus den heimlichen Gemeinden wurden nun öffentliche, und es bildeten sich auch viele neue Religionsgemeinschaften im Bergischen Land. Auf der Provinzialsynode zu Düsseldorf im Jahre 1611 wurde die Provinz in vier Klassen eingeteilt, nämlich die Elberfelder Klasse mit 12 Gemeinden, die Solinger mit 10, die Düsseldorfer mit 13 und die Mülheimer oder Oberbergische Klasse ebenso mit 13 Gemeinden. So begründeten die niederrheinischen Reformierten, die bis dahin eine Klasse der niederländischen Generalsynode gebildet hatten, bereits eine allgemeine Verbindung; die Lutheraner folgten ihnen darin erst im nächsten Jahrhundert. Wolfgang Wilhelm begünstigte die Lutheraner, während Markgraf Ernst sich den Reformierten zuneigte.

Am 10. August 1610 erteilten Markgraf Ernst und Wolfgang Wilhelm dem Rat der Freiheit Elberfeld ein Privilegium zur Erhebung von Wege- und Standgeld, wie es die anderen Bergischen Unterstädte besaßen, um aus dem Ertrag die Befestigung des Ortes zu finanzieren. Weil mit der Stadtgründung normalerweise das Befestigungsrecht zusammenhing, kann man Elberfeld ab diesem Datum als Stadt ansehen, obwohl das Wort Stadt in diesem Privileg noch nicht vorkommt. Erst in einer Verlängerung durch Herzog Wolfgang Wilhelm (1623) um weitere zwölf Jahre wird Elberfeld als Stadt bezeichnet.

Schloß Gimborn

Schloß Homburg, Lithografie von L. Gajetan (Ausschnitt), Oberbergisches Museum auf Schloß Homburg

Zwiespalt zwischen Brandenburg und Pfalz-Neuburg

Das friedlich-freundschaftliche Verhältnis zwischen Markgraf Ernst und Wolfgang Wilhelm begann sich allmählich zu trüben. Um eine gütliche Beilegung der entstandenen Differenzen herbeizuführen, wurde eine Vermählung von Wolfgang Wilhelm mit Anna Sophia, der Tochter des Kurfürsten, in Erwägung gezogen. Kurfürst Johann Sigismund von Brandenburg begab sich dieserhalb im Jahre 1613 selbst an den Rhein. Nach einer Zusammenkunft im Düsseldorfer Schloß beleidigte er aber Wolfgang Wilhelm so sehr, daß sie im Streit auseinandergingen. Nicht lange danach, im September 1613, starb Markgraf Ernst, und Johann Sigismund ernannte nun seinen ältesten Sohn, den Kurprinzen Georg Wilhelm, zu seinem Statthalter in den „westlichen Provinzen", und zwar einseitig ohne Verständigung mit Pfalz-Neuburg. Wolfgang Wilhelm erblickte darin eine neue Verletzung seiner Rechte und verweigerte die Anerkennung des Kurprinzen als Statthalter Brandenburgs.

Nachdem das Projekt einer ehelichen Verbindung mit Brandenburg gescheitert war, erwählte Wolfgang Wilhelm eine Prinzessin aus dem stammverwandten bayerischen Hause. Am 10. November 1614 heiratete er Magdalena, Tochter des Herzogs Maximilian von Bayern, die streng katholisch erzogen war. Bei seinem vorherigen Aufenthalt in München war Wolfgang Wilhelm mit Jesuiten zusammengetroffen, die ihn wohl veranlaßt hatten, am 19. Juli 1613 in aller Stille zur katholischen Kirche überzutreten.

Es hat den Anschein, als wenn Wolfgang Wilhelm nicht so sehr aus Überzeugung und der möglichen Einwirkung der Familie seiner Frau katholisch geworden wäre, sondern daß er eher mit seinem Glaubenswechsel die Annäherung an die katholischen Spanier und Franzosen einleiten wollte, die er für seine politischen Pläne gegen die evangelischen Brandenburger brauchte.

Der Zwiespalt zwischen Pfalz-Neuburg und Brandenburg vertiefte sich immer mehr. Die Landstände sahen diese Entwicklung mit großer Besorgnis, und Feindseligkeiten schienen unvermeidlich. Herzog Wolfgang Wilhelm war im Januar 1614 mit seiner jungen Frau nach Düsseldorf gekommen und hatte im Schloß Residenz genommen. Kurprinz Georg Wilhelm von Brandenburg, der den Plan faßte, sich in den alleinigen Besitz der Stadt zu setzen, schickte in einer Märznacht unter seinem Oberst von Schwiegel 400 Mann, um die Stadt Düsseldorf im Handstreich zu nehmen. Das Unternehmen mißlang, weil die Wachposten auf der Hut waren. Als die Bürgerkompagnien auf den Wällen erschienen, zog das Korps unverrichteter Dinge wieder ab.

Wahrscheinlich um die katholischen Räte für sich zu gewinnen, bekannte sich Wolfgang Wilhelm am 25. Mai 1614 in der Kollegiatkirche St. Lambertus zu Düsseldorf öffentlich zum Katholizismus, indem er das katholische Glaubensbekenntnis ablegte. Der Zwist zwischen Brandenburg und Pfalz-Neuburg war damit auf die Spitze getrieben.

Schon im August 1614 begann der Einmarsch fremder Truppen in die Herzogtümer. Ein spanisches Heer unter Spinola rückte von Maastricht aus heran, während Moritz von Oranien von Norden her mit seinen Niederländern herbeieilte. Die Spanier besetzten zuerst Aachen und mehrere Städte im Herzogtum Jülich, während die niederländischen Truppen in Emmerich und anderen Orten im Herzogtum Kleve einzogen. Da Brandenburg und Pfalz-Neuburg aber bald einsahen, daß die fremden Heere die Lande ruinieren würden, versuchten sie nochmals eine friedliche Lösung. Am 14. November 1614 wurde der „Vergleich zu Xanten" geschlossen, womit die gemeinschaftliche Regierung aufgehoben wurde. Brandenburg sollte das Herzogtum Kleve-Mark und die Grafschaften Ravensberg und Ravenstein provisorisch in die alleinige Verwaltung nehmen und Pfalz-Neuburg die Herzogtümer Jülich und Berg. Die fremden Truppen sollten abziehen, aber sie taten es nicht.

Dieser Vertrag von Xanten war nicht vollkommener als diejenigen politischen Verträge, die heutzutage abgeschlossen werden. Fast in jedem Artikel war der Keim zu neuen Streitigkeiten enthalten. Obwohl er nicht ratifiziert wurde, ist Wolfgang Wilhelm von da an als alleiniger Herrscher über Jülich und Berg zu betrachten. Durch den Tod seines Vaters war er nun auch Pfalzgraf und Herzog von Neuburg geworden.

Wie gesagt, die fremden Truppen blieben, und bald begannen die kriegerischen Bewegungen von neuem. Unter dem Jülisch-Klevischen Erbfolgestreit hatte besonders die Sieggegend zu leiden. Amtmann Georg von der Heiden zu Schönrath sowie Heinrich Quadt zu Isengarten, Amtmann zu Windeck, ließen an der Aggerbrücke bei Siegburg eine Schanze aufwerfen und mit Bauern aus der Nachbarschaft und brandenburgischen Soldaten besetzen. Der Abt, der nach Troisdorf flüchten mußte, wandte sich zu seinem persönlichen Schutz an den spanischen General Spinola. Dieser schickte ihm von Remagen aus 13 spanische Söldner, die die hochgelegene Klosterfestung Siegburg mit Einwilligung des Abtes für den Herzog von Pfalz-Neuburg in Besitz nahmen. Bald darauf verwüstete der holländische Offizier Wilhelm Donner, welcher in Blankenberg in Garnison lag, mit seinen Soldaten die Festung Siegburg.

Die Grafschaft Mark wurde von den Brandenburgern, die Grafschaft Ravensberg von den Holländern besetzt. Der Kurprinz Georg Wilhelm residierte schon seit längerer Zeit meistens in Kleve, ging aber 1617 nach Berlin und kehrte nicht wieder nach Kleve zurück. Er ließ dort seine Räte schalten, an deren Spitze der noch kennenzulernende Graf Adam von Schwarzenberg stand.[176]

Der Einführung der Gegenreformation glaubte Wolfgang Wilhelm sich verpflichtet. Deshalb rief er die Jesuiten und Kapuziner in seine Lande. Im Jahre 1617 kamen die ersten Kapuziner nach Düsseldorf, und gegen Ende des Jahres 1620 befanden sich dort bereits 13 Jesuiten. Beide Orden ergänzten sich gegenseitig; denn während die Jesuiten hauptsächlich auf die vornehmen Stände einwirkten, entfalteten die Kapuziner eine mehr volkstümliche Tätigkeit.[177]

Der Ausbau von Mülheim

Viele Protestanten aus dem katholischen Köln, die dort keine Zukunftsperspektiven mehr sahen und auch Verfolgungen zu erleiden hatten, zogen ab 1609, als zwei evangelische Fürsten die Regierung des Bergischen Landes gemeinsam übernommen hatten, nach dem benachbarten Mülheim. Die beiden Fürsten wandten dem aufblühenden Orte deshalb ihre Aufmerksamkeit zu, weil sie der Stadt Köln ein befestigtes Gegengewicht gegenüberstellen wollten, was in Deutz wegen bestehender Verträge und alten Eigentumsrechten des Erzbischofs nicht möglich war. Die Fürsten Wolfgang Wilhelm und Ernst warben in allen deutschen Ländern, sogar in Frankreich und den Niederlanden, mit Plänen, in Mülheim eine durch Mauern und Wallgraben befestigte Großstadt mit Residenzschloß, Rathaus, Kirchen, Schulen, öffentlichen Plätzen usw. zu schaffen und versprachen den Zuziehenden steuerliche Vergünstigungen.

Schon 1588/89 war dort mit dem Bau von Häusern und Festungswerken begonnen worden. Sie vergrößerten Mülheim von ca. 3,5 Hektar Fläche mit rund 60 Häusern und 300 Einwohnern auf 13 bis 19 Hektar mit mindestens 100 Häusern. Die Erweiterungen gerieten aber bald ins Stocken, weil die Stadt Köln Widerspruch erhob. In den Jahren 1612/13 sollte das Werk vollendet und die Stadt Mülheim auf eine Fläche von ca. 120–140 Hektar für mehr als 10000 Einwohner vergrößert werden. Infolge des Aufrufs der protestantischen Fürsten strömten viele Baulustige herbei, die in einer religionstoleranten Heimat eine Existenz gründen wollten. Bald erhob sich eine ansehnliche Neustadt.

Aber alle Pläne wurden über den Haufen geworfen, als Pfalz-Neuburg mit Brandenburg in Streit geriet. Auch Glaubenskämpfe spielten dabei eine Rolle. Der Kaiser hatte schon 1612 die Reichsacht gegen Mülheim ausgesprochen und den Befehl zur Schleifung der Festungswerke gegeben. Zur Vollziehung der Reichsacht setzte am 25. August 1614 der spanische General Spinola bei Wiesdorf mit 20000 Mann über den Rhein, um die Befestigungen zu schleifen.

Die Stadt Köln, die immer argwöhnisch Bautätigkeiten in ihrer Nähe beobachtete, konnte jetzt auch religiöse Gründe vorschieben. Ihr genügte nicht allein die Schleifung der Befestigungen. Sie wußte es auch durchzusetzen, daß der Reichshofrat am 24. März 1615 die Zerstörung des neuen Bezirks, „Ketzerstadt“ genannt, anordnete. Der spanische General Spinola ließ am 30. 9. 1615 – ähnlich wie weiland die Kölner Bürger 1583 im Truchsessischen Krieg mit der Abtei Deutz verfahren hatten – durch 500 Arbeiter die neuen Häuser abreißen und zerstören. Die spanische Besatzung von Mülheim verhinderte dabei eine Gegenwehr der ohnmächtigen Bürger.[178] Nichts ist dieser planmäßigen und erbarmungslosen Zerstörung entgangen bis auf eine Ausnahme: der Friedhof, der heute zwischen Bergisch Gladbacher, Keup- und Mündelstraße liegt. Die Ausdehnung der damaligen Erweiterung ersieht am besten derjenige, der von der Wallstraße (Ostgrenze der Stadt im Jahre 1589) bis zu diesem Friedhof geht.

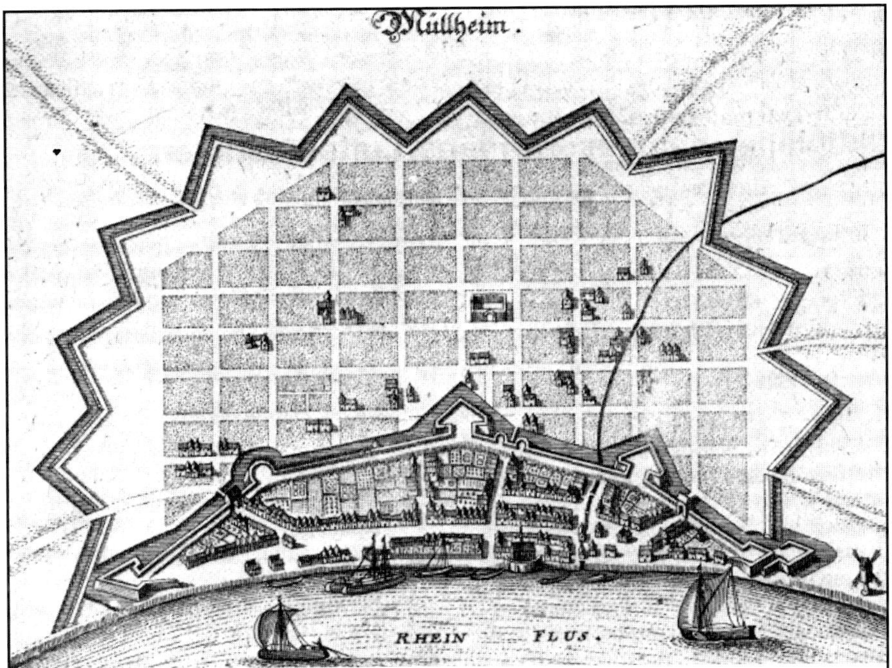

Befestigungsplan von Mülheim (Kupferstich von Matthäus Merian 1647)

Karte vom Herzogtum Berg und Erzstift Köln. (Kupferstich, Mercator um 1585)

Monheim ein. Die Schweden unter Kriegskommissar Thylli verlangten aufs neue große Kontributionen, und schwedisch-hessische Truppen plünderten in den Ämtern Angermund, Landsberg und Mettmann. Auch Loyson in Siegburg fuhr fort, die umliegende Gegend zu bedrücken.

Der gescheiterte Versuch der Annäherung an den Kaiser brachte Wolfgang Wilhelm politisch in Zwietracht. Auf evangelischer Seite nahm man an, daß er in die Liga eintreten wolle, während die Ligisten ihren Zorn an ihm ausließen, weil er zu diesem Entschluß nicht bereit war. Von beiden Seiten begannen nun neue Feindseligkeiten und Heimsuchungen. Hessen überfielen am 14. November 1633 Elberfeld und Barmen. In Hückeswagen setzten sich kaiserlich-ligistische Truppen fest und machten die dortige Gegend unsicher, so daß es sogar zu Zusammenstößen zwischen diesen und Truppen des Pfalzgrafen kam.

Am 11. Juni 1634 erschien Graf Philipp von Mansfeld als kaiserlicher Kommissar in Düsseldorf, um Pfalzgraf Wolfgang Wilhelm zum Anschluß an die Liga zu bewegen. Neue Regimenter kaiserlicher Truppen hausten nun im Bergischen in der zügellosesten Weise, namentlich das Oberbergische wurde durch Bönninghausens Raubzüge heimgesucht, u.a. die Orte Wipperfürth, Engelskirchen, Overath, Eckenhagen und Morsbach, so daß schließlich die Landleute zur Selbsthilfe greifen mußten. Wolfgang Wilhelm beschwerte sich beim Kaiser über Mansfeld bitterlich, der „zehnmal mehr seiner Untertanen habe ums Leben bringen lassen als die Schweden". Am 10. November 1634 zog Mansfeld endlich mit seinem Heere ab. Auch Loyson räumte bald Siegburg, ohne daß Frieden für das Land einkehrte.

Im kriegerischen Zwist zwischen den Generalstaaten (Holland) und den spanischen Niederlanden (Belgien) leistete der Kaiser Bündnishilfe. Er schickte den Feldmarschall Piccolomini in die Niederlande, und das Herzogtum Jülich mußte die Lasten des Durchzuges tragen. Die Kaiserlichen bezogen in Düren ihr Winterquartier. Piccolomini erzwang, durch die Landstände unterstützt, in der zweiten Hälfte des Dezembers 1635 die Vereinigung der pfalzgräflichen Truppen mit der kaiserlichen Armee.

Im Januar 1636 rückte das Korps des Marchese Caretto de Grana in das Herzogtum Berg ein. Wieder einmal wurde das Hauptquartier in Mülheim am Rhein aufgeschlagen. In dieser Zeit sah sich Oberst Neuland in Düsseldorf zu der Erklärung genötigt, die Garnison sei nicht imstande, die Stadt gegen einen Angriff zu verteidigen. Von der Bevölkerung im Bergischen war, wie Pfalzgraf Wolfgang Wilhelm dem Kaiser berichtete, kaum noch ein Sechstel übrig, dabei kamen die schlimmsten Kriegsjahre erst noch.[182]

1632 belagerten die Schweden ohne Erfolg Schloß Burg (nach der Version von Schönneshöfer besetzten sie die Burg). 1641 sind die kaiserlichen Truppen im Besitz der Burg, die sie als Festung ausgebaut hatten. Nach Ende des Krieges 1648 wurden die Verteidigungsanlagen geschleift und sogar der mächtige Bergfried dem Erdboden gleichgemacht. Der Verfall des Schlosses begann.[183]

Fränkisches Bauerngehöft. In diesem Zustand waren mancherorts die Häuser noch über hundert Jahre nach dem Dreißigjährigen Krieg (Radierung von F. E. Weirotter)

„Ziehbrunnen neben Bauernhütten". (Gemälde von Jan van Goyen, 1. Hälfte des 17. Jahrhunderts)

Wenn für Wolfgang Wilhelms erste Heirat politische Gründe maßgebend gewesen sind, so war dies bei seiner zweiten Heirat noch mehr der Fall; denn Katharina Charlotte, drittälteste Tochter des Pfalzgrafen Johann von Zweibrücken, war eine Protestantin. Der bergische Herzog hoffte, mit dieser ehelichen Verbindung ein besseres Verhältnis zu seinen vielen reformierten Untertanen zu bekommen. Wegen des immer noch schwelenden Erbfolgestreites mit Brandenburg konnte eine Annäherung an die Holländischen Generalstaaten von Nutzen sein.

Katharina Charlotte war bei ihrer Heirat erst 16 Jahre alt. Sie durfte nach den Bestimmungen des Ehevertrages einen reformierten Hofprediger halten und wurde -- obwohl Pfalzgraf Wolfgang Wilhelm es nie aufgab, sie zu der nach seiner Meinung „einzig wahren Religion" zu bekehren – eine starke Stütze der Protestanten im Bergischen Land.

Da die zweite Ehe des Pfalzgrafen ohne lebende Nachkommen blieb, wurde sein Sohn Philipp Wilhelm aus erster Ehe (* 5. 11. 1615) dessen Nachfolger. Wolfgang Wilhelm starb am 20. März 1653 und liegt unter dem Hauptaltar der Düsseldorfer Andreaskirche begraben.

Der Hauptvergleich zu Kleve

Der Erbfolgestreit war auch unter Philipp Wilhelm noch nicht beendet. In kühnen politischen Kombinationen suchte er deshalb überall in Europa Einfluß zu bekommen. Seine Pläne mit dem von Cromwell aus England vertriebenen Karl Stuart scheiterten. Als auch seine Bemühungen, Kaiser Ferdinand zu einem energischen Vorgehen gegen den Kurfürsten von Brandenburg zu veranlassen, ohne Erfolg blieben, wandte er sich aus Erbitterung darüber an Frankreich und trat 1657 derjenigen Verbindung bei, welche später „Rheinische Allianz" genannt wurde. Die ihr beigetretenen Verbündeten faßten den Plan, an Stelle des in diesem Jahre verstorbenen Kaisers Ferdinand III. entweder Philipp Wilhelm oder den Kurfürsten von Bayern zu wählen. Brandenburg und Sachsen erhoben jedoch Widerspruch und erreichten, daß Leopold I. gewählt wurde. Das Bündnis mit den Franzosen brachte dem Pfalzgrafen im Jahre 1660 die Räumung der Festung Jülich von den spanischen Truppen.

Wegen fortwährender religiöser Konflikte und Unterdrückungen hatten sich die Evangelischen an die holländischen Generalstaaten gewandt. Der Herzog entschuldigte sich damit, daß seine Beamten ihre Weisung überschritten hätten. Wenn er auch fest zum Katholizismus stand, war er dabei gerecht und tolerant. Er sah ein, daß er seinem großen Gegner Friedrich Wilhelm nicht gewachsen war und neigte daher zur Verständigung. Es kam zu Verhandlungen, wobei der Kaiser und andere Fürsten wieder als Vermittler auftraten. Durch den Vergleich von Dorsten im Jahre 1665 kamen die Religionsstreitigkeiten unter Festsetzung der Zustände des „Normaljahres" 1624 vorläufig zum Abschluß.

Am 9. September 1666 wurde zu Kleve endlich der entscheidende Teilungsvertrag geschlossen, den man zum Unterschiede von den früheren Vergleichen als „Hauptvergleich" bezeichnete. In 21 Artikeln wurde folgendes festgesetzt: „Zwischen den beiden fürstlichen Häusern Brandenburg und Neuburg soll eine ständige Allianz und Erbverbrüderung stattfinden. Alles bisher Geschehene soll der Vergessenheit übergeben sein. Die Länder sollten ein Ganzes bilden und zu gegenseitigem Beistande verpflichtet sein. Die Zwistigkeiten, die wegen der Vollziehung dieses Traktates oder wegen anderer Artikel sich ergeben könnten, sollen nicht durch die Waffen, sondern im Wege des Rechts oder vor einem Schiedsgericht zur Entscheidung kommen.

Das Herzogtum Kleve und die Grafschaften Mark und Ravensberg soll der Kurfürst, die Herzogtümer Jülich und Berg nebst den Herrschaften Winnenthal und Breskesant der Pfalzgraf erhalten. Über den Besitz von Ravenstein soll ein Schiedsgericht besondere Entscheidung treffen. Beide Fürsten sollen Titel und Wappen der sämtlichen Länder führen, sowie beim Direktorium des westfälischen Kreises als eine Person gelten. Der Kaiser soll um Bestätigung des Traktats und die nötigen Befehle ersucht werden".[184]

Auch bei den Religionsstreitigkeiten kam es zu einer Schlichtung. Der Religionsvergleich wurde zu Cölln an der Spree abgeschlossen, nachdem längere Verhandlungen und notariell aufgenommene Untersuchungen über die kirchlichen Verhältnisse an den meisten Orten vorangegangen waren. Der Vergleich enthielt genaue Bestimmungen über die Religionsausübung, den kirchlichen Güterbesitz, die geistliche Jurisdiktion und andere Rechte der Konfessionen. Die Protestanten im Lande des Pfalzgrafen und die Katholiken im Lande des Kurfürsten sollten freie Religionsausübung haben.[185]

Bald zeigten sich neue Gewitter am politischen Horizont. Ludwig XIV. bedrohte mit seiner Hegemonialpolitik die Nachbarstaaten, vor allem Spanien, die Niederlande und Österreich. Als Ziel schwebte ihm ein nach Norden und Westen bis an den Rhein ausgedehntes Königreich vor, das ihm in Europa die absolute Vorherrschaft einräumen würde. Diesem Zweck diente nicht nur das um ein Vielfaches gegenüber seinen Vorgängern vergrößerte Heer, sondern auch eine dauernd neue Möglichkeiten suchende Bündnis- und Legitimationspolitik, die der Expansion reale oder scheinbare Rechtsgründe liefern sollte. An die Kleinstaaten gezahlte Subsidiengelder werden zu den bevorzugten Mitteln, um Bundesgenossen zu werben... Gelder die unter anderem auch dem Herzogtum Jülich-Berg zufließen.

Deutlich werden die Expansionsabsichten bereits bei dem ersten von Ludwig XIV. begonnenen Krieg, dem sogenannten „Devolutionskrieg" (1667/68) gegen Spanien und die spanischen Niederlande. Der französische König gründete seinen Anspruch auf ein in Brabant geltendes Privatrecht der Devolution, nach dem die Töchter aus erster Ehe vor den Söhnen aus zweiter Ehe erbberechtigt sind. Ludwig sah sich als Mann der ältesten Tochter Philipps IV. erbberechtigt.

Der Besitz der Klosterfestung Siegburg, wonach die bergischen Herrscher immer getrachtet hatten, wurde in dieser politischen Situation als Gegenmaßnahme besonders wichtig. Philipp Wilhelm schickte deshalb den Feldmarschall von Virmont mit einer Abteilung Soldaten dorthin, um die Abtei einzunehmen. Der Konvent suchte sich zu verteidigen, als aber die Sturmleitern angelegt wurden, kapitulierte die Besatzung am 4. Februar 1671; doch erst am 17. Juni desselben Jahres kam ein gütlicher Vergleich mit der Regierung in Düsseldorf zustande. Diesem folgte am 16. Mai 1676 der sogenannte Siegburger Erbvergleich, wodurch die Reichsunmittelbarkeit des Klosters aufgehoben und die Landeshoheit des Pfalzgrafen Philipp Wilhelm anerkannt wurde.

Als der französische König Ludwig XIV. im Jahre 1672 seinen zweiten Eroberungskrieg gegen Holland vortrug, wurde auch Jülich-Berg in Mitleidenschaft gezogen. Philipp Wilhelm hatte aufgrund der oben erwähnten Subsidienzahlungen den französischen Truppen den Durchzug durch Jülich-Berg zu gestatten. Die Franzosen besetzten Deutz und bezogen bei Kaiserswerth ein festes Lager; von diesen beiden Plätzen aus verübten sie im Herzogtum Berg die schlimmsten Greuel. Ganze Dörfer wurden von den Einwohnern verlassen, die in die unwegsamen Wälder flüchten mußten. Nachdem die Franzosen 1673 aus dem Bergischen vertrieben waren und 1674 das Erzstift Köln ebenfalls verlassen hatten, wurden die Bedrückungen, jetzt durch kaiserliche Truppen, fortgesetzt. Einquartierungen, Erhebung von Kriegssteuern, Hand- und Spanndienste, Lieferung von Schanzholz usw. belasteten die Bevölkerung aufs äußerste.

Als die Franzosen die Holländer aus den festen Plätzen im Klevischen vertrieben hatten, kam der große Kurfürst im Jahre 1679 durch den Frieden von St. Germain in den Besitz dieses Landes. Pfalzgraf Philipp Wilhelm, der Kurfürst von Köln, der Bischof von Münster u.a. hatten wegen des Bündnisses mit den Franzosen alle Anrechte verloren.

Am 5. November 1672 hatte Philipp Wilhelm mit den Landständen den sogenannten „Haupt-Rezeß“ vereinbart, der u.a. folgende Bestimmungen enthielt: Die fürstlichen Räte, falls ihnen der Zutritt „von Guts und Bluts wegen gebühret“, dürfen auf den Landtagen erscheinen. Alle Privatzusammenkünfte der Landstände, die in böswilliger Absicht einberufen werden, bleiben streng verboten. Bei Beschließung eines Krieges oder bei Eingang von Friedens- und Allianzverträgen soll den Ständen kein Entscheidungsrecht zustehen, doch sollen dieselben in ihrem Rat vernommen werden. Die Beschaffung der Kriegs- und Verteidigungsmittel soll mit Zuziehung der Stände beschlossen werden. Alle von früheren Landesherren den Landständen erteilten Privilegien und Freiheiten werden bestätigt.[186]

Philipp Wilhelm war zweimal vermählt. Seine erste Gemahlin war Anna Katharina Konstanze, Tochter des Königs Sigismund III. von Polen, welche aber schon im Jahre 1651 starb. Seine zweite Gemahlin war die zum Katholizismus übergetretene Tochter des Landgrafen Georg II. von Hessen-Darmstadt,

Schloß Düsseldorf nach einer Zeichnung des 18. Jahrhunderts. Blick vom Rhein auf die Südwestfassade vor dem Umbau im Jahre 1755

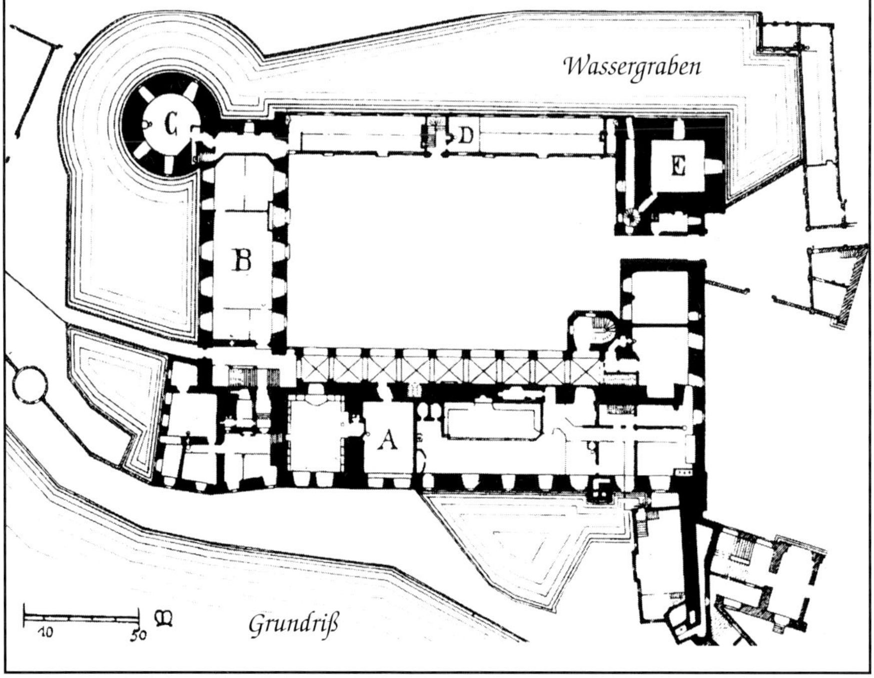

Elisabeth Amalia. Aus dieser glücklichen Ehe entsprossen 17 Kinder – 9 Söhne und 8 Töchter. Von den letzteren wurde die älteste, Eleonore Magdalena Theresia, die Gemahlin des Kaisers Leopold I. Eine andere Tochter, Maria Anna, heiratete König Karl II. von Spanien.

Bei den häufigen Familienfesten und kirchlichen Feiern zeigte der Düsseldorfer Hof größere Prachtentfaltung. Die bildende Kunst und besonders die Musik wurde gefördert. Die italienischen Opern wurden in Düsseldorf verhältnismäßig früh eingeführt und scheinen sich dort auch längere Zeit gehalten zu haben. Man hielt Verbindung zu dem damals an deutschen Höfen sehr beliebten Komponisten Sebastiano Moratelli. Der Maler Johann Spielberg wurde wieder an den Hof berufen. Auch war einer der besten Vertreter der deutschen Kunst der damaligen Zeit, Joachim von Sandrart, für den Düsseldorfer Hof tätig.

Nach Beendigung des Dreißigjährigen Krieges scheint recht bald eine Zunahme der Bevölkerung, des Handels und des Verkehrs im Bergischen Land stattgefunden zu haben. Eine Urkunde vom Jahre 1658 besagt z.B., daß Düsseldorf damals ohne die Außenbezirke 648 Häuser hatte und die Einwohnerzahl nach mehreren Tausend zählte. Viele Handelsleute zogen in die Stadt. Die Vergrößerung des Hafens wurde in Erwägung gezogen.

Pfalzgraf Philipp Wilhelm erteilte am 8. Juni 1668 ein Privileg zu einem Postwagenkurs von Düsseldorf nach Köln und in nördlicher Richtung bis Duisburg mit Anschluß an die große Postlinie Berlin-Wesel-Kleve. Diese erste Post diente in erster Linie dem Personenverkehr, wenn auch die Beförderung von Gütern keineswegs ausgeschlossen war. Ein solcher Wagen, der Platz für acht Personen bot, wurde wenigstens von zwei, meistens von drei oder vier Pferden gezogen. Bald folgten weitere Postverbindungen. Die territorialen Fahrposten am Niederrhein sind demnach älter als diejenigen der Reichspost, denn diese zog erst Anfang des 18. Jahrhunderts auch den Personen- und Güterverkehr durch Errichtung eigener Fahrposten an sich.

Eine wichtige Sache harrte noch ihrer vollständigen Erledigung: der Hauptvergleich zu Kleve hatte noch nicht die kaiserliche Bestätigung erhalten. Der große Kurfürst von Brandenburg sowohl auch Pfalzgraf Philipp Wilhelm hatten nicht aufgehört, sich um dieselbe zu bemühen. Letzterer nutzte die 1676 erfolgte Vermählung seiner ältesten Tochter Eleonora Magdalena Theresia mit Kaiser Leopold I. in geschickter Weise zur endlichen Erreichung dieses Zieles. Günstig gestimmt, bestätigte der Kaiser am 5. Januar 1677 den Haupt- und Deklarationsrezeß von 1672 und 1675. Am 17. Oktober 1678 gab er auch dem zwischen dem Pfalzgrafen und dem Kurfürsten 1666 geschlossenen Hauptvergleich von Kleve seine Zustimmung.

Zwar erhob 1679 Sachsen beim Reichstage zu Regensburg nochmals Protest gegen diesen Vertrag, aber das konnte jetzt nichts mehr ändern. Pfalz-Neuburg und Brandenburg blieben im Besitz der ihnen zugefallenen Lande. Der Jülisch-Klevische Erbfolgestreit hatte endgültig sein Ende gefunden.[187]

Herzog Johann Wilhelm II., der volkstümliche „Jan Wellem“

Der Erbprinz Johann Wilhelm, das vierte Kind und der älteste Sohn Philipp Wilhelms, wurde am 19. April 1658 im Schlosse zu Düsseldorf geboren. Schon in jungen Jahren machte er zahlreiche Besuche an europäischen Höfen. Nach dem Willen des Vaters sollte der junge Prinz mit den ausländischen Potentaten persönlich bekannt werden und deren Regierungsprinzipien und -manieren beobachten und davon lernen. Am 4. Dezember 1674 trat ein Gefolge unter der Leitung des Gouverneurs Hermann von Wachtendonk die Reise an, über die wir aus der Feder des Jesuitenpaters Johannes Pakenius, der als Seelsorger der Delegation beigegeben war, gut unterrichtet sind. Am 20. Januar 1675 kamen die Reisenden in Paris an und blieben dort zwei Monate. Der blutjunge Johann Wilhelm lernte dort das luxuriöse und zügellose Hofleben kennen, über das seine Stammesverwandte Elisabeth Charlotte von der Pfalz einige Jahre später schrieb: „Alles was man in der Bibel liest, wie es vor der Sündflut und in Sodom und Gomorra zugegangen, kommt dem Pariser Leben nicht bei!“

Die nächste Station der Reise war der Hof König Karls II. von England. Der in London vorherrschende raffinierte Luxus übertraf fast noch den des französischen Hofes. Wenn auch die Regierungsformen der beiden Könige dem jungen Prinzen nur ein schlechtes Beispiel geben konnten, so wurde er doch mit vielen Kunstschätzen und anderen kulturellen Dingen bekanntgemacht. Die Universität Oxford verlieh ihm den Doktorhut.

Danach kehrte der Prinz mit seinem Gefolge auf das Festland zurück und durchstreifte drei Monate lang das mittlere und westliche Frankreich. Am 15. Oktober 1675 wurde die italienische Grenze überschritten. Der Aufenthalt Johann Wilhelms in Italien dauerte acht Monate. Er besuchte die italienischen Höfe, wohnte vielen Festlichkeiten bei, suchte aber auch die Bibliotheken und Kunstsammlungen auf, wo er Anregungen für sein späteres Wirken erhielt.

Auf seiner Rückreise in die Heimat entzückten ihn die Kunstschätze in Florenz und das Leben am Hofe des Großherzogs Cosmo III. In Wien erwies ihm Kaiser Leopold, der Johann Wilhelms Schwester zur dritten Gemahlin auserkoren hatte, seinem künftigen Schwager wohlwollende Aufmerksamkeit. Am 7. März 1677 endete diese Reise, die zwei Jahre und drei Monate gedauert hatte. Die Eindrücke, die der junge Prinz dabei gewann, waren wahrscheinlich Grund für das fernere Verhalten als Landesherr, als er in Selbstherrlichkeit, Prachtliebe und Verschwendung seinen Vorbildern Ludwig XIV. von Frankreich und Karl II. von England nachzueifern trachtete.

Schon zu Lebzeiten machte Philipp Wilhelm seinen Sohn Johann Wilhelm zum Mitregenten in Jülich und Berg (1679). Er selbst übernahm 1685 die Regentschaft über die Pfalz (Heidelberg/Mannheim) und erbte die Kurfürstenwürde. Herzog Philipp Wilhelm zog sich aus Düsseldorf zurück, übersiedelte nach Neuburg und starb am 2. September 1690 fünfundsiebzigjährig in Wien.

Am 25. Oktober 1678 heiratete Johann Wilhelm die Stiefschwester des Kaisers, Maria Anna Josepha. Auch diese Hochzeit war dem Vermittlergeschick des Altherzogs Philipp Wilhelm zuzuschreiben.

Johann Wilhelm, vom Volk bekam er den volkstümlichen Namen „Jan Wellem", war bei der Übernahme der Regierung der Herzogtümer Jülich und Berg am 1. August 1679 gerade 21 Jahre alt. Der Vater hatte ihm eine ausführliche Instruktion für die Verwaltung und Regierung dieser Lande mitgegeben, die auch die Weisung enthielt, sich besonders der Förderung der katholischen Religion zu widmen.

Aber in welchem Zustand war das Land? Durch den eben beendeten Krieg Ludwig XIV. gegen Holland war das Land schwer heimgesucht worden, besonders Jülich. Dort zogen die Franzosen vorläufig noch nicht ab, weil Jülich-Berg angeblich mit einem Teil der ihm auferlegten Kontributionen im Rückstand war. Mit den Landständen kam es von Anfang an zu schweren Reibereien, weil diese den großen Geldbedarf für die aufwendige Hofhaltung und den Unterhalt von Truppen und Bau von Festungen und Gebäuden nicht bewilligen wollten. Johann Wilhelm mußte sich entschließen, Teile seiner Truppen zu entlassen, weil diese wegen Nichtzahlung des Soldes in Not geraten waren und sich zusammenrotteten, um Plünderungen vorzunehmen.

Das Deutsche Reich wurde zu seiner Zeit nach wie vor im Westen von den Franzosen und im Osten von den Türken und Ungarn bedroht. Der Herzog war wieder gezwungen, mit den Landständen um Mittel für die Verteidigung zu ringen. Für Düsseldorf beabsichtigte er nicht nur eine bessere Befestigung, sondern er suchte die Stadt in jeder Beziehung zu heben. Er wollte sie in Angleichung an andere europäische Residenzen zu einer seiner Würde mehr entsprechenden Großstadt machen.

Als am 16. Mai 1685 mit Karl V. von der Pfalz die ältere Linie Pfalz-Simmern, an welcher die Kurfürstenwürde haftete, ausstarb, ging dieselbe auf Pfalz-Neuburg über. So wurde Philipp Wilhelm in seinem 70. Lebensjahre Kurfürst von der Pfalz und sein Sohn Johann Wilhelm Kurprinz.

Ludwig XIV. beanspruchte nun ein Teil der pfälzischen Erbschaft für seine Schwägerin (Lieselotte von der Pfalz), Schwester des verstorbenen Kurfürsten, die aber schon bei ihrer Vermählung auf alle Ansprüche verzichtet hatte. Die Franzosen fielen in die Rheinlande ein, und es begann der schreckliche Pfälzische Erbfolgekrieg, in welchem namentlich die Pfalz grauenhaft verwüstet wurde. Französische Truppen besetzten Bonn, Neuß, Rheinberg und Kaiserswerth. Um die hohen Kontributionen durchzusetzen, hatten die Franzosen Siegburg besetzt und die Siegübergänge gesperrt und bedrohten die Ämter Blankenberg und Löwenberg mit Sengen und Brennen. Den Ständen wurde gedroht, sie möchten sich mit den Zahlungen beeilen, denn der französische Befehlshaber habe befohlen, mit dem Niederbrennen zu beginnen und ihm die Zahl der eingeäscherten Dörfer zu melden.

Das alte Schloß in Bensberg

Das neue Schloß Bensberg und das Rathaus. Gottfried Böhm integrierte den mittelalterlichen Wehrbau in die moderne Architektur

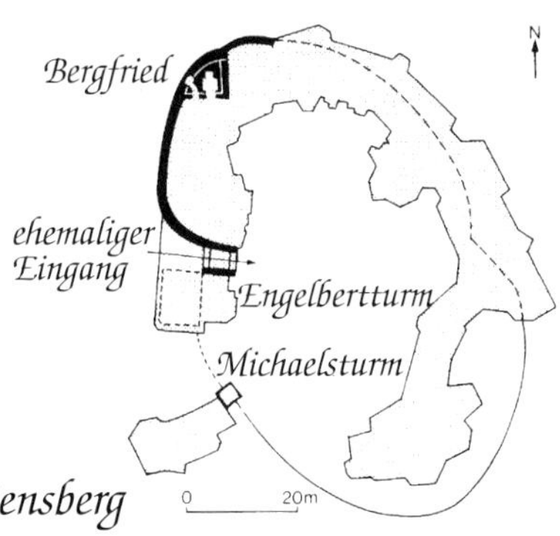

Grundriß des alten Schlosses von Bensberg

Die Truppen des Kurfürsten von Brandenburg stellten sich auf dem linken Rheinufer den Franzosen entgegen, die nur noch die Festung Rheinberg halten konnten. Von den Erfolgen der Brandenburger ermutigt, rotteten sich die Bewohner der Ämter Blankenberg und Löwenberg zusammen und widersetzten sich den Requisitionen der Franzosen. Johann Wilhelm hatte abermals große Geldforderungen an die Stände und befahl, alle Gelder, die für die Kontributionen bestimmt waren, nach Düsseldorf abzuliefern. Die Franzosen rächten sich durch Einäschern von drei Dörfern im Amte Angermund.

Nachdem die Brandenburger das linke Rheinufer von den Franzosen befreit hatten, nahmen sie am 16. Mai 1689 auch die Festung Rheinberg ein. Weiterhin richteten sich ihre Operationen gegen Kaiserswerth, das am 26. 6. 1689 kapitulierte. Friedrich III. von Brandenburg, der Nachfolger des 1688 gestorbenen großen Kurfürsten und nachmaliger erster König von Preußen (Friedrich I., Soldatenkönig), leitete persönlich den Angriff. Nun wurde der Vormarsch auf Bonn beschlossen. Die Armee erreichte am 1. Juli 1689 Lülsdorf, überschritt am 7. Juli bei Bergheim die Sieg und besetzte Rheindorf und Vilich. Dadurch wurden nicht nur die Siegübergänge frei, sondern auch die französische Garnison in Siegburg zum schnellen Abzug gezwungen. Die französischen Soldaten plünderten aber vorher noch die Stadt vollständig aus und verschleppten einige angesehene Bürger als Geiseln. Am 8. September 1689 kapitulierte Mainz, am 12. September Bonn. Die Truppen der Verbündeten kehrten in die Winterquartiere zurück, verübten dabei ebenfalls viele Erpressungen.

Der Frieden von 1697 war nicht von langer Dauer. Als nämlich der letzte habsburgische König von Spanien, Karl II. (1665–1700), starb, meldeten der deutsche Kaiser Leopold I. und Ludwig XIV. von Frankreich Erbansprüche an. In dem nun beginnenden Spanischen Erbfolgestreit verbündete sich der Kaiser mit England, Holland, Preußen und Hannover. Zu Frankreich standen die Kurfürsten von Bayern und leider auch von Köln. Ludwig XIV. versuchte, auch den Kurfürsten Johann Wilhelm mit großen Geldversprechungen für sich zu gewinnen. Dieser hatte aber die Zerstörung der Pfalz im Jahre 1689 noch nicht vergessen und stand treu zum Kaiser. Dem französischen Gesandten soll er gesagt haben: „Die giftigste Schlange im heißen Afrika sei nicht so verächtlich als ein deutscher Fürst, der in Gefahr nicht treu zum Reiche stehe."

Als nun zu Beginn des Jahres 1701 französische Truppen in das Erzstift Köln einrückten, bezogen bergische und pfälzische Soldaten ein befestigtes Lager bei Mülheim am Rhein. Einen Plünderungsversuch im Bergischen vereitelte Johann Wilhelm, indem er den Franzosen bei Neuß 40 Schiffe wegnehmen ließ, die zum Bau einer Schiffsbrücke bestimmt waren. Die Baumeister, die Johann Wilhelm zum Bau seiner Prachtschlösser hatte kommen lassen, mußten fortan an Verteidigungswerken arbeiten. Die längst verfallenen Landwehren, im Bergischen auch Grengel genannt, ließ er neu aufgraben und mit Schlagbäumen und Waldverhauen versehen. Im März 1702 wurde die ganze jülische und bergische Einwohnerschaft zu Schanzarbeiten und Lieferung von Holz für Palisaden, Sturmpfähle und Faschinen herangezogen.

Im Oktober 1702 überschritten bergische Truppen den Rhein, um die Franzosen bei Bonn anzugreifen. Diese hatten aber bereits ihrerseits den Rhein überquert, Porz und Lülsdorf in Schutt und Asche gelegt und in Deutz Quartier bezogen. Von dort aus überfielen sie vom 4. bis 6. Oktober 1702 das ganze Gebiet von Refrath, Bensberg, Gladbach, Merheim, Schlebusch und Burscheid. Die Landleute flohen aus der Ebene in die Berge, wo sie die Straßenzugänge erfolgreich verteidigten. Es gelang dem Kurfürsten Johann Wilhelm, die Franzosen wieder nach Bonn zurückzudrängen, wo er sie bis 1703 belagerte. In jenem Jahr wurde Bonn alsdann von den verbündeten Engländern erobert. Zwar wurden vorsorglich die Landschützen auch 1704 und 1705 noch einmal aufgeboten, aber im Bergischen kam es zu keinen kriegerischen Ereignissen mehr, obwohl erst 1714 Frieden geschlossen wurde.[188]

Seit dem Tod seines Vaters Philipp Wilhelm am 2. September 1690 war Johann Wilhelm souveräner Herr von Jülich und Berg sowie Kurfürst von der Pfalz; die Verbindung von Jülich-Berg mit der Kurpfalz dauerte länger als ein Jahrhundert. Johann Wilhelms unbedingte Treue zu Kaiser und Reich wurden ihm schlecht gelohnt. Bei dem für ihn so sehr nachteiligen Frieden zu Rastadt am 7. März 1714 verlor er die ihm erst kürzlich mit der Kurpfalz zugefallene bayerische Kurwürde sowie das Erztruchseßamt. Er mußte die Oberpfalz und die Grafschaft Cham an Bayern zurückgeben, und von den ihm in Aussicht gestellten Entschädigungen erhielt er nichts.

Nachdem Johann Wilhelms erste Frau 1687 verstorben war, hatte er im Jahre 1691 den Freiherrn von Wachtendonk nach Florenz geschickt, der um die Hand der Tochter des Großherzogs Cosmo III. von Toskana, Anna Maria Louisa, anhalten sollte. Die Werbung hatte Erfolg. Am 29. April 1691 fand die vorläufige Vermählung zu Florenz statt, bei der Erbprinz Ferdinand von Toskana den Bräutigam vertrat. Mit einem „Raffael" des kunstsinnigen Hauses der Medici ausgestattet, hielt Anna Maria Louisa Einzug beim Hofe zu Düsseldorf.

Johann Wolfgang verstärkte trotz aller Finanznot seine Bemühungen, aus Düsseldorf ein „klein Paris" zu machen. Bereits 1696 ließ er von seinem Hofarchitekten Alberti ein Opernhaus errichten, wo vor allem die Werke seiner am Hofe tätigen Komponisten aufgeführt werden sollten. Seinerzeit so bekannte Künstler wie Morelli, Steffani, Wilderer, Schenk und Corelli begründeten den guten Ruf des neuen Hauses.

Die Begeisterung für die Kunst, die schon bei Johann Wilhelms Aufenthalt im Ausland, besonders in Italien, geweckt worden war, bekam nach der Heirat mit Anna Maria Louisa aus Florenz nochmals einen besonderen Impuls. Wohl von ihr ermuntert, faßte er den Plan, in Düsseldorf eine Gemäldegalerie zu errichten. Sie wurde von 1709–1714 durch Jakob du Bois, einen Stiefbruder und Gehilfen des Bildhauers Grupello, errichtet. Bald füllte sich diese unter der tätigen Mithilfe des Hofmalers Douven über das Erbe der Fürstin sowie durch Ankauf und Zusammenführung mancher Werke aus dem ganzen Land. Aber nicht nur Gemälde, auch Gipsabdrücke antiker römischer Werke und Münz- und Medaillensammlungen sowie andere Kunstwerke zogen Künstler und Gelehrte aus aller Welt an und machten Düsseldorf zu einem kulturellen Mittelpunkt Europas.

„Die meisten der über 300 Gemälde stammten von niederländischen Malern, 46 davon allein von Rubens, 26 von van Dyck, 9 von Rembrandt, und außer Douvens Bildern trugen 25 Gemälde den Namen van Werffs, eines zeitgenössischen Künstlers, der ebenfalls im Auftrage Jan Wellems arbeitete. Unter den italienischen Ausstellungsstücken waren auch 6 von Veronese und 5 von Tizian zu sehen...

Da zu einer Welt- und Kunststadt, wie sie Jan Wellem in seinen Träumen vorgeschwebt haben mag, kein so deklassizierendes Stadtbild, wie Düsseldorf es nach dem Dreißigjährigen Krieg bot, passen wollte, hegte der Landesvater große Pläne für einen Ausbau der Stadt. Reger Gewerbefleiß und aufblühender Handel hatten die Bevölkerungszahl steigen lassen, ohne daß aber die Anzahl der Bauten zugenommen hatte. Wenn in vergleichbaren Orten, wie zum Beispiel in Aachen, fünf bis sechs Personen ein Haus bewohnten, kamen in Düsseldorf neun bis zehn Menschen auf ein gleichartiges Haus. Um diesen sozialen Mißstand abzuschaffen und um den Gästen der Residenzstadt den unerfreulichen Anblick von kleinen und oft verwohnten oder desolaten Wohnhäusern zu ersparen, sollte südlich der Altstadt die sogenannte ‚Extension', eine Neustadt, entstehen. Zu den Plänen für die Stadterweiterung und für manche Neubauten dürfte Matteo Alberti, Oberbaudirektor und Hofarchitekt des Kurfürsten, wesentlich beigetragen haben, zumal einige Bauten der neuen Straßenzüge Zeichen seiner Handschrift tragen."[190]

Johann Wilhelm förderte darüber hinaus nicht nur das Verkehrswesen und den Handel in der Residenzstadt selbst, sondern sorgte auch für die Belebung der Wirtschaft im bergischen Hinterland. Besonders Elberfeld, Barmen, Lennep und Solingen profitierten vom Aufschwung. Der volkstümliche „Jan Wellem" ließ in Düsseldorf stattliche Gebäude errichten und Straßen und Gassen beleuchten. Außerdem erbaute er Festungen und Schlösser, darunter auch das neue Schloß Bensberg neben der alten Burg, das allerdings unter seiner Ägide nicht fertiggestellt wurde.

„Obwohl selbst katholisch, ist Johann Wilhelm gegenüber den Protestanten duldsam, profitiert von ihren Wirtschaftserfolgen und Finanzquellen und nimmt vertriebene Hugenotten aus Frankreich auf. In Düsseldorf, Elberfeld und Barmen entstehen evangelische Kirchen. Der Protestantismus in seinen verschiedenen Ausprägungen bis hin zu den Wiedertäufern kann sich im ganzen Bergischen Land ungehindert ausbreiten. Des Kurfürsten Toleranz den Glaubensgemeinschaften gegenüber geht so weit, daß er der jüdischen Gemeinde zu

Herzog Johann Wilhelm II. (beim Volk Jan Wellem), seit 1690 auch Kurfürst von der Pfalz – hier mit der Kaiserkrone auf dem Arm als Reichsverweser dargestellt – und seine zweite Gemahlin Anna Maria Louisa von Toskana aus dem Geschlecht der Medici (Gemälde von Jan Frans Douven, Stadtmuseum Düsseldorf)

Hexenwahn – eine Geißel des Aberglaubens

Der Hexenglaube war schon im Altertum und bei den Germanen allgemein verbreitet. Während die Kirche im frühen Mittelalter den Hexenwahn ernstlich bekämpfte, wurde er in der Folge durch die Theorien der Theologen über den Einfluß der Dämonen und im Zeitalter der Kreuzzüge durch die Berührung mit der orientalischen Gedankenwelt gefördert; er wuchs sich im späten Mittelalter schließlich zur Volkspsychose aus. Während der religiösen Wirren des 16. Jahrhunderts erreichte die Hexenverfolgung ihren Höhepunkt. Auf deutschem Boden in Würzburg wurde noch 1749 eine „Hexe" verbrannt.

Überlieferte Hexenprozeßakten aus dem Jahre 1613 berichten über den Leidensweg einer Frau aus dem Bergischen (Nittum). Katharina Güschen, genannt „Scheuer Trein", war ohnehin vom Schicksal schwer getroffen: Die beiden ersten Ehemänner starben, der dritte stahl ihre letzte Habe. Von sechs Kindern aus erster Ehe blieb nur eins am Leben.

Katharinas Großmutter und zwei Tanten waren bereits als „Hexen" verbrannt worden, und nur der frühe Tod hatte ihre Mutter vor den Flammen bewahrt. Die Scheuer Trein war mithin für alle sichtbar „aus Hexenblut entsprossen". Alle Unglücksfälle und Krankheiten von Mensch und Tier in ihrer Umgebung wurden ihr deshalb angelastet.

Nach der offiziellen Anklage wurde Katharina am 27. Dezember 1611 im „Hexenturm" zu Bensberg eingekerkert. Nach der ersten Verhandlung mit widersprüchlichen Zeugenaussagen wurden der Angeklagten 18 vorgeschriebene Fragen vorgelegt, darunter: „Ob sie mit der Zauberei insgeheim bezüchtiget sei? Ob sie nicht der Zauberei Wissenschaft trage und dieselbe zu verschiedenen Malen gebrauche? Wo und von wem sie die Zauberei gelernet? Ob sie nicht vor oder nach mit anderen Hexen verkehrt, auch auf deren Tänzen und Spielen gewesen? Wo und an welchem Ort solches geschehen? Wer ihre Mitgesellen gewesen? Ob sie nicht dort allnächtlich ihrem Schöpfer abgesaget und sich dem leidigen Satan zugepflichtiget? Wo und wann solches geschehen? Ob sie nicht vor und nach mit dem bösen Feind ihre Unzucht getrieben und buhliert habe? Wie oftmalen und wo solches geschehen? Wie ihr Buhle heiße? Ob sie nicht von demselben einen Zauberpott oder Schmier bekommen und was sie damit ausgerichtet?" Nachdem die Trein alle diese Fragen abschlägig beantwortet hatte, sperrte man sie wieder in den Turm, wo noch andere Frauen aus der Umgebung auf ihre Aburteilung warteten.

Die Protokolle sandte der Schultheiß an die Landesregierung in Düsseldorf und bat um weitere Verhaltensbefehle. Nach vier Monaten kam endlich die Antwort. Man stellte es den Bensberger Schöffen frei, die Angeschuldigte mit Folter „peinlich anzugreifen" oder aber auch freizulassen. Nach einer neuerlichen Verhandlung entschlossen sich die Schöffen, nach „fleißiger Erwägung alles Vorbringens", die Folter einzuleiten.

Bildergeschichte über die Hinrichtung des sogen. Werwolfes (eigentlich Mannwolf) Peter Stump zu Bedburg (1589). Er sollte gemäß seinem Geständnis 25 Jahre „mit einer Teufelin gebuhlt" und Blutschande mit seiner Tochter getrieben sowie 13 Kinder im Alter von sechs oder sieben Jahren in Wolfsgestalt getötet haben

Auf dieses Urteil hin wurde die unglückliche Scheuer Trein sofort in die Folterkammer geführt, wo die Folterknechte die „peinlichen Werkzeuge“ vorzeigten. Beim Anblick der Marterwerkzeuge – Daumenschraube, Beinschraube und Streckvorrichtung – sank sie mit lautem Schrei zusammen und beteuerte nochmals ihre Unschuld.

Daraufhin wurde sie von den Folterknechten ergriffen, entkleidet und gefoltert. Obwohl alle drei Grade der Tortur aufs schärfste angewendet wurden, beharrte die tapfere Frau auf der Beteuerung ihrer Schuldlosigkeit. Hierauf wurde die halbtotgeschundene Frau in den Hexenturm zurückgetragen; aber am nächsten Morgen wurde sie abermals auf die Folter gelegt, worauf sie im Wahnsinn des Schmerzes auf die angeführten Fragen antwortete:

„Ihr Buhle heiße Lucifer und habe mit ihr in ihrem Hause buhliert. Sie habe Gott ab- und dem bösen Feind zugesagt. Das sei vor 26 Jahren gewesen, als ihr Haus abbrannte. Item die Bloem habe ihr die Zauberkunst beigebracht. Sie seien zum Hexentanz auf der Nittumer Heide gewesen, der Spielmann heiße Prummer und wohne zu Dunwald. Die Bloem sei mit auf dem Tanz gewesen. Sie hätte ihre eigenen Kinder zu Tode gezaubert... usw.“

Dieses ihr abgepreßte Geständnis widerrief die Trein nach der Tortur sofort. Das hatte zur Folge, daß sie anderntags zum dritten Male mit „Anlegung der Folter“ gequält und abgefragt wurde, wobei sie noch hinzufügte: „Item bekennt sie, daß ihr Buhle Lucifer auch ein- oder fünfmal mit ihr allhie im Turm buhlierte, seie in Gestalt eines feinen Mannes in schwarzen Kleidern zu ihr gekommen und sei kalter Natur gewesen. Item habe sie etliche Male das heilige Nachtmahl empfangen und in ihren Schmier gemischt... usw.“

Das abgefaßte Protokoll wurde am 7. September 1612 an die Landesregierung gesandt. Der Schultheiß fügte hinzu, daß eine andere Hexe und Turmgenossin der Trein sich mit ihrer Haarschnur erhängt habe. Weil solche Fälle kürzlich häufig vorgekommen und die Trein auch schon mit ihrem Halstuch verzweifelte Versuche angestellt habe, so lasse er sie fortwährend durch drei Männer bewachen. Um eine solch kostspielige Bewachung zu beenden, bitte er um baldigen Befehl, was er vorzunehmen habe.

Durch umgehenden Boten befahl die Regierung in Düsseldorf, die Beschädigten zu vernehmen, den Schmierpott zu suchen, das Urteil durch die Schöffen abzufassen und dieses vor der Vollstreckung nach Düsseldorf zu senden. Das Schöffenurteil lautete, „daß die Scheuer Trein... durch das Feuer vom Leben zum Tode gebracht werden soll“. Durch landesherrlichen Erlaß vom 3. Dezember 1612 wurde dieses Urteil dahin geändert, daß die Scheuer Trein zuerst stranguliert und dann erst verbrannt werden sollte.

Am 10. Januar 1613, nachdem die Unglückliche fast 13 Monate im Turmverließ geschmachtet hatte, wurde das Urteil am Steinbrückchen in Lustheide bei Refrath vollstreckt. In einem Zeitraum von zehn Jahren sind mindestens acht Odenthaler Frauen als „Hexen“ ähnlich verbrannt worden.

Auch an anderen Stellen im Herzogtum Berg gab es Hexenprozesse. Der Richter des Amtes Mettmann, J.W. S. Schwarz, leitete noch im Jahre 1737 zu Gerresheim einen Hexenprozeß ein. Zwei angebliche Hexen wurden von ihm verurteilt und am 19. August 1738 zu Gerresheim öffentlich verbrannt. Der genannte Richter lud zu dieser Hexenverbrennung die Einwohner der Nachbarorte durch ein besonderes Rundschreiben ein; und auch hier werden die Eltern aufgefordert, ihre Kinder zur Abschreckung hinzuschicken.

Mutige Männer schritten gegen den Hexenwahn ein. Einer von ihnen war Friedrich Spee von Langenfeld. Er war von Jesuiten am Kölner Dreikönigs-Gymnasium erzogen worden und 1610 in Trier in die Gesellschaft Jesu (Jesuiten) eingetreten. In den Jahren 1627/28 lehrte er in Köln. Seine Erfahrungen als Beichtvater von als Hexen hingerichteten Frauen lassen ihn zu einem der ersten und heftigsten Gegner der Hexenprozesse werden. Im Mai 1631 erscheint erstmals anonym seine „Cautio criminalis de processibus contra sagas", die in 51 Fragen und Antworten mit dem Hexenwahn und den unsäglichen Prozeßverfahren abrechnet. Auch im Bergischen treten mit Christian Thomasius und Weyer eindringliche Bekämpfer des Hexenwahns in Erscheinung.

Herzog Karl Theodor (1742–1799), Kurfürst von der Pfalz

Die Frage nach dem „wahren Glauben" bewegen die Menschen noch immer im Bergischen Land. Es ist die Zeit des Mülheimer Pietisten Gerhard Tersteegen und seiner Erweckungsbewegung sowie des religiösen Schwärmers Elias Eller aus Ronsdorf und dessen gleichnamiger Sektenbewegung. Neue „Propheten" finden Zulauf aus allen Volksschichten.

Schon zu Lebzeiten des Kurfürsten Karl Philipp, der keine leiblichen Nachkommen hat, gibt es Streit um das Erbe, diesmal zwischen der Pfälzisch-sulzbachischen Linie, Brandenburg-Preußen und wieder einmal mit Sachsen. Während Karl Philipp selbst die Sulzbacher bevorzugt und dafür Kaiser Karl VI. auf seiner Seite weiß, meldet sich Friedrich II. von Preußen (der Große), inzwischen König seines Landes und Herrscher über Schlesien und fordert Jülich und Berg als Ganzes, ohne sich allerdings durchsetzen zu können. Als Karl Philipp am 31. Dezember 1742 im Alter von 81 Jahren stirbt, geht der gesamte Besitz an die entfernt verwandten Sulzbacher.

Karl Theodor war gerade 18 Jahre jung, als er im Jahre 1742 neuer Landesherr wurde. Weil er als Kind Vollwaise geworden war, hatte ihn sein Onkel Karl Philipp seit seinem zehnten Lebensjahre in Obhut genommen und ihm zu seiner religiösen und wissenschaftlichen Erziehung den Jesuiten Franz Seedorf zur Seite gestellt, der den Jüngling auch an die Universitäten Leyden und Löwen begleitete. Er wurde später am Hofe in München „Rokokokavalier" genannt und galt als Liebhaber von Poesie, Kunst und Musik.

1741 trat Karl Theodor bereits seine brabantische Besitzung Bergen op Zoom und die Pfalzgrafschaft Sulzbach an. In seinem 18. Lebensjahr vermählte er sich mit der Enkelin des Kurfürsten Karl Philipp, Elisabeth Auguste, geb. am 17. Januar 1721 zu Mannheim.

Anfänglich zeigte sich Karl Theodor an den rheinisch-bergischen Besitzungen wenig interessiert. Für Jülich-Berg setzte er als Statthalter den Grafen Johann Ludwig Franz von Goltstein ein, der sich in Zukunft als guter Wahrer bergischer Interessen erweisen sollte. 1746 besuchte der Kurfürst erstmals Düsseldorf und 1747 die Städte an der Wupper, so auch Solingen und Burg am 18./19. April, um sich über den Fortgang der für ihn bis dahin fremden Industrialisierung zu informieren. Er war, wie auch Graf von Goltstein, für das sich ausbreitende moderne Denken in wirtschaftspolitischen Zusammenhängen in besonderem Maße aufgeschlossen. Dabei interessierten ihn auch die Sorgen und Wünsche der Gewerbetreibenden, die er sich persönlich vortragen ließ.

Als Karl Theodor die Bautätigkeit in und um Düsseldorf durch die Vergabe größerer Bauaufträge neu beleben ließ, hofften die Düsseldorfer auf ein Wiederaufleben ihrer Heimatstadt als Residenz. Das erste dieser Bauvorhaben war der schloßartige Neubau des alten Jägerhofs in Pempelfort, Sitz des bergischen Oberjägermeisters. Nach den Plänen des Architekten Johann Joseph Couven, der sich im Aachener Raum durch die Errichtung mehrerer Patrizierhäuser hervorgetan hatte, wurde 1752 nach dem Vorbild kleiner französischer Landschlösser mit dem Bau begonnen.

Mehr noch als dieser erste Bau dürfte das 1755 begonnene und 1769 fertiggestellte Benrather Schloß die Hoffnung der Düsseldorfer auf eine neue höfische Funktion ihrer Stadt genährt haben. Ein von Philipp Wilhelm auf altem bergischen Besitz erbautes, dann als altmodisch empfundenes Wasserschloß mußte einem zeitgemäßen Lust- und Jagdschlößchen weichen. Entsprach das Schloß Bensberg der von Jan Wellem beabsichtigten Darstellung von absolutistischer Größe und Macht, so sollte nach Karl Theodors Wunsch das neue Schloß mehr Gemütlichkeit und Bequemlichkeit in kleineren und intimeren Räumen bieten. In diesem Sinne schuf der junge Baudirektor Nicolas de Pigage im Auftrage des Fürsten eine völlig neue, weiträumige Anlage. Was sich dem Betrachter nach außen als geschlossener und kompakter Baukörper von geringer Breite und Höhe dartut, birgt im Innern viele kleinere wie größere Räume. In dieser Zeit sozialer Spannungen betonte Pigage eher den Haus- denn den Schloßcharakter. Die Bürgernähe des Herrschers sollte erkennbar sein.

Das Zeitalter der Aufklärung brachte nicht nur sozialen Umbruch, sondern auch die Denkens- und Verhaltensweisen der Großen der Welt änderten sich rapide. Nach damals neuesten Erkenntnissen war nicht mehr die Herrschaft über möglichst viele dienende oder um die tägliche Ernährung ackernde Menschen, auch nicht ein möglichst weiträumiger Besitz an Grund und Boden das erstrebenswerte Ziel eines Fürsten des 18. Jahrhunderts, sondern Erfolg und Macht

Kurfürst Karl Philipp von der Pfalz, Herzog von Berg (1716-1742). Jüngerer Bruder Jan Wellems. Letzter Herrscher aus der Linie Pfalz-Neuburg

Karl Theodor, Kurfürst von der Pfalz und Herzog von Berg. Seit 1777 Kurfürst von Bayern. Aus der Linie Pfalz-Sulzbach (1742–1799)

lagen in der Verfügbarkeit über viele Menschen, die in verschiedenen Industrien einen möglichst großen Überschuß an Devisen bringenden Werten produzieren konnten: Der Arbeiter war geboren. Um das Wirtschaftspotential Mensch und Arbeit wurde gestritten und gekämpft. Um nichts anderes entbrannte im Grunde genommen auch der Siebenjährige Krieg.

Durch politische Allianz an diesem Geschehen beteiligt, brachte dieser für das Bergische Land zwischen 1756 und 1763 etliche Durchmärsche, Einquartierungen und damit verbundene hohe Kosten (Fouragelieferungen und Kontributionen) und demütigende Belästigungen durch ‚befreundete' Truppen. Größere feindliche Zusammenstöße innerhalb des Landes Berg fanden nicht statt. Düsseldorf wurde – wie vorher schon einige Jahre im österreichischen Erbfolgekrieg – 1757 bis 1763 von französischen Truppen besetzt.

Nach Abzug der Besatzer versuchte Graf von Goltstein durch Arbeitsbeschaffungsmaßnahmen mit Erfolg, die Verarmung, besonders der Düsseldorfer Bevölkerung, einzudämmen. Er ließ die Promenade in Pempelfort, den ersten Stadtgarten in Deutschland, anlegen. Auch für ihn selbst wurde ein Palais gebaut. Karl Theodor, der 1777 das Kurfürstentum Bayern geerbt hatte, kam im Jahre 1785 zum dritten Male nach Düsseldorf, um die schon von Jan Wellem geplante Stadterweiterung südlich der Befestigungsanlagen voranzutreiben. Die sogenannte Karlstadt mit zueinander rechtwinklig verlaufenden Straßen und neue Gebäude entstanden.

Der Kurfürst widmete sich auch der wirtschaftlichen Fortentwicklung im bergischen Hinterland und ließ neue Straßen nach Kettwig und Elberfeld bauen. Überhaupt verdankte ihm das Land eine Reihe fortschrittlicher Gesetze und Verordnungen; er erließ zusätzliche Bestimmungen zur Förderung der Gesundheit und Wohlfahrt der Bewohner. Dank der schon aus der vorindustriellen Zeit bestehenden Textil- und Eisenindustrie im Wuppérviereck erholte sich die dortige Bevölkerung nach 1763 in einer dreißig Jahre währenden friedlichen Zeit. Barmen förderte seine Litzen-, Spitzen- und Bänderproduktion. Im Jahre 1775 rühmten sich Elberfelder Fabrikanten, als erste Seiden- und Samtzeug herstellen zu können, und in Ratingen wurde die erste durch Wasserkraft betriebene Maschinenspinnerei Brügelmann eingerichtet.

Als der Hofkammerrat Friedrich Heinrich Jacobi 1773/74 in Karl Theodors Auftrag „das Commercium der beyden Herzogtümer Gülich und Berg" zu untersuchen hatte, zeigten sich die bergischen Industrien in blühendem Zustand. Man folgte den Anregungen Jacobis, das Straßennetz weiter auszubauen. Es wurden die ersten Chausseen, d.h. Straßen mit festem Untergrund und glatter Oberfläche, angelegt, die endlich den Verkehr von vierrädrigen Wagen anstelle der nur zweirädrigen Karren ermöglichten. Dieser für Deutschland frühe Straßenbau war die Voraussetzung für die weitere Industrialisierung des Landes Berg. Da die bergischen Unternehmer es sehr schnell verstanden hatten, sich zusätzlich auf die Fertigung von Modeneuheiten unter Ausnutzung der gerade im Textilbereich fortschreitenden Mechanisierung einzustellen, entstanden im Lande Berg schon im 18. Jahrhundert Unternehmen, wie sie im übrigen Deutschland erst im ersten Drittel des folgenden Jahrhunderts zu finden sind.

Nicht zuletzt dank der Regsamkeit der bergischen Unternehmer lag der größte Teil der deutschen Ausfuhr im Textilbereich. Die positive Entwicklung gab einem großen Teil der bergischen Bevölkerung einen zufriedenstellenden Wohlstand. Aus dem Bericht des Hofkammerrates Jacobi können wir ersehen, welche industriellen Anlagen im Bergischen vorhanden waren. Er zählt auf: Eisenhämmer und Schleifmühlen in Remscheid, Cronenberg und Lüttringhausen; Eisenhämmer in Wipperfürth, Hückeswagen und Radevormwald; Degenklingen- und Messerfabriken in Solingen; Wollentuch-Manufakturen in Lennep, Lüttringhausen, Radevormwald und Hückeswagen; Siamosen-Manufakturen an den vier letztgenannten Orten und in Elberfeld und Barmen, im Wuppertal auch Lind-, Band- und Garnmanufakturen, Bettzeughandlungen und Lohgerbereien; in Hückeswagen und Radevormwald Strumpffabriken und in Radevormwald endlich noch „grobe Tuchfabriken" und Kappenfabriken. In der Gohrsmühle bei Bergisch Gladbach wurde seit 1602 Papier hergestellt.

Der Wirtschaftsauftrieb im bergischen Norden hatte allerdings eine Änderung der sozialen Schichtung zur Folge. Den freien und unabhängigen Unternehmern standen die arbeitsabhängigen Besitzer der vielen kleinen und größeren Werkstätten gegenüber, denen wieder die Masse an lohnabhängigen Arbeitern – Gesellen wie Lernende – in der Pflicht standen. Im Niederbergischen blieb vorerst – wie bisher – die Landwirtschaft die fast ausschließliche Existenz- und Ernährungsgrundlage. Allerdings profitierten die landwirtschaftlichen Betriebe in der Ebene vom Bedarf in den industriellen Zonen. Als viele Bauern aus dem Wuppertale in die Fabriken zogen, weil dort die Verdienstmöglichkeiten besser waren, blieben viele Felder unbestellt. Wie aus dem oben erwähnten Bericht des Hofkammerrates Jacobi hervorgeht, reisten wöchentlich zweimal ganze Scharen von Bauern aus der Gegend von Düsseldorf nach Elberfeld, um dort ihre Erzeugnisse zu verkaufen; fast der gesamte Kornbedarf kam mittlerweile von dort. Der Wert eines gemeinen Bauernhofes in der rheinnahen Ebene stieg deshalb in wenigen Jahrzehnten um 50 Prozent.

Von der Aufklärungswelle wurde zuerst die bürgerliche Oberschicht erfaßt, die in feingeistigen Zirkeln Fragen der verschiedensten Wissensgebiete erörterten. Den erlesensten Düsseldorfer Zirkel bildete ein Kreis um den schon erwähnten Hofkammerrat Friedrich Heinrich Jacobi und dessen Bruder Johann Georg. Im Pempelforter Wohnsitz der Familie Jacobi fanden sich manche illustre Gäste ein, wozu mehrmals auch Goethe, Herder, der Schweizer Theologe Lavater und der in Elberfeld praktizierende Arzt Jung-Stilling zählten. In Elberfeld gründeten honorige Bürger der Stadt eine Lesegesellschaft und trugen eine Bibliothek zusammen. Auch diese luden häufig interessante Gäste ein, um mit ihnen wissenschaftliche und politische Themen zu diskutieren.

Auch das Volksschulwesen erfuhr durch die Düsseldorfer Regierung eine nachhaltige Förderung. Der Zustand der vorhandenen Schulen war oft miserabel. Aus einer zeitgenössischen Schilderung geht hervor: „Die meisten Schulen waren, was sie noch an manchen Orten sind, meist elende Hütten, nur notdürftiges Obdach; die Schulstuben nur dunkle, niedrige, enge, mit Tischen und Bänken unbequem eingerichtete Zimmer, die der Gesundheit schädlich und der nötigen Lust und Munterkeit bei den Lehrern und Schülern nachteilig waren, und großenteils leider noch sind... Die Besoldung der Schullehrer war und ist noch in vielen Gemeinden sehr schlecht." Besonders auf Schulung und Auswahl geeigneter Lehrpersonen sollte mehr Gewicht als in der Vergangenheit gelegt werden. Eine „Schulmeister und Küsterordnung" diente diesem Ziel.

Die tragende Welle der Aufklärung verebbte dort, wo sie auf die ungebildete, einfache und von Vorurteilen und Aberglauben noch immer nicht freie mehrheitliche Schicht der Bevölkerung traf. So forderte in Düsseldorf die Einführung des Blitzableiters zu heftigen Auseinandersetzungen heraus, weil für die gläubige Masse diese Maßnahme einen Eingriff in die Allmacht Gottes bedeutete. Um endlich den Wissensstand auf dem flachen Land zu erhöhen, waren Theologen und Lehrer bemüht, über Gemeindeschulen das neue Gedankengut der Jugend nahezubringen. Doch trotz aller Bemühungen bewies sich immer wieder die Hartnäckigkeit alter Überlieferungen: Der Großteil der Bevölkerung nahm vom Fortschritt kaum etwas auf. Das mag wohl die Erklärung dafür sein, daß in Wiesdorf – wo man in Bezug auf die bäuerliche Wirtschaft einen Schulbesuch für nicht notwendig erachtete – ein ungeliebter Lehrer bei einem nächtlichen Überfall durch junge Burschen erschlagen wurde.[196]

In Düsseldorf befand sich schon früh eine juristische Fakultät. Unter dem 2. Dezember 1785 wurde angeordnet, daß alle diejenigen, die in den Staatsdienst treten und Ansprüche auf Versorgung erwerben wollten, neben dem zweijährigen Besuch der „Akademie der Rechtsgelehrtheit" in Düsseldorf, wenigstens zwei Jahre an der Universität zu Heidelberg studieren sollten.

Im Jahre 1767 errichtete Karl Theodor die Düsseldorfer Kunstakademie, und zwar in unmittelbarem Anschluß an die von Pfalzgraf Johann Wilhelm gestiftete Gemäldegalerie. Das Statut der Akademie wurde gemäß den Vorschlägen des Grafen von Goltstein 1774 vom Kurfürsten bestätigt.

Am 30. März 1770 erfolgte die Gründung der Landesbibliothek zu Düsseldorf. Dieselbe wurde reich mit Büchern ausgestattet, teils durch Neuanschaffungen und Schenkungen, teils durch Zuwendung von Dubletten aus den anderen kurfürstlichen Bibliotheken.

Fortschritt und Wohlergehen zeigten zu dieser Zeit im Bergischen Land ein deutliches Ost-West-Gefälle, was sich auch im Baustil mancher Häuser niederschlug. Während im Oberbergischen als Ausdruck des Wohlstandes prächtige schieferverkleidete Wohnhäuser entstanden – viele von ihnen sind noch heute erhalten –, bevorzugte man im Niederbergischen die konventionelle bäuerlich-

Garnbleiche in der Oehde bei Langerfeld, 1. Hälfte 19. Jahrhundert (nach einem nicht mehr vorhandenen Gemälde, Ausschnitt). Niederschlagsreichtum, feuchte Wiesen und das kalkarme, weiche Wasser der Wupper und ihrer Nebenbäche begünstigten die Bleiche

Zwei Weber und der Aufseher mit Stock (19. Jahrhundert)

handwerkliche Tradition des schwarz-weißen Fachwerkbaus. Die Lasten, die den Bauernstand drückten, waren enorm: Da gab es Zehnte, Grundrenten, Zölle, Naturallieferungen aller Art, Hand- und Spanndienste usw. Am meisten wurden die Bauern durch die Jagd der Junker geplagt. Hatte der Bauer sich den Tag über müde gearbeitet, so mußte er nachts das Feld vor Wildfraß schützen; und was der Wildfraß übrig ließ, wurde oft durch den rohen Jägerschwarm zertreten. Das Großwild wurde besonders in den kurfürstlichen Bannforsten bei Düsseldorf und Bensberg gehegt. Kurfürst Karl Theodor hatte allein 200 Verordnungen auf dem Gebiete des Jagdwesens erlassen, um den Schutz seiner Hirsche und Wildschweine zu sichern. Harte Geld- und Leibesstrafen drohten den Wilderern, obwohl die kleinen Leute nur aus Not handelten. Erst nach massiven Protesten – 1785 wurde eine 3000 Mann starke Bauerndeputation bei Karl Theodor in Düsseldorf vorstellig – wurde der Wildbestand reduziert. In dem betreffenden Jahre wurden 7000 Hirsche und 1000 Wildschweine erlegt.

Zur Förderung der öffentlichen Sicherheit gründete im Jahre 1782 Graf Karl von Nesselrode auf Befehl des Kurfürsten ein Sicherheitskorps. Zum Hauptmann dieses Landjägerkorps wurde der Major von Zuccalmaglio in Mülheim am Rhein ernannt. Die Hauptaufgabe des Korps bestand darin, zu bestimmten und unbestimmten Zeiten das ganze Land zu durchstreifen, alle Vagabunden und alles verdächtige Gesindel zu verhaften. Auch die Kirchweihen und andere Volksversammlungen sollten beaufsichtigt werden, um alle die öffentliche Sicherheit gefährdenden Ereignisse möglichst zu verhindern oder zu stören. Es dauerte fast ein halbes Jahr, bis dieses aus 60 Mann und 40 Pferden bestehende kleine Korps aufgestellt war. Diese Abteilung, die nicht zum kurpfälzischen Militär gehörte, wurde später auf 300 Mann verstärkt.

Diebstähle und Räubereien kamen wegen der allgemeinen Armut und Nahrungslosigkeit häufig vor, und selbst die härtesten Strafandrohungen fruchteten wenig. Die Strafrechtspflege blieb noch eine Zeitlang barbarisch. In der „Normalverordnung" vom 27. April 1744 kommen noch schauderhafte Strafen vor: z.B. für einfache Diebstähle die Todesstrafe durch Schwert oder Strang, für Diebstähle mit erschwerenden Umständen das Lebendigverbrennen, das Zwikken mit glühenden Stangen usw. Diese Torturen wurden erst am 2. September 1776 allgemein abgeschafft. Die wirksame Verfolgung der Verbrecher verhinderte vielfach die Immunität (Unverletzlichkeit) der Klöster, Kirchen und Friedhöfe. Ein Gesetzesbrecher, der sich dorthin geflüchtet hatte, durfte nicht ergriffen, sondern nur umstellt werden, wobei er oft entkam.

Der Bergische Landtag hatte viel von seiner früheren Bedeutung eingebüßt. Schon bei Johann Wilhelm II. haben wir gesehen, wie er seinen Willen trotz des Widerspruches der Stände durchsetzte. Der Landtag bestand aus etwa 30 Adeligen und neun Bürgern der vier Hauptstädte Düsseldorf, Lennep, Wipperfürth und Ratingen. Die übrigen Städte des Landes hatten noch immer keine Vertretung auf dem Landtage. Jeder Junker bezog 4 Reichstaler Diäten, die

Bürgervertreter 2 Reichstaler. Alle hatten beim Theater und zu den Bällen in Düsseldorf freien Eintritt. Ihre vornehmliche Aufgabe war, die Steuern zu bewilligen, welche hauptsächlich von den Bauern getragen werden mußten. Die adeligen Güter waren steuerfrei, ebenso die Klöster. Die Folge davon war, daß mehr als die Hälfte des Bodens der Besteuerung entzogen wurde.

Viele der eigentlich für andere Zwecke bewilligten Mittel verschlang die aufwendige Hofhaltung des Kurfürsten Karl Theodor. Nicht nur die Neubauten, Hoffeste, Reisen usw. waren teuer, auch der Personalaufwand war enorm: Der Großhofmeisterstab bestand aus mehr als 100 Personen, darunter 1 Hofpfarrer, 1 Zeremonienmeister, 7 Kapläne, 4 Küster, 1 Hostienbäcker, 1 Putzfrau für die Kapellen usw. Der Obermarschallstab hatte 84 meist in der Küche beschäftige Personen, darunter Oberstküchenmeister, Bratmeister, Spickmeister, Backmeister, Schildkrötenverwahrer, Hühnerrupfer, Tücherfrau, Tafelwäscherin. Teuer war auch der Oberstallmeisterstab mit 2 Stallmeistern sowie 2 Stabssekretären, 1 Obertrompeter mit 12 Hoftrompetern, 4 Läufer, 12 Heiducken, 25 Leiblakaien, 1 Sattelknecht mit 35 Reitknechten, 1 Leibkutscher und 1 Vizeleibkutscher mit 22 anderen Vorreitern, 1 Senftenmeister mit 10 Senftenknechten; außerdem 1 Musikintendant, 1 Hofpoet, 2 Kapellmeister, 3 Konzertmeister, 4 Sängerinnen, 16 Sänger, 2 Organisten, 16 Violinisten, 5 Violoncellisten usw. Diese Aufstellung hätte einem französischen König vom Format Ludwig XIV. „gut zu Gesicht gestanden“.[197]

Während in Deutschland die Gedanken der Aufklärung die geistig interessierte Gesellschaftsschicht nur unter wissenschaftlichen Aspekten beschäftigten, hatten sie in Frankreich zu einem Aufbegehren des Volkes gegen das bestehende Regime geführt. Dort hatte die Verschwendungssucht der Herrscher das Volk noch mehr verarmt. Radikale Kritik und die Leitworte „Freiheit, Gleichheit und Brüderlichkeit“ beeinflußten die öffentliche Meinung in nie gekannter und tiefgreifender Heftigkeit. Das war der Zündstoff, der das Volk antrieb, als es im Jahre 1789 zum rasenden Sturm auf die Bastille antrat. Mit einer Revolution begann das Volk, Absolutismus, Feudalordnung und Kirchenmacht beiseitezuschieben, um sich den Weg zu sozialen Verbesserungen freizukämpfen. In Deutschland stand man diesem Geschehen zwiespältig gegenüber. Die Konservativen behielten vorerst die Oberhand. Selbst Goethe befürchtete Folgen des Zerstörungstriebes der in Bewegung geratenen Masse.

Auf Grund der Sorge um ein Übergreifen der revolutionären Ideen auf deutschen Boden erließen der Kaiser und einige Fürsten etliche Verfügungen, welche die Herausgabe und Verbreitung ihnen gefährlich erscheinender Bücher und Zeitschriften unter Strafe stellten. Diese Sorge teilend, verordnete Karl Theodor 1792 die Schließung der überall im Lande entstandenen Bildungszirkel und Lesegesellschaften. Einzelne Zeitungen, wie die „Straßburger Zeitung“ und die „Allgemeine deutsche Bibliothek“ wurden verboten, die nach Auffassung der Regierung „schädliche“ Pressefreiheit aufgehoben.

Die Franzosenzeit im Bergischen Land

Im Jahre 1792 bildete sich die erste Koalition gegen Frankreich, indem Preußen und Österreich sich verbanden. Der Oberbefehlshaber der verbündeten Armeen, Herzog Ferdinand von Braunschweig, ließ sich verleiten, eine von französischen Emigranten verfaßte drohende Erklärung, das sogenannte „Koblenzer Manifest", zu verbreiten, wodurch die französische Nation in höchste Verbitterung versetzt wurde. Die Nationalversammlung stimmte infolgedessen am 20. April 1792 mit nur 10 Gegenstimmen der von König Ludwig XVI. vorgeschlagenen Kriegserklärung zu.

Die Kriegshandlungen der Franzosen sind zu Beginn durch Mißerfolge gekennzeichnet. Über die Hälfte der Offiziere der in Auflösung befindlichen Armee war emigriert. Herzog Ferdinand von Braunschweig konnte deshalb auf dem Wege nach Paris fast ohne Widerstand bis in die Champagne vordringen. Aber bald wendete sich das Kriegsglück. In der Kanonade von Valmy am 20. September 1792 stoppten die Franzosen den Vormarsch und zwangen die Verbündeten zum Rückzug.

Nachdem der Champagnefeldzug einen so unerwarteten Ausgang genommen hatte, stabilisierte sich das französische Heer unter tüchtigen Feldherren immer mehr. Nach Einführung der allgemeinen Dienstpflicht wird in Frankreich das erste Volksheer der modernen Geschichte gebildet. Dieses ist mit seinen jungen Offizieren und nationalistisch motivierten Soldaten den Söldnerheeren der europäischen Koalition weit überlegen.

Kurfürst Karl Theodor suchte, wie auch schon seine Vorgänger, ohne Erfolg das Heil in der Neutralität. Bis zum Jahre 1794 blieben Jülich und Berg noch von jeder feindlichen Heimsuchung verschont, aber nicht länger. Beim Rückzug der österreichischen Armee von der Maas folgten die Franzosen auf dem Fuße, standen am 2. Oktober 1794 bei Aachen und erzwangen auch den Übergang über die Roer. Die Österreicher unter dem Oberbefehl des Grafen Clerfayt zogen sich an den Rhein zurück, schlugen bei Neuwied, Bonn, Mülheim und Düsseldorf Kahnbrücken über den Fluß und überquerten ihn vom 3. bis 5. Oktober. Noch während des Überganges bei Mülheim, rückten die stürmisch vordringenden Franzosen in Köln ein.

Bei Düsseldorf besetzten die Revolutionstruppen am 6. Oktober das linke Rheinufer und beschossen von dort aus die Stadt. Das Schloß, der Marstall, die Kirche und das Kloster der Cölestinerinnen sowie viele Privathäuser standen bald in Flammen. Die kurfürstliche Regierung mit dem Minister von Hompesch an der Spitze flüchtete nach Barmen. Unverständlicherweise befahl der kurpfälzische Generalmajor de la Motte den Abmarsch der Garnison und überließ die Stadt den Österreichern. Diese nahmen die Gelegenheit wahr und bemächtigten sich der in der übertriebenen Hast zurückgelassenen Waffen und Gerätschaften. Ebenso wurden viele Häuser von der Soldateska ausgeplündert.

Altes bergisches Wohnzimmer mit Truhe, das „gute Zimmer" nur für sonntags (Heimatmuseum Remscheid-Hasten)

„Dröppelminnas", so genannt, weil sie schon mal tropften, in Mundart „dröppelten"

Burger „Brezelhausierer" zogen früher über Land, um die beliebten Backspezialitäten zu verkaufen

sich den verhaßten Feinden entgegenstellten. Diese Berichte, vom Volke mündlich überliefert, enthalten manchmal legendäre Übertreibungen. So soll sich zum Beispiel der Odenthaler Zimmermann Johann Häck in seiner Scheune, nur mit einem Dreschflegel bewaffnet, gegen 63 französische Husaren zur Wehr gesetzt und diese vertrieben haben.[198]

Erzählt wurde auch die Geschichte von dem Knecht des Kurtekottenhofes bei Wiesdorf, genannt Märten, einem riesengroßen und bärenstarken Mann: „Als eines Tages an dem im weiten Feld liegenden Hof ein französischer Soldat vorbeiritt und sich an seiner hübschen Frau vergreifen wollte, erschlug ihn der Knecht mit einem Spaten und vergrub ihn im Feld. Das erbeutete Gewehr hatte er von nun an immer dabei.

Am 21. Oktober 1795 befand sich Märten abermals bei der Feldarbeit, als sich ein Trupp Soldaten näherte. Zuerst schoß er mit dem erbeuteten Gewehr auf die Franzosen und flüchtete dann zum nahe liegenden Hof Manfort. Dort erschlug er zwei ihn verfolgende Soldaten.

Am folgenden Tag war Märten mit seinem Mitknecht Anton Benz aus Schlebusch wieder auf dem Kurtekottenhof bei der Arbeit, als ein französischer Offizier mit einer Gruppe in den Hof eindringen wollte. Während Benz, von der Angst getrieben, sich in Sicherheit brachte, stand der grimmige, starke Märten in seiner ganzen Größe hinter dem geschlossenen Tor und erschlug die ersten beiden, die durch den Spalt unter dem Tor hereinkriechen wollten. Auch den folgenden vier Franzosen erging es nicht besser. Einen siebenten erschoß er. Die restlichen Soldaten holten daraufhin Hilfe herbei und steckten den Hof in Brand. Auch der alte bergische Hof Manfort ging damals in Flammen auf. Märten aber, der sich in dem weglosen Sumpf- und Waldgelände gut auskannte, entkam mit seiner Frau ins Bergische und wurde nie mehr gesehen.“[199]

Der Kaufmann Wilhelm Busch zu Leichlingen schrieb u.a. in sein Tagebuch: „Trunken vor Leid schlichen wir durch das Dickicht des großen Grünscheid und beneideten das Wildbret, dessen Lose wir anheimgefallen, um die Schnelligkeit seiner Füße und die Vögel um ihre Flügel, nur um den Verfolgern schneller zu entkommen... Wie Tiere verfolgt, wußten wir nicht mehr, daß wir Menschen waren, und mehr noch als der Verlust unserer Habe, und mehr noch als Mangel und Hunger und Armut ängstigte die Besorgnis, den Wüterichen in die Hände zu fallen. Drei Tage und drei Nächte habe ich nun wieder im Walde verbracht... Wir haben in drei Tagen nichts gegessen, als Waldbeeren.“

Durch das ständige hin- und herwogende Kriegsgeschehen war das Land völlig verarmt. Die Jahre 1798, 1799 und 1800 waren die traurigsten und trostlosesten, welche die Gegend am Niederrhein je erlebt hatte. In einer Bitschrift des Amtes Porz an den Herzog von Jülich-Berg und Kurfürsten von Bayern Karl Theodor heißt es u.a.: „Wir sind mehr als zwanzigmal ausgeplündert, mehrmals für lange Zeit in die Wildnis und Waldung verjagt und in solch erbärmlichen Zustand versetzt worden, daß wir ohne Unterschied mit aller

Einzug Napoleons in Düsseldorf am 3. November 1811. Der Kaiser zieht durch den von Adolph von Vagedes entworfenen Triumphbogen (kolorierter Stich von Johannes Petersen)

Napoleon I., Großherzog von Berg (1808-1813). (A.Maurin)

Joachim Murat, Großherzog von Berg (1806-1808)

Anstrengung nicht mehr imstande sind, unsere zahlreichen Familien zu ernähren. Ob jemand vordem noch so wohlhabend war, so müssen wir doch jetzt alle betteln und zu unserem Unterhalt die Milde anderer Untertanen, die... weniger hart mitgenommen sind, ansprechen... den meisten fehlt es sogar an hinreichender Kleidung, ihre Blöße zu bedecken... Unsere Güter sind schon so mit Schulden beschwert, daß wir keine Anleihen mehr darauf machen können... Unsere Hausgeräte sind längst geraubt und verkauft, und Früchte und Vieh ist keins mehr vorhanden, viel weniger noch Pferde und Karren..."

Die Folge dieser Verarmung breitester Bevölkerungskreise waren zahlreiche Räuberbanden, die das Land unsicher machten. So nahm das achtzehnte Jahrhundert im Bergischen Land unter den schlimmsten Drangsalen sein Ende.

Fast am Jahrhundertende trug man auch Kurfürst Karl Theodor zu Grabe. Er starb am 16. Februar 1799 in München. Der Groll gegen seine Regierung war in Bayern so groß, daß das Volk, als seine Leiche durch die Straßen der Hauptstadt München geführt wurde, mit Steinen nach dem Sarge warf. Im Bergischen Lande urteilte man milder und pries seine Regierungszeit in mancher Hinsicht als eine gesegnete.

Weil Karl Theodor aus seinen beiden Ehen mit Elisabeth Auguste von Sulzbach († 17. August 1792) und Maria Leopoldine von Österreich keine Kinder hinterlassen hatte, ging das Erbe des Herzogtums Jülich-Berg zusammen mit dem Kurfürstentum Bayern an Maximilian Joseph (Max Joseph) aus der Seitenlinie Zweibrücken-Birkenfeld-Bischweiler (Pfalz-Zweibrücken).

Schloß Burg aus „Topographia Ducatus Montani" von Erich Philipp Ploennies, 1715. Original im Hauptstaatsarchiv in Düsseldorf (Ausschnitt)

Maximilian Joseph von Pfalz-Zweibrücken (1799–1806)

Mit dem Kurfürsten Max Joseph hielt die neue Zeit ihren Einzug. Er war ein Mann von durchaus modernen Lebensanschauungen, leider aber auch ein Franzosenfreund. Seitdem er in jungen Jahren als französischer Oberst in Straßburg glückliche Zeiten verlebt hatte, blieb ihm die Vorliebe für Frankreich sein Leben lang erhalten. Bald nach seiner Thronbesteigung bat er den französischen Geschäftsträger, er möge ihn als Franzosen betrachten und fügte hinzu: „So oft ich von den Erfolgen der Republik höre, fühle ich an meiner Freude, daß ich ein Franzose bin".

Durch kurfürstliches Patent vom 16. Februar 1799 zeigte er den Antritt seiner Regierung an und befahl die Besitzergreifung der Herzogtümer Jülich und Berg in seinem Namen sowie die Vereidigung sämtlicher Beamten. Trotz seiner Frankreichfreundlichkeit konnte er aber nicht verhindern, daß beim Frieden von Lunéville (9. Februar 1801) das Herzogtum Jülich verlorenging. Frankreich bestand in einer der Friedensbedingungen auf Restzahlungen alter Kriegssteuern. Erst am 31. Mai 1801 verließen die Franzosen das rechte Rheinufer, nachdem sie es sechs Jahre lang hart bedrängt hatten.

Die Festung Düsseldorf, die die französischen Republikaner so stark ausgebaut hatten, mußte geschleift werden. Als die Mauern und Wälle fielen, war für die weitere städtebauliche Entwicklung Düsseldorfs der Boden bereitet. Max Joseph ließ prüfen, auf welche Weise die gewonnenen Freiflächen genutzt werden könnten. Drei Männer: Huschberger, Weyhe und von Vagedes, berieten ihn und schlugen vor, Parkanlagen mit Alleen als grünen Kranz um die alte Stadt anzulegen. 1804 war die Kastanienallee fertiggestellt, die spätere „Kö".

Der neue Kurfürst Max Joseph war in seiner kurzen Regierungszeit redlich bemüht, zur Heilung der dem Lande geschlagenen Wunden beizutragen. Die Landesverwaltung wurde neu organisiert, eine Feuerversicherung eingeführt und eine besondere Schulkommission zur Prüfung der Lehramtskandidaten eingerichtet; denn dem Lehrerstande sollte seinem Willen nach eine geachtete Stellung eingeräumt und der Bildung des Volkes größte Aufmerksamkeit gewidmet werden. Nicht gut für Düsseldorf war, daß er die von seinen Vorgängern aufgebaute Gemäldegalerie in seine Münchener Residenz verlegen ließ.

Die große Politik bestimmte der französische Kaiser Napoleon, der auf die Auflösung des Heiligen Römischen Reiches Deutscher Nation hinarbeitete und auf die Bildung abhängiger deutscher Mittelstaaten zielte, die allesamt ein Gegengewicht gegenüber Österreich bilden sollten. Um die Entschädigungsansprüche Frankreichs aus dem Frieden von Lunéville zu regulieren, tagte seit 1802 ein Ausschuß des Regensburger Reichstages, der unter dem Einfluß Napoleons die Aufteilung der geistlichen Hoheitsgebiete beschloß (Reichsdeputationshauptschluß vom 25. Februar 1803) und eine „Flurbereinigung" der deutschen Landkarte vornahm. Betroffen waren 19 Reichsbistümer und 44

Reichsabteien, daneben aber auch 45 der 51 freien Reichsstädte. Betreffs der Klöster wurde bestimmt: Alle Güter der aufgehobenen Klöster werden der freien und vollen Disposition der Landesherren überlassen. Die Säkularisation der geschlossenen Frauenklöster kann nur mit Einverständnis des Diözesanbischofs geschehen. Die Männerklöster hingegen sind der Verfügung der Landesherren oder neuen Besitzer überlassen (d.h. sie konnten nach Belieben entscheiden, ob dieselben aufgehoben oder beibehalten werden).

Kurfürst Max Joseph hatte schon am 11. März 1803 für Bayern die Aufhebung der geistlichen Institute angeordnet. Am 12. September 1803 dehnte er seine Verordnung auch auf das Herzogtum Berg aus. Alle Stifter, Klöster und Abteien mit Ausnahme derjenigen, die sich der Krankenpflege widmeten, wurden geschlossen, die Konventualen in den Pensionsstand versetzt.[201]

Zerstörung und Wiederaufbau des Bergischen Domes

Damals wurde auch die von den Bergern gegründete Abtei Altenberg aufgehoben. Am 30. November 1803 erschien der landesherrliche Kommissar Geheimrat Schramm und gab dem Konvent bekannt, daß die Abtei gemäß dem Reichsdeputationshauptschluß aufgelöst sei. Nach wenigen Stunden gingen die Mönche, denen man eine kleine Pension zusicherte, ihres Weges. Nur einer blieb zurück, damit der Gottesdienst in der Kirche nicht verstummte.

Im Jahre 1806 verkaufte die Regierung alle Gebäude und alles, was die Ringmauer umschloß, sowie erhebliche Waldungen und Ländereien an den Weinhändler Pleunissen aus Köln zum Preise von 24415 Reichstalern und 54 Stübern. In der Kirche sollte weiterhin Gottesdienst gehalten werden.

Der Kaufvertrag hatte eine Klausel, nach der auch das Gotteshaus, sobald es in Verfall geriet, in den Privatbesitz des Käufers übergehen sollte. Somit war der Staat vor Reparaturkosten am Altenberger Dom geschützt. Zur Instandhaltung des Kirchenschiffes, das in jedem Jahre große Summen verschlang, war niemand vertraglich verpflichtet, weder Staat noch Besitzer, und so mußte eines Tages der gänzliche Verfall einsetzen. Schon bevor Pleunissen das Kloster übernahm, hatte die Regierung in Düsseldorf begonnen, Wertgegenstände, alte Gläser, Figuren, Gemälde usw. aus der Kirche herauszuholen und nach Düsseldorf zu bringen. Die Bibliothek und das Archiv des Klosters fanden in der Landeshauptstadt eine neue Unterkunft.

Aus den Gebäuden, die sich südlich an den Dom anschlossen, wurde eine chemische Fabrik, und in den Gebäudeteilen an der Dhünn eröffnete die Familie Hölterhoff eine Spinnerei und Tuchfabrik. In der Nacht des 7. November 1815 brach in der chemischen Fabrik am Dom ein Brand aus, der zu einem Riesenfeuer anwuchs. Alle Dächer, auch das Dach der Kirche, standen in Flammen. Bald lagen fast alle Gebäude des Klosters in Schutt und Asche. Durch das Fehlen des Daches sogen sich die Tuffgewölbe voll Regen; Frost und Tauwetter

Ruine des Altenberger Domes vor dem Wiederaufbau

Altenberger Dom heute.
Westansicht

drückten die ohnehin schon gewagte Konstruktion auseinander. Am 1. Oktober 1821 kam es zum Zusammenbruch der südöstlichen Vierungssäule, welche fünf hinter ihr stehende Säulen und die Orgelwand mitriß. Die Kirche wurde nun offiziell dem Besitzer der Klostergebäude zugesprochen. Tagelang waren Arbeiter damit beschäftigt, alles, was noch Wert hatte, aus ihr herauszuschaffen, um es als Altmaterial zu veräußern. Im Winter 1830/31 stürzte ein weiteres Teil des Bauwerks nach und riß das Vierungsgewölbe und drei Joche des Chorgewölbes mit. Naturgewalten und das Unverständnis der Menschen hatten sich vereint, die wunderschöne Abteikirche war zur Ruine geworden. Nun trug man sich zu allem Überfluß mit dem Gedanken, sie als Steinbruch für den Ausbau des Rhein-Maas-Kanals, dem nach der Säkularisation auch die herrliche Zisterzienserkirche zu Heisterbach im Siebengebirge (bis auf das heute noch stehende Chor) zum Opfer gefallen war, zu verwenden.

Stimmen, die für eine Wiederherstellung der Abteikirche warben, z.B. Görres und Boisserée, blieben nicht ungehört. Glücklicherweise war König Friedrich Wilhelm IV. damals als Kronprinz Gouverneur der Rheinprovinz und besuchte von Köln aus verschiedentlich die Ruine Altenberg. Auf seine Veranlassung hin wurde ein Notdach gebaut und der Schutt aus dem Innern entfernt. Später kaufte Graf Fürstenberg zu Stammheim die Ruine und stellte sie zum Wiederaufbau zur Verfügung.

Zur Freude des Bergischen Landes beschlossen der König und die Regierung die Wiederherstellung des Domes in seiner ursprünglichen Gestalt. Die Arbeiten begannen 1835 unter Leitung der Baumeister Biercher, Kronenberg und Grund. Bald verwandelte sich das Bild der Kirche, und schon am 22. September 1847 konnte unter Teilnahme des Königs Friedrich Wilhelm IV. die Einweihung der wiederhergestellten Abteikirche vollzogen werden. Durch Kabinettsorder wurde bestimmt, daß auch die evangelische Gemeinde ihren Gottesdienst in diesem Dom abhalten könne. Hier wurde durch die preußische Regierung schon früh ein Schritt im Sinne der Ökumene getan.

Doch blieb noch viel zu tun, um Dom und Umgebung eine würdige Gestalt zu geben und auch den guten baulichen Zustand zu pflegen. Ein bergischer Mann mit Namen Keller, der ein kleines Restaurant hinter der alten Klosterpforte unterhielt, sammelte zu diesem Zwecke einige Menschen um sich. Zu diesen kulturbeflissenen Leuten stieß Frau Maria Zanders (geb. Johanny) aus Hückeswagen, die Gattin des Papierfabrikanten Richard Zanders in Bergisch Gladbach. Durch ihren hohen Einfluß, ihre sprühende Geistigkeit und ihre echte Liebe zur Heimat und zur Kunst gelang es ihr, weiteste Kreise für ihr Werk zu interessieren.[202] Noch heute liegt die Leitung des Vereins, der sich die Erhaltung des altehrwürdigen Bergischen Domes in Altenberg, der Grablege der ersten Grafen und Herzöge von Berg, zur Aufgabe gemacht hat, in den Händen einer Frau aus dieser Familie: Renate Zanders. Der Altenberger Domverein kann im Jahre 1994 sein 100jähriges Bestehen feiern.

Das Großherzogtum Berg unter den Franzosen (1806–1813)

Freiherr von Hompesch blieb nach wie vor der führende Kopf der herzoglichen Regierung zu Düsseldorf, auch nachdem im Jahre 1803 der Kurfürst Maximilian-Joseph von Pfalz-Zweibrücken unter dem Vorbehalt der Oberhoheit seinen Schwager, Herzog Wilhelm von Bayern, mit der bergischen Herrschaft betraut hatte. Wilhelm hatte sich durch einige lobenswerte Maßnahmen eben das Vertrauen des Landes erworben, als er auf Grund des Vertrages von Schönbrunn (15. Dezember 1805) das Herzogtum Berg an Napoleon ausliefern mußte. Maximilian Joseph erhielt als Ausgleich dafür die bayerische Königswürde. Im kommenden Frühjahr übertrug Napoleon die Regierung der Länder von Kleve-Mark und Jülich-Berg auf seinen Schwager Joachim Murat (15. März 1806), den er bei der Bildung des Rheinischen Bundes (12. Juli 1806) zum Großherzog von Berg beförderte. Ihm sollten alle mit der königlichen Würde verknüpften Rechte und Ehrenbezeugungen zustehen.

Am 15. März 1806 kam Murat auf Anordnung Napoleons nach Köln. Der Kaiser gab ihm vorher die bestimmte Weisung: „Sie werden in all ihren Akten sich Joachim, Prinz und Großadmiral von Frankreich, Herzog von Berg und Kleve nennen, niemals den Namen Murat anwenden."

Freiherr von Hompesch, bevollmächtigter Präsident des Bergischen Geheimen Rates, hatte inzwischen zu Düsseldorf die Eidentlassung der Verwaltungs- und Gerichtsbehörden vorgenommen. Die königlich-bayerischen Hoheitszeichen wurden entfernt; die bayerischen Truppen blieben ruhig in ihren Garnisonen.

Am 24. März 1806 hielt Großherzog Joachim einen glänzenden Einzug in seiner Haupt- und Residenzstadt Düsseldorf und empfing die bergischen Landstände sowie sämtliche Zivilbehörden, wobei er es an schönen Redensarten nicht fehlen ließ. Die rechtliche Besitzergreifung des Herzogtums Berg wurde vollendet durch die am 26. März 1806 vor dem Thron Sr. Herzoglichen Durchlaucht in der Residenz zu Düsseldorf stattgefundenen Ablegung des Huldigungseides durch die Landstände und bisherigen Zivilbehörden. Als Schlußakte erfolgte dann am 31. März durch kaiserliche Ermächtigung die Besitzergreifung der Ländchen Homburg, Gimborn-Neustadt und Wildenburg.

Durch Dekrete vom 14. und 24. April wurde eine Zentralverwaltung mit drei Ministern gebildet. Das Ministerium des Innern erhielt provisorisch der streng bürokratische Jurist Fuchsius, der aber bald durch einen repräsentationsfähigeren Mann, dem letzten Repräsentanten der altbergischen Ritterschaft, Karl-Joseph Graf von Nesselrode-Reichenstein, abgelöst wurde. Graf Nesselrode gehörte zu den Männern, die für das Wohl des Landes zu wirken redlich bestrebt waren. Finanzminister wurde Jean Antoine Michel Agar, ein geschäftstüchtiger Franzose, der sich der besonderen Gunst Joachim Murats erfreute. Als Agar 1807 eine Nichte Murats heiratete, schenkte ihm der Großherzog kraft seines Amtes und kaiserlicher Gunst das Schloß Morsbroich.

Merkwürdig, daß die noch vor kurzem republikanischen Franzosen – an ihrer Spitze Napoleon – eine Schwäche für adelige Standestitel hatten. So machte Murat aus dem Besitz eine Grafschaft, und Agar führte von jetzt an den Titel „Comte de Mosbourg".

Am 22. August 1806 fand unter der fremdherrlichen Regierung der einzige und letzte Bergische Landtag statt. Murat verfügte im großherzoglichen Palast zu Benrath: „Die Mitglieder des Adels und die Deputierten der Städte, welche gegenwärtig das Stimmrecht auf den Landtagen der verschiedenen Provinzen Unseres Großherzogtums besitzen, werden am 1. September künftig in Düsseldorf erscheinen und sich in eine einzige Versammlung vereinigen..." Zu Landtagskommissaren ernannte er die Minister von Nesselrode, Agar und Fuchsius.

Am 13. Oktober 1807 befand sich der Großherzog Murat wieder in Fontainebleau. Nach dem von dort verfügten Dekret wurde überall im Bergischen Lande nach französischem Muster die Munizipalverwaltung eingeführt, die im Jahre 1808 auch zur Erhebung von Barmen zur Stadt führte.

Wie weiter oben berichtet, wurde am 31. März 1806 im Namen Joachim Murats auch die Herrschaft Homburg in Besitz genommen. Sie bestand aus den späteren Bürgermeistereien Nümbrecht, Marienberghausen, Wiehl und Drabenderhöhe im Kreise Gummersbach. Das Amt Nümbrecht gehörte schon früh dem Hause Sayn eigentümlich, während die übrigen Bestandteile, den Herren von Homburg zugehörig, durch die Vermählung der Erbtochter Jutta von Homburg mit Gottfried von Sayn nach der Mitte des 13. Jahrhunderts dazukamen und somit die Herrschaft Homburg mit der Grafschaft Sayn vereinigt wurde. Gottfried teilte seine Besitzungen im Jahre 1294 unter seine Söhne Johannes und Engelbert, so daß Johannes die Grafschaft Sayn und die Hälfte von Homburg, Engelbert die andere Hälfte von Homburg und Vallendar erhielt. Diese Teilung bezog sich aber nur auf die Einkünfte; die Regierung wurde gemeinsam geführt. Die Herrschaft Homburg hatte also von der Zeit an bis zum Jahre 1600 immer zwei Herrscher. Ludwig der Ältere († 1605) kam zu Beginn des 17. Jahrhunderts in den Besitz aller Saynschen Lande; er war es auch, der die Reformation im Homburgischen einführte. Graf Ludwig wurde der Stammvater aller späteren Grafen und Fürsten zu Sayn und Wittgenstein und durch sein Testament von 1593 der Stifter von drei Hauptlinien des Hauses: Sayn-Wittgenstein-Berleburg, Sayn-Wittgenstein-Sayn und Sayn-Wittgenstein-Wittgenstein.

Durch seinen ältesten Sohn Georg, der Sayn-Wittgenstein-Berleburg gründete, kam Homburg 1606 an diese Linie. Georg vereinbarte 1607 ein Hausgesetz, welches die weiblichen Nachkommen von der Erbfolge ausschloß und alle Güter des Hauses Sayn als Familien-Fideikommiß erklärte. Entgegen diesem Hausgesetz begründete Graf Ernst 1635 in Homburg eine selbständige Herrschaft und damit die Linie Sayn-Wittgenstein-Homburg. Das Schloß wurde nun vollständig umgebaut.

Mittelschiff des gotischen Altenberger Domes (II). Blick nach Osten

Initial „D" eines Altenberger Schreibers von um 1200. Vermutliche Westansicht der romanischen Vorkirche (Altenberg I)

Im Jahre 1743, als Graf Friedrich Karl kinderlos starb, kam das Homburgische wieder an Sayn-Wittgenstein-Berleburg. Graf Ludwig Ferdinand, der neue Regent, führte notwendige Reformen durch, u.a. die allgemeine Schulpflicht. Sein Sohn Christian wurde 1792 in den Fürstenstand erhoben. Ihm folgte Fürst Albrecht (1800-1806), der die Herrschaft an Murat abtreten mußte.[203]

Die Überlieferung der Geschichte von Gimborn beginnt mit der Verpfändung des bis dahin kleinen Rittersitzes der Grafen von Berg an ihre Verwandten und Nachbarn aus dem Hause Mark. Noch bis zur Mitte des 16. Jahrhunderts verrichteten Ministeriale wie die Ritter von Gimborn, die Kreuwel von Gimborn, die von Bourscheid, von Nesselrode und von Harff auf der mittelalterlichen Wasserburg nacheinander ihre Dienste. 1550 gelangte dann die Anlage durch die Heirat der Anna von Harff an das mainfränkische Adelsgeschlecht der Herren von Schwarzenberg, die schon bald darauf verstanden, im Bergischen Land umfangreiche Macht zu erwerben und sich beim Kaiser verdient zu machen. Adam von Schwarzenberg folgte dessen einziger Sohn Adolf, der für seinen mutigen Einsatz im Kampf gegen die Türken vom Kaiser den erblichen Grafentitel erhielt.

Adolfs Sohn Adam von Schwarzenberg – im Bergischen Land geboren – wurde zu einer herausragenden Persönlichkeit der bergischen Geschichte. Noch vor dem Beginn seiner politischen Laufbahn, in den Jahren 1602–1612, ließ ihm seine inzwischen verwitwete Mutter Margarete zu Schwarzenberg, geb. Wolff-Metternich, eine mächtige Wasserburg erbauen. Kurfürst Wilhelm von Brandenburg, Mitregent in Jülich-Berg, ernannte den Grafen zu seinem Minister.

In der ersten Hälfte des 17. Jahrhunderts sind die Rheinlande politisch und wirtschaftlich durch den Dreißigjährigen Krieg und den Jülisch-Bergischen Erbfolgestreit stark belastet. Graf Adam nutzte die sich daraus ergebende Schwäche der benachbarten Landesherren (Jülich-Kleve-Berg und Mark), und es gelang ihm, in nur wenigen Jahren die Landesherrschaft Neustadt (heute Bergneustadt) dem Hause Mark zu entziehen. 1621 brachte er im Norden der Agger als Lehnsherr zwölf Kirchspiele unter seine Herrschaft. 16 weitere Adelsgüter kaufte er hinzu. Damit war Graf Adam von Schwarzenberg im Besitz des ganzen Nordens des heutigen Oberbergischen Kreises. 1631 ließ er sich seine Erwerbungen durch eine Reichsunmittelbarkeitserklärung des Kaisers für Gimborn-Neustadt absichern und machte Schloß Gimborn zur mächtigen Zentrale seines Duodezstaates.

Als er versuchte, von Gimborn aus eine Gegenreformation zu starten, scheiterte er an der erbitterten Gegenwehr der Bevölkerung von Neustadt und Hückeswagen und mußte seine Bemühungen aufgeben. Enttäuscht zog sich der Schwarzenberger nach Wien zurück und verwaltete von dort seine Besitzungen im Bergischen Land, in denen er bis 1782 Steuern erhob. Die Bedeutung von Gimborn ging zurück. Nach dem Verkauf des Schlosses an den Hannoveraner, General von Wallmoden, rückte Gimborn noch einmal ins Licht, als eine

Tochter des Hauses Wallmoden unmittelbar vor der napoleonischen Zeit den berühmten Freiherrn vom Stein heiratete. Die Kleinstaaten im Bergischen Land – wie Windeck, Homburg und auch Gimborn – wurden aufgelöst und dem neu gegründeten Großherzogtum Berg unter Murat einverleibt.[204]

Joachim Murat, Emporkömmling von Napoleons Gnaden, der damals gerade 39 Jahre alt geworden war, stammte aus der Umgebung von Cahors in Südfrankreich. Seinem General Bonaparte leistete er als Adjutant in Italien besondere Dienste und zeichnete sich auch auf dem Schlachtfelde als umsichtiger und tapferer Führer der napoleonischen Reiterei aus. Bonaparte gab dem erfolgreichen Günstling seine Schwester Karoline Annunciata zur Gemahlin. Als Murat in Italien, besonders bei Marengo, neue Lorbeeren geerntet hatte, stellte Napoleon ihn eine Zeitlang an die Spitze der cisalpinischen Republik. Nach dem Rückruf nach Frankreich wurde er von dem Korsen zum Gouverneur von Paris ernannt. Im Jahre 1804 beförderte Napoleon ihn für seinen Beistand bei der Aufrichtung des Kaiserreiches zum Marschall von Frankreich sowie im folgenden Jahre zum Prinzen und Großadmiral der französischen Flotte.

Weil Joachim Murat in seiner Eigenschaft als Marschall seinen kaiserlichen Schwager fast ständig auf dessen Kriegszügen begleiten mußte, hat er sich nur zweimal vorübergehend in Düsseldorf aufhalten können, und zwar die ersten sechs Wochen nach seinem Regierungsantritt und von Ende Juli bis in den Oktober 1806. Gewöhnlich residierte er während dieser Zeit im Schloß Benrath. An Sonn- und Feiertagen erschien der prachtliebende Reiterführer in ebenso auffallenden wie glänzenden Kostümen in der Stadt und nahm auch an Gottesdiensten teil. Er wurde bei der Bevölkerung, die Sympathien für die französische Lebensweise hegte, nicht unfreundlich aufgenommen.

Joachim Murat überließ unterdessen die Amtsgeschäfte seinen Beamten. Staatsrat Fuchsius und Karl Joseph Graf von Nesselrode als Minister des Inneren machten sich besonders um die Neuordnung der Verwaltung verdient. Die frühere Ämterverfassung wurde durch eine zweckmäßigere Landesgliederung in vier Arrondissements (Düsseldorf, Elberfeld, Mülheim, Siegburg) ersetzt. Auch in der Gemeindeverwaltung und dem Schulwesen, dem Wirtschaftsleben und der Rechtspflege setzten sich Neuerungen durch, die meist anerkannt und begrüßt wurden und so dazu beitrugen, die bergischen Menschen gegenüber der Fremdherrschaft milder zu stimmen.

Die Industrie versprach sich einen Aufschwung durch die Erschließung von Absatzmärkten. Zollfreiheit bestand allerdings nur innerhalb des Großherzogtums, während der Export in andere Länder durch hohe Schutzzölle behindert wurde. Um die englische Seeherrschaft zu brechen, versuchte Napoleon durch das Dekret der Kontinentalsperre (27. Oktober 1806), England vom europäischen Handelsverkehr auszuschließen. Als Antwort darauf verhängte die englische Regierung eine strenge Blockade gegen alle ihr feindlichen Häfen. Auch die Wirtschaft des Bergischen Landes wurde davon schwer getroffen.

Man beklagte allgemein das Ungleichgewicht zwischen Pflichten und Rechten. Berg wurde rücksichtslos in die Pflicht genommen, nämlich für die andauernden Kriegszüge Napoleons Geld und Soldaten zur Verfügung zu stellen. Großherzog Joachim, der sich um das Land sorgte, scheute den Widerspruch gegen Napoleon nicht, bis dieser ihn im Mai 1808 – möglicherweise aus diesem Grunde – zum König von Neapel ernannte. Der Kaiser übernahm daraufhin am 31. Juli 1808 selbst die Herrschaft über das Großherzogtum Berg.

Joachim Murat versicherte beim Abschied vom Großherzogtum Berg im August 1808 „seinen geliebten und getreuen Unterthanen, nur der Gedanke an die großen Vortheile, welche sie von dem Genie und der Macht des Gebieters über das Schicksal, der gewohnt ist, über alle ihm unterworfenen Völker Wohlthaten und Ruhm zu verbreiten, zu erwarten haben, kann das schmerzhafte Gefühl lindern, mit dem Wir von Ihnen scheiden."

Obgleich Napoleon selbst von nun an den Titel eines Großherzogs von Berg führte, setzte er im März 1809 seinen fünfjährigen Neffen Ludwig (Louis) Napoleon als rechtmäßigen Landesherrn ein, behielt sich aber die Regierung des Landes und die Erziehung des Knaben bis zu dessen Mündigkeit vor.

Den Weisungen Napoleons folgend, führte sein Düsseldorfer Regierungskommissar, Graf Beugnot, die von Fuchsius und Graf von Nesselrode begonnene Umgestaltung im Großherzogtum Berg weiter, das inzwischen um acht Arrondissements (Essen, Dillenburg, Dortmund, Hagen, Hamm, Münster, Coesfeld, Lingen) gewachsen war. Der politischen Einteilung des gesamten Territoriums entsprach bald eine einheitliche Verwaltungsordnung für die vier Departements (Rhein-, Sieg-. Ruhr- und Emsdepartement), die zwölf Arrondissements und ihre Kantone und Munizipalitäten.[205]

Viele Freunde im Bergischen Lande erwarb sich Napoleon durch die juristischen Reformen, u.a. die Aufhebung des Lehnswesens (11. Januar 1809). Die Abschaffung der Leibeigenschaft vom 12. Dezember 1808 bestätigte hier lediglich eine schon seit Jahrhunderten im Bergischen bestehenden Zustand. Am 1. Januar 1810 wurde der Code Napoléon als neue Rechtsnorm eingeführt. Seit damals hingen in vielen Häusern Bilder Napoleons, die die Erinnerung an den Kaiser im Bergischen selbst dann noch nach Generationen festhielten, als die Geschichte längst über ihn hinweggeschritten war.

Der enge Anschluß des Landes an Frankreich hatte auch zur Folge, daß dank dem Verständnis der leitenden Persönlichkeiten, besonders des kaiserlichen Kommissars Graf de Beugnot und des einheimischen Ministers Graf Karl Joseph von Nesselrode, zum Vorteil der Bevölkerung manche überholte Einrichtung wegfiel. So wurde z.B. auch der verhaßte Zunftzwang, der die Gewerbeentfaltung einschränkte, am 31. März 1809 aufgehoben. Trotzdem kam es zu einem wirtschaftlichen Abschwung, der in der gegen England gerichteten Kontinentalsperre seine Ursache hatte. Sie führte im Bergischen Land und auch in der Hauptstadt Düsseldorf zu Arbeitslosigkeit und Not. Die Kaufleute

Herzogenchor. Familiengrablege der älteren bergischen Herrscher im Altenberger Dom

bemühten sich deshalb vor allem um einen Wegfall des Einfuhrzolls nach Frankreich. Sie erstrebten unter diesen Umständen sogar aus wirtschaftlichen Gründen den vollen Anschluß des Großherzogtums an den mächtigen Nachbarn. Doch alle Versuche, die Lage zu bessern, scheiterten zunächst. So ist es zu verstehen, daß man im gesamten Großherzogtum große Hoffnungen auf den Besuch des Kaisers setzte, der im Herbst 1811 stattfand.[206]

Schon seit 1810 wurde in Düsseldorf eine Reihe von Vorbereitungen getroffen. Der Staatsrat Georg Arnold Jacobi leitete die Verschönerungsarbeiten in der Hauptstadt und ließ an der Elberfelder Straße einen von Adolph von Vagedes entworfenen Triumphbogen errichten mit der Inschrift: „DIVO NAPOLEONI MAGNO IMPERATORI ET REGI, VICTORI INVICTO GENTIUMQUE PROTECTORI" – „Dem göttlichen Napoleon, dem großen Kaiser und König, dem unüberwindlichen Sieger und Beschützer der Völker". Weil Napoleon nicht im Schloß Benrath wohnen wollte, mußte das Schloß Jägerhof – die Vénérie, wie man es damals nannte – für 33000 Francs in aller Eile repariert und ausgestattet werden. Außerdem wurden drei Säle des alten Schlosses durch von Vagedes wiederhergestellt. Sämtliche Handwerker der Stadt wurden eingesetzt, die Schneider arbeiteten ununterbrochen an den vorgeschriebenen Uniformen und Hofkleidern. Der Maire mußte dafür sorgen, daß Straßen und Häuser geschmückt wurden und die Bevölkerung auf ein angemessenes „Zujubeln" vorbereitet war.

Von Wesel kommend, hielt der Kaiser am 2. November 1811 seinen Einzug und erreichte um 11 Uhr die Stadtgrenze. Empfangen wurde er von den höchsten Beamten des Landes, den Ministern Roederer und von Nesselrode, der Geistlichkeit, den Abordnungen der Kaufleute und Beamten. Als Oberhaupt der Stadt trat Freiherr von Pfeill an den Wagen des Kaisers heran, begrüßte ihn in französischer Sprache und überreichte den Stadtschlüssel. Napoleon dankte kurz und beließ den Schlüssel in den „Händen seiner treuen Untertanen". Begleitet von Ehrengarden und bergischen Truppen zog er durch die heute noch nach ihm benannte Kaiserstraße zum Schloß Jägerhof. Unter denen, die ihm mit Begeisterung zujubelten, war auch der vierzehnjährige Heinrich Heine, der 15 Jahre später den Einzug des Kaisers im Buch „Le Grand" beschrieben hat.

Im Jägerhof begann der Kaiser sofort mit seiner Arbeit. Er wollte einen umfassenden Überblick über die Lage in seinem Großherzogtum Berg, daß sich damals von der Ems bis an die Lahn erstreckte, gewinnen und ließ sich die leitenden Persönlichkeiten vorstellen. Unter ihnen war natürlich auch Beugnot. Als der Kaiser die Uniform eines der bergischen Soldaten untersuchte, war er von der Qualität überrascht und sagte zum Prinzen von Neufchatel:

„Berthier, das ist ein gut angezogener Soldat: und die meinigen...?"

„Ach verdammt!" antwortete der Prinz, „fragen Sie Beugnot was das kostet."

Beugnots guter Stern wollte, daß er es wußte. Die Folge davon war, daß Napoleon von nun an alle guten Tuche des Bergischen Landes beschlagnahmte.

Der Kaiser erließ Verfügungen über die Neuordnung des Staatsrates, einer Behörde, die oberster Richter und Revisor sein sollte. Mit Düsseldorf hatte er wirklich Großes vor: es sollte als Sitz eines Bischofs und als Universitätsstadt ausgebaut werden.

Am Nachmittag des 3. November besichtigte Napoleon die Stadt. Er ritt durch den Ehrenbogen ein, durchritt fast alle Straßen und besichtigte auch die geschleiften Festungswerke. Als er auf dem zur Anlage des neuen Sicherheitshafens ausgehobenen Erdhügel, dem nach ihm benannten Napoleonsberg, stand, soll er nach einem Blick auf die Stadt die oft zitierten Worte gesprochen haben: „C'est petit Paris“ – „Das ist Klein-Paris“. Dieses Zitat stammt aber leider nicht von Napoleon, sondern aus einem Brief seines Ministers Graf Roederer, der am 6. November 1811 an seine Frau schrieb: „La capitale du grand-duché fut pendant quelques jours un petit Paris“.

In die Tage von Napoleons Aufenthalt in Düsseldorf fällt auch die Geburtsstunde der dortigen Tradition als Ausstellungsstadt. Am 4. November besichtigte er die von bergischen Industriellen im Kanzleigebäude am Markt veranstaltete Gewerbeausstellung, die erste ihrer Art, welche den Herrscher von der ausgezeichneten Leistungsfähigkeit der bergischen Industrie überzeugen sollte.

Der Besuch Napoleons in Düsseldorf ist mehr als eine Episode in der Stadtgeschichte. Sechs Wochen später erließ er von Paris aus das bedeutsame und folgenreiche Verschönerungsdekret für Düsseldorf. Damit überließ er den Bürgern das Gelände der Festungsanlagen zur Erweiterung der öffentlichen Grünanlagen. Er stellte zudem einen Zuschuß von jährlich 100 000 Francs in Aussicht, von denen immerhin 91 000 in Düsseldorf eintrafen, so daß daraufhin die Erweiterung des Hofgartens bis zum Rhein in Angriff genommen werden konnte.[207]

Wenn auch im Bergischen Land nach der Französischen Revolution mancherlei Neuerungen mit Genugtuung aufgenommen wurden, stöhnte das Volk doch unter der drückenden Steuerlast, die durch die fortwährenden Kriege Napoleons verursacht wurde.

Aber nicht nur Geld, auch Soldaten mußte das Bergische Land dem französischen Kaiser für seine Eroberungszüge quer durch Europa zur Verfügung stellen. Das bergische Kontingent wurde auf vier Regimenter Infanterie, ein Regiment Kavallerie und ein Bataillon Artillerie festgesetzt. Zur Teilnahme am Rußlandfeldzug wurden 5000 bergische Männer rekrutiert, die fast alle in der Ferne ihren Tod fanden. Je länger die Fremdherrschaft dauerte, desto heftiger regte sich der Widerstand. Der durch die sogenannte Kontinentalsperre hervorgerufene Rückgang der Textil- und Eisenindustrie und die damit zusammenhängende Arbeitslosigkeit ließ die Stimmung immer schneller umschlagen. Ein Aufstand war nur noch eine Frage der Zeit.

Um die Pflege politischer Bestrebungen möglichst zu verhindern, untersagten die französischen Behörden die Einrichtung freiwilliger Vereinigungen und gestatteten nur musikalische Gesellschaften, weil in ihnen, wie man meinte, keine franzosenfeindlichen Tendenzen aufkommen könnten. Wenn auch die Französische Revolution selbst aufklärerischen Bestrebungen verpflichtet war, denen nicht zuletzt auch die Lesegesellschaften ihre Entstehung verdankten, so sah sich das französische Regime doch veranlaßt, diese Vereinigungen zur Förderung einer vernunftgemäßen Erwachsenenbildung sorgsam zu überwachen. Joachim Murat hatte seinen Minister, Graf von Nesselrode-Reichenstein, sogar beauftragt, die Lesegesellschaften zu verbieten, „weil in solchen eine Menge freidenkender Unterthanen gebildet werde".[208]

Als im Januar 1813 die Nachricht kam, daß des Kaisers „Grande Armée" in Rußland untergegangen sei und auf Befehl Napoleons weitere 2500 Männer zum Dienst für Frankreich ausgehoben werden sollten, brach am 22. Januar 1813 der Aufstand los. In Ronsdorf demolierten Rebellen das Rekrutierungsbüro mit eisenbeschlagenen Stöcken und riefen: „Es lebe Alexander, es leben die Kosaken!" Die Aushebungsbeamten wurden vertrieben, die Wohnungen der Rentbeamten und Kommunalbeamten erstürmt, die Steuerkassen geleert, die Verwaltungsakten zerrissen und zerstreut und die französischen Adler von den öffentlichen Gebäuden heruntergerissen. Insbesondere richtete sich die Volkswut gegen die Salz- und Tabakdepots, die Domainenbüros und die Personenstandsregister, die für die Aushebung als Grundlage dienten. Die Aufrührer leben in der bergischen Geschichte unter dem Namen „Knüppelrussen" oder „Speckrussen" fort, weil sie sich mit Knüppeln bewaffnet hatten, aus Sympathie für die Russen ein R als Abzeichen an der Mütze trugen und sich den Speck munden ließen, den sie sich mit Gewalt bei den Bauern nahmen.[209]

Der Schock von Ronsdorf veranlaßte den herbeieilenden Präfekten, selbst gegen den Widerstand einzugreifen. Am 23. Januar waren in Solingen nahezu 3000 Arbeiter im Aufstand. Es folgten Unruhen im ganzen Land. Der französische General Lemarois, der mit der Niederschlagung des Aufstandes beauftragt wurde, traf am 3. Februar 1813 in Düsseldorf ein und verhängte sofort den Belagerungszustand über das Großherzogtum. Der frühe Aufstand im Bergischen brachte nicht den erwarteten Widerhall im übrigen Deutschland.

Nach der verlorenen Völkerschlacht bei Leipzig zogen sich die Franzosen zurück. Ihre Truppen flüchteten durch das Bergische Land in Richtung Rhein. Der kaiserliche Kommissar Jacques Claude Comte de Beugnot verschwand schon am 4. November 1813 aus Düsseldorf. Vorher hatte er sich noch einmal von der besten Seite gezeigt, als er den Kommandeur der französischen Nachhut, General Rigaud, welcher ganz zum Schluß noch 4 Millionen Francs Kontributionen von der Stadt forderte, von seinem unsinnigen Vorhaben abbringen konnte. Am 9. November erschienen die ersten Kosaken in Ronsdorf, Hückeswagen und Elberfeld. Sie wurden von der Bevölkerung begeistert als Befreier empfangen. Am 13. November 1813 erreichten die Truppen der Verbündeten auch Düsseldorf, wo sie ebenso freudig begrüßt wurden.[210]

Gozelinus-Epitaph im südlichen Chorumgang des Altenberger Domes, etwa 80 cm unter dem heutigen Fußbodenniveau, 2. Hälfte des 12. Jahrhunderts, 1908 bei Grabungen gefunden, 1968 neu eingefaßt und mit einer beweglichen Steinplatte abgedeckt.
Dieser Gedenkstein auf gewachsenem Boden (also keine Bestattung darunter) gilt einem der ersten Altenberger Klosterangehörigen, der an einer anderen Stelle begraben wurde.
Die Inschrift auf dem Stein lautet:
IIII KALENDIS AUGUSTI OBIIT GOZELINUS (Am 29. Juli starb Gozelinus).
Leider fehlt die Jahreszahl. Der Name stammt aus Burgund. Von dort kam 1133 Abt Berno mit 12 Mönchen nach der Burg Berge.
Möglicherweise gilt dieser Stein Gezelinus, der in der Kirche von Schlebuschrath bestattet war.
Der Wechsel von „o“ zu „e“ hat wegen der jahrhundertealten Überlieferung keine Bedeutung

Grube mit dem Gezelinus-Epitaph. Der Stein lag vor der Errichtung des heutigen gotischen Domes außerhalb des kleineren roman. Vorgängerbaus (aus: Zwei Altenberger Grabsteine, Hrsg. Altenberger Domverein)

Das General-Gouvernement nach der Befreiung

Am 15. November 1813 verkündete der russische Generalleutnant von St. Priest von Düsseldorf aus das Ende der Fremdherrschaft durch folgende Bekanntmachung: „Da das Großherzogtum Berg und die Stadt Düsseldorf bereits von den vereinigten Mächten besetzt ist, so wird allen oberen Landes- und Stadtbehörden bekanntgemacht, daß von nun an alle Verhältnisse und Verbindungen mit dem Feinde, unter strengster Ahndung, und nach den Umständen, den darüber publizierten Gesetzen gemäß, bei Todesstrafe verboten sind. Alle Lieferungen, Truppenbildungen u. dgl. werden sogleich eingestellt, und es wird keine höchste Behörde anerkannt, als nur die, welche die hohen Alliierten bestimmen, und welche sie bis auf weiteres vertreten...“[211]

Die vormals nichtpreußischen Gebiete des Großherzogtums Berg wurden, mit einigen Ausnahmen, durch die von den Verbündeten eingesetzte Zentralverwaltung unter Minister vom Stein übernommen und sollten vorläufig das General-Gouvernement Berg bilden. Freiherr vom Stein ernannte zum provisorischen General-Gouverneur den russischen Staatsrat Justus Gruner, geboren am 28. Februar 1777 zu Osnabrück.

Am 29. November 1813 erging die „Aufforderung an deutsche Jünglinge und Männer zum Kampfe für Deutschlands Freiheit“. In dieser Aufforderung hieß es: „Die Stunde der Rache hat geschlagen! Die Morgenröte der Freiheit ist aufgegangen. Nach einer langen, dunklen Nacht voll Druck und Elend, voll Schmach und Not, voll Verfolgung und Entehrung, bricht endlich der helle Tag eines neuen kräftigen Lebens an. Deutschland ist frei, Deutschland ist wiedergeboren... Gibt es einen Deutschen am Rheine, an der Sieg, Wupper, Dill und Lahn, der jene Greuel der verflossenen furchtbaren sieben Jahre wieder erleben möchte? Wäre nicht der Tod für Vaterland, für Weib und Kind, für Eigentum und Ehre, für Wahrheit und Tugend tausendmal willkommener, denn ein solches Leben voll Schande, Furcht und Elend? Brüder, Söhne des Vaterlandes, eilet herbei!... Wir alle kämpfen für eine Sache – für der Menschheit heiligste und teuerste Güter – für Freiheit und Vaterland! Wer leben und sterben will für diese, der trete freiwillig hinzu!“[212]

Diese hehren Worte des begeisterten Aufrufs – ein Düsseldorfer Beamter, Johann Heinrich Kühlwetter, hatte an der Abfassung großen Anteil – fand nicht immer und überall den gewünschten Erfolg. In Düsseldorf strömten zwar Hunderte zu den neuen Fahnen, vielfach mußte aber mit massiven Drohungen den „freiwilligen“ Meldungen nachgeholfen werden.[213]

Am Weihnachtstag 1813 erschien die „Verordnung zur Bildung des Landsturms“. Der seit der Gründung der „Musicalischen Academie“ in Burscheid angesehene Notar Jacob Salentin von Zuccalmaglio aus Schlebusch trat an die Spitze der Freiwilligen und wurde von Justus Gruner wegen seiner außerordentlichen Verdienste um die Bildung des Landsturms zum Unterbefehlshaber im

Kreise Opladen ernannt und auf Vorschlag des Landesdirektors Graf von Spee zum ersten Feldobristen bestellt.

Das Jahr 1814 trug den Freiheitskrieg an den Rhein und nach Frankreich. Die Nachricht, daß Blücher in der Neujahrsnacht bei Kaub das westliche Rheinufer erreicht hatte, um den Feind im eigenen Land anzugreifen, wurde überall mit Freude und Genugtuung aufgenommen. In den Erzählungen der „Drei Fortschrittsmänner der bergischen Heimath“ (1863) wird berichtet, wie der Landsturm von Burscheid-Schlebusch am 12. Januar 1814 unter der Leitung des Obersten Jacob Salentin von Zuccalmaglio sowie dem aus Burscheid-Unterwietsche stammenden Hauptmann Peter Johann Nonnenbruch versuchte, bei Wiesdorf auf einer von Kähnen gebildeten Brücke den Rhein zu überqueren. Dieses Unternehmen wurde durch eine Kanonade der Franzosen vereitelt.[214]

Am 27. Januar 1814 erließ der General-Gouverneur eine neue „Verwaltungsordnung für das Herzogtum Berg, den Kanton Gummersbach und die Gemeinde Friesenhagen“. Darin wurde festgelegt: „Da nach Auflösung des Großherzogtums Berg in seine ursprünglichen Bestandteile die bisherige Verwaltungsart nicht weiter bestehen kann, so wird darüber nachstehendes verordnet: § 1. Das Herzogtum Berg nebst dem Kanton Gummersbach und der Gemeinde Friesenhagen wird in vier Kreise eingeteilt, den Düsseldorfer, Elberfelder, Mülheimer und Wipperfürther. § 2. Die drei ersten Kreise bleiben bei ihrer bisherigen Größe, nur werden die Kantons Wipperfürth und Lindlar von dem Elberfelder und Mülheimer Kreise getrennt. § 3. Der Wipperfürther Kreis, welcher neu gebildet worden, besteht aus den Kantons Wipperfürth, Lindlar, Eitorf, Waldbröl, Gummersbach und Homburg. § 4. Der bisher zum Kanton Siegen gehörig gewesene Gemeindebezirk Friesenhagen wird mit dem Kanton Waldbröl vereinigt. § 5. Jeder Kreis wird von einem Direktor verwaltet.... § 6. Die Kreisdirektoren... stehen in unmittelbarer Korrespondenz mit und Subordination unter dem General-Gouverneur... Der Direktor des Düsseldorfer Kreises führt den Titel Landes-Direktor... § 11. Die ganze Verwaltungspolizei... wird von den Kreisdirektionen und den Ämtern der Bürgermeister getrennt. Zur Ausübung derselben ist ein eigener Polizeidirektor zu Düsseldorf niedergesetzt, welchem in den Kantons Vögte, nebst einer hinlänglichen Anzahl von Kantons- oder Polizeisoldaten untergeordnet sind" usw.

Am folgenden Tage, 28. Januar 1814, nahm Gruner Abschied von den Bewohnern des Bergischen General-Gouvernements, um an die Spitze des neu errichteten General-Gouvernements vom Mittelrhein zu treten. An seine Stelle kam am 4. Februar 1814 Alexander Prinz zu Solms-Lich. Er machte am 16. Februar bekannt, daß er provisorisch das General-Gouvernement des Niederrheins, welches infolge der Befreiung des linken Rheinufers gebildet und dem Geheimen Staatsrat Sack mit dem Sitze in Aachen verliehen worden war, bis zu dessen Ankunft übernommen habe. Letzterer trat sein General-Gouvernement am 10. März an. Justus Gruner übernahm aber am 1. Juli 1814 erneut die

Regierung des jetzt wieder „Herzogtum Berg“ genannten Landes und richtete an die Bewohner folgende Proklamation: „Durch das gnädigste Vertrauen Sr. Majestät des Königs von Preußen zu der Verwaltung des Herzogtums Berg zurückberufen, schätze ich mich glücklich, das Organ des gerechtesten und gütigsten Monarchen gegen ein Volk zu sein, welches verdient hat, einst das seinige zu werden, und sich würdig an die Reihen seiner Tapfern anschließt, die Deutschland so glorreich verfechten. Keine einseitige üble Nachrede wird jemals den hochverdienten Ruhm des Mutes, der Vaterlandsliebe, der freien Begeisterung und der reinsten Aufopferung der braven Berger in der großen Geschichte unserer Tage verdunkeln können...“

Gruner verstand es, durch besonnenes Auftreten und weise Maßnahmen die Einwohner des Bergischen Landes für die deutsche Sache zu gewinnen. Insbesondere richtete er seinen Blick auf das Schulwesen.[215]

Am Gedenktag der Völkerschlacht bei Leipzig am 18. Oktober 1814 versammelte sich überall im Bergischen Lande die Bevölkerung, um den Tag in großer Freude festlich zu begehen. Der bergische Heimatdichter und Heimatforscher Vinzenz von Zuccalmaglio, genannt Montanus, berichtet von einer solchen Siegesfeier bei der Gezelinkapelle in (Leverkusen)-Schlebusch:

„Man muß die Feste des 18. Oktober gesehen haben, um die Begeisterung, die vaterländische Erhebung zu begreifen, die damals das ganze Volk, Priester und Laien, ergriff. Da wurden die Alten vor Freude wieder jung, und aller Standesunterschied war vergessen. Geistlich und Weltlich waren in einem Jubel verschmolzen. Ich habe dabeigestanden, wie Pastor Süß dem Landrat von Hauer um den Hals fiel mit den Worten: ‚Lieber Bruder Landrat‘, und dann den Polizeidiener Schmitz umhalste mit den Worten: ‚Wir sind jetzt alle deutsche Brüder‘, während wir Knaben das Arndtsche Lied sangen: ‚Der Gott, der Eisen wachsen ließ, der wollte keine Knechte‘!“

Sechs Wochen vorher, während einer Fahnenweihe des Landsturmes auf der Bürriger Heide ging es schon fast ökumenisch zu: „Aus der ganzen Umgebung waren die Menschen zusammengeströmt, um ihrer Freude über den Sieg und die Befreiung von der Franzosenherrschaft Ausdruck zu geben. Unter freiem Himmel folgten katholischer und evangelischer Gottesdienst, katholische und evangelische Predigt aufeinander. In der Freude des Tages und der allgemeinen Begeisterung, von der auch die geistlichen Herren erfaßt wurden, fragte man nicht mehr danach, wer katholisch oder evangelisch war.“

Im „Rheinischen Merkur“ stand über diese Siegesfeier vom 18. Oktober 1814: „Die darauffolgende Nacht war eine Freuden- und Feuernacht und eigentlich die Krone des Festes... Der ganze Anblick war herrlich und herzerhebend, und die Franzosen haben ihn aus ihrem Lande vernommen, und sie haben sicherlich erkannt, welch anderer Geist über das deutsche Volk herabgekommen, und es ist ihnen klar geworden, wie eitel all ihre Bestrebungen waren, denn von allen ihren Siegen und Triumphen blieb ihnen keine Spur...“

Der alte Schloßturm und die Stiftskirche St. Lambertus am Rheinufer bilden seit Jahrhunderten die weithin sichtbaren Wahrzeichen der Stadt Düsseldorf.
Der Schloßturm ist der Überrest des großen kurfürstlichen Schlosses der Herzöge von Berg , das 1872 durch einen Brand zerstört wurde. Bei einem Luftangriff 1941 wurde die Lambertuskirche und auch der Schloßturm beschädigt.
Der Schloßturm wurde erst in den Jahren 1981/82 renoviert, nachdem sich ein Förderkreis gebildet hatte und zahlreiche Spenden eingegangen waren

Das Herzogtum Berg wird preußisch

Die Länder am Niederrhein waren auf dem Wiener Kongreß Gegenstand langer Verhandlungen. Am 5. April 1815 erfolgte die Inbesitznahme von Berg durch den preußischen König Friedrich Wilhelm III. Es war dies die Vorwegnahme der „Wiener Schlußakte" vom 9. Juni 1815, nach der das Großherzogtum Berg an das Königreich Preußen kam. Justus Gruner blieb noch bis zum 15. Juni 1815 in seinem Düsseldorfer Amt. Vorher schon, im April 1815, waren die Rat- und Gemeindehäuser mit dem preußischen Adler geschmückt worden.

Zur Einverleibung der Rheinlande in Preußen erschienen am 5. April 1815 zwei Erlasse des preußischen Königs Friedrich Wilhelm III. Der erste betraf das „Patent wegen Besitznahme der Herzogtümer Cleve, Berg, Geldern, des Fürstentums Moers und der Grafschaften Essen und Werden." Es heißt darin u.a.: „Vermöge der Übereinkunft, welche Wir mit den am Kongresse zu Wien teilnehmenden Mächten abgeschlossen haben, sind Uns zur traktatmäßigen Entschädigung und zur Vereinigung mit Unserer Monarchie das vormalige Großherzogtum Berg und ein Teil der Provinzen am linken Rheinufer überwiesen worden, auf welche Frankreich durch den Friedenstraktat vom 30. Mai 1814, Art. III, Verzicht geleistet hat... Wir gebieten allen Einwohnern dieser von uns in Besitz genommenen Länder, jedes Standes und Ranges, Uns forthin als ihren rechtmäßigen König und Landesherren anzuerkennen, Uns und Unseren Nachfolgern den Eid der Treue zu leisten, und Unseren Gesetzen, Verfügungen und Befehlen mit Gehorsam und pflichtmäßiger Ergebenheit nachzuleben... Wir versichern Sie dagegen Unseres wirksamsten Schutzes ihrer Person, ihres Eigentums und ihres Glaubens, sowohl gegen äußere feindliche Angriffe, als im Innern durch eine schnelle und gerechte Justiz, und durch regelmäßige Verwaltung der Landespolizei und Finanzbehörden."

Der zweite Erlaß des Königs vom 5. April 1815 hatte u.a. folgenden Wortlaut: „An die Einwohner der mit der preußischen Monarchie vereinigten Rheinländer: Als ich dem einmütigen Beschluß der zum Kongreß versammelten Mächte, durch welchen ein großer Teil der deutschen Provinzen des linken Rheinufers meinen Staaten einverleibt wird, meine Zustimmung gab, ließ ich die gefahrvolle Lage dieser Grenzlande des deutschen Reichs, und die schwere Pflicht der Verteidigung nicht unerwogen, aber die höhere Rücksicht auf das gesamte deutsche Vaterland entschied meinen Entschluß. Die deutschen Urländer müssen mit Deutschland vereinigt bleiben, sie können nicht einem andern Reiche angehören, dem sie durch Sprache, durch Sitten, durch Gewohnheiten, durch Gesetze fremd sind...

Ich weiß, welche Opfer und Anstrengungen der fortgedauerte Kriegszustand euch gekostet. Die Verhältnisse der Zeit gestatten nicht, sie noch mehr zu lindern, als geschehen ist. Aber ihr müßt es nicht vergessen, daß der größte Teil dieser Lasten noch aus der früheren Verbindung mit Frankreich hervorging...

Die veränderten Verhältnisse werden einem Teil eurer Fabrikate den bisherigen Absatz entziehen; ich werde, wenn der Friede vollkommen hergestellt sein wird, neue Quellen für ihn zu eröffnen bemüht sein..."

Durch eine andere Verordnung vom 30. April 1815 wurden die rheinisch-westfälischen Besitzungen Preußens in drei Provinzen eingeteilt: Westfalen, Kleve-Jülich-Berg und Niederrhein. Am 15. Mai 1815 huldigten die Provinzen in Aachen dem neuen Landesherrn. In Hanau empfing Friedrich Wilhelm III. am 26. Juni 1815 die Vertreter der neuen Provinzen. Aus dem Bergischen nahmen an dem Empfang der Elberfelder Oberbürgermeister Brüning und der Remscheider Kaufmann Josua Hasenclever teil.[216]

Die ersten Jahre als preußische Untertanen

Im Frühjahr 1817 wurden die Folgen von zwei Mißernten bedrückend spürbar. Der Burscheider Pastor Johannes Löh berichtet über die Not: „Anfang Mai war noch alles dürr, nichts Grünes an den Büschen zu sehen. Großer Mangel an Lebensmitteln für Tiere und Menschen. Vieles Rindvieh erkrankte und fiel um wegen Mangel und des schlechten und verdorbenen Futters... Diebereien und nächtliche Einbrüche sind sehr häufig... Die gesetzten Kartoffeln und Bohnen sind hier und da wieder aus der Erde herausgenommen und gestohlen worden. Stroh ist fast nirgends zu haben. An einigen Orten ist das Stroh von den Dächern genommen worden, um das Vieh damit zu füttern. Überall ist großer Geldmangel, nichts zu verdienen, da alle Fabriken stocken..."[217]

Die Stimmung im Lande war schlecht, der Siegesrausch von 1814 verflogen. Die Versprechungen des neuen Königs, für die im französischen Raum verlorengegangenen Absatzmärkte neue zu erschließen, konnten keine Ergebnisse bringen. Preußen hatte in 20 Jahren Unruhen und durch die napoleonischen Kriege ohnehin am meisten gelitten und war vorerst nicht in der Lage, Produkte aus dem Bergischen zu kaufen. Die vordem blühenden Länder am Rhein waren jetzt Teile einer verarmten Monarchie. Auch der vom preußischen König versprochene Nachlaß des Steuerdrucks trat nicht ein.

Die Neuordnung der Verwaltung und Bürokratie im Lande Berg vollzog sich nun nach den in Preußen geltenden Richtlinien. Jetzt begann auch im Bergischen der lähmende Gang durch die Instanzen seinen Lauf zu nehmen. Die im Wuppertal ansässigen Textilunternehmer konstatierten, daß die preußischen Methoden der Geschäftsabwicklung viel zu langsam und altmodisch seien. Die Wiederaufbauarbeit der Wirtschaft nach Napoleons Zolldekret und der Kontinentalsperre kam daher nur sehr langsam voran. Erst mit der Aufhebung der preußischen Binnenzölle im Jahre 1818 bot sich der bergischen Textilindustrie wieder eine hoffnungsvolle Zukunft.

Als in Düsseldorf der erste Siegesrausch vorüber war, meldeten sich wieder die Sorgen um die Zukunft. Was soll aus der Stadt werden? Welchem Staat sollte sie zufallen? Sollte sie keine Residenz mehr sein? Das waren bange Fragen, welche die Bevölkerung, vor allem die zahlreichen Beamten, die noch immer das beherrschende Element in der Bevölkerung darstellten, bewegten. In Wien tagten die Großen Europas, und von ihren Verhandlungen drang verworrene Kunde in die Stadt. Düsseldorf hatte nach den Worten eines Zeitgenossen „bey den Franzosen auf dem Gipfel des städtischen Glücks“ gestanden. Die Hoffnung, Hauptstadt einer neugegründeten preußischen Provinz und – wie in Zeiten des Großherzogtums – Sitz einer höheren Gerichtsbehörde zu werden, wurde von der neuen Regierung nicht erfüllt. Die alte „Nebenbuhlerin“ Köln bevorzugte man für die ersten Jahre als Sitz der Provinzialregierung. Düsseldorf wurde „nur“ Hauptstadt eines Regierungsbezirks.

Daß die in Preußen 1808 eingeführte Städteordnung des Freiherrn vom Stein in der Rheinprovinz nicht eingeführt wurde, lag weniger an der Staatsregierung als vielmehr daran, daß die Rheinländer sich energisch gegen die in dieser Ordnung vorgesehene Benachteiligung der Landgemeinden wehrten. Es blieb in den städtischen Verwaltungen so, wie es bei den Franzosen gewesen war, nur wurden statt der französischen nun deutsche Bezeichnungen verwendet.

Trotz des guten Rufes, den die wissenschaftlichen Anstalten Düsseldorfs besessen hatten, wurde die Stadt nicht Sitz der Rheinischen Universität. Auch die Verwaltung der Zölle und der Post und das Generalkommando kamen nicht nach Düsseldorf. Da war unter der Bevölkerung die Enttäuschung groß. Daß das neugegründete Provinzialarchiv, das heutige Hauptstaatsarchiv, in Düsseldorf eingerichtet und damit zum Zentrum historischer Forschung für den niederrheinischen Raum wurde, war nur ein kleiner Trost.

Als unbedeutende Landstadt von etwa 20000 Einwohnern, ohne nennenswerten Handel und fast ohne Gewerbe, begann Düsseldorf seine Zeit als preußische Stadt. Die Regierung selbst bezeichnete sie als „verlorene Residenz, die nur als solche im Wohlstand blühte und nun das Bild einer glänzenden Armut im wahrsten Sinne des Wortes“ bot. Die ohnehin geringe Sympathie der Bevölkerung gegenüber dem in vielen Dingen noch so fremden Staat mit seiner straffen Militär- und Beamtenorganisation und seiner überwiegend evangelischen Bevölkerung – Düsseldorfs Einwohner waren damals noch zu neunzig Prozent katholisch – schwand fast völlig dahin.

Erste Anzeichen einer Besserung der Lage gingen aber dann von einer Institution aus, von der dies nicht so ohne weiteres zu erwarten war, vom Militär. Die ersten zwanziger Jahre brachten eine beträchtliche Vermehrung der Garnison. Wichtiger für die Stadt wurde aber noch, daß im Jahre 1820 Prinz Friedrich von Preußen, ein Neffe des Königs, als Militärkommandeur nach Düsseldorf kam und im Schloß Jägerhof seinen Wohnsitz nahm. Düsseldorf wurde damit immerhin wieder Sitz einer fürstlichen Hofhaltung.[218]

Mehr als die Hunger- und Notjahre trug die politische Entwicklung zu einer Verschlechterung der Stimmung im Bergischen Land bei. Die Beschlüsse des

Die alten Bahnhöfe am Graf-Adolf-Platz in Düsseldorf.
(Ölgemälde von Johann Arthur Severin Nikutowski, 1886)

Während der Revolution am 9. Okt. 1848 zogen Düsseldorfer Arbeiter vor das Rathaus, drangen in den Sitzungssaal ein und forderten, beschäftigt zu werden (Ölgemälde von Johann Peter Hasenclever, 1848)

Wiener Kongresses fanden, wie in den meisten deutschen Landen, auch hier kaum positive Resonanz. Zu sehr hatte man sich im Schwange patriotischer, von leidenschaftlicher Romantik durchsetzter Begeisterung einen liberalen deutschen Nationalstaat gewünscht. Und nun fand man sich in einer von dem österreichischen Fürsten Metternich initiierten lockeren völkerrechtlichen Vereinigung wieder, die man „Deutscher Bund" nannte. An Stelle des erhofften starken Zentralreichs trat ein loser Staatenbund von 35 souveränen Fürsten und vier freien Reichsstädten. Oberstes Organ des Bundes wurde ein ständiger Gesandtenkongreß, die Bundesversammlung in Frankfurt am Main. Im Plenum besaßen die Mittel- und Kleinstaaten soviel Stimmen, daß sie von den Königreichen nicht überstimmt werden konnten.[219] Somit waren der Entwicklung Deutschlands zum Nationalstaat vorläufig unüberwindbare Grenzen gesetzt.

Ein Zugeständnis an die Tendenzen der Zeit wurde lediglich im Artikel 13 gegeben, der vorsah, daß in allen Bundesländern „landständische Verfassungen" eingerichtet werden sollten, wobei gleichzeitig das „monarchische Prinzip" gewahrt werden sollte. Auch König Friedrich Wilhelm III. hatte in seinem Besitzergreifungspatent vom 5. April 1815 die „Bildung einer Repräsentation" in Aussicht gestellt und in einer besonderen Kabinettsorder vom 22. Mai desselben Jahres versprochen, die alten und die neuen Provinzen durch das Band einer gemeinsamen Verfassung mit Reichsständen enger miteinander zu verknüpfen. Nichts davon trat ein. Als er im Herbst 1817 seine neuen Länder am Rhein besuchte, überreichte ihm in Koblenz eine Reihe von Bewohnern des Rheinlandes ein Schreiben, in welchem die Bitte um baldige Einführung der Reichsstände ausgesprochen war.

Der König erwiderte, „er habe keinen Termin für die Erfüllung seiner Zusage gesetzt; ihn daran zu mahnen, sei frevelhafter Zweifel; Pflicht des Untertanen sei es, ruhig abzuwarten". Zwar wurde eine „Verfassungskommission" gegründet, an deren Spitze Wilhelm von Humboldt stand, aber nach Beratungen ohne Resultat wurde sie wieder aufgelöst.

Nach den enttäuschenden Beschlüssen von Wien konstituierte sich in Jena schon im Jahre 1815 die „Deutsche Burschenschaft", eine Studentengruppe. Unter den „Reichsfarben" Schwarz-Rot-Gold vereinte man sich zum Kampf für „Ehre, Freiheit, Vaterland". Auf dem 1817 zur Erinnerung an die Reformation und die Leipziger Völkerschlacht zusammengerufenen Wartburgfest der Burschenschaftler wurden flammende Reden für die Einheit und Freiheit des deutschen Volkes gehalten, schließlich die Bundesakte, reaktionäre Schriften und Bundessymbole öffentlich verbrannt. Die Radikalen trieben zur Tat. Als Spitze des Aufruhrs ermordete der Student Karl Ludwig Sand im Jahre 1819 den Schriftsteller Kotzebue, der als russischer Staatsrat im Dienste des Zaren stand und als verachtungswürdiger Agent der Restauration erschien.

Metternich sah in dieser Tat das Signal für Gegenmaßnahmen, „die gegen den Anarchismus ergriffen werden müßten". Er rief deshalb die Vertreter der wichtigsten Regierungen nach Karlsbad, wo scharfe Beschlüsse gegen die Burschenschaften und die liberalen Umtriebe erlassen wurden: Kontrolle der Lehre der Professoren an den Universitäten, Verbot der Burschenschaften, Ausschluß von Studenten im Falle der nachweislichen revolutionären Tätigkeit, Pressebeschränkungen und Einrichtung einer Zentraluntersuchungskommission in Mainz. Diese Beschlüsse wurden Bestandteil der Wiener Schlußakte und damit der Bundesverfassung. Die Zentraluntersuchungskommission zur Verfolgung der sogenannten „demagogischen Umtriebe" hatte in der Folge 1800 Männer und Jünglinge vor ihren Richterstuhl gezogen. Auch im Bergischen Land kam es zu Verfolgungen von jungen Studenten, die ihre Vorstellungen von einem freien und einheitlichen Deutschland nicht verwirklicht sahen.

Vinzenz von Zuccalmaglio, auch „der alte Fuhrmann" genannt, schrieb zu seiner Zeit: „Die besten, edelsten Jünglinge wurden ergriffen und in strengste vieljährige Kerkerhaft gebracht aus keinem anderen Grunde, als weil sie ihr Vaterland liebten und ein edles oder freies Wort gesprochen oder gesungen hatten."[220]

Nachdem durch den zweiten Pariser Frieden vom 18. April 1816 das preußische Gebiet wesentlich erweitert worden war, erfolgte vorerst die Einteilung in zwei Provinzen: Niederrhein mit den Regierungsbezirken Koblenz-Aachen und Trier mit dem Sitz in Koblenz sowie Kleve-Jülich-Berg mit den Regierungsbezirken Köln, Düsseldorf und Kleve mit Sitz in Köln. Das Oberpräsidium zu Köln bestand nur bis zum Jahre 1822. Nach dem Ableben des Oberpräsidenten von Solms-Laubach zu Köln übernahm der Oberpräsident zu Koblenz, Staatsminister von Ingersleben, die Verwaltung beider Provinzen, die zu einer Rheinprovinz verschmolzen wurden. Damit fand die Geschichte des Bergischen Landes als die eines selbständigen Territoriums ihr Ende.

Im Oberbergischen ließ eine endgültige Regelung noch auf sich warten. In Homburg hoffte man, Fürst Albrecht würde als regierender Herr zurückkehren. Auf Grund der Wiener Beschlüsse mußte dieser auf die Landeshoheit verzichten, doch blieben ihm außer standesherrlichen Vorrechten das Schloß und der Domänenbesitz. Durch Vertrag vom 16. Juli 1821 entsagte der Fürst von Wittgenstein-Berleburg auf den größten Teil der standesherrlichen Rechte zugunsten von Preußenkönig Friedrich Wilhelm III. Als Kanton Homburg wurde die Herrschaft vorläufig dem Kreise Waldbröl zugeteilt.

In Gimborn-Neustadt verzichtete Graf Karl von Wallmoden, nachdem er vorher seinen ganzen Grundbesitz an den Grafen Paul von Merweldt veräußert hatte, gegen eine Abfindungssumme von 75000 Talern zugunsten von Preußen auf alle standesherrlichen Rechte. Die Herrschaft wurde dann als Kanton Gummersbach vorläufig dem Kreise Wipperfürth zugeteilt.

Am 26. Februar 1819 wurden die ehemaligen Herrschaften Gimborn-Neustadt und Homburg provisorisch zu einem Kreise Gummersbach vereinigt. Diese Neuordnung fand dann am 12. Februar 1825 ihre endgültige Bestätigung.

Industrialisierung bringt Aufschwung, aber auch soziale Spannungen

Die Beschaffenheit des hügeligen Bodens und das rauhe Klima ließen im Bergischen eine nennenswerte Landwirtschaft als Vollexistenz nur in verhältnismäßig wenigen Fällen zu. Nur in der „Bergischen Obstkammer“ auf der Lößterrasse rund um Leichlingen entwickelte sich ein nennenswerter Obstanbau. Seit jeher waren deshalb die Bewohner des Bergischen Landes neben ihrer kleinen Landwirtschaft auf Handwerk und Gewerbe angewiesen. Schon in früheren Jahrhunderten blühte die bergische Eisenindustrie auf. Heute finden die Archäologen häufig Spuren davon, die Reste sogenannter „Rennöfen“ (vom Rinnen des Erzes). Zuletzt hat im oberen Dhünntal Dr. Manfred Rech solche Plätze gefunden.[221] Wichtig war das Vorhandensein von genügend Wald für die Gewinnung von Holzkohle. 1623 beschwerte man sich im Remscheider Raum, daß die Wälder von der Kohlenbrennerei gänzlich verhauen seien.

Ein weiteres gewerbliches Bein war im Raume Elberfeld schon lange die Textilherstellung (Spinnen, Zwirnen, Weben, Bleichen, Färben), wobei sich das Wasser der Wupper hervorragend für die Garnbleiche, die „Garnnahrung“, eignete. Bekanntlich erhielten die Bewohner von Elberfeld schon von Herzog Johann (der Friedfertige) im Jahre 1527 das Privileg, als einzige im Bergischen Land, Garn bleichen zu dürfen. Schon im Jahre 1600 wurde für den Raum um Elberfeld und Remscheid die Sensenzunft privilegiert. Wie die Schwertfeger waren auch die Knopf- und Messermacher in Zünften organisiert. Namentlich berühmt wurde Solingen durch seine Damaszenerschwerter, die „Eisenhelme spalten konnten“, auch Napoleon schätzte die Bajonettspitzen aus Solingen.

Schon in der vornapoleonischen Zeit erlebte das Land Berg mit Wohlwollen seiner im fernen München residierenden Fürsten eine Blüte der frühindustriellen Betriebe. Nach englischem Vorbild nannte man Elberfeld das „Manchester“ von Berg und Solingen sein „Birmingham“. Weitere Mittelpunkte der frühindustriellen Entwicklung waren im Süden Lennep (heute Stadtteil von Remscheid), Remscheid, im Norden Mettmann und Velbert. Das sich daran anschließende Kohlebergbaugebiet der Ruhr erhielt erst einige Jahrzehnte später eine zentrale wirtschaftliche Bedeutung.

Der Elberfelder Kaufmann und Verleger Johann Gottfried Brügelmann war der Erbauer des ersten großen Fabrikgebäudes auf dem europäischen Festland. Bereits drei Jahre nach Fabrikerrichtung und Produktionsaufnahme (1783/84) war genug Geld beisammen, um neben die „Cromford“ getaufte Baumwollspinnerei ein repräsentatives „Fabrikantenschloß“ zu bauen; eine großbürgerliche Residenz, die sich im Baustil nicht ohne Grund am Benrather Jagd- und Lustschloß des Kurfürsten Carl Theodor orientierte: „Nach Form, Anlage und Aus stattung galt es zu demonstrieren, daß der Adel des Geldes dem der Geburt und der Herkunft in nichts nachstand“. Brügelmann hatte keine Gewissensbisse und es tat seinem Selbstbewußtsein keinen Abbruch, daß die Mehrzahl seiner

Erster Fabrikbau auf dem europäischen Festland.
Um 1783 von dem Elberfelder Kaufmann und Verleger Brügelmann in Ratingen errichtet

Die große Fabrikantenvilla Brügelmanns in Ratingen „Schloß Cromfort".
Sie wurde bereits 3 Jahre nach Produktionsaufnahme nach dem Vorbild von Schlössern erbaut

Kinder arbeiteten oft 12 Stunden an den Spinnmaschinen

„Arbeiter“, die von 6 bis 16 Jahren noch im Kindes- bzw. jugendlichen Alter stand, erbärmlich bezahlt wurde und deren Arbeitszeit oft 12 Stunden betrug. Was der Hofkammerrat Wülffing noch 1729 als willkommene Bereicherung des Familieneinkommens sah[223], wurde von Engels, Marx und anderen als Ausbeutung billigster Arbeitskräfte angeprangert. Es gab damals auch schon Industriespionage. Im Auftrage und auf Kosten des vorgenannten Brügelmann hat Carl Albrecht Delius, aus der Grafschaft Ravensberg gebürtig, in England eine Baumwollspinnmaschine „abgesehen und nachgeahmt“.[224]

Neben den in Zünften organisierten Gewerbetreibenden gab es im Bergischen die sogenannten „Kleinschmieden“, die es verstanden hatten, sich von den Fesseln des überlebten Zunftwesens zu lösen. Sie machten geltend, mehrere Produkte herzustellen und mehrere Gewerbe auszuüben und beanspruchten deshalb für sich den Begriff des „Fabrikanten“.

Mit dem Vordringen der Dampfmaschine im Bergischen Land waren die Voraussetzungen geschaffen, Produktionsstätten aus dem ländlichen Bereich der Bach- und Flußtäler auf die sich verstädternden Höhen zu verlegen. Aber noch lange blieb das Wasserrad alleiniges Antriebsmittel für Schleifkotten, Hammerwerke und Mühlen im Tal. Die Dampfmaschinen waren für die kleinen Familienunternehmen kaum erschwinglich. Dazu kam der lange und teure Transportweg der an sich schon nicht billigen Kohle. Erst im Jahre 1854 lief die erste Dampfmaschine in Lüttringhausen (heute Stadtteil von Remscheid), und zwar zu Lenhartshammer. Kurze Zeit später trieben die Remscheider Brüder Böcker ihre Schleiferei an der „Alten Wendung“ mit Dampfkraft an.

Von den Ergebnissen und Folgen des Wiener Kongresses enttäuscht, zogen sich die meisten Bürger im Bergischen Land in die entpolitisierte Wirtschafts- und Familiensphäre zurück. Im Biedermeier spiegelt sich in der Kunst die Hinwendung zum privaten Bereich der Gemessenheit, Beschränkung, Gläubigkeit, Behaglichkeit und Beschaulichkeit sowie die politische Entmündigung vor allem im deutschen Sprachraum wieder. Aus möglichen mündigen Bürgern wurden wieder Untertanen, so wie es der Monarchie genehm war.

Die Neubelebung der Wirtschaft in industrieller Zeit zog ein Anwachsen der Bevölkerung nach sich, wovon besonders die beiden Textilstädte Elberfeld und Barmen betroffen waren. Mit dem Zuzug von immer mehr Menschen enstanden soziale und kommunale Probleme. Häuser und Wohnungen waren überbelegt, und die hygienischen Verhältnisse wurden an den Weg- und Straßenrändern „ruchbar“. Die Verwaltungen brauchten mehr Raum. Wegen der Einführung der Schulpflicht mußte seit 1825 manche Schule neu errichtet werden, und immer mehr alte und arme Leute waren zu versorgen. Für das auf einen dichtgedrängten Stadtkern konzentrierte Elberfeld brachte die Lösung der Aufgabe manche Schwierigkeiten mit sich.

Nur eine Erweiterung der Stadt vermochte Abhilfe zu schaffen. Pläne dafür, die der Düsseldorfer Baudirektor Adolph von Vagedes entworfen hatte, waren nicht realisierbar, denn für seine ästhetischen Lösungen waren weder Finanzmittel vorhanden noch wollte man aus der Fabrikstadt eine Provinzial-, Residenz- oder gar Garnisonsstadt machen. Die auf privater Initiative errichteten Wohnbauten der bergischen Patrizier, der erfolgreichen Industriellen des 19. Jahrhunderts, zeigen Versuche, den Geist der Zeit zu repräsentieren.

Wichtiger erschien den Verantwortlichen der Ausbau des Verkehrssystems, eine notwendige Anbindung der Produktionsstätten an die Wasserstraßen und ganz besonders eine bessere Verkehrsmöglichkeit in das preußische Hinterland nach Osten und ins aufstrebende Ruhrgebiet. Viele Pläne blieben zunächst Illusion. Erst nachdem 1838 die Eisenbahnstrecke Düsseldorf-Erkrath in Betrieb genommen worden war, konnte drei Jahre später auch Elberfeld an den Schienenweg angeschlossen werden. Die Weiterführung der Bahn ins Ruhrgebiet und in Richtung Osten erfolgte mit dem Anschluß der „Düsseldorf-Elberfeld Eisenbahngesellschaft" an die verstaatlichte „Bergisch-Märkische Eisenbahngesellschaft" in den späten fünfziger Jahren.[225]

Die alte Residenz- und Beamtenstadt Düsseldorf blieb vorerst ein Stiefkind der industriellen Entwicklung. Aber der schon von den Herzögen aus dem Hause Pfalz-Neuburg begründete gute Ruf als Kunststadt wurde im Jahre 1826 sehr aktiviert, als Wilhelm von Schadow, Sohn des berühmten Berliner Bildhauers Gottfried von Schadow, als Direktor an die Düsseldorfer Kunstakademie berufen wurde. Schadow zog nicht nur seine talentierten Schüler mit an den Rhein und begründete mit ihnen die „Düsseldorfer Schule", sondern gab auch Anlaß für ein gesellschaftliches Leben.

Düsseldorfs berühmter Sohn Heinrich Heine ging in jungen Jahren (1831) als Korrespondent nach Paris, um von dort aus zwischen „seinen" Deutschen und den Franzosen, den „beiden auserwählten Völkern der Humanität", versöhnende Brücken zu schlagen, fand aber mit seinen tadelnden, spottenden und oft beißenden Worten gegen die Unterdrücker der liberalen und revolutionären Bewegungen sowie das zunehmende Nationalgefühl in Deutschland keine besondere Gegenliebe.

Aber Heine blieb nicht der einzige Sohn des Bergischen Landes, der in die Fremde zog, um von dort aus zu versuchen, die Welt zu verändern. Nachdem Karl Marx im Jahre 1843 nach Paris emigriert war, gesellte sich ein Jahr später Friedrich Engels, Sohn eines reichen Barmer Spinnereibesitzers, zu den Emigranten. Marx und Engels wurden gute Freunde. Mit einer neuen Ideologie stellten sie alle bis dahin geltenden Werte in Frage und begannen, die Welt sozialpolitisch in Bewegung zu setzen. Die Industrialisierung hatte eine notleidende und unzufriedene Arbeiterschaft hervorgerufen, die im Angesicht der besser dastehenden Besitzer von Produktionsmitteln allzu gerne den neuen Ideen von Freiheit, Gleichheit und Brüderlichkeit folgten.[226]

Die Industrialisierung der Wupperstädte führte zu einem starken Anwachsen der Einwohnerzahlen. Elberfeld und Barmen übertrafen 1849 mit über 85000

Einwohnern die Bevölkerung der Städte Leipzig und Stuttgart und lagen damit doppelt so hoch wie Düsseldorf. An diesem Bevölkerungszuwachs hatten die Arbeiter den größten Anteil. Die fortschreitende Arbeitsteilung und die Vereinfachung der Handgriffe bei der industriellen Produktion erlaubten den Einsatz von Frauen und Kindern auf Kosten der Männer, was nicht nur die überkommenen sozialen und familiären Muster veränderte, sondern auch den Arbeitsmarkt in einer Weise aufblähte, die es den Unternehmern erlaubte, Minimallöhne zu zahlen und hohe Arbeitszeiten anzusetzen.

Das geringe Familieneinkommen zwang dazu, auch die Kinder in die Fabriken zu schicken, ja eine hohe Kinderzahl wurde zur Erhöhung des Wohlstandes geradezu angestrebt. Die vielen Kinder in den zu kleinen Wohnungen brachte ein beengtes und ungemütliches Zuhause. Dazu kam die Monotonie der Fabrikarbeit, die viele Arbeiter des Abends in die zahlreich entstehenden Kneipen trieb. Andere schlossen sich, enttäuscht von den bestehenden Kirchen, den meist neu gegründeten Sekten an. Die Not führte auch zu einem Anstieg der Kriminalität, was wiederum zum Gegensteuern von Institutionen und Einzelpersonen führte. Im Jahre 1826 gründete sich die Elberfeld-Barmer-Gefängnisgesellschaft, eine damals in Deutschland erstmalige Fürsorgeeinrichtung, die für die Einsitzer der Vollzugsanstalten von Remscheid und Opladen tätig wurde. Das erbärmliche Los der vielen Handwerksgesellen brachte den katholischen Theologen Adolf Kolping, 1847 Kaplan an der Pfarre St. Laurentius in Elberfeld, auf den Plan. Er gründete in den Jahren 1845/46 in Elberfeld mit viel Energie den „katholischen Gesellenverein“.[227]

Unterdessen kämpften die sozialistischen Bewegungen um Anhänger unter den vom Schicksal Benachteiligten. Auf Bahnhöfen oder in nahegelegenen Lokalen traf man sich. In Elberfeld war es 1845 der Zweibrücker Hof, wo die kommunistische Bewegung ihre ersten Versammlungen abhielt. In Düsseldorf scharte der junge Ferdinand Lassalle als Sozialist und Begründer der sozialdemokratischen Bewegung Gleichgesinnte um sich.

Während viele Arbeiter sich in der stupiden Welt der mechanisierten Arbeit nicht zurechtfanden, konnten die übrigen Bürger ihr gewohntes Leben fortführen. Ihre Treffpunkte waren private Zusammenkünfte, Gesellschaftsvereine und Theater. Sogenannte Gesellschaftshäuser boten für Bildung und Vergnügen einen entsprechenden Rahmen. Ein eigenes Theatergebäude hatte allerdings nur Düsseldorf zu bieten. Erst 1843 konnten die Elberfelder ihr von Düsseldorf aus bespieltes Theater einweihen.

Der Gegensatz, hier Proletariat, dort Kapitalisten, hier Armut, dort Reichtum, schlug sich mit streitbaren Themen in zahlreichen sozialistischen Zeitungen nieder. Die schlechten Lebensverhältnisse der Arbeiter wurden den Besitzenden angelastet, sie als „Ausbeuter“ der menschlichen Arbeitskraft bezeichnet. Die Bürger dagegen beklagten die Unentschlossenheit des Königs Wilhelm IV. Als im Februar 1848 in Paris die Revolution ausbrach, flog der Funke auch

Fabrikgebäude der Gründerzeit.
Oben: „Sakralarchitektur“

Unten: Fabrikabbildungen der „langen Gebäude“. Durch zahlreiche Fenster und andere Bauteile unwirklich verlängert. Daneben stehen oft protzige Fabrikantenvillen, wie sie damals üblich waren

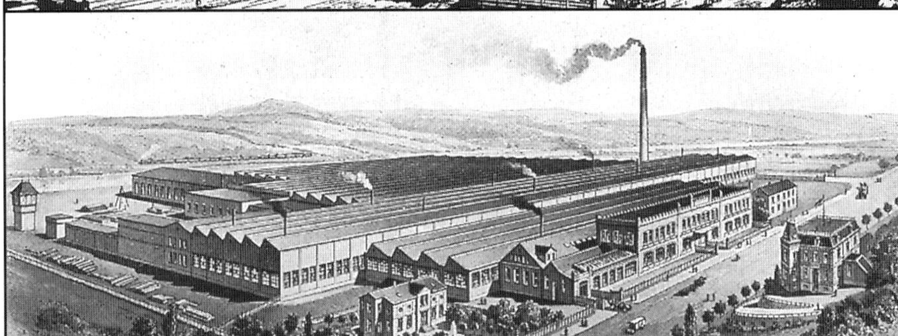

ins Bergische Land. Aufgeschreckt durch die Ereignisse in Frankreich wurden die herrschenden Gewalten gezwungen, neue Positionen zu beziehen: Umgehend wurde die Freiheit der Presse gewährt, die Farben Schwarz-Weiß-Rot als nationale anerkannt und eine Revision der Bundesverfassung zugesichert.

Doch Bürger wie Proletarier gaben sich trotzdem enttäuscht. Als Wilhelm IV. von Preußen unterwegs nach Köln war, erntete er nicht überall Huldigungen. Im Zentrum der Industrie im Wuppertal, aber auch in der Bezirkshauptstadt Düsseldorf, wurde er mit Pferdekot beworfen. Ende April trafen sich 3000 Demonstranten aller Bevölkerungsschichten in Elberfeld zu einer Volksversammlung für Freiheit und Einigkeit in einem gemeinsamen Vaterland; 5000 demonstrierende Bürger fanden sich in Lüttringhausen zusammen.

Die Landwehrmänner vereinigten sich in ihrem Aufbegehren gegen die wiederholten Einberufungen und Einsätze gegen ihre freiheitlich gesinnten Landsleute. Tumulte blieben nicht aus; Barrikaden wurden errichtet, als Militär mit Kanonen gegen die Bürger anrückte. Nach derartigen Zusammenstößen waren allein in Düsseldorf 15 Tote zu beklagen. Friedrich Engels kam wieder in seine Heimat, half in Gräfrath, das Zeughaus auszunehmen und war in Elberfeld und Barmen als Berater für den Barrikadenbau tätig. So stand er eines Tages seinem Vater gegenüber; nicht nur Barrikaden, zwei Welten trennten sie. Erst im folgenden Jahre waren die Unruhen beigelegt, ohne daß Wesentliches erreicht oder geändert worden wäre.

Die Industrialisierung nahm unbeschadet von den politischen Ereignissen ihren Fortgang. Auch die chemische Industrie faßte bald Fuß im Bergischen. Weil er eine angestrebte Apothekenkonzession nicht erhielt, errichtete Carl Leverkus (* 1804) um 1833 in Wermelskirchen eine Ultramarinfabrik. Bezeichnend für den Geist des bergischen Unternehmertums ist die Einstellung des jungen Carl. Er schrieb damals an seinen Bruder in Berlin: „Dieser Sommer ist für mein zukünftiges Glück ein sehr wichtiger. Entweder werde ich Fabrikant und noch nicht Apotheker, oder ich werde beides zugleich, oder endlich ich werde noch garnichts..." 1856 sah sich Carl Leverkus aus wirtschaftlichen Gründen genötigt, seine Produktionsstätten wesentlich zu erweitern. Ihm war klar, daß das nicht in Wermelskirchen geschehen konnte. Er verlegte deshalb seine Fabrik in die Ebene an den Rhein bei (Leverkusen)-Wiesdorf. Das im weiten Feld errichtete „Etablissement" nannte der mutige Unternehmer in seinen Briefköpfen: „Rheinische Ultramarin- und Alizarinfabrik von Dr. Carl Leverkus, Leverkusen bei Coeln a./Rhein". Schon auf einer Handwerkerrechnung vom 18. Dezember 1861 steht die Ortsbezeichnung „Leverkusen" – so hieß das Stammgut der Familie in Lennep – während die heutige Stadt erst 1930 offiziell diesen Namen bekam.[228]

Zwei Männer aus Elberfeld, Friedrich Bayer und Friedrich Weskott, schufen 1863 in ihrer Stadt die Anfänge für eines der größten chemischen Werke der Welt, die heutige Bayer AG in Leverkusen. Ganz anders als Carl Leverkus, der nach einer fundierten wissenschaftlichen Ausbildung – weil er die gewünschte Apothekenkonzession nicht erhielt – mit erheblichen Fremdmitteln ein Unternehmen von einiger Größe gründete, begannen die beiden Friedriche ihre Tätigkeit als Fabrikanten zunächst klein und behutsam unter Beibehaltung ihrer bisherigen Erwerbsquellen „so nebenbei". Friedrich Bayer zählte nicht viel mehr als 20 Jahre, als er eine eigene Handlung mit Farbstoffen und Hilfsprodukten für die Färberei begann. Friedrich Weskott besaß seit 1849 auf eigenem Anwesen eine Lohnfärberei.

Der Kaufmann Bayer und der Praktiker Weskott ergänzten sich bei ihren Bemühungen um die Herstellung von chemischen Farbstoffen in idealster Weise. In den Wohnhäusern von Bayer und Weskott fanden unter Assistenz der beiden Ehefrauen die ersten Versuche statt. Die Weskottsche Färberei prüfte die Produkte auf ihre Brauchbarkeit, ein alter Küchenherd und eine Anzahl irdener Töpfe ersetzten Kesselanlage und Apparatur.

Die am 1. August 1863 gegründete Firma „Friedrich Bayer et comp." wuchs bald zu einem bedeutenden Unternehmen. Die drangvolle Enge in Elberfeld machte eine rationelle Arbeitsweise immer schwerer. Der Entschluß reifte auch hier, die Produktionsstätten zu verlegen. Als man nach einem geeigneten Platz Ausschau hielt, wollte es der Zufall, daß Carl Leverkus sich entschloß, einen Teil seines Werkes in Wiesdorf-Leverkusen, die Alizarinfabrik, zu verkaufen.

Mittlerweile war der 1861 in Barmen geborene Chemiker Dr. Carl Duisberg in den Farbenfabriken Bayer in wesentliche Führungspositionen aufgestiegen. Nach seinen Plänen wurde am Rhein zwischen Köln und Düsseldorf „die schönste Chemische Fabrik" – wie Emil Fischer sie einmal genannt hatte – erbaut. Duisberg hatte auch entscheidenden Anteil an der städtebaulichen und kulturellen Entwicklung der neuen großen Stadt am Rhein.[229]

Um Solingen herum bestanden in der sogenannten Gründerzeit 115 Betriebe, die mit ihren Produkten den Vorsprung der englischen Industrie bis zum Ende des Jahrhunderts nicht nur aufholten, sondern überrundeten. Eine davon war die Firma Henckels (Markenzeichen Zwillinge), die mit ihren Stahl- und Schneidwaren (neben anderen Firmen) der Stadt Solingen den weltberühmten Namen „Klingenstadt" einbrachte (me fecit Solingen). In Remscheid vervielfachte sich die Anzahl der Schmieden, unter ihnen die Feilenschmiede Mannesmann, aus der sich ein großes Röhrenwerk mit Weltgeltung entwickelte.

Der Experimentalphysiker Wilhelm Conrad Röntgen machte im Verlauf von Untersuchungen über Kathodenstrahlen eine Zufallsentdeckung. Ein erlauchtes Publikum – bestehend aus Wissenschaftlern, hohen Offizieren und anderen bedeutenden Persönlichkeiten – staunten am 23. Januar 1896 nicht schlecht über unsichtbare „X-Strahlen", die man zu Ehren des Entdeckers bald „Röntgenstrahlen" nannte und ohne die die heutige Gesundheitsvorsorge nicht mehr vorstellbar ist. Am Ende der Entwicklungsreihe steht der Computertomograph, wo der Mensch „in Scheibchen zerlegt" untersucht wird.

Vom Königreich Preußen zum Zweiten Deutschen Reich

Während Österreich nicht in der Lage war, seinen Hegemonialanspruch aufrechtzuerhalten, schaffte Preußen die entscheidenden wirtschaftlichen und politischen Voraussetzungen für die nationale Einigung unter seiner Führung. Nach der Thronbesteigung Wilhelm I. am 2. 1. 1861 begann für Preußen eine „neue Ära" des Aufstiegs.

Als politischen Verwicklungen mit Frankreich entstanden und Bismarck die gekürzte „Emser Depesche", mit der die französische Regierung vor der Weltöffentlichkeit brüskiert wurde, veröffentlichen ließ, antwortete Frankreich mit der Erklärung des Krieges. Entgegen den französischen Erwartungen traten die süddeutschen Staaten auf die Seite Preußens und des Norddeutschen Bundes. Da Österreich und die anderen Nachbarstaaten neutral blieben, kam es zum schnellen Sieg der Verbündeten und zum Sturz des französischen Kaisertums.

Nach dem Sieg über Frankreich im Kriege 1870/71 nutzte Kanzler Bismarck die Kriegsbegeisterung aller Deutschen zur Gründung des (Zweiten) Deutschen Kaiserreiches, das 1871 in Versailles von Militär und Hochadel proklamiert wurde. Dem vereinten Deutschen Reich wurde eine Kriegsentschädigung von nahezu 300 Milliarden Mark (heutiger Wert) zuteil, die in Wirtschaftspotential umgesetzt wurde. Auch das Bergische Land profitierte von dem Geldboom, der unter anderem auch zum Schwelgen in der Industriearchitektur verführte: „Der rauchende Schornstein wurde auf einem denkmalartigen Sockel errichtet, die Fabriktore erhielten die Form eines Schloßtores und manche Maschinenhalle präsentierte sich im klerikalen Stil einer Basilika."[230]

Ein denkmalwürdiges (und auch teures) Relikt aus dieser Zeit ist die einst nach dem ersten deutschen Kaiser des Zweiten Reiches benannte „Kaiser-Wilhelm-Brücke" (heute Müngstener Brücke genannt) über eine Wupperschlucht, die ein großes Verkehrsproblem zwischen den nur acht Kilometer voneinander entfernten Industriestädten Remscheid und Solingen beseitigte. Nach den Plänen des Anton von Rieppel ab 1894 in drei Jahren erbaut, ist die Müngstener Brücke heute nicht nur ein signifikantes Wahrzeichen des Bergischen Landes, sondern die höchste und noch funktionsfähige älteste Eisenbahnbrücke Europas aus Flußstahl sowie auch Touristenattraktion.

Im engen Tal der Wupper bahnten sich im Zusammenhang mit der zunehmenden Industrialisierung katastrophale Verkehrszustände an. Innerhalb von zweieinhalb Jahrzehnten wuchs in diesem Großraum die Bevölkerungszahl von 180000 auf über 300000 Einwohner. Der Verkehrsingenieur Eugen Langen wurde deshalb 1898 mit dem Bau der von ihm entworfenen „Schwebebahn" – ein Unikum in der Verkehrstechnik – betraut. Wegen ihrer erhöhten und separaten Lage hat es noch keinen nennenswerten Verkehrsunfall gegeben.

Die ebenso schwerwiegende Frage der Trinkwasserversorgung, besonders für das auf dem Berge liegende Remscheid, führte zum Bau der Eschbachtalsperre

Altes Klassenzimmer mit Bildern des Kaisers und der Kaiserin sowie Kruzifix

(im Bereich der heutigen Autobahnraststätte Remscheid). Sie wurde von 1889 bis 1891 von Professor Intze mit einer für Deutschland ganz neuartigen, weil gewölbten, Sperrmauer gebaut. Weil das Bergische Land – vereinfacht gesagt – keine Ebene mit einer Reihe von Erhebungen ist, sondern ein Hochland mit zahlreichen Taleinschnitten, wurde das Unterfangen begünstigt, die Täler abzuriegeln und die herabfließenden Gewässer zu stauen.

Es folgte noch eine ganze Reihe von Talsperren: 1893 im Panzerbachtal die Lenneper Talsperre, 1897–99 die Lingesetalsperre, 1898 die Herbringhauser Talsperre bei Barmen und die Saalbachtalsperre bei Ronsdorf, 1900–02 die Sengbachtalsperre bei Burg, 1908–09 die Talsperre im Neyetal und viele andere; alle zunächst im Flußgebiet der Wupper. Für den steigenden Wasserbedarf einschließlich der Erzeugung von Strom wurden später noch andere Gewässer des Bergischen Landes gestaut. Es wurden noch erbaut: 1928–30 die Aggertalsperre, 1950–53 die Genkeltalsperre, 1954–58 die Wahnbachtalsperre, 1967–73 die Talsperre an der Wiehl und zuletzt folgte zwischen 1975 und 1984 die Dhünntalsperre, die größte in Deutschland, mit einer Wasseroberfläche von 440 ha und 81 Millionen Kubikmeter Fassungsvermögen.[231]

Die einst so saubere Wupper wurde durch die stinkenden Abwässer der Industrie zur „Sauce für den Teufel“ oder zum „Denkmal der Frohn“, wie die Elberfelder Dichterin Else Lasker-Schüler in ihrem Drama „Die Wupper“ den Fluß bezeichnet.

Deutschland war nach 1871 unter Bismarck und Kaiser Wilhelm I. als geeinte Nation in die Weltgeschichte eingetreten und gehörte nun zu den Großmächten. Seine Industrieproduktion stieg von 1870 (Index 18) bis 1913 (Index 100) auf mehr als das Vierfache. Das war Grund genug für die entstandenen machtpolitischen Gegensätze zwischen Deutschland und England sowie mit Frankreich. Nach der Ermordung des österreichischen Thronfolgers Erzherzog Franz-Ferdinand von Österreich-Ungarn und seiner Gattin im Jahre 1914 in Sarajevo als äußeres Zeichen entstand ein Krieg, der einen europäischen Staat nach dem anderen und schließlich die ganze Welt in Brand setzte.

Die deutsche Industrie, auch die bergische, wurde fast ganz in der Rüstungsproduktion eingesetzt. Erst 1918 nahm der „Erste Weltkrieg“ mit dem Ergebnis eines viele Millionen zählenden Heeres an Toten und Verwundeten ein fürchterliches Ende. Kaiser Wilhelm II. ging nach Holland ins Exil und hat den deutschen Boden nie mehr betreten. Das Volk setzte mit der Revolution vom 9. November dem Zweiten Deutschen Reich ein Ende.

Die Sozialdemokraten stellten mit Friedrich Ebert den ersten Ministerpräsidenten der „Weimarer Republik“. Von Anfang an haben die Politiker mit großen Schwierigkeiten zu kämpfen. Der von den Alliierten diktierte Versailler Friedensvertrag brachte mit dem Verlust Westpreußens, der Schaffung des „polnischen Korridors“ sowie Bildung der Freien Stadt Danzig, mit der Einbuße der Provinz Posen und großer Teile Oberschlesiens, mit der zeitweiligen

Besetzung des Rheinlandes, der Abtretung des Saarlandes für 15 Jahre, mit der Forderung radikaler Abrüstung und besonders mit phantastischen und ökonomisch nicht zu realisierenden Reparationsansprüchen der Sieger eine Fülle von Zündstoff für zukünftige politische Verwicklungen, von welcher Seite auch immer sie zu erwarten waren.

Als die geforderten Reparationen nicht fristgerecht geleistet werden konnten, wurde schließlich auch das Ruhrgebiet bis hinein ins Bergische von Franzosen und Belgiern ausgebeutet und auch Düsseldorf, Remscheid und Vohwinkel zeitweilig besetzt. Die Reichsregierung protestierte und rief die Bevölkerung der besetzten Gebiete zum passiven Widerstand auf. Den Behörden war es untersagt, Anordnungen der Besatzungsmächte auszuführen; die Arbeiter der besetzten Gruben und Industrieanlagen stellten die Arbeit ein; kein Eisenbahnzug und kein Schiff nach Frankreich oder Belgien wurde abgefertigt.

Die Besatzungstruppen antworteten damit, daß sie die Betriebe in eigene Regie übernahmen und Beamte, Unternehmer und Arbeiterführer, die sich den Anordnungen widersetzten, verhafteten oder auswiesen. Als der passive Widerstand zusammenbrach, begannen trotz Mahnung der Reichsregierung Sabotageakte, Angriffe auf französische Posten, Brückensprengungen und ähnliche Aktionen, die meist durch ehemalige Freikorpsleute (ewige Soldaten) ausgeführt wurden. Einer der Widerstandskämpfer hieß Leo Schlageter, der von Elberfeld aus operierte. Er wurde gefaßt und von den Franzosen auf der Golzheimer Heide bei Düsseldorf erschossen. Die Lage im Ruhrgebiet wurde immer unerträglicher. Die Bilanz des Widerstandes war: 132 Tote, elf Todesurteile, eins davon vollstreckt, fünf Verurteilungen zu lebenslänglichem Zuchthaus, zahllose Freiheits- und Geldstrafen, Ausweisung von 150 000 Deutschen, 3,5 Milliarden Goldmark Mindestschaden für die deutsche Volkswirtschaft und Hunger und Elend für ein Großteil der Bevölkerung.

Die erforderlichen Geldmengen konnten nur mittels der Notenpressen beschafft werden. Die schon seit Kriegsende grassierende Inflation bekam einen zusätzlichen Schub und die Mark fiel ins Bodenlose. Im Juli 1923 kostete ein Dollar 350 000 Mark, im August viereinhalb Millionen, im September fast einhundert Millionen, im Oktober fünfundzwanzig Milliarden und am 15. Nov. (bei Einführung der Rentenmark und Ende der Inflation) 4,2 Billionen.

Weil der Mittelstand bei der Währungsreform fast sein ganzes Vermögen verloren hatte, konnte eine Besserung der Wirtschaftslage nicht eintreten. Der Staat war zwar auf einen Schlag die meisten Schulden los, die Industrie und die Währungsspekulanten sowie die Besitzer von Sachwerten machten Gewinne, aber die breite Masse, besonders die Arbeiterschaft, blieb nach wie vor im Elend, viele waren arbeitslos. Das war der Boden, auf dem rechts- und linksextremistische Parteien gedeien konnten; unter ihnen auch die Nationalsozialisten und Kommunisten (Spartakisten). Joseph Goebbels, der spätere Chefpropagandist des „Dritten Reiches“, der zeitweilig im „roten“ Elberfeld

Quartier bezogen hatte, schrieb damals in sein Tagebuch: „Elberfeld soll das Mekka des deutschen Sozialismus werden".

Wie überall im Bergischen Land traf sich im Jahre 1921 in Opladen eine kleine Gruppe deutsch-national gesinnter Männer aus den verschiedenen Wehrverbänden, die zwar durch die gemeinsame Überzeugung, „daß es so nicht weitergehen könne" zusammengehalten wurden, aber noch keine klaren politischen Ziele formulierten. Unter dem gewählten „Freiheitsbanner" – der Marinekriegsflagge – fanden im Hotel Moritz regelmäßig Treffen statt.[232]

Die Frühzeit der Wiesdorfer national-völkischen Bewegung gestaltete sich ähnlich. Auch hier sammelte sich seit 1921 um Robert Ley ein Kreis ehemaliger Frontkämpfer, Mitglieder der Wiesdorfer Militärvereine, des Artillerie- und Marinevereins, und vor allem auch Sympathisanten bzw. Mitglieder des Jungdeutschen Ordens und des Deutschen Turnerbundes. Nach Aussage der Tochter eines der Gesprächsteilnehmer darf vor allem der Einfluß der im Zuge der nach 1892 erfolgten Verlagerung bzw. Expansion der Farbenfabriken Bayer AG aus Elberfeld nach Wiesdorf kommenden Protestanten und der aus der völkischen Wandervogelbewegung in Elberfeld stammenden Sympathisanten der national-völkischen Bewegung auf diesen Wiesdorfer Gesprächskreis nicht unterschätzt werden.

Aus der deutsch-völkischen Bewegung kam auch Robert Ley, der spätere Reichsorganisationsleiter und Führer der Deutschen Arbeitsfront, der am 15. Februar 1890 in Niederbreidenbach (= Nümbrecht bei Waldbröl) geboren wurde und am 25. Oktober 1945, während des „Nürnberger Kriegsverbrecherprozesses", seinem Leben selbst ein Ende bereitete. Er startete im Jahre 1923 nach Übertritt in die Partei Hitlers seine Agitationen für den Nationalsozialismus von (Leverkusen)-Wiesdorf aus, wo er 1927/28 als Angestellter der nachmaligen Bayer AG herausgesetzt wurde. Zumindest bis zum Jahre 1927 (als Robert Ley die Stadt verließ) war Leverkusen Mittelpunkt einer strahlenförmigen Bewegung zur Herausbildung der nationalsozialistischen Organisation im Gau Rheinland-Süd. Eine Reihe von Ortsgruppenneubildungen ist auf den Einsatz der Wiesdorfer und Opladener Parteigenossen zurückzuführen, obwohl die Wiesdorfer Ortsgruppe 1927/28 konstant nur 50 Mitglieder und die Opladener Gruppe nur etwa 12 Mitglieder zählten.[233]

Die „Arbeit" dieser Gruppen wurde begleitet von einer Kette Saal- und Straßenschlachten sowie Aufmärschen und Versammlungen. Bei ihren Aktivitäten unterstützten sich die Gruppen in Köln, Wiesdorf und Opladen gegenseitig. Zu Fuß, mit Fahrrädern oder Lastwagen begab man sich zu den jeweiligen „Einsatzorten", ähnlich wie heute gewalttätige Gruppen aller Schattierungen sich zusammenfinden, um Krawalle anzuzetteln, und man durch die häufigen und überrepräsentierten Erwähnungen dieser Einzeltaten in den Medien den Eindruck gewinnen kann, es handele sich hier um breite, in der Allgemeinheit vorhandene „neonazistische" Tendenz in Deutschland.

Typische bergische Schieferhäuser am Marktplatz in Solingen-Gräfrath. Die Verwendung von Schiefer als Fassadenverkleidung hatte zwei Gründe: er schützte die Häuser im regenreichen Bergischen Land, außerdem konnte man sich den relativ teuren Schiefer leisten

In der „Erfolgsliste" der Parteichronik der Wiesdorfer Ortsgruppe der NSDAP wird ein solcher Einsatz beschrieben: „Am 13. Dezember 1926 fand im kommunistischen Ehrenfeld (Köln) eine große Kundgebung im Lokale Latten statt. Die kleine Kölner SA wurde immer heftiger von den vielen im Saale vorhandenen Kommunisten bedrängt. Da alarmierte Dr. Ley die Wiesdorfer und Opladener SA, die in Wiesdorf gerade zum Appell angetreten war. Im Eiltempo ging es hin. Und es war höchste Zeit. Die Kommune kochte und jeden Augenblick drohte sie loszuschlagen. Da traf Jupp Reusch mit seinem gefürchteten Rollkommando ein und hieb sofort drein. Das wirkte so erlösend, daß Pg. Dr. Ley erklärte: ‚Es fällt mir jedesmal ein Stein vom Herzen, wenn die Wiesdorfer SA erscheint.' Es kam zu einer wüsten Schlägerei, bei der die Pgg. Reusch, Bosbach, Becker, Kreitz und Schreier Verwundungen davontrugen. Innerhalb einer Viertelstunde war jedoch der Saal vom Mob geräumt und die Ruhe wieder hergestellt."[234] Wenn man diese Zeilen liest, erkennt man deutlich, daß damals wie heute neben politischen und anderen Beweggründen auch immer die „Lust an der Gewalt und an der Prügelei" dabei war und ist.

In den Jahren zwischen 1924 und 1929 erholte sich die deutsche Wirtschaft: Produktion, Konsum und Volkseinkommen stiegen. Aber es handelte sich um eine Scheinblüte, denn die Investitionen nahmen nicht zu, die Handelsbilanzen blieben passiv und nur amerikanische Kredite ermöglichten die Reparationszahlungen. Doch waren diese Kredite zu kurzfristig, die Zinssätze zu hoch. Hinzu kam ein spekulatives Finanzgebaren der deutschen Großbanken. Immerhin nahm die NSDAP in dieser Zeit ab und konnte 1928 nur als Splitterpartei unter mehr als 27 Parteien bezeichnet werden.

In Düsseldorf wurde schon Ende 1924 eine große Ausstellung geplant, die GESOLEI (**Ge**sundheitspflege, **So**ziale Fürsorge und **Lei**besübungen), für die vom Architekten Wilhelm Kreis große Ausstellungsbauten errichtet wurden. Die Dauerbauten der GESOLEI, der Ehrenhof, die Rheinhalle und die Rheinterrasse stellen auch heute noch eine Bereicherung der Stadt dar. Trotz der Schwierigkeiten in wirtschaftlicher Hinsicht konnte die große Ausstellung, die damals im In- und Ausland auf reges Interesse stieß, am 8. Mai 1926 pünktlich eröffnet werden. Die ganze Stadt stand monatelang im Zeichen der Ausstellung, 400 Kongresse und Tagungen fanden statt. Als die GESOLEI am 17. Oktober ihre Pforten schloß, war sie von 7534151 Menschen besucht worden (ohne die 50000 Dauerkartenbesitzer). Darunter dürften rund drei Millionen auswärtige Besucher gewesen sein. Die allgemeine Bedeutung der Ausstellung beruhte darauf, daß sie nach dem Ersten Weltkrieg und der Besatzungszeit neue und gute Kontakte zur ausländischen Wirtschaft knüpfte.[335]

In den Jahren 1927–1928 war auch im Bergischen Land ein Aufschwung zu erkennen, die Arbeitslosenzahl verringerte sich. Zum Beispiel steigerte die Leverkusener Betriebsstätte der I.G. Farbenindustrie A.G. im Jahre 1928 zum ersten Male seit dem Weltkriege ihre Arbeitnehmerzahl auf über 10000.

Als 1927 der Preußische Landtag aus Einsparungsgründen in der Verwaltung ein Notgesetz über die kommunalen Grenzveränderungen im industriellen Westen beschloß, dachte man auch an Elberfeld und Barmen. Die „streitbaren Schwesterstädte“, die zwar über die Jahrhunderte gewerblich zusammenarbeiteten, konnten sich nur schwer zu einer kommunalen Einheit „zusammenraufen“. Die einen sahen sich als rheinische Frohnaturen, die anderen nannte man westfälische „Brunköppe“. Dennoch war es 1930 soweit, als die Stadt den Namen „Wuppertal“ erhielt .

Auch in Leverkusen konnte eine kommunale „Vernunftehe“ zwischen fünf ehemaligen „Dörfern“, von denen eins (Wiesdorf) dank der Farbenfabriken Bayer schon seit 1921 Stadt war, nur schwer realisiert werden. Die Nachbarstadt Köln zeigte Interesse an dem hohen Gewerbesteueraufkommen der Industrie in Wiesdorf, „das sowieso bald zu Köln kommen würde“, wie damals der Kölner Oberbürgermeister Adenauer formulierte. Die meisten Gemeinderatsmitglieder von Schlebusch konnten für einen Anschluß nach Köln gewonnen werden. Das brachte aber die Schlebuscher Bevölkerung, von denen ein Drittel schon „bei Bayer“ in Wiesdorf arbeitete, auf den Plan. Eine Volksabstimmung vom 12. Mai 1929 erwies, wie schief die Mehrheit der Gemeindeväter lag: Von 3100 Stimmberechtigten gingen 2465 zur Wahl, davon stimmten 2341 für Wiesdorf und nur 102 für Köln bei 22 ungültigen Stimmen. Schwierig war die Namensfindung für das neue Stadtgebilde. Bei den Diskussionen wurde auch „Wuppermünde“ in den Raum geworfen. Der Name Leverkusen – das war eigentlich nur die kleine Siedlung neben der Ultramarinfabrik des Dr. Carl Leverkus „auf dem Kahlberg“ südlich von Wiesdorf – war mittlerweile in Verbindung mit den Farbenfabriken Bayer in der ganzen Welt bekanntgeworden. Außerdem ging es darum, einen „einigenden“ Namen zu finden.[236]

Wirtschaftskrise bereitet Ende der Weimarer Republik vor

Mit dem Kurssturz an der New Yorker Börse am 24. Oktober 1929 (Schwarzer Freitag) begann die Weltwirtschaftskrise. Ursachen waren die durch den Ersten Weltkrieg und seine Folgen bedingten Störungen eines natürlichen wirtschaftlichen Ausgleichs sowie die monetäre Expansion in den USA. Überdies fiel die Weltwirtschaftskrise mit einer schweren Agrarkrise zusammen. Die betroffenen Länder versuchten, die Auswirkungen durch Beschränkungen der wirtschaftlichen Verflechtungen zu mildern (Autarkiebestrebungen, Devisenbewirtschaftung, Lohnmanipulierung, Subventionen u.a.), doch konnte vor allem die Massenarbeitslosigkeit nicht überwunden werden.

Die Sparkasse Leverkusen schrieb 1932: „Im Jahre 1931 führten die Weltdepression und die Zuspitzung der politischen Lage, die sich aus der allgemein anerkannten Untragbarkeit der Tributlasten (Reparationen) ergeben mußten, zu einer Krise des Vertrauens und schließlich zum „Run“ der Auslandsgläubiger auf Deutschland. In unserem kapitalarmen Lande mußten Umfang und Plötzlichkeit dieser Geldabzüge zu schweren Erschütterungen am Geld- und Kapitalmarkt führen. Bankenzusammenbrüche, Bankfeiertage, Zahlungssperren, Devisenbewirtschaftung, Börsenschließungen und Kursveröffentlichungsverbote kennzeichneten seit den kritischen Julitagen die Entwicklung; der Reichsbankdiskont stieg bis zu 15%, der Lombardsatz bis zu 20%.

In sehr starkem Maße wurden auch die Sparkassen von dieser rückläufigen Entwicklung, insbesondere durch die Rückforderungen von Sparguthaben getroffen. In vielen Fällen mußten die Schalter während der kritischen Tage geschlossen werden..."[237]

Die Krise traf das Volk hart, und sehr subjektiv gab man unter Verkennung der von außen herangetragenen Umständen, pauschal die Schuld der Regierung, den Parteien und dem Staat. Die radikalisierten Massen strömten der NSDAP zu, soweit sie nicht von KPD und SPD erfaßt wurden. Deutsche Kapitalisten und Großgrundbesitzer bekannten sich offen zur Diktatur, wobei sich der größere Teil der Bevölkerung der sogenannten volkskonservativen Bewegung zuwandt, zu der Deutschnationale, Zentrum und DNVP gehörten.

Als die wenig homogene große Koalition unter dem sozialdemokratischen Reichskanzler Hermann Müller am 27. März 1930 an der Frage der Arbeitslosenversicherung gescheitert war, bestand die Weimarer Republik erst elf Jahre. In dieser Zeit hatten sich bereits neun Reichskanzler mit insgesamt 16 Kabinetten nacheinander abgelöst. Der von Reichspräsident Hindenburg berufene Nachfolger Brüning (Zentrum) erließ während seiner auf Deflation und Verständigung mit dem Ausland gerichteten Regierungspolitik in Anwendung des Art. 48 der Verfassung insgesamt 57 Notverordnungen. Dabei wurden die Reichswehrführung, Interessenvertreter der Industrie und des Großgrundbesitzes, insbesondere der Staatssekretär und Sohn des Reichspräsidenten zu Institutionen, die an Einfluß alles Legale weit in den Schatten stellten.

Ende 1931 war die Demokratie am Ende, der Reichstag wurde bedeutungslos. Brüning stürzte schließlich über die geforderte Aufhebung des SA-Verbots und die Frage der Osthilfe. Die folgenden Jahre unter Papen und Schleicher brachten dann die Liquidierung der Weimarer Republik. Brüning wurde gestürzt als sich langsam die Erfolge seiner Politik einstellten, auch die Pläne für Arbeitsbeschaffungsmaßnahmen, z.B. der Bau von Autobahnen, „lagen in seiner Schublade".

Alfred Hugenberg, der früher Kruppdirektor war, dann Herr eines Zeitungskonzerns, einer Nachrichtenagentur und der Ufa, erschloß für Hitler und seine NSDAP den Zugang zum Großkapital. Thyssen z.B. ermöglichte den Bau des „Braunen Hauses", er finanzierte Hermann Göring und arrangierte auch den Vortrag Hitlers vor dem Industrieklub in Düsseldorf am 27. Januar 1932. Unmittelbar danach spendete ein Konsortium der Industrie eine Million RM und bezahlte Wahlkampfschulden der NSDAP. Am 4. Januar 1933 fand in der

Die Müngstener Brücke ist ein vielbesuchtes technisches Meisterwerk

Die berühmte Schwebebahn in Wuppertal. Sie wurde 1903 in Betrieb genommen und hat seitdem Millionen von Fahrgästen sicher befördert

„Reichskristallnacht“ und den Judenprogromen gab es für viele Deutsche ein böses Erwachen. Aber nun war es zu spät. Die undurchdringbare „Gewaltglocke“, die über allem lag, machte eine Umkehrung der Verhältnisse unmöglich. Auch das ist in heutiger Sicht und im Nachhinein für diejenigen, die das nicht aus eigener Anschauung erlebt haben, unverständlich.

Es folgten die Annexionen des Sudetenlandes, der Tschechoslowakei, die „Heimkehr“ Österreichs, der Überfall auf Polen, der Zweite Weltkrieg. Auch hier konnten anfänglich Erfolge erzielt werden. Überall hingen Landkarten mit Fähnchen, die nach den mit Fanfaren eingeleiteten „Sondermeldungen“ über Siege mir „Erfolgsgefühlen“ vorgerückt wurden.[240]

Das bittere Ende begann in Stalingrad, der Bombenkrieg zerfetzte die Städte. Die Neuerscheinung dieses unsinnigen Krieges war, daß er nicht wie im Ersten Weltkrieg nur an den Fronten ausgetragen wurde, sondern die Bevölkerung mußte tagtäglich Schreckliches erleiden. Auch Frauen und Kinder starben zu Tausenden und Abertausenden im Hagel der Spreng- und Brandbomben. Nicht wiederzubringende Kulturgüter wurden zerstört, die Apokalypse – von wahnsinnigen Machthabern inszeniert – war über das ganze deutsche Volk gekommen und hatte ein nicht zu beschreibendes Chaos hinterlassen.

Als die Alliierten 1944/45 in Deutschland vorrückten, wurden sie vom größten Teil der Bevölkerung als Befreier angesehen. Nur die Gewalt der Mächtigen von außen konnte die nationalsozialistische Diktatur im Inland brechen. Das war für viele eine bittere Erfahrung.

Das Bergische Land wird Teil des Landes Nordrhein-Westfalen

Der bekannte Bienenfleiß der deutschen Arbeiter und das umsichtige Unternehmertum schafften in wenigen Jahren, was viele Deutsche angesichts der gewaltigen Zerstörungen des Krieges nicht mehr für möglich gehalten hatten. Diesmal machten die Sieger nicht mehr den Fehler des Ersten Weltkrieges, als sie Deutschland mit unerfüllbaren Reparationen lähmten, sondern es wurden Milliarden sogenannter „Marschallplangelder“ hineingepumpt, die gut angelegt wurden, um z.B. die alten, manchmal auch demontierten Industrieanlagen durch die modernsten der Welt zu ersetzen.

Vorher mußte aber noch eine „Durststrecke“, mehr noch eine „Hungerstrecke“, durchstanden werden. Wieder gab es eine grassierende Geldentwertung; aber die einfallsreichen Deutschen bauten eine Scheinwährung auf, die auf amerikanischen Zigaretten und ähnlichen Gütern basierte. An diesem Tauschhandel, den man im Volksmund „Maggeln“ nannte, beteiligte sich vor der Währungsreform fast die ganze Nation. Die Trümmer wurden aufgeräumt, jedes verwendbare Baumaterial daraus hervorgeholt, wobei sich die deutschen Frauen, deren Männer erst nach und nach aus der Kriegsgefangenschaft heimkehrten, in hervorragender Weise bewährten und einsetzten (Trümmerfrauen).[241]

Von Radikalen hatten die Deutschen erst einmal „die Nase voll“ und wählten demokratische Parteien. Die Kirchen füllten sich wieder mit betenden Menschen, die sich auf die zweijahrtausendealte christliche Kultur besannen.

Aus der Provinz „Nordrhein“ (Rheinprovinz ohne den südlichen Teil), der Provinz Westfalen und dem früheren Land Lippe schufen die Besatzungsbehörden am 17. Juli 1946 den neuen Staat Nordrhein-Westfalen und machten Düsseldorf zu dessen Hauptstadt. Die Bedeutung der Stadt als Verwaltungszentrum des Ruhrgebietes und Sitz des wiedergegründeten Deutschen Gewerkschaftsbundes mag bei dieser Wahl durch die Siegermächte eine größere Rolle gespielt haben als die Tradition, Hauptstadt des ehemaligen Herzogtums Berg gewesen zu sein.

Das sogenannte „Wirtschaftswunder“ machte Deutschland zu einer der führenden Industrienationen der Welt und führte zu allgemeinem Wohlstand mit Vollbeschäftigung, ja es wurde notwendig, Arbeitskräfte im Ausland anzuwerben, die leider heute mancher voller Haß wiederloswerden möchte.

In der Nachkriegszeit entwickelte sich das Bergische Land immer mehr zu einem Naherholungsgebiet für die im Streß stehenden Menschen aus den Großstädten. Dabei fällt es auf, daß gerade die Punkte Altenberger Dom, Schloß Burg und andere, wo Landesgeschichte sozusagen „zum Anfassen“ geboten wird, besonders gerne aufgesucht werden. Die Begegnung mit der Vergangenheit in landschaftlich schöner Lage gehört für viele zur sonn- und feiertäglichen Freizeitbeschäftigung; und es ist erfreulich, das auch werktäglich z.B. das Museum in Schloß Burg gerne von denjenigen aufgesucht wird, die außerhalb des Rummels in Muße die Exponate betrachten wollen.

Auch in anderen Museen des Bergischen Landes kann sich der Geschichtsinteressierte über die Vergangenheit informieren. Das „Museum des Oberbergischen Kreises“ im Schloß Homburg in Nümbrecht zeigt Exponate der höfischen, bürgerlichen und bäuerlichen Kulturgeschichte sowie Vor- und Frühgeschichte, Naturkunde und Kreisgeschichte. In einer Außenstelle des Museums – in Dahl – ist das älteste erhaltene Bauernhaus des Oberbergischen Landes aus dem Jahre 1586 zu besichtigen.

Im Lingenbachtal bei Lindlar-Heiligenhofen entsteht seit 1985 das „Bergische Freilichtmuseum“ als Regionalmuseum für bäuerlich-handwerkliche Kultur und Ökologie. Ein Besuch ist leider zur Zeit nur nach Vereinbarung möglich.

Wer sich für Industrie- und Sozialgeschichte interessiert, sei die „Gesenkschmiede Hendrichs“ in Solingen-Merscheid empfohlen. Das „Textilmuseum Wülfing“ in Radevormwald-Dahlerau kann nach Absprache samstags besichtigt werden. Viele warten schon auf die Eröffnung des Museums „Textilfabrik Brügelmann“ in Ratingen, Cromforder Allee 24, das ab 1994 der Allgemeinheit zugänglich gemacht sein soll. Interessant ist auch die jüngst zu einem Museum umgewandelte alte Sensenfabrik von Kuhlmann und Söhne in Leverkusen-Schlebusch; Besichtigungsmöglichkeiten nach Absprache.[242]

Quellen

1 Franz Gruß: Höfe, Rittersitze, Kirchspiele – Trilogie Leverkusen, Band I, Verlag Anna Gruß, Friedrich-Naumann-Str. 7, 51373 Leverkusen, Tel. 0214/66210, S. 92. Zitiert: Franz Gruß Höfe, Rittersitze...

2 Laut Dekret vom 13.4.1702 hatten die Odenthaler binnen 48 Stunden 158 Palisaden und dieselbe Anzahl Sturmpfähle zu liefern. Ein Jahr später wurde den Odenthalern nochmals befohlen, für die Landesverteidigung 200 Faschinen und 6000 Pfähle zu liefern, in: Gerd Müller, Odenthal, Die Geschichte einer Bergischen Gemeinde, 1976. Zitiert: Gert Müller Odenthal

3 Hans Mosler: Altenberger Urkundenbuch, Nr. 255, 561, 840. Zitiert: AUB I

4 Franz Gruß: Frühmittelalterliche Burgen vor Köln u. Leverkusen,S.50. Zitiert: Gruß Burgen

5 AUB I, Nr. 2828

6 AUB I, Nr. 282

7 Gerd Müller Odenthal, S. 171, 182, 224

8 AUB I, Nr. 492

9 AUB I, Nr. 616

10 AUB I, Nr. 642

11 Fahne Band I, S. 91

12 AUB I, Anm. zur Urkunde Nr. 642

13 AUB I, Nr. 745

14 AUB I, Nr. 747

15 Kurt Niederau: Mitteilungen der westdeutschen Gesellschaft für Familienkunde 18 (1957/58), Sp. 326

16 AUB II, Nr. 14

17 AUB II, Nr. 48

18 AUB II, Nr. 126

19 Gert Müller Odenthal, S. 71

20 AUB I, Nr. 481

21 AUB I, Nr. 507

22 AUB I, Nr. 476

23 AUB I, Nr. 255

24 Janssen, W., Herrnbrodt, A. und Grewe, K.: Mittelalterliche Wehranlagen im Rhein-Wupper-Kreis, in: Heimatkalender, Land an Wupper und Rhein 1973, S. 113. Zitiert: Janssen Wehranlagen

25 ebda., S. 105

26 Chronica regia (Kölner Königschronik), S. 29

27 AUB I, Nr. 314

28 ebd., Fußnote 2

29 AUB I, Nr. 479

30 AUB I, Nr. 1010 (Nachtrag)

31 AUB II, S. 304

32 Carl Strässer: Die Mär vom Kampf um Miselohe. Fakten und Hypothesen zur Frühgeschichte von Berg, Miselohe und Alt-Burscheid, 1976, aus: Alt-Burscheid 3, ausgeliehen von der „Musi-calische Akademie 1812 Burscheid“

33 Chronicon IV 27, Ausgewählte Quellen zur deutschen Geschichte des Mittelalters – Freiherr-von-Stein-Gedächtnisausgabe IX, Darmstadt 1966, S. 144/145

34 Bornheim, W., genannt Schilling: Rheinische Höhenburgen. Rhein. Verein für Denkmalpflege und Heimatschutz, Jahrbuch 1961/1963, S. 47

35 Vom Kaiser verliehene Reichsrechte (Regalien) als Herrschaftsgrundlage lassen sich für die Berger erschließen. Königsbann, Forstregal und Geleitsregal sind mit an Sicherheit grenzender Wahrscheinlichkeit schon früh vorhanden gewesen. Siehe hierzu: Justus Bockemühl: Adelsüberlieferung und Herrschaftsstrukturen, Gedanken zur Geschichte des Bergischen Landes im 11. Jahrhundert, Remscheid 1987, S. 46 ff. Zitiert: Bockemühl Adelsüberlieferung

36 Chronica regia, S. 53; Gruß Burgen, S. 53

37 Dieter Lück: In pago Tuizichgowe – Anmerkungen zum Deutzgau, in: Rechtsrheinisches Köln, Jahrbuch für Geschichte und Landeskunde, Bd. 3, Köln 1977, S. 1 ff.

38 Bockemühl Adelsüberlieferung, a.a.O., S. 30, 31, 35, 91

39 AUB I, Nr. 80. Das Objekt wird als gemeinsames Erbe mit Erzbischof Engelbert bezeichnet, der seine Einwilligung zum Kauf gab. Im Jahre 1227 verzichten Herzog Heinrich von Limburg und seine Gemahlin Irmgard auf den Zurückkauf (AUB I, Nr. 98). Nach Gerd Müller ist die Grundherrschaft Merheim in direkter Linie vererbt worden von einem aus dem Maasgau stammenden Graf Giselbert I. (855–877), auf seinen Sohn Graf Reginhar I., weiter auf dessen Nachkommen Graf Megingoz und Ehefrau Gerberga. Ein Graf Heribert soll dann die Tochter Irmintrud der Letztgenannten geehelicht haben, deren Sohn, Graf Otto, von seinen Großeltern mütterlicherseits die Grundherrschaft Merheim erbte. Als Ottos Onkel nennt er einen Grafen Adolf. Müller Odenthal, a.a.O., S.19 ff.

40 Janssen Wehranlagen, a.a.O., S. 105

41 Bockemühl Adelsüberlieferung, a.a.O., S. 17 ff.

42 ebd., S. 24

43 Im Gegensatz zu der Vita Heriberti des Lantbert (MGH SS 4, S. 739 ff.), in der der Graf Hermann die Kölner Gesandtschaft anführt, läßt Rupert von Deutz (1120–1129) in seiner Vita Heriberti die *„principes terre maximi"* die geistlichen Würdenträger begleiten. Ein Beispiel für die auch sonst beobachteten willkürlichen Abänderungen von historischen Tatsachen durch Abt Rupert aus der Quelle Lantberts. Zitiert: Lantbert Vita Heriberti

44 Bockemühl Adelsüberlieferung, a.a.O., S. 30 ff.

45 Heribert Müller: Heribert, Kanzler Ottos III. und Erzbischof von Köln. in: Veröffentlichungen des Kölnischen Geschichtsverein, Bd. 33, Köln 1977, S. 202

46 Joseph Milz: Die Vögte des Kölner Domstiftes und der Abteien Deutz und Werden im 11. und 12. jahrhundert, in: Rheinische Vierteljahresblätter, Jahrgang 41, 1977, S. 196. Zitiert: Milz Vögte

47 Bockemühl Adelsüberlieferung, a.a.O., S. 86 ff.

48 Matthias Untermann: Grabungen auf der Burg Berge, Altenberg, Rheinland-Verlag Köln, 1984

49 siehe hierzu: Bockemühl Adelsüberlieferung, a.a.O., S. 4, 79f., 89, 90; derselbe in: Zwei Altenberger Grabsteine, herausgegeben vom Altenberger Domverein 1970, S. 32 f.

50 Franz Gruß Burgen, S. 120 ff.

51 Lantbert Vita Heriberti, a.a.O., S. 745 ff.

52 ebd., mehrfach erwähnt, bes.S. 37, 58, 66, 157

53 ebd., S. 122

54 ebd., S. 12, 42, 64ff., 202

55 Thomas R. Kraus schreibt dazu: „Die gemeinsame Verleihung des Patronats im Jahre 1218 durch Graf Adolf III. von Berg und seinen Bruder, Erzbischof Engelbert von Köln, wie auch der Kirchenpatronat selbst, lassen in Rommerskirchen bergische Allode vermuten. Für die Zeit um 1250 ist Allod zu Longerich überliefert." Kraus vermutet Verwandtschaft zu den Hochstaden-Wickrath und Saffenberg-Nörvenich. „Die Vogtei über das Kloster Siegburg ging von Gerlach von Wickrath auf Adalbert von Nörvenich und schließlich auf Adolf II. von Berg über... Vieles spricht also für eine enge verwandtschaftliche Beziehung zwischen den genannten Geschlechtern. Die ältesten Berger wird man demnach nicht für gebürtige Westfalen, sondern für Rheinfranken halten müssen."

56 Brauweiler Klosterchronik (Chronicon Brunwylrense), aus: „Fontes Rerum Rhenan", Niederrhein Chroniken von Dr. Eckertz, 2. Theil, Köln. Verlag Heberle, 1870; AHVNrh., Bd. 17, S. 156; Gruß Höfe, Rittersitze..., S. 23, 102 f.

57 AUB I, Nr. 5, wiederholt Nr. 6: *„Hereditatem Berge ab illustri viro comite Adulfo Coloniensi ecclesie ad fundandam et statuendam ibi religionem pro sua devotione collatam cum decimis terre fundo monasterii contigue, cum decimis etiam curtis vicine, que dicitur Bullengesberch, utrisque a iure Heinrici de Udendare cum suorum heredum consensu pro quinque solido-rum recompensatione emancipatis, quos annua-tim persolvit quedam terra, que vocatur Stega..."*

58 Dieter Lück: In pago Tuizichgowe – Anmerkungen zum Deutzgau, in: Rechtsrheinisches Köln, Jahrbuch für Geschichte und Landeskunde, Band 3, Köln 1977

59 Manfred Groten: Die ältesten Grafen von Berg, Gründer des Klosters Altenberg, in: Untermann, Matthias: Grabungen auf der Burg Berge, Altenberg,Beiträge zur Archäologie des Mittelalters III, Rheinland-Verlag Köln 1984, S.13

60 Herbert Grundmann: Der Brand von Deutz 1128 in der Darstellung Abt Ruperts von Deutz, in: Deutsches Archiv 22, S. 385 ff. Zitiert: Grundmann Brand Deutz

61 ebd., S. 409

62 BockemühlAdelsüberlieferung, a.a.O., S. 102

63 Lac. I, Nr. 375

64 ebd., Nr. 258

65 Bockemühl Adelsüberlieferung, a.a.O., S. 52

66 Bogen und Armbrüste waren außerordentlich wirksame Waffen, die von den „edlen" Rittern als „hinterlistig" abgetan, selten selbst geführt wurden. Man bediente sich deshalb niederer Kriegsknechte, die in dieser Waffentechnik sehr geübt und geschickt waren

67 Kölner Königschronik, S. 53

68 siehe hierzu: Gruß, Franz: Die ottonische Kaiserpfalz im Kastell Deutz, in: Frühmittel-alterliche Burgen vor Köln und Leverkusen, Verlag Anna Gruß, Friedrich-Naumann-Str. 7, 51373 Leverkusen, 1991, Tel. (02 14) 6 62 10

69 Kölner Königschronik, S. 221

70 Bockemühl Adelsüberlieferung, a.a.O., S. 5

71 ebd., S. 74

72 ebd., S. 48, Fußnote 7

73 J. Bockemühl: Zwei Altenberger Grabsteine, S. 17

74 Chronik zur Geschichte der Stadt Köln, Hrsg.Peter Fuchs, Greven Köln 1990, S.1136

75 Bockemühl Adelsüberlieferung, a.a.O., S. 101
76 ebd., S. 90
77 AUB I, Nr. 1
78 AUB I, Nr. 2
79 Nennungen der „de monticulo" in den Kölner Schreinslisten nach Hoeniger:
1135/58 Adolf (Milzo) und Frau Lucia
(1147/48 Altenberg tauscht *duas domos in Colonia in vico qui dicitur Bugchel,* AUB I, Nr.3)
1163/69 Adolf und Frau Regenburgi (Mitgift), Sohn und Schwiegertochter des Vorgenannten
1170/78 Adolf und Bruder Heinrich und Schwester Winlieva (Verkauf)
1172/80 Adolf und Sohn „Adolfi de monticulo" (Kauf)
1172/80 Adolf, Heinrich und Winlieva (Verkauf)
1172/80 Gerlacus de buchele und Frau Alwiza kaufen ein Haus „in monticulo"
(1176 Wernerus de monticulo und Frau gertrud treten ins Stift St. Ursula ein, Zeuge Heinrich de monticulo, Ennen......)
1178/80 Adalberto de monticulo (Verkauf)
1178/83 Adolf, Heinrich und Winlievi(Verkauf)
1178/83 Adolf (Frau Gertrud) erwirbt den dritten Teil eines Hauses von Bruder Heinrich
1178/79 Gerlaco de buchele und Frau Alwiza kaufen Haus und Hofplatz in der Martinspfarre bei der Münze
1180/85 Heinrich und Frau Hildegund verkaufen die Hälfte eines Hauses *„que est in bugele"*
1180/85 Adolfus in monticulo kauft den Teil eines Hauses von Abt Carsilius des Konvents *de Monte* mit Zustimmung des Vogtes (AUB I, 18)
1180/85 Henrico in monticulo und seine Miterben verkaufen ein Haus mit Mühle an Brüder und Kanoniker von St. Kunibert
1180/85 Adolfus de monticulo kauft Haus und Land von der Kirche und den Brüdern von St. Martin
1180/85 Verkauf eines Hauses gegenüber Rudolfum de monticulo
1180/85 Rudolf in monticulo und Frau Heilewigis verkaufen Haus und Grundstück
1180/85 Adolfus decanus de Burge et Wendelmodis et filii sui, Simon, Wilhelmus, Gerlacus kaufen ein haus mit Hofplatz
1180/85 Henricus de monticulo überträgt seinem Sohn Henrico Land, welches Bruno de Dalin als Bürgschaft besaß
1183/92 Adolf und Frau Agnes kaufen Haus und Hof von Gottschalk und Frau Elene sowie des Bruders Alexander
1183/92 Adolfus in monticulo und Frau Agnes kaufen ein bei ihrem Hause gelegenes Haus von Bruno
1193/92 Adolfi in monticuli und Frau Agnetis verkaufen ein Haus
1183/92 Domina Gertrudis de monticulo überträgt ihrer Tochter Mechthild und ihrem Ehemann Gottfried von Hardevust Haus und Hof
1183/92 Adolfi decani de Burge et advocati sui verkaufen Haus und Land an Wichmann und Guderade
1183/92 derselbe Adolf und sein Vogt verkaufen noch ein Haus an Wichmann und Guderade
1183/92 Verkauf eines Hauses *sitam in monticulo*
1188/1203 Henricus de monticulo und seine Tochter Beatrix sowie ihr Mann Nikolaus treffen eine Erbschaftsregelung
1207/1212 Agnes und Sohn Adolf sowie dessen Bruder verkaufen die Hälfte eines Hauses *sitam in monticulo*
1209/1215 Adolf und Gertrud erhalten ein Erbe, auf das Heinrich, Eberhard und Beatrix verzichten
1209/1215 Haus gegenüber Adolf und Gertrud
80 siehe auch: Gruß Höfe, a.a.O., S. 70 ff. u. 114
81 Kunst- und Kulturführer durch den Landkreis Kitzingen, Hrsg. Landkreis Kitzingen 1986, S. 56, 166 f.
Auch auf oder bei der „Doktorsburg" in Wiesdorf erscheinen die Buchele, monticulo). Im Jahre 1255 werden folgende Schöffen des Wiesdorfer Gerichtes genannt: Gottfried von Büchel, Johannes et Adolphus de Buchele, Johannes filius Johannis de Buchele. 1277 werden als Geschworene des Gerichts u.a. genannt: Gerlacus Albertus de Buggele und Nicolaus de Buggele. 1333 Martinus de Monticulo u. Gobel Zorn van dem Buchele, 1335 Vlecke van dem Buchel (s. Gruß Höfe, S. 70 ff., 102 ff.)
82 AUB I, Nr. 12
83 ebd., Nr. 4
84 Gruß Höfe, S. 102 f., 110
85 Knipping Regesten: Bd. III, 1. Buch, Nr. 896
86 AUB I, Nr. 203
87 ebd., Nr. 55
88 Mosler, Hans: Altenberg 1959, S. 15
89 ebda., S. 16

90 Korth Dünnwald, Nr. 10
91 Kremer III, S. 53
92 AUB I, Nr. 62
93 Korth Dünnwald, Nr. 8–10
94 Lac. I, Nr. 401
95 Siegburger UB, Nr. 66, S. 148, Lac. I, Nr.370
96 Schäfer, H.: Inventare und Regesten aus den Kölner Pfarrarchiven, In: AHVNrh. Nr. 83
97 Ennen und Eckertz Quellen, Bd. I, Nr. 65
98 Kremers III, S. 232
99 Bernhard Schönneshöfer: Geschichte desBergischen Landes, Neuauflage 1907, S. 81
100 Oswald, G.: Zur Geschichte der rheinischen Adelsfamilien. Die adeligen Sitze im Amte Windeck, Schwann Düsseldorf, 1925, S.32 ff.
101 Kraus,Th.R.: Die Entstehung der Landesherrschaft der Grafen von Berg bis zum Jahre 1225, Berg. Forschungen, Bd. XVI, S. 80, Fußnote 726. Zitiert: Kraus Landesherrschaft
102 Niederau, K.: Die ältesten Generationen der v. Nesselrode, in: Mitteilungen der westd. Gesell-schaft für Familienkunde, Bd. XVIII, 1957, Heft 1, S. 26 ff. und S. 90 ff.
103 Kraus, Landesherrschaft, S. 90 f.
104 ebd., S. 84
105 ebd., S. 89 f.
106 ebd., S. 45
107 Chronik zur Geschichte der Stadt Köln, Hrsg. Peter Fuchs, Greven Verlag Köln 1990, Bd. I, S. 178. Zitiert: Chronik Köln
108 ebd., S. 180
109 siehe Franz Gruß, Höfe, Rittersitze..., S. 24 ff.
110 Kremer III, S. 62. Über Wambach siehe Gruß, Höfe..., S. 290 sowie auch Gruß, F. „Der Wambacher Hof in Rheindorf“ in: Zeitschrift Niederwupper, Historische Beiträge 12, S. 16
111 Lac. I, Nr. 560
112 Lac. I, Nr. 564
113 Kraus, Landesherrschaft, S. 100
114 ebd., S. 103
115 ebd., S. 104 f.
116 ebd., S. 106 f.
117 ebd., S. 108 f.
118 AUB I, Nr. 61 u. 62
119 ebd., Nr. 77
120 ebd., Nr. 79
121 Lac. II, Nr. 71
122 AUB I, Nr. 80
123 Lac. II, Nr. 66
124 Lac. II, Nr. 72
125 siehe Franz Gruß, Höfe, Rittersitze..., S. 50
126 siehe Franz Gruß, Höfe, Rittersitze..., S. 165
127 Lac. II, Nr. 87
128 Lac. II, Nr. 112
129 Lac. II, Nr. 172
130 Ennen und Eckertz Quellen III, Nr. 77
131 siehe Franz Gruß, Höfe, Rittersitze..., S. 165
132 Knipping II, Nr. 254
133 Lac. I, Nr. 448
134 siehe Franz Gruß, Höfe, Rittersitze..., S. 163
135 Knipping Regesten III, Nr. 896
136 siehe Gruß, Höfe, Rittersitze..., S. 46 u. 163 ff.
137 ebd., S.39
138 Lac. II, Nr. 233
139 Ennen und Eckertz II, 2, Nr. 227
140 Lac. II, Nr. 290
141 ebd., Nr. 458
142 AUB I, Nr. 479
143 siehe auch Franz Gruß, Frühmittelalterliche Burgen vor Köln und Leverkusen, S. 156 ff.
144 B. Schönneshöfer, Neuauflage 1907, S. 107
145 ebd., S. 109
146 AUB I, 200
147 B. Schönneshöfer, Neuauflage 1907, S. 110 f.
148 AUB I, Nr. 224
149 Ennen und Eckertz II, Nr 433
150 Bernhard Schönneshöfer, S. 113
151 siehe Franz Gruß, Höfe, Rittersitze..., S. 50 f.
152 Kurt Niederau: Zur Geschichte des Bergischen Adels, Bergische Forschungen, Bd.XIV, S. 18
153 Manfred Rech: Das obere Dhünntal. Rhein. Ausgrabungen, Bd. 33, S. 69 ff.
154 AUB I, Nr. 1009
155 Bernhard Schönneshöfer, S. 131 ff.
156 ebd., S. 134 ff.
157 ebd., S. 138 ff.
158 ebd., S. 143 ff.
159 AUB I, Nr. 845
160 Bernhard Schönneshöfer, S. 149 ff.
161 ebd., S. 151 f.
162 ebd., S. 153 f.
163 ebd., S. 154 f.
164 ebd., S. 157 ff.
165 ebd., S. 162 ff.
166 ebd., S. 165 ff.
167 ebd., S. 171 ff.
168 ebd., S. 176 ff.
169 ebd., S. 192 f.
170 ebd., S. 196 ff.
171 ebd., S. 198 ff.
172 ebd., S. 239 f.; Chronik zur Geschichte von Köln, Greven Verlag Köln, Bd. II. S. 66 ff.

173 Chronik zur Geschichte von Köln, Greven Verlag Köln, Bd. II, S. 68

174 Bernhard Schönneshöfer, 2. Auflage 1907, S. 244–255; siehe auch Franz Gruß u.a., Erzählungen, Berichte, Anekdoten, S. 60

175 Bernhard Schönneshöfer, S. 256 ff.

176 ebd., S. 261 ff.

177 ebd., S. 271 ff.

178 ebd., S. 276 f.; Chronik zur Geschichte der Stadt Köln, Bd. II, Greven Verlag Köln, S. 74

179 Bernhard Schönneshöfer, S. 277 f.

180 ebd., S. 282 f.

181 ebd., S. 283 ff.

182 ebd., S. 285 ff.; Chronik zur Geschichte der Stadt Köln, Bd. II, Greven Verlag Köln, S. 77

183 Hansjörg Laute: Die Herren von Berg, Solingen 1988, S. 39

184 Bernhard Schönneshöfer, S. 302 ff.

185 ebd., S. 304 f.

186 ebd., S. 309 f.

187 ebd., S. 312 f.

188 siehe hierzu: Anton Jux: Das Bergische Botenamt Gladbach, S. 108 f.

190 Ruth Schmidt-de Bruyn: Kultur und Geschichte im Bergischen Land, S. 20

191 Hansjörg Laute, a.a.O., S. 43

192 Burkhard Dietz: Erich Philipp Ploennies Topographia Ducatus Montani (1715), S.XI.f.

193 Bernhard Schönneshöfer, S. 344 f.

194 Ruth Schmidt-de Bruyn, S. 84

195 Gerd Müller: Odenthal, „Geschichte einer bergischen Gemeinde“, Herausgeber Gemeinde Odenthal, S. 123; auch: Franz Gruß, „Erzählungen, Berichte, Anekdoten“. Verlag Anna Gruß Leverkusen, 1986, S. 57

196 Franz Gruß Erzählungen, S. 157

197 Bernhard Schönneshöfer, S. 412 f.

198 ebd., S. 433 f.

199 Franz Gruß Erzählungen, S. 156

200 Jakob André: Beiträge zur Geschichte der Gemeinden Wiesdorf und Bürrig, Wiesdorf 1912, S. 116

201 Schönneshöfer, S. 437 f.

202 Eugen Heinen: Dom und Kloster Altenberg, Verlag Haus Altenberg, Düsseldorf 1976, S.21

203 Schönneshöfer, S. 446 f.

204 Hermann Maria Wollschläger: Burgen und Schlösser im Bergischen Land, S. 54

205 Paul Luchtenberg: Johannes Löh und die Aufklärung im Bergischen, S. 122 f.

206 ebd., S. 146

206 Hugo Weidenhaupt: „kleine geschichte der stadt Düsseldorf, Triltsch Verlag Düsseldorf, 1983, S. 88

207 ebd., S. 91

208 Paul Luchtenberg, S.146

209 Schönneshöfer, S. 461 f.

210 Hansjörg Laute, S. 54

211 Schönneshöfer, S. 464

212 ebd., S. 466 f.

213 Hugo Weidenhaupt Düsseldorf, S. 92

214 Paul Luchtenberg, S. 152

215 Schönneshöfer, S. 471

216 Hansjörg Laute, S. 55

217 Paul Luchtenberg, S. 154

218 ebd., S. 93 ff.

219 Ruth Schmidt-de Bruyn, S. 97

220 Schönneshöfer, S. 4

221 Manfred Rech: Das obere Dhünntal, Untersuchungen zur mittelalterlichen bis frühneuzeitlichen Siedlungs- und Montangeschichte des Bergischen Landes, Rheinland-Verlag, Köln 1991, S. 110 ff.

223 siehe Seite 263

224 Georg Beck: Museumshandbuch Bergisches Land, Verlag Peter Pomp, Essen 1992, S. 110

225 Ruth Schmidt-de Bruyn, S. 98

226 ebd., S. 106

227 ebd., S. 107

228 Gruß Höfe, a.a.O., S. 230 ff.

229 ebd., S. 233 ff.

230 Ruth Schmidt-de Bruyn, S. 112

231 Ulrich Hensel, Peter Squentz: Bergisches Land, DuMont Buchverlag Köln, 1988, S. 54

232 Eva Wolff: Nationalsozialismus in Leverkusen, Stadtarchiv Leverkusen, 1988, S. 31

233 ebd., S. 33 ff.

234 Franz Gruß: Geschichte und Porträt der Stadt Leverkusen, Verlag Anna Gruß, 51373 Leverkusen, Friedrich-Naumann-Straße 7, Tel. 0214/66210. Leverkusen 1987, S. 59

335 Hugo Weidenhaupt Düsseldorf, S.157

336 Franz Gruß, Höfe, Rittersitze..., S. 283 ff.

237 Franz Gruß, Geschichte und Porträt der Stadt Leverkusen, Trilogie Leverkusen, Bd.III, S.50

238 ebd., S. 83 f.

239 Hugo Weidenhaupt Düsseldorf, S. 165 ff.

240 Franz Gruß, Geschichte und Porträt, S. 129 ff.

241 ebd., S. 166 f.

242 siehe hierzu: Georg Beck, Museumshandbuch Bergisches Land, Verlag Peter Pomp, Essen, herausgegeben von der Stadt Solingen

Die Herrscherfolge im Lande Berg

Graf Adolf I. von Berg (de Monte) (1101–1106), im Jahre 1093 „puer“
Graf Adolf II. (Klostergründer) (1115–1160), *1100, † 1160–70 als Mönch
Graf Engelbert I. (1165–1189), † 1189 bei Kovin/Serbien
Graf Adolf III. (1189–1218), † 7.8.1218 bei Damiette
Graf Engelbert II., Erzb. von Köln (1218–1225), † 7.11.1225 bei Gevelsberg
Ende des ersten Geschlechtes im Mannesstamm, Irmgard heiratet Heinrich v. Limb.

Herzog Heinrich von Limburg (1225–1246), † 25.2.1247
Graf Adolf IV. (1246–1259), Sohn Heinrichs von Limburg
Graf Adolf V. (Sieger in Worringen) (1259–1296), Sohn Adolfs IV.
Graf Wilhelm I. (1296–1308), Bruder Adolfs V.
Graf Adolf VI., der Ehrwürdige (1308–1348), Neffe Wilhelms I.
Ende des Mannesstammes Limburg, Wilhelm V. von Jülich sichert Erbfolge Berg

---

Graf Gerhard I., Graf v. Ravensberg (1348–1360), Sohn Wilhelms V. von Jülich
Graf Wilhelm II. (seit 1380 Herzog) (1360–1408), Sohn Gerhards I.von Jülich
Herzog Adolf I. (Adolf VII.) (1408–1437), Sohn Wilhelms II. von Jülich
Herzog Gerhard I. (Gerhard II. v. J.) (1437–1475). Neffe Adolfs VII. von Jülich
Herzog Wilhelm II. (Wilhelm III.v.J.) (1475–1511), Sohn Gerhards II. von Jülich
Ende des Mannesstammes Jülich, Maria von Jülich-Berg heiratet Johann III.v.Kleve

---

Herzog Johann III., der Friedfertige (1511–1539), seit 1521 auch Herzog v. Kleve
Herzog Wilhelm IV., der Reiche (1539–1592), in seiner Zeit „Klever Union“
Herzog Johann Wilhelm I. (1592–1609), Sohn Wilhelm IV. von Kleve
Ende des Mannesstammes Kleve, Teilung der Länder an Neuburg u. Brandenburg

---

Herzog Wolfgang Wilhelm (1614–1653), Herzog von Jülich und Berg
Herzog Philipp Wilhelm (1653–1679), Sohn Wolfgang Wilhelms
Herzog Johann Wilh. II.(Jan Wellem) (1679–1716), Sohn Philipp Wilhelms
Herzog Karl Philipp (Kurfürst Pfalz) (1716–1742), jüngerer Bruder Jan Wellems
Ende der Linie Pfalz Neuburg

Herzog Karl Theodor (Kurfürst Pfalz) (1742–1799), seit 1777 Kurfürst von Bayern
Herzog Maximilian Joseph (1799–1806), Kurfürst von Bayern
Ende der Linie Pfalz-Sulzbach/Pfalz Zweibrücken-Birkenfeld, Sieg Napoleons

---

Großherzog Joachim Murat (1806–1808), Schwager Napoleons
Ludwig Napoleon, unmündig (1809–1813), Kaiser Napoleon I. regiert
Justus Gruner, Generalgouverneur (1813–1815)
Friedrich Wilhelm III. von Preußen (ab 1815)

Ende des Landes Berg als selbständiges Territorium